移动端
卖货式设计

卢维贤 —— 编著

适配手机屏的
电商设计
法则与实战应用

（上册）

人民邮电出版社
北京

图书在版编目（CIP）数据

移动端卖货式设计：适配手机屏的电商设计法则与实战应用：上下册 / 卢维贤编著. -- 北京：人民邮电出版社，2021.9
ISBN 978-7-115-56572-3

Ⅰ. ①移… Ⅱ. ①卢… Ⅲ. ①移动电子商务—教材 Ⅳ. ①F713.36

中国版本图书馆CIP数据核字(2021)第095516号

内 容 提 要

这是一本系统讲解移动端电商视觉设计的专业教程。全书共分上下两册，上册包括第1~6章，下册包括第7~11章。第1~3章是理论部分，介绍了电商设计和电商设计师的概况及发展、设计前期的创意构思，以及主要的电商设计风格；第4~11章是实践部分，先分别从构图、色彩、光影和字体4个方面详细剖析了手机端的Banner设计，然后分别讲解了手机端的详情页和专题页的版式设计。

本书适合电商设计初学者使用，也可作为有一定工作经验的设计师进阶学习的参考书。此外，网店的店主、电商运营人员和电商策划人员等也能通过本书了解更多的设计思维和方法。

◆ 编　　著　卢维贤
　　责任编辑　王振华
　　责任印制　马振武

◆ 人民邮电出版社出版发行　北京市丰台区成寿寺路11号
　邮编　100164　电子邮件　315@ptpress.com.cn
　网址　https://www.ptpress.com.cn
　天津市豪迈印务有限公司印刷

◆ 开本：690×970　1/16
　印张：42.25
　字数：1050千字　　2021年9月第1版
　印数：1 – 10 000册　2021年9月天津第1次印刷

定价：258.00元（上、下册）

读者服务热线：(010)81055410　印装质量热线：(010)81055316
反盗版热线：(010)81055315
广告经营许可证：京东市监广登字 20170147 号

推荐

市场在哪儿，需求就在哪儿，人才就在哪儿。

毫无疑问，电商是过去20年最大的商业模式创新，而在地大物博的中国则影响更为深远。

电商行业已日渐成熟，各个工种的"临时兵"都转换成了"正规军"，而电商设计师的主要工作也从最初的解决图片问题变成了如何用设计促成更多的销售转化。在一个触不到、摸不着的消费场景中，图文的作用史无前例地起到了决定销售转化的作用，所以电商设计师的角色尤为重要。

而作为一个已经存在了20年的行业，似乎还没有一个非常正规且系统的学习体系，毕竟很多知识迭代得太快，很多时候还没有沉淀完，表现方式就已经发生了改变。所以电商设计教育方面的书籍鲜有佳作，远不如平面设计的百年沉淀，经典无数。

推荐此书，因为我全部看完后，觉得它非常全面而系统，观大局而接地气。作者将理论和实践相结合，将电商设计的知识分门别类、深入浅出地进行了细致讲解，可看可操作，实在难得。从行业知识到具体操作所涉及的色彩、字体、版式、详情页等电商必学内容都进行了详细的讲解，更重要的是连需求分析、用户心理等都讲到了，并将所有的内容串联在一起，学习起来很流畅。

这本书是电商设计师真正需要的"干货"。

—— 设计公众号"庞门正道"创始人　阿门（庞少棠）

很多设计师虽入行许久，但一些基础的认知却始终没能建立起来；有不少人掌握了很多软件操作技巧和视觉表现"套路"，却知其然而不知其所以然，只能被动地跟随潮流而动。卢维贤的这本书无疑就是在致力于解决这个问题，他在书中以鸟瞰的视角介绍了电商设计的前世今生，也精选了常用的底层设计知识。尽管这本书可能不如一些单纯实操的教程书那样能立刻见效，但是它为设计师未来的持续进步提供了一个实用的电商设计知识框架。

—— 站酷网主编　纪晓亮

电商设计的知识体系非常庞大，难得的是这本书几乎囊括了所有关键的知识点。从创意构思、风格探索，到版式布局、构图和配色，甚至对光影和字体设计都进行了极为详细的讲解。大量的实战案例也能让读者更容易吸收，说这是一本"保姆级"的电商设计教科书也不为过。

—— 优设网主编　程远

人生的每一次旅行，如果没有做好详细的攻略，总会留下很多遗憾。而每一次做攻略，都会让人在繁杂纷乱的信息中身未行、心已疲。对很多设计师而言，做电商设计就是一次新的人生旅行，大家每天都在寻找这个领域的新答案，但是又都迷失在这个领域的新变化中。维贤用他多年做手机电商创意设计的经验和积累，为大家呈现了这本"全攻略"，大处入手，小处入心，有观点、有细节、有框架、有导读、有对比、有技巧……看了这本书，即使不是设计师的我，也有了远行的冲动和信心，谢谢维贤！

—— 同盟广告联合创始人　杨舸

前言

◆ 关于我

2008年7月盛夏，我大学毕业。和多数毕业生一样，一心想去大城市"看看"，于是我怀揣梦想、拖着行李来到上海。现在仍清晰记得那时满城都是有关北京奥运会的新闻和宣传，我住在群租房里，吃着泡面，看了一场可以载入史册的奥运会开幕式。从2008年8月的第一份工作到现在，跌跌撞撞，竟然已过12年，我也从"小鲜肉"升级成"大叔"。现在回想起来，我最庆幸的就是中途不曾转行，一直在设计的道路上坚持这份热爱，虽然至今也未成为"成功人士"，但我从不后悔，一路酸甜苦辣，初心仍在。

参加工作后的前4年，我在广告公司做线下设计。2012年去了甲方公司，这是我转做电商设计的开端，我也算较早一批从事电商视觉设计的设计师。那时电商设计还是一个很小的细分领域，整体设计水准并不高。但如今已变成了一个庞大的领域和生态圈，无论创意还是设计表现都非常成熟，风格也更多元，可谓百花齐放。而我在这个生态圈中，又摸爬滚打了8年，有幸见证了电商视觉设计的发展，也看到了很多的资深前辈和后起之秀。正是大家不断地探索和努力，才让整个电商设计领域枝繁叶茂。

◆ 为何写作本书

2018年9月中旬，人民邮电出版社的编辑找到我，希望合作出版一本电商设计方面的图书。虽然之前我从未想过写书，但仅一天我便答应下来，因为隐约感觉这或许是一个能将我过往经验整理归纳的好机会，也算是对我设计生涯上半场的一个交代。后来讨论图书选题，我很快便明确了"手机电商"这个大方向。由于电商从PC端向手机端转移也就是近5年的事情，再加上手机端的成交占比如今已超95%，很明显这是一个需求很大但出现较晚的设计领域，以至于很多设计师的思维并未发生本质转变。我特意看了市面上与电商设计有关的书籍，发现关于手机电商的书真的是少之又少，技术内容质量也是参差不齐，甚至有些书名写着"手机电商"，但核心仍是讲PC端的电商设计和案例。于是我就下定决心，要写一本真正讲解手机电商的设计书，内容则包含了我这几年对手机电商设计的全部思考和总结。希望大家看完能有一个整体认知和转变，因为随着电商从PC端转移到手机端，设计思维也要颠覆和革新。

方向有了，接下来就是漫长的写作时间。虽然动笔前我就知道对于文笔并不优秀的自己来说，写书肯定是个极耗时间的系统工程，但没有想到，随着写作深入，工作量远比我想象中的还要大。因为本书针对的是手机电商的系统设计，包含了视觉的方方面面，因此内容非常多，知识面也很广，其中有些知识点我是边学边写的。这一写就足足用了两年，还不包括审稿和修改时间。 其实开始动笔时只计划写半年，而且编辑也跟我说电商设计变化很快，担心成书时间太长会无法与时俱进。但我在写作过程中，越发觉得很多内容都没法"加速"，毕竟这不是一本以实操案例为主的教程书，书中也没涉及太多的软件教学和操作步骤。我讲的更多是思路、方法和技巧，这些内容我都要先研究，直到思路清晰、准确可行，才会一点一点地写出来。真的是"一点一点"，有时一段一百来字的内容我都要琢磨好多天，生怕忽视某个细节而误人子弟，因此进度特别慢。例如，光是内容最多的第5章我就写了小半年，真的很累。有时坚持不下去了，我就反复回想当初自己的写书目标："本书不求惊天动地，但求无愧于心。"当然，也正因为主讲思路和方法，因此哪怕是两年成书，甚至多年以后出版，我也不担心内容会过时，就算有些案例已不符合当下的流行趋势，但所写的这些方法也有很强的通用性。希望大家在阅读本书时能举一反三，活学活用。总之本书并非"速食书"，不建议将书中的手法直接"套搬现用"，希望大家对每个知识点都能反复琢磨和思考，灵活变通。学习本来就没有一蹴而就的捷径，日积月累才是硬道理。

◆ 本书讲什么

全书共11章，内容分为两大块：理论部分和实践部分。其中理论部分有3章，主要介绍了电商的设计方向和观点（第1章）、前期的创意构思（第2章）和主要的设计风格（第3章），希望大家明白作为设计师平时该"想"些什么；而实践部分则有8章，先分别从构图（第4章、第5章）、色彩（第6章、第7章）、光影（第8章）和字体（第9章）4方面详细剖析了手机端的Banner设计，然后分别讲解了手机端详情页（第10章）和手机端专题页（第11章）的版式设计，实践部分的内容主要告诉大家设计时该怎么"做"。通过章节划分也能看到，本书其实是对电商设计做了一个相对完整的系统介绍，以实用为原则。每章涉及的知识点都力求准确、清晰，讲解也是循序渐进、深入浅出，尽量避免简单的知识点罗列，确保刚入门的设计师能学到一些易懂的"干货"，而工作数年的设计师也能获得启发。所以本书除了能帮助初学者入门以外，也适合有一定工作经验的设计师进阶学习时使用。

◆ 特别感谢

在此真心感谢所有为本书的写作提供帮助的朋友们。本书体系庞大、知识繁多，因此为了方便读者理解，书中引用了大量案例，其中有很多作品来自各大平台、店铺和创作团队。如果没有这些优秀作品，本书也不可能呈现在大家面前，可以说成书并非我一个人的力量，也凝结了众人的心血。希望广大读者能通过本书看到原来在中国电商设计这个生态圈，还有大量的设计师在不断地努力和钻研，他们尽自己所能让我们的视觉体验变得更好。下面列举的是我要特别感谢的平台、店铺和创作团队，在此对他们的辛勤创作表示衷心的感谢！

平台（排序不分先后）

- 淘宝
- 京东
- 拼多多
- 苏宁易购
- 网易严选
- 唯品会
- 蘑菇街
- 洋码头
- 饿了么
- 美团
- 大众点评
- 口碑
- 百度糯米
- 携程旅行
- 同程旅行
- 飞猪
- 每日优鲜
- 小象生鲜
- 天天果园
- 易果生鲜
- 两鲜
- 云集
- 每日一淘
- 斑马会员
- 贝贝网
- 快驴进货
- 支付宝
- 滴滴出行
- 转转
- 网易云音乐
- 酷狗音乐
- 腾讯游戏
- 网易游戏

店铺（排序不分先后）

- 百威啤酒官方旗舰店
- 青岛啤酒官方旗舰店
- 百颐年旗舰店
- 汉堡王官方旗舰店
- 皇上皇旗舰店
- 嘉华食品旗舰店
- 肯德基会员官方旗舰店
- 麦当劳中国官方旗舰店
- 拉面说旗舰店
- 兰芳园旗舰店
- 老金磨方旗舰店
- 李子柒旗舰店
- 粒上皇旗舰店
- 良品铺子旗舰店
- 粮悦食品旗舰店
- 廖记棒棒鸡旗舰店
- 螺湘百味旗舰店
- 蒙牛旗舰店
- 耐威克官方旗舰店
- 三只松鼠旗舰店
- 五芳斋官方旗舰店
- 小龙坎旗舰店
- 燕之屋官方旗舰店
- 亿滋官方旗舰店
- 周黑鸭食品旗舰店
- 卓玛泉旗舰店
- 超级零旗舰店
- 东阿阿胶大药房旗舰店
- 禾博士旗舰店
- 健力多官方旗舰店
- 汤臣倍健官方旗舰店
- 亿健运动旗舰店
- 易跑旗舰店
- smeal旗舰店
- comvita旗舰店
- globalgo海外旗舰店
- megared海外旗舰店
- MoveFree官方海外旗舰店
- 阿芙官方旗舰店
- 百雀羚旗舰店
- 宝洁官方旗舰店
- 草木之心旗舰店
- 瓷肌旗舰店
- 大宝官方旗舰店
- 朵拉朵尚旗舰店
- 法国娇韵诗官方旗舰店
- 韩束官方旗舰店
- 花西子旗舰店
- 肌肤之钥官方旗舰店
- 极男旗舰店
- 京润珍珠旗舰店
- kerastase卡诗官方旗舰店
- 李医生化妆品旗舰店
- 联合利华官方旗舰店
- 露得清官方旗舰店
- 玛丽黛佳旗舰店
- 谜色化妆品旗舰店
- 膜法世家官方旗舰店
- 梦妆官方旗舰店
- 珀莱雅官方旗舰店

- 欧珀莱官方旗舰店
- 三生花旗舰店
- 水密码旗舰店
- 修丽可官方旗舰店
- sulwhasoo雪花秀官方旗舰店
- Estee Lauder雅诗兰黛官方旗舰店
- 一叶子旗舰店
- 御泥坊旗舰店
- 悦木之源官方旗舰店
- 植护旗舰店
- 植美村旗舰店
- DR.WU达尔肤官方旗舰店
- sum37官方旗舰店
- drhauschka海外旗舰店
- 自然堂旗舰店
- AHC官方旗舰店
- bielenda海外旗舰店
- 德国马牌轮胎官方旗舰店
- Clinique倩碧官方旗舰店
- cogi高姿旗舰店
- HELIOCARE海外旗舰店
- iovate海外旗舰店
- IRY旗舰店
- kryolan海外旗舰店
- LEADERS海外旗舰店
- L'OCCITANE欧舒丹旗舰店
- olay官方旗舰店
- perfectdiary旗舰店
- rohto乐敦海外旗舰店
- VICHY薇姿官方旗舰店
- WIS旗舰店
- 佰魅伊人旗舰店
- 伯爵卓尔男装旗舰店
- 初语旗舰店
- 裂帛服饰旗舰店
- 骆驼女鞋旗舰店
- 七格格家居旗舰店
- 秋水伊人官方旗舰店
- 圣希梵旗舰店
- 诗凡黎官方旗舰店
- 太平鸟官方旗舰店
- 西遇旗舰店
- 诗篇官方旗舰店
- 三彩官方旗舰店
- onemore官方旗舰店
- gukoo旗舰店
- 妖精的口袋旗舰店
- 伊芙丽旗舰店
- 茵曼旗舰店
- 优衣库官方旗舰店
- 香影官方旗舰店
- egou男装旗舰店
- gxg官方旗舰店
- mecity官方旗舰店
- osa品牌服饰旗舰店
- puella官方旗舰店
- tammytangs旗舰店
- 鸿星尔克官方旗舰店
- 李宁官方网店
- 特步官方旗舰店
- wilson官方旗舰店
- 巴拉巴拉官方旗舰店
- 红色小象旗舰店
- 可优比旗舰店
- 亲润旗舰店
- 淘嘟嘟母婴旗舰店
- 子初旗舰店
- aing爱音旗舰店
- disneybaby旗舰店
- Goat海外旗舰店
- 艾美特官方旗舰店
- 德尔玛旗舰店
- 第一卫旗舰店
- 飞利浦官方旗舰店
- 海尔官方旗舰店
- 华为官方旗舰店
- 惠普中国官方旗舰店
- 极米科技旗舰店
- 杰诺旗舰店
- 九阳华深专卖店
- 科勒官方旗舰店
- 美的生活电器旗舰店
- 荣耀官方旗舰店
- 森太旗舰店
- 苏泊尔官方旗舰店
- 小度旗舰店
- 小狗电器旗舰店
- 小米官方旗舰店
- daewoo小家电旗舰店
- dyson戴森官方旗舰店
- gifrer旗舰店
- jmgo坚果旗舰店
- olayks旗舰店
- OPPO官方旗舰店
- vivo官方旗舰店
- skg旗舰店
- 百年宝诚旗舰店
- 法丽莎家居旗舰店
- 汉秀旗舰店
- 蓝月亮官方旗舰店
- 林氏木业家具旗舰店
- 罗尚旗舰店

- 丸美旗舰店
- 陌森旗舰店
- 天堂伞官方旗舰店
- 文仙亦言旗舰店
- 心相印旗舰店
- INMIX音米眼镜官方旗舰店
- 顾家家居官方旗舰店
- tempo得宝官方旗舰店
- banilaco芭妮兰海外旗舰店
- biotherm碧欧泉官方旗舰店
- GIVENCHY纪梵希官方旗舰店
- LA MER海蓝之谜官方旗舰店
- LAB SERIES朗仕官方旗舰店
- Lancome兰蔻官方旗舰店
- YSL圣罗兰美妆官方旗舰店
- SHISEIDO资生堂官方旗舰店
- hellokitty贝贝帕克专卖店

创作团队（排序不分先后）

- 汤臣杰逊
- 壹网壹创
- 杰视帮
- 文渊
- 点奥文化
- 观道视觉
- 茄子电商
- 新罐头工厂
- Foodography

为了顺利完成本书的所有内容，并更好地阐述设计观点和方法，在编写过程中参考并引用了国内外著名网站上的部分设计案例，在此特别感谢原作者的创意和设计为本书提供了参考。

此外，还要感谢佘战文编辑在本书写作过程中给我的建议和支持。也从心底谢谢我的家人，特别是我的女儿。这两年来，下班的晚上和周末我基本都在写书，经常凌晨才睡，陪伴我女儿的时间非常少，交流也不多，每当她凑到跟前问我"爸爸，你工作做完了吗，能陪我玩会吗"，我心里都五味杂陈，非常难受。为了写书，我错过了女儿4~6岁的成长关键期，但也反向激励着我，如果不能全力以赴，那就对不起这段"丢失的时光"。可以说，没有家人的支持和理解就不会有这本沉甸甸的书，借着此书，我要再说一句"谢谢你们"。

好了，终于唠叨完了。下面我将带着大家踏上这场手机电商设计的探索之旅。有你们陪伴，荣幸之至。

卢维贤
2020年8月于上海

资源与支持

本书由"数艺设"出品,"数艺设"社区平台(www.shuyishe.com)为您提供后续服务。

◆ 附赠资源

- 实战案例的讲解视频
- 实战案例的素材文件
- 实战案例的源文件

扫码关注"数艺设"微信公众号
按照提示获取资源

"数艺设"社区平台
为艺术设计从业者提供专业的教育产品

◆ 与我们联系

我们的联系邮箱是szys@ptpress.com.cn。如果您对本书有任何疑问或建议,请您发邮件给我们,并请在邮件标题中注明本书书名及ISBN,以便我们更高效地做出反馈。

如果您有兴趣出版图书、录制教学课程,或者参与技术审校等工作,可以发邮件给我们;有意出版图书的作者也可以到"数艺设"社区平台在线投稿(直接访问 www.shuyishe.com 即可)。如果学校、培训机构或企业想批量购买本书或"数艺设"出版的其他图书,也可以发邮件联系我们。

如果您在网上发现针对"数艺设"出品图书的各种形式的盗版行为,包括对图书全部或部分内容的非授权传播,请您将怀疑有侵权行为的链接通过邮件发给我们。您的这一举动是对作者权益的保护,也是我们持续为您提供有价值的内容的动力之源。

◆ 关于"数艺设"

人民邮电出版社有限公司旗下品牌"数艺设",专注于专业艺术设计类图书出版,为艺术设计从业者提供专业的图书、U书、课程等教育产品。出版领域涉及平面、三维、影视、摄影与后期等数字艺术门类,字体设计、品牌设计、色彩设计等设计理论与应用门类,UI设计、电商设计、新媒体设计、游戏设计、交互设计、原型设计等互联网设计门类,环艺设计手绘、插画设计手绘、工业设计手绘等设计手绘门类。更多服务请访问"数艺设"社区平台www.shuyishe.com。我们将提供及时、准确、专业的学习服务。

目录

第 1 章
聊聊电商圈 001

- 1.1 认识电商设计 004
  - 1.1.1 电商设计3阶段 004
  - 1.1.2 设计师的职业类型 008
  - 1.1.3 运营设计师的分类 011
  - 1.1.4 运营设计师的工作内容 012
  - 1.1.5 运营设计师的技能需求 014
- 1.2 生存之道 023
  - 1.2.1 我的12年 023
  - 1.2.2 给新人的4点建议 025
- 1.3 漫谈未来 028
  - 1.3.1 人工智能 028
  - 1.3.2 VR/AR/MR 029
- 1.4 本章小结 032

第 2 章
别急着动手，思考很重要 033

- 2.1 持续积累 036
  - 2.1.1 网站推荐 036
  - 2.1.2 整理参考 038
  - 2.1.3 借鉴之道 040
- 2.2 了解需求 044
  - 2.2.1 服务对象 044
  - 2.2.2 品牌调性 044
  - 2.2.3 目标用户 045
  - 2.2.4 商业目的 046
  - 2.2.5 展示情况 046
  - 2.2.6 文案内容 049
- 2.3 挖掘诉求点 050
  - 2.3.1 产品利益点 051
  - 2.3.2 用户情感 052
  - 2.3.3 品牌调性 054
- 2.4 推导核心概念 055
- 2.5 构思创意表现形式 057
  - 2.5.1 夸张 058
  - 2.5.2 比喻 059
  - 2.5.3 拟人 060
  - 2.5.4 对比 060
  - 2.5.5 独特视角 061
  - 2.5.6 故事化 062
  - 2.5.7 氛围渲染 063
- 2.6 本章小结 065

第 3 章
设计风格和视觉元素 067

- 3.1 简述平面设计发展史 070
  - 3.1.1 工业革命时期 070
  - 3.1.2 现代主义设计 072
  - 3.1.3 后现代主义设计 075
- 3.2 电商设计的风格演变 076
  - 3.2.1 UI设计风格 077
  - 3.2.2 专题页设计风格 078
- 3.3 艺术风格分类 079
  - 3.3.1 中国风 079
  - 3.3.2 复古风 080

3.3.3 极简风　　082
　　3.3.4 后现代设计风格　　083
　　3.3.5 扁平插画风　　087
　　3.3.6 拟物写实风　　088
　　3.3.7 纸雕风　　089
　　3.3.8 霓虹风　　089
　　3.3.9 2.5D风格　　090
　　3.3.10 三维纯色风　　091
3.4 主题风格分类　　092
　　3.4.1 热闹促销　　092
　　3.4.2 时尚潮流　　092
　　3.4.3 活泼可爱　　093
　　3.4.4 甜美温馨　　094
　　3.4.5 文艺清新　　094
　　3.4.6 大气简约　　094
　　3.4.7 未来科技　　095
　　3.4.8 动感活力　　096
3.5 塑造合适元素，将风格融入设计　　097
　　3.5.1 元素的塑造原则　　098
　　3.5.2 元素的设计误区　　104
　　3.5.3 元素的符号化表达　　107
3.6 本章小结　　112

第 4 章
Banner 的版面布局　　113

4.1 初识手机Banner　　116
　　4.1.1 常见分类　　116
　　4.1.2 常见比例　　121
　　4.1.3 前期准备　　125

4.2 布局类型　　128
　　4.2.1 上下布局　　129
　　4.2.2 左右布局　　130
　　4.2.3 上中下布局　　132
　　4.2.4 左中右布局　　133
　　4.2.5 包围布局　　134
　　4.2.6 十字布局　　135
　　实战案例　　139
4.3 布局原则——均衡布局　　140
　　4.3.1 对称均衡　　141
　　4.3.2 非对称均衡　　144
4.4 布局原则——突出重点　　150
　　4.4.1 主体元素　　152
　　4.4.2 文案　　153
　　4.4.3 按钮　　155
　　实战案例　　157
4.5 本章小结　　158

第 5 章
6 招提升形式感　　159

5.1 第1招：图形分割　　162
　　5.1.1 横/竖线分割　　167
　　5.1.2 斜线分割　　170
　　5.1.3 三角形分割　　173
　　5.1.4 圆形分割　　178
　　5.1.5 方形分割　　181
　　5.1.6 异形分割　　189
　　5.1.7 放射分割　　192
　　实战案例　　196

5.2 第2招：简约背景 ... 201
    5.2.1 单色背景 ... 201
    5.2.2 渐变背景 ... 202
    5.2.3 底纹背景 ... 207
    实战案例 ... 210

5.3 第3招：放大核心点 ... 212
    5.3.1 放大标题 ... 212
    5.3.2 放大宣传点 ... 214
    5.3.3 放大主体元素 ... 216
    实战案例 ... 219

5.4 第4招：使用摄影图片 ... 222
    5.4.1 直接使用 ... 224
    5.4.2 后期处理 ... 224
    实战案例 ... 227

5.5 第5招：空间陈列 ... 229
    5.5.1 焦点透视 ... 230
    5.5.2 陈列场景 ... 252
    实战案例 ... 263

5.6 第6招：创意场景 ... 269
    5.6.1 确定创意和风格 ... 271
    5.6.2 画草图、定配色 ... 271
    5.6.3 场景搭建 ... 272
    5.6.4 添加光影 ... 274
    实战案例 ... 276

5.7 本章小结 ... 278

第6章 移动时代，色彩为王 ... 281

6.1 色彩知多少 ... 284
    6.1.1 色彩形成 ... 284
    6.1.2 色彩分类 ... 288
    6.1.3 色彩三要素 ... 289

6.2 12色相环 ... 292
    6.2.1 同类色搭配 ... 294
    6.2.2 邻近色搭配 ... 298
    6.2.3 类似色搭配 ... 302
    6.2.4 中差色搭配 ... 307
    6.2.5 对比色搭配 ... 312
    6.2.6 互补色搭配 ... 316

6.3 PCCS色彩体系 ... 318
    6.3.1 纯色调 ... 321
    6.3.2 浅色调 ... 322
    6.3.3 淡色调 ... 322
    6.3.4 深色调 ... 323
    6.3.5 暗色调 ... 324
    6.3.6 浅灰色调 ... 325
    6.3.7 浊色调 ... 326
    6.3.8 特殊色调 ... 327

6.4 配色方法 ... 329
    6.4.1 理论配色法 ... 330
    实战案例 ... 331
    6.4.2 主体配色法 ... 333
    实战案例 ... 338
    6.4.3 借鉴配色法 ... 339
    实战案例 ... 342

6.5 配色原则 ... 345
    6.5.1 与设计风格匹配 ... 345
    6.5.2 主辅色有对比 ... 346
    6.5.3 数量要合适 ... 352

6.6 本章小结 ... 354

第 1 章

聊聊电商圈

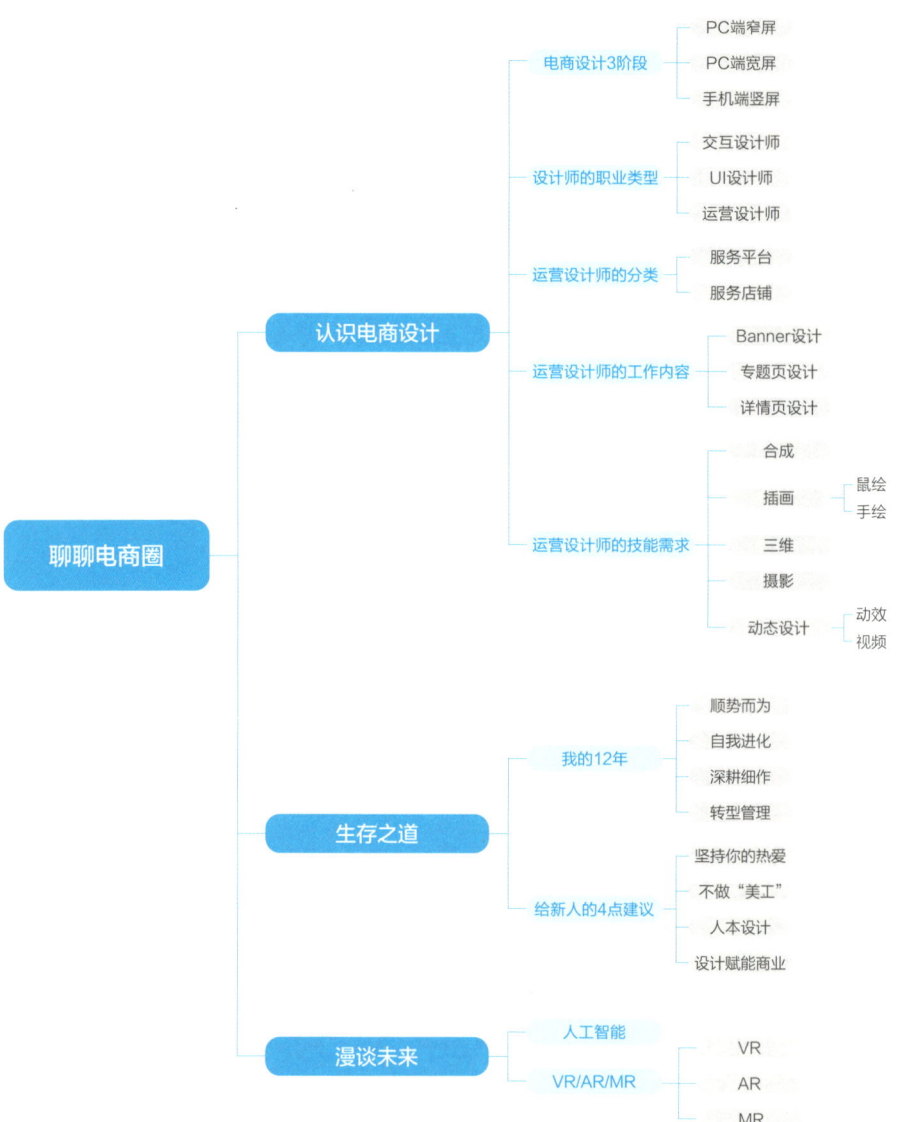

本章导读

在讲解具体的电商设计知识前，本章先来聊聊电商圈的那些事。简单地说，电子商务就是通过互联网进行的各种交易活动。从1999年我国出现的第一笔网上订单算起，我国的电商发展已有20多年，如今仍呈高速发展的趋势。过去5年，网上零售额从1.3万亿元增长至9.2万亿元，这个庞大的数字背后，说明电商已成为我们日常生活中不可缺少的一部分，也使我国成为全球电商最发达的国家。

电商兴起的同时，也创造了大量的新岗位和就业机会，视觉设计便是其中之一。数据显示，2018年仅阿里巴巴网络技术有限公司（后统一简称阿里巴巴）的生态设计师就超过了170万。这说明随着线上品牌的日益增多，对设计的需求越来越大，当然这也意味着竞争越来越激烈。那怎样做才能脱颖而出呢？其实目前大家都谈消费升级，随着"90后""00后"群体的成长和壮大，这一消费群体已成为消费升级的驱动主力，而他们对产品的视觉品质和调性会有更高的需求。因此要研究他们的审美，并不断提升自己的专业能力，只有做出主流人群都认可的设计才能更有竞争力。我经常听很多人说"设计师在公司没地位、没存在感、没话语权"，其实这是一个普遍现象，想解决这个难题，核心是要在公司体现出个人价值：能从用户的角度出发，用设计解决某些商业问题。千万不要空谈设计和美感，只有围绕用户和商业做设计，才能赢得认可，设计师才能有立足之地。本章将从电商设计的概况、从事电商设计工作的建议和电商设计的发展趋势3方面入手，让大家对电商设计有整体的认知和规划。

1.1 认识电商设计

如果有人问你是做什么工作的，你可能会回答："我做电商设计"。但如果再问你电商设计的发展、职业、职能等内容，你可能就不一定知道得那么详细了。因此本节主要介绍电商设计的相关内容。

1.1.1 电商设计3阶段

显示屏是电商最主要的交互载体，而电商设计也是依托显示屏来进行视觉呈现的。因此，随着屏幕技术的革新，电商设计也在不断发展，从窄屏到宽屏、从PC屏到手机屏，电商设计共经历了3个阶段。

1.PC端窄屏（2012年之前）

这个阶段的电商是在PC端（个人计算机端，PC即Personal Computer的简称，为了表达和理解方便，后统称PC端）交易，而早期的计算机都是非常笨重的CRT显示器，主流屏幕为4∶3。2005年之后，LCD（液晶显示器）开始大规模使用，但出于成本考虑，屏幕仍以4∶3为主。

基于当时主流的屏幕比例，页面的一屏大小也是4∶3，分辨率则以1024px×768px（像素）为主。因为页面高度是不限的，可以"无限滚动"，所以让视觉受限的是屏幕宽度。1024px的宽度会让左右方向的视觉效果显得很拥挤，这个时期的设计称为"窄屏设计"。

2010年的淘宝网页面采用PC端门户网站最常用的分区设计，整版信息被分割成一块一块的区域，用户能很自然地进行分区浏览。由于宽度限制，感觉页面整体布局有些拥挤，视觉显示效果也不透气。我在2012年设计的七夕活动店铺页整版也是窄屏设计，视觉呈现也显得不够大气。

截自淘宝2010年PC端首页　　禾博士天猫旗舰店2012年七夕活动PC端首页

■ 2.PC端宽屏（2012~2016年）

这个时期虽然智能手机已经普及，但手机交易还没那么频繁，电商仍以PC端为主。随着科技的发展，2012年左右，16∶9的显示器开始占据绝大部分市场，而屏幕的主流分辨率也因此变成了1920px × 1080px。

这样页面宽度便从1024px提升至1920px，几乎翻了一倍，横向的视觉空间大大增加，而且16∶9的一屏大小也符合人眼观看的习惯，浏览起来更舒服、更有代入感，这个时期的设计就是常说的"宽屏设计"。

左图是2016年的淘宝网截图，依然是符合视线移动的分区展示。由于宽度增加，布局变得宽松，视觉效果更好。但可能有人会问："为什么页面依然没有撑满屏幕？"这是因为窄屏显示器依然还有小部分占有率。为了兼顾显示效果，<u>一般的设计原则是视觉区域在1920px以内，内容区域则控制在1200px以内</u>。这样就算是窄屏，信息也不会显示不全。右图是我在2014年设计的周年庆店铺页，能看到整个场景都是宽屏设计，视觉更加开阔，但当中的内容展示却有意控制在1200px内，这样在适配宽屏显示时也能兼顾窄屏。当然后来还出现了能自动适配不同屏幕宽度的自适应设计，这里就不展开讲解了。

截自淘宝2016年PC端首页　　禾博士天猫旗舰店2014年周年庆活动PC端首页

1200px　　　　　　　　　　　　1200px

1920px　　　　　　　　　　　　1920px

3.手机端竖屏（2016年之后）

随着智能手机的性能提升，以及用户体验的不断优化，手机电商也在飞速发展。这种让人们利用碎片化时间随时随地就能购物的交易方式，很快就改变了人们之前以PC端为主的购物习惯。

摄影师Foundry作品

手机端电商有着PC端电商无法比拟的便携性和私域化，目前移动端的成交占比已超过95%，而PC端的份额还在持续下滑。很多平台和店铺对PC端已是"半放弃"状态，有些甚至在PC端只展示下载手机App的二维码。对比淘宝2016年和2020年的年货节PC端首页，能看到2020年的视觉设计反而变得更简单，这说明淘宝认为PC端已不值得再花更多的精力。连淘宝都是如此，更何况其他平台和商家。当然也还是会有一些商家在促销时将店铺的PC端首页设计得非常丰富，可能不是为了卖货，毕竟PC端的流量已微乎其微，其真实目的是想用吸引眼球的视觉创意来进行品牌传播。

页面内容丰富，画面饱满，设计感强　　　　　　页面内容简单，视觉单薄，仅满足基本的浏览需求

截自淘宝2016年"年货节"活动PC端首页

截自淘宝2020年"年货节"活动PC端首页

既然绝大多数的电商交易已从PC端转到手机端，那么电商设计也必须从PC屏转移至手机屏，但不同于前期的只是显示器的尺寸变化，这次是载体的彻底更替。屏幕由原先的"宽大横屏"变成了现在的"瘦长竖屏"，设计绝不是简单迁移，而是从思维到体验的彻底颠覆。

右侧左图所示为2020年的淘宝网手机端首页，之前略显琐碎的分区展示不复存在，而是简化成从上到下依次展示的逐屏浏览，用户可以通过不断滑屏来获取每屏的信息。右侧右图是我在2018年设计的店铺"双十一"活动手机端首页，同样也是逐屏浏览，其中Banner的主视觉采用了PC端上非常少见的竖版构图，并且"大图大字"，这样能更好地适配手机屏幕。

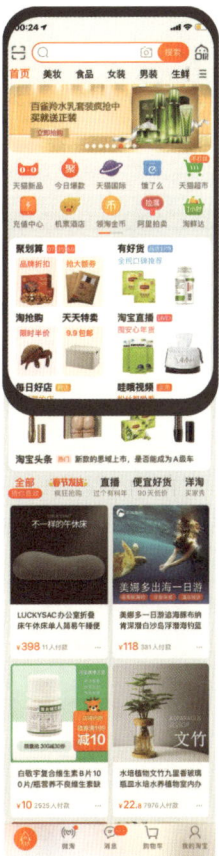

截自淘宝2020年手机端首页

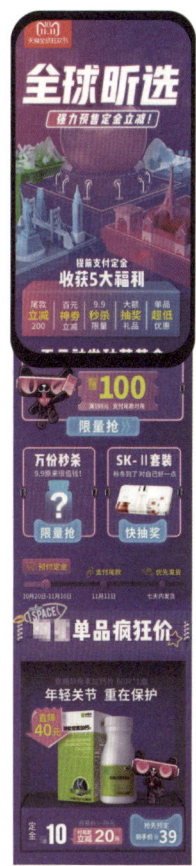

禾博士旗舰店2018年"双十一"活动手机端首页

如今的电商设计已进入竖屏设计的时代，设计师要抛掉过去PC端时代的惯性思维，要将适用于横屏的设计原则统统归零并重新思考。当下只有真正掌握竖屏设计才有立足之地，这也是我写作本书的初衷。

> **小提示**
>
> 无线端和移动端本是手机和平板计算机等便携设备的统称，但现在手机的占有率远远高过其他设备。从某种程度上讲，手机电商几乎等同于无线电商，因此本书中所讲的手机端、移动端、无线端均为同义词，不再做词义区分。

1.1.2 设计师的职业类型

电商设计属于互联网设计的细分领域，但这并不是某一职业的具体称呼，而是对相关设计岗位的一个统称。常见的有交互设计师、UI设计师和运营设计师，虽然都有"设计"二字，但工作内容大不相同。

■ 1.交互设计师

交互设计师就是把相关的功能需求设计成好用的产品，常见的形态是手机App。这其中要考虑用户和产品交互的全触点和全流程，要确保产品具备舒适的用户体验。下图所示为交互设计师经常要画的原型图，其实就是一个完整产品的框架设计。

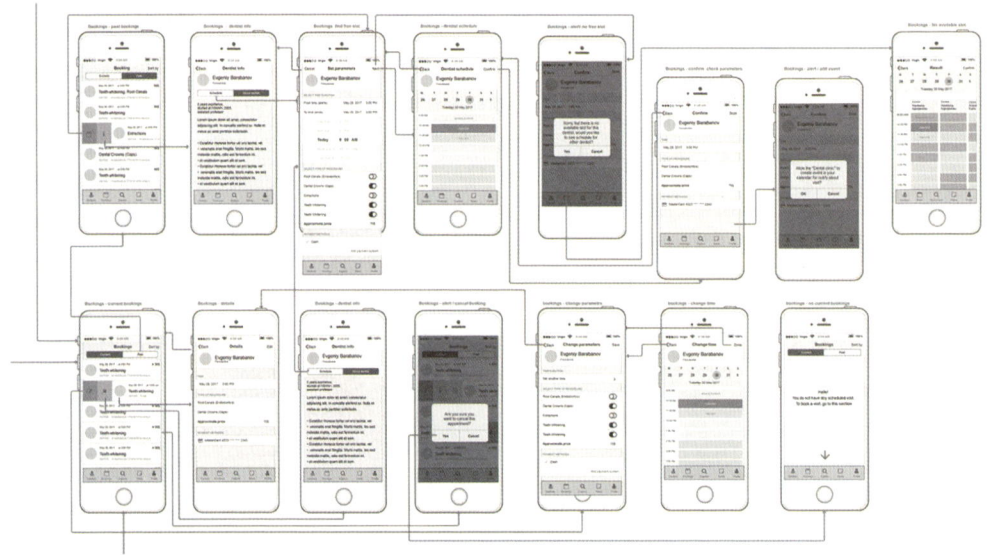

设计师Nadiia Shymchenko作品

提到交互就不得不说用户体验五要素，2002年由杰西·詹姆斯·加勒特（Jesse James Garrett）在《用户体验要素》一书中首次提出。用户体验五要素的整个模型非常经典，十几年后的今天还在广泛应用，若大家感兴趣可通过查阅相关文章深入了解。

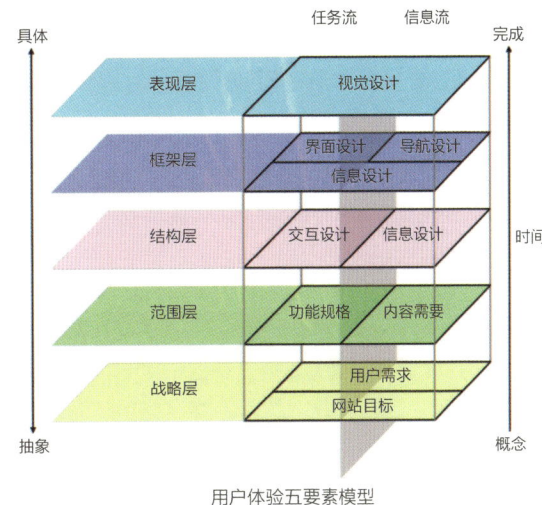

用户体验五要素模型

■ 2.UI设计师

UI设计师是做人机交互界面设计的，属于交互设计师的"下游"，一般是将确定的原型图通过生动的视觉语言更加清晰地传递给用户。当然绝不仅仅是美化这么简单，UI设计师也要具备产品的全局思维和逻辑推导能力，只有这样才能设计出兼顾商业和用户的有效设计。所以UI设计是偏科学理性的，往往比较克制和收敛，要避免无谓的视觉干扰，还要定期通过数据反馈不断地进行迭代升级。下图是淘宝App在3个时期的UI设计，通过对细节的优化，界面变得越来越简洁，也越来越注重信息本身的传达。由此可见，UI设计师就是要做简单而又有效的设计。

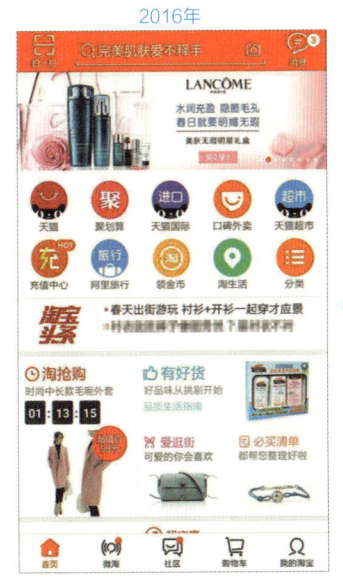

截自淘宝App首页

3.运营设计师

　　运营设计师是本书主要针对的群体，有些公司也称之为营销设计师，其实就是做与运营类活动相关设计（如无处不在的活动Banner及各种主题的专题页等）的设计师。与UI设计强调理性、克制不同，运营设计更讲究创意、灵感和氛围感，需要通过气氛营造和渲染来刺激用户的感官并提升购物欲。下面是两个专题页的头部Banner，在体现主题的同时也都营造出了场景氛围，并且都试图利用丰富的视觉效果勾起用户兴趣，让用户产生强烈的代入感和购买欲。

截自天猫2019年"双十二"活动页

截自三只松鼠天猫旗舰店
2019年"6·18"活动首页
（汤臣杰逊团队作品）

总结

　　过去的互联网设计都是线上设计，职业细分并不算多，但现在随着"新零售"这个新业态的出现，线上线下开始融合。很多以前只属于线下的设计岗位都加入到了线上，比如产品设计师、空间设计师等。随着这些新角色的加入，很多职业产生了交叉，职能边界也越来越模糊。例如，阿里巴巴的运营设计之前就只局限于线上的营销活动，但随着盒马鲜生和天猫小店的出现，现在也要接触卖场活动的物料设计。鉴于当下设计行业的多领域整合，很多企业开始重新划分设计职能。阿里巴巴在2018年将交互设计师和UI设计师合称为体验设计师，其中还包括产品体验和空间体验等新岗位；而运营设计师则改称创意设计师，其中还包括了平面设计和品牌设计等岗位，这些新的划分也意味着设计师需要不断扩展自己的能力边界。目前还有一个新提法："全栈设计师"，其实就是要求设计师具备多领域的专业能力，这其中除了更全面的技能，还包括考虑问题时所要具备的全局思维。只有从整体出发，以更宽广的视角来解决全链路的各类问题，才能顺应这个时代的设计趋势。

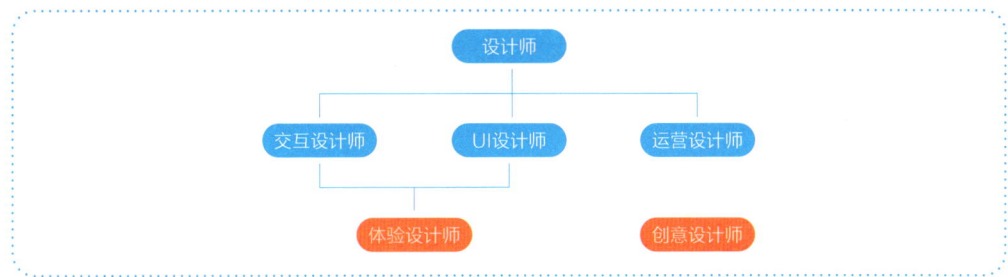

1.1.3 运营设计师的分类

运营设计师的分类维度有很多，最常用也最简单的是根据服务对象的不同分成两类：服务平台的运营设计师（以下简称平台设计师）和服务店铺的运营设计师（以下简称店铺设计师）。这两类设计师虽然都是做创意设计，但因服务对象的不同而导致思考角度、设计体量和视觉侧重都不相同。我曾长期服务于一家以销售营养品为主的店铺，因此属于店铺设计师。

▪ 1.服务平台

平台是指像淘宝、京东、拼多多这些出售各类产品的电商App。它们的特点是包含的类目多、品牌多、产品多，相关主题活动涉及各种会场和产品。而每次活动需要的设计体量也非常庞大，往往一个主会场下会有多个分会场，每个分会场又链接了各种促销专区，因此设计师每次要做的都不止一个页面。这样在设计时就要有更加宏观的全局思维和更加紧密的团队协作，要事先考虑各类页面的整合和规范，特别是在设计主视觉时不能过于个性，要注重设计的延展性。

下面这组图片是天猫超市8周年店庆时的相关Banner，画面的视觉效果还是比较克制的，整体简洁不复杂。每个Banner在风格、元素、构图上都保持了关联性，而关联之余也有着差异化，这样所有的Banner都能兼顾统一和变化。而这些效果在动手设计前都要全部想清楚，因此平台设计师考虑的因素往往更加综合，设计表现时也更受限制一些。

天猫超市2019年周年庆活动Banner

■ 2.服务店铺

店铺一般销售的都是单一类目或单一品牌下的少量产品,每次主题活动的页面都是作为平台页面的承接页而存在。总体而言,就是平台引流量,而店铺做承接。这样店铺的设计体量不会太大,常见的就是店铺首页、详情页和各种位置的引流Banner,其中活动时的核心视觉设计只有首页。这样设计的灵活性大大增强,对于单一的页面呈现,就不需要像平台那样考虑各类页面的联动和延展了,视觉表现会更加自由,更强调品牌个性和差异,也更讲究用独特的创意和场景氛围来吸引观者的注意力。下面3个Banner的画面氛围感都做得很足,都具有强烈的视觉冲击力和代入感。所以店铺设计师不像平台设计师有那么多的限制,可发挥的空间更大。

截自三只松鼠天猫旗舰店螺蛳粉详情页
(新罐头工厂团队作品)

截自小龙坎天猫旗舰店
2019年"双十一"活动首页

截自周黑鸭食品天猫旗舰店
2019年"双十二"活动首页

> **总结**
>
> 虽然平台设计师和店铺设计师的工作侧重点不同,但所有设计的最终目的都是为了卖货。所以千万不能形式大于内容,更不要陷入凸显技能的"自嗨",要从用户体验和商业目的出发,做有效的设计,这样才能在各种电商场景中发挥视觉设计的最大价值。

1.1.4 运营设计师的工作内容

运营设计师的日常工作很多,也很杂。电商交易中除了人机交互(UI设计)以外的视觉设计都属于运营设计的范畴,设计内容大体可分为3类:负责引流或展示内容的Banner,体现各种主题活动的专题页,介绍产品的详情页。这3类在后续章节中会详细讲解,本小节仅作大致介绍。

■ 1.Banner设计

互联网上所有宣传信息的广告位都可称为Banner。从简单的报名图到复杂的宣传海报，都算是Banner设计。Banner既可以引流，又可以展示信息，可以说是设计师日常接触最多的一项设计内容。Banner的种类和尺寸有很多，横竖皆有，复杂程度也各不相同，如下面的案例所示。

截自三只松鼠天猫旗舰店

截自淘宝App启动页

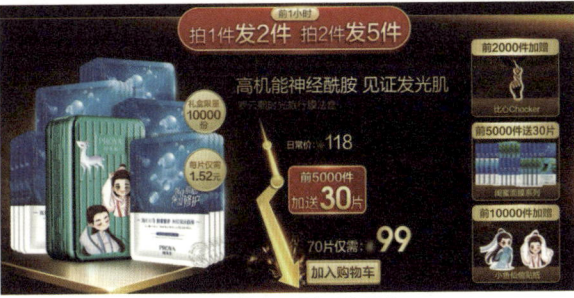

截自珀莱雅天猫官方旗舰店

■ 2.专题页设计

专题页是指各种主题营销的活动页，主要由头部Banner和内容展示区两部分构成，常出现在店铺首页和会场承接页等位置。专题页一般承载着专题活动的主视觉功能，因此整体设计偏复杂，设计时要通过合适的视觉效果来引起买家的兴趣并引导转化。右侧展示的3个头部Banner都营造出了匹配主题的活动氛围，都通过博人眼球的创意吸引买家注意。

截自天猫2018年
"双十一"活动页

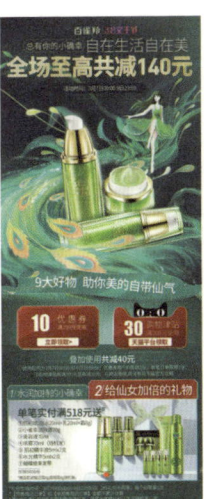

截自百雀羚天猫旗舰店
2019年"3·8女王节"
活动首页
（壹网壹创团队作品）

截自禾博士天猫旗舰店
2018年中秋节活动
手机端首页
（设计师骆梦凡作品）

- 3.详情页设计

详情页是指有关产品详细内容的介绍页,如右图所示。详情页的设计核心是让买家能了解产品的全部信息,通过视觉表现让买家更好地阅读内容,详情页是决定买家下单并形成销售转化的关键页面。由于各类产品都是陈列在对应的店铺中,因此店铺设计师做的详情页会更多一些。设计时,要确保每个详情页的风格和调性都能与产品的定位一致。

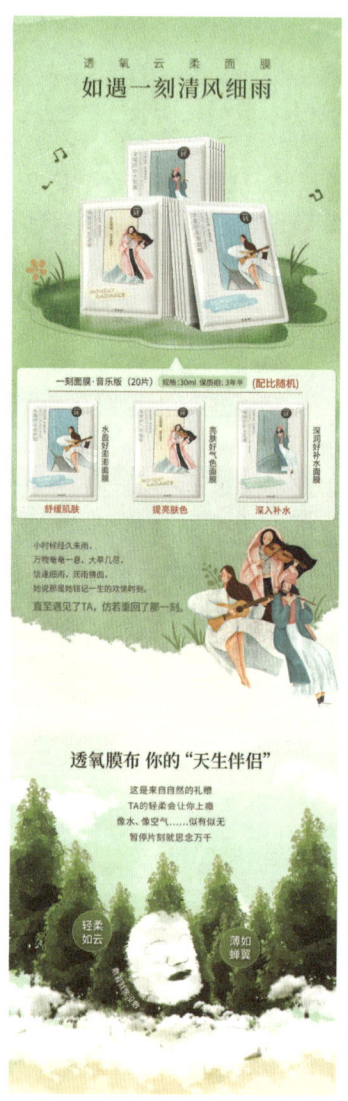

截自百雀羚天猫旗舰店面膜详情页
(壹网壹创团队作品)

截自禾博士天猫旗舰店代餐棒详情页
(设计师陈超作品)

1.1.5 运营设计师的技能需求

本小节从设计的技能需求出发,讲解运营设计师所要具备的能力。2012年,我刚开始接触电商设计时,社会上对运营设计师的要求还很简单,基本会Photoshop和简单的排版就能找到工作,毕竟当时还是电商的"红利期"。记得那时我所在的公司有款营养品上了"聚划算",当时做的详情页只是简单的文字罗列的形式,但活动开始1小时内10000盒产品就全部售罄。可见当流量过剩时,产品怎么都能卖得出去,所以对设计美感的要求就没那么高。

但后来随着线下品牌大量入驻天猫平台，竞争变得越来越激烈。由于视觉呈现对品牌和转化都会产生一定的影响，因此很多商家开始重视自家店铺的"设计感"，但这个时期的设计（2016年之前）还是以Photoshop合成为主。也就是说精通Photoshop还是能"一招鲜吃遍天"，只是画面的场景合成效果越来越复杂，也越来越有冲击力。

直到2016年，随着流量从PC端向移动端迁移，电商竞争已是白热化状态。虽然设计需求越来越大，但要求也越来越高，其中不乏其他领域的优秀设计师加入进来，给电商视觉设计注入了很多新技能（如插画或三维等）。这些技能所带来的设计效果既增加了买家的浏览兴趣，又提升了设计师的自我价值。因此，当下的电商视觉算是一个百花齐放的时代，画面表现也越来越多元，但对设计师也提出了更高的要求。过去单一技能的时代已经一去不复返了，所以运营设计师必须具备更加全面的技能，保持跨界思考，不断学习，努力扩展知识边界。下面介绍几种视觉设计常用的技能。

合成　　插画　　三维　　摄影　　动态设计

1.合成

合成就是将不同元素合并成一个整体，这是电商设计中较早使用的技能，它的适用范围很广，只要有元素拼合的地方就需要合成。随着电商圈的"设计感"不断提升，对合成的要求也越来越高，从过去的简单合成到现在的创意合成，这一技能也在不断地与时俱进。下面是两个创意合成的案例，设计时所要做的工作很多，包括创意思考、场景搭建、透视处理及光影修饰等，这些都能体现设计师的综合能力和水平。

截自草木之心天猫旗舰店
2018年"双十一"活动首页

截自耐威克天猫官方旗舰店2018年"6·18"活动首页
（杰视帮团队作品）

2.插画

最早的插画常见于平面广告、游戏及儿童书籍中,后期才作为新技能用在电商视觉设计中。但用过之后就一发不可收拾,现在是"遍地开花",几乎占据了设计圈的"半壁江山"。插画的灵活性强,不受素材和版权限制,基本想到什么都可以画出来,创意更加天马行空,更富有冲击力。另外,插画带有一些个人风格,这样视觉设计更加多变,也不会使观者产生视觉疲劳。根据绘画工具的不同,可将插画进一步分成"鼠绘"和"手绘"两种表现类型。

(1)鼠绘

鼠绘的绘制工具是鼠标,其实就是用Photoshop和Illustrator中的图形工具进行绘制。右侧所示的两个Banner分别是用Photoshop(左图)和用Illustrator(右图)绘制的,可以看到鼠绘的线条更加规整,效果也更细腻。

禾博士天猫旗舰店　　　　　禾博士天猫旗舰店
2016年"双十一"活动Banner　2017年"6·18"活动Banner

(2)手绘

手绘的绘制工具是数位板(如下图所示),其实是用压感笔在数位板上一笔一笔地绘制,这是最接近纸上绘画的一种方式。手绘的线条更加自由,表现也更灵活,如右侧的案例所示。比起鼠绘,手绘的门槛更高,需要很强的美术功底和绘画基础。

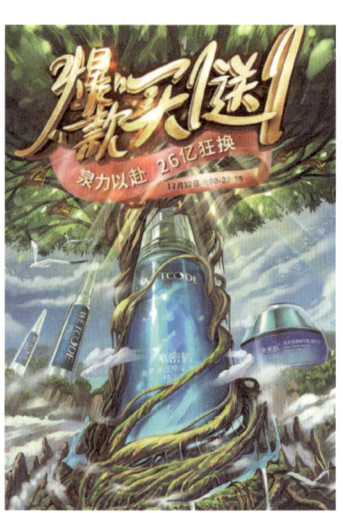

截自李子柒天猫旗舰店　　　　截自水密码天猫旗舰店
2020年"6·18"活动首页　　　2019年"双十二"活动首页
(插画师"画画的香奈"潘翠美作品)　(点奥文化团队作品)

3.三维

以前三维制作多用在影视特效、工业设计和空间装饰等行业中,大概在2016年后,这项技能开始在电商设计圈大热起来,其之所以能被广泛应用主要有以下3点原因。

视觉效果新颖:三维的最大特点是能呈现非常真实的立体感和细腻的光影感,而且与插画一样,不受素材和版权限制。很多炫酷的立体效果都能通过建模或渲染来实现,这对过去看惯了二维设计的买家来说,无疑有更大的冲击力。

大平台和大店铺带动:在电商设计圈,大平台和大店铺的视觉风格就是流行的风向标,与时尚界每年的流行趋势一样。大家可以看看淘宝和京东在2018~2020年里的很多大活动的相关设计,大都以三维为主,所以带动了更多的设计师去学习三维效果的制作。

提升设计效率:比如大家经常做的场景合成,在场景拼好后,还需调整透视和光影,这些环节的难度系数不低且花费的时间也不少。但三维制作就没有这些困扰,只要建模完成,找到合适的视角,打好灯光、贴上材质,剩下的就是渲染了,这就是三维软件的天然优势,这样设计效率就能大大提高。可能有人会觉得前期建模很耗时,的确一些复杂形态的建模是很费时间的,但毕竟电商视觉设计不是CG艺术。目前大家常用的三维模型都不算太复杂,能体现主题和氛围即可,而且有些模型(如IP形象)还能重复使用,另外网上也有大量的模型素材可供下载。

当然上述这些三维的优势,前提是要设计师会用三维软件。目前可用的三维软件有很多,但电商设计常用的是CINEMA 4D。与其他三维软件相比,CINEMA 4D交互便捷、逻辑简单,还能与Illustrator、After Effects等软件无缝结合,是一款能快速上手的三维软件。下面展示的是两个应用案例,左图是我零基础学习一个月后所做的作品,其实模型很简单,但效果还算不错。

禾博士天猫旗舰店
2020年"年货节"活动首页

天猫国际2018年
"世界妙物纪"活动海报

■ 4.摄影

摄影作品常用在服饰、美妆等类目的页面设计中，因为产品往往要搭配模特出镜，所以摄影就成了第一选择。其实一张好的摄影图不需要太多的后期处理，直接使用就能产生不错的效果。因此摄影的核心工作还在于前期准备，当然还有必要的摄影技巧。一般来说，影棚拍摄或外景拍摄都不算太复杂。如下面的两个Banner所示，只要有块彩色背景布、一些小道具和闪光灯，就能拍出这种效果。用相机拍摄和用计算机设计看似差异很大，但其实都是对构图、色彩和光影等知识的理解及运用。

截自骆驼女鞋天猫旗舰店
2019年"双十二"活动首页

截自西遇天猫旗舰店
2019年"春夏新风尚"活动首页

■ 5.动态设计

前面所讲的都是静态设计，接下来要讲的是动态设计。如今在电商设计中有越来越多的地方会用到动态设计，动态设计之所以能兴起，本质还是因为载体的更替。早期的广告载体除了电视就是纸媒，而纸媒只能呈现静态设计，别无选择，但现在几乎被各种屏幕所取代。从随身携带的手机、办公用的计算机，再到户外的液晶大屏，这些新载体大大拓宽了视觉的呈现维度，让动态展示成为可能。目前动态设计的主要形式有动效和视频两种。

（1）动效

运营设计所用的动效是指在静态页面的基础上给指定元素添加的一些动态效果。其实动效早已有之，只是当载体从PC端变成移动端后，动效更加丰富，会加入很多交互效果，如可以左右滑动一张全景Banner等。随着各大电商平台所能支持的个性化需求越来越多，专题页的动效也越来越"华丽"，如下页的设计案例所示。

右侧所示页面中的三维人物具有流畅的动画效果。

支付宝2020年"集五福 迎新春"活动页动效截图

右侧所示页面中的3只松鼠有非常明显的缓动效果。

 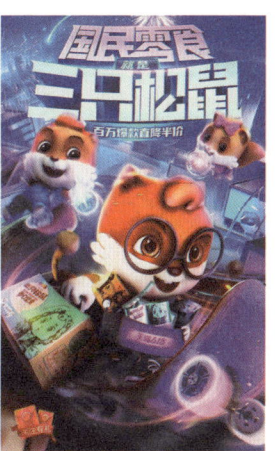

三只松鼠天猫旗舰店2020年"6·18"活动首页动效截图

右侧所示的页面中有一个礼盒,当买家刚打开页面时,礼盒会缓缓落到下方。由于人眼会本能地被动态区域吸引,所以动效能最大限度地引起观者注意,继而增加浏览页面的时间。

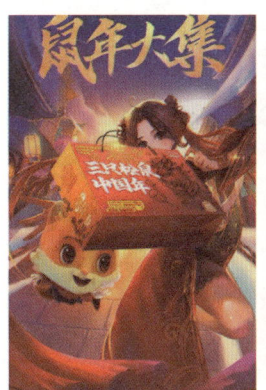 

三只松鼠天猫旗舰店2020年"年货节"活动首页动效截图

（2）视频

这里主要指短视频。PC设计时代的电商短视频并未流行，但随着手机成为电商交易的主阵地后，制作门槛低、观看方式简单的短视频终于迎来了"黄金时代"。平台有广告视频，单品页有主图视频，评价区有买家视频，店铺还有直播视频，视频已无处不在。比起图文的静态展示，短视频的信息呈现更加生动、直观和全面。例如，产品的安装视频、使用前后的对比视频等都能让买家快速理解并信任产品。视频这种形式更易被买家接受，也更能使买家产生兴趣进而提升其购买欲，当然一切的前提是视频的观感不能太差。

目前的短视频主要有两种制作方式，一种是用相机拍摄的，这种非常常见，下面是一款产品的主图视频的截图。

主图视频截图

另一种是用计算机制作的，如三维视频、MG（动态图形）和逐帧动画等，这类视频的制作门槛高，应用得相对较少。下面展示的是一支用于推广活动的逐帧动画作品的截图。

禾博士2017年"6·18"活动推广动画截图

目前来看手机在未来相当长的一段时间内还是电商视觉设计的核心载体，随着5G网络逐渐普及，动态设计的需求肯定会越来越多。并且由于手机的竖屏特性，竖版设计也会越来越主流，像淘宝的主图视频就要求是竖版尺寸的。

过去的静态设计和动态设计完全分属两个领域，交集很少，但现在随着动效和视频的频繁出现，这两个领域或许会合二为一。试想很多店铺虽然有大量的视频需求，但出于成本考虑，是不会单独外包或招专人制作的,这样以前只做静态设计的运营设计师就要承担起拍摄工作。当然这也是设计师提升竞争力的表现之一,如果会大多数设计师都不会的技能,而且这项技能还能帮助公司解决很多"刚需",那将会是很大的优势。可能在未来,创意设计、三维设计、动效设计和视频制作等细分岗位都会合并,身兼数职将是一位优秀设计师的常态。因此,建议大家除了要会Photoshop、Illustrator这些软件外,最好能再掌握以下3款软件。这些是很常用的软件,若你精力有限,先确保有所了解,然后针对感兴趣的某一款软件再继续深入学习,争取精通。

目前主流的三维软件之一,简单易上手,出图速度快,而且动画功能也很强大	主要用于动效制作、视频处理及特效制作,插件多,可以与C4D无缝结合	较常用的视频编辑软件,操作简单,主要用于短视频的后期剪辑

CINEMA 4D(C4D)	Adobe After Effects(AE)	Adobe Premiere(PR)

总结

以上分别介绍了电商设计中的5项常用技能,其实还有很多设计是将几种技能结合起来完成的,这样每个元素都可以用最适合的形式来表现,创意不受约束,视觉效果也更丰富,如下面的案例所示。当然,这对设计师的要求也更高。如何将不同形式的元素自然融合是一大难题,融合不好就会造成画面风格不统一,整体违和、不协调。

合成+插画+三维+摄影　　　　合成+三维+摄影　　　　合成+插画+摄影

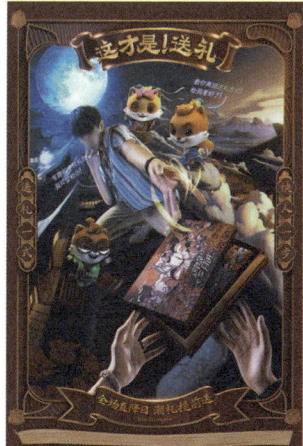  

截自三只松鼠天猫旗舰店　　截自燕之屋天猫官方旗舰店　　截自百雀羚天猫旗舰店
2019年中秋节活动首页　　　2019年"双十一"活动首页　　2018年"3·8女王节"活动首页
（汤臣杰逊团队作品）　　　　（汤臣杰逊团队作品）　　　（壹网壹创团队作品）

合成、插画和三维是最核心的三大技能，也是目前电商视觉设计常用的3种形式。有些大公司甚至配有专门的插画组和三维组以应对各种创意需求，当然如果设计师3项都会那将是一个很大的优势。但由于它们属于完全不同的学习方向，涵盖的知识面广，想要都精通还真不是一件容易的事。因此这里还需探讨一个问题，到底是做什么都会的"全才"，还是做有一技之长的"专才"，我觉得正确的方向应该是"全面了解，精通几项"。

"全面了解"是对每项技能都要有所了解，能掌握基本用法，如果"完全不会"，那这块领域就插不上手，但"会而不精"至少能解决一些简单需求。比如前面所讲的短视频，若需求不复杂，刚好又能做，这时便可体现设计师的能力和价值。如果将来走上管理岗位，"全面了解"也能更好地带领复合型团队，把每个成员都用在正确的地方。因此要不断地拓宽知识面，完善"技能树"，千万不要成为某家企业的"定制化人才"。

"精通几项"是在"全部了解"的前提下，选择几项适合自己的技能进行深度学习。因为一个人的精力有限，不可能做到真正全能。因此，发挥特长比补短板更有价值，找出自己喜欢或擅长的，努力做到精通，聚焦专长才更易被人记住，也更能体现价值。当然精通的最好不少于两项，因为只掌握单一技能的生存空间只会越来越小。

另外学习也要循序渐进，一口吃不成胖子。有些人一看到企业招聘要求"会三维、插画或视频者优先"，就恨不得将所有技能在一个月内学会。我以前就面试过一位女生，她同时报了3个线上培训班：手绘插画、C4D和视频制作，而且是30天速成的那种。可想而知，这种急于求成的行为最后很可能是一样也没学会。身边有些设计师会的技能很多，但做出的作品却总不尽如人意；也有些设计师只钻几项，但在团队里都是核心角色。这是为什么？其实就好比武侠小说里内功和招式的关系，应该先练内功，提高审美，勤于思考，多学一些设计的基础知识，如平面构成、色彩构成和创意方法等。要知道基础知识具有共通性，就像心法一样，一旦掌握就能将各种技能融会贯通。总之，要先通过学习打牢基本功，其次才是练招式，有选择地学习相关技能。如果内功强大，简单的技能也能发挥巨大的威力，但若没有内功，会再多技能也只是花拳绣腿，使不出威力，设计不出好作品。因此要根据自身的实际情况而定，若是刚毕业不久，建议先掌握基本技能，提高审美和营销思维；若是工作了3年以上，则可以根据需求再去拓展相应的技能，当然这时一定要清楚自己的职业规划以及想要的核心竞争力。

1.2 生存之道

设计师在一般人的认识里总是两个极端：一部分人认为设计师是一群无拘无束、随心所欲搞创意的艺术家；也有一部分人觉得设计师只是工作简单、任人使唤、天天加班的"小美工"。都说隔行如隔山，可能只有身在其中的自己才能明白设计路上的各种酸甜苦辣，本节从我的切身体会出发，聊一聊电商设计师的生存之道。

1.2.1 我的12年

我学生时代的爱好是动漫和画画，大学所学的专业也是与兴趣相关的广告设计与制作。2008年毕业后就一直从事设计这份工作，很庆幸工作和爱好能结合在一起，凭着这份热爱坚持到今天已有12年。我这12年的工作经历分为两个阶段：前4年服务了3家广告公司，主要做线下设计，磨炼基本功；后8年则在一家以电商渠道为主的营养品公司工作，刚进公司是做电商的运营设计，后来走上管理岗位，负责各类设计需求的沟通、统筹和指导，当然也会参与重要项目的设计。下面结合一些具体经历来讲讲我对职业的看法，希望能带给大家一些启发。

> 顺势而为　自我进化　深耕细作　转型管理

1. 顺势而为

相信每个人都有自己的职业规划，但前提是要选择一个有发展前景的领域。对于企业而言，找准风口很重要，设计同样如此。设计中的细分领域很多，如果该领域正值上升期，设计经验才会越来越有价值。拿我来说，最早是在传统广告公司做线下设计，后来不断涌现的互联网营销给传统广告造成了巨大冲击，那时我就感觉线下设计师的生存空间会越来越窄。当时的电商行业还在高速发展期，于是我就看准风向，果断进入电商设计领域，朝线上转型，成了一名互联网设计师。后来正如大家看到的，广告行业持续下滑，传统广告从业者更是夹缝中求生存。试想如果我还一直待在广告圈，可能就算再努力，也很难拓展自己的价值空间。因此，只有顺势而为，才有可能乘势而上。

2. 自我进化

在设计的职业道路上，很多人可能会供职于多家公司，而每家公司的规模和架构可能都不相同，因此不是每家公司都会有一位懂设计并愿意带新人的好领导。有些公司只有一位设计师，或者有几位但却没有正规的设计部，这时设计师的领导可能是谈流量或转化的运营师，也可能是讲品牌或营销的策划师，还可能是只谈卖货的公司老板。总之不可能会有专业导师一直带你，因此要学会"自我进化"。其实就是能通过正确的学习方式进行自我提升，其中学习的方法很重要，虽然大原则都是多看、多想、多练,但具体到如何执行就因人而异了。要善于从日常工作及所见所闻中总结一套适合自己和所处领域的学习方法,若方法不对,学起来就很累。关于我的学习方法将会在第2章详细讲解。<u>总体来说,就是要有自我提升的意识,并具备总结方法的能力。</u>

2012年我刚进入线上设计领域时,电商设计远没有现在成熟。公司既没有专业导师,网上又没有太多的教程,大家都还在摸索。这时我若不能"自我进化",那肯定达不到后来的高度,写书也更是无从谈起了。当时我就发现线下设计和线上设计的很多知识和能力是互通的,因此基于过去的知识储备及时总结出了一套适合电商设计的学习方法,并根据自我认知不断调整和优化。一套好方法能大大提升能力升级的速度和工作效率,也能让我们保持持续学习的兴趣。

■ 3.深耕细作

可能很多人听我讲完工作经历,最大的疑问就是"你怎么会在一家公司待8年?"。确实,对于设计这个流动性本来就很强的岗位来说,待上3年的估计都不算多,而要待上8年可能很多人想都不敢想。其实我之前也无法想象,毕竟前4年也换了3家公司。后来到目前供职的这家公司,虽然中途也动摇过,但综合权衡后还是选择了继续,于是不知不觉就这么过来了。在这里想以我的经历和感受告诉大家,选择工作要慎重,要尽量避免时间过短的工作经历,这样不仅会影响简历,而且个人能力还得不到沉淀。只有在一家公司待上多年,才有机会跳出"螺丝钉"般的存在。要真正深入到项目的全链路协作中,从各个维度增加对设计的理解,突破边界,也就是常说的要综合思考和提高综合能力。

我也是待到3年后,设计深度才大大增加。平时多尝试各类设计风格和表现形式,并和团队一起总结方法,及时优化流程和方向。同时设计广度也在拓宽,因为平时既要对接市场、运营和供应链等部门,又要参与产品研发、策划和营销的讨论,所以就能了解不同角色的出发点和诉求点,也让我对设计的商业逻辑有了更深刻的认知。最后我还从技术岗自然过渡到管理岗,逐步成了管理者,因此也明白了赋能团队的重要性。总之,工作换得勤可能短时间技能增长确实较快,但深层次的商业认知和跨界思考却很难触达。<u>因此,如果你已经工作了3年以上,建议你选择一家合适的公司多待几年,最好3~5年,这样才能深耕细作。</u>当然,也不建议大家都跟我一样在一家公司待上8年,因为在一家公司5年以上则要看公司的发展及个人的机遇了。

■ 4.转型管理

有人说设计吃的是"青春饭",虽不那么准确,但如果一个人工作10年以上还是在纯执行的技术岗,确实很容易被更有精力和想法以及更有"性价比"的年轻人所取代。这听上去很残酷,<u>但这就是大多数公司都存在的情况,因此转型做管理应该是大部分人的"中年选择"。</u>因为设计(尤其是互联网设计)需要与时俱进的创意和创造性思维,而一般人在这方面的能力会在某个年龄段达到峰值后就呈下降趋势，这时很多想法和思路可能反而不如正处于上升期的年轻人。但此时你的专业经验、眼界格局、商业洞察等能力都会比年轻人强很多，而这些优势只有在转型做管理后才有发挥的空间。若一直做技术只会暴露自己的年龄劣势，除非你能成为设计专家。

一些大公司（如阿里巴巴、腾讯等）的设计师都有两条发展路径：一条是在技术岗一直深造成颇有影响力的设计专家，而另一条则是在技术岗做到一定阶段再转到管理岗。但毕竟有这样人性化管理的公司是少数的，更多公司的现状就是最后你要做不到管理层，可能就要"无事可做"了，因为要把机会让给年轻人。因此，大家若想在设计圈一直发展下去，就要做好转型做管理的准备和规划，要培养自己的全局观、理性思维、决策力和沟通协调能力，同时让自身的思考维度从解决设计问题变成解决项目问题，而专业提升也要从赋能自己变成赋能团队。要经常总结一些能帮助团队共同成长的方法，要让团队运作得更加科学高效。这些要求虽高，但都是将来不让我们被年龄束缚的核心竞争力。

1.2.2 给新人的4点建议

前面所讲的内容更多的是我对职业规划及个人发展的一些思考，下面回归设计本身，给刚入行不久的新人4点建议，这些建议都是我在设计工作中的一些真实感悟。

坚持你的热爱　　不做"美工"　　人本设计　　设计赋能商业

■ 1.坚持你的热爱

很多人都说设计行业太苦，其实每个行业都一样。做设计一路走来，我见过太多最后半路转行的设计师，自己也曾困惑和迷茫过，毕竟设计是一份既耗脑力又耗体力的工作。身心疲惫是常态，如果只是当成一份工作就很难坚持，但也有很多人仍选择坚守。为什么？相信大部分人的回答应该和我一样："因为热爱！"这是一句简单而又真实的回答，只有热爱才会从繁重的工作中找到乐趣。我经常在工作中尝试一些新技能和新风格，因为很享受每次的新尝试带来的新鲜感和成就感，特别是当自己会了之前不会的方法时，就像孩子一样兴奋，正是这种兴奋感，让我在12年后的今天依然不断地学习。很庆幸我的工作就是我的爱好，坚持设计就是在坚持这份热爱，也是坚守着刚入行时的那份初心，热爱是我最根本的动力。如果你是刚入行做设计的新人，一定要问问自己是否热爱设计，只有热爱才能体会到"设计很苦，坚持很酷"，才能凭着热爱这份初心，越走越远。

■ 2.不做"美工"

"美工"是外界对电商初级设计师的另一种比较随意的称呼。在大部分人眼中，美工是指懂点Photoshop、会些简单抠图和基础排版的人，这些人还算不上设计师，但又做着设计的活，因此称作美工。显然这是一个带点贬义和偏见的词语，所有设计师都很排斥，包括我也经常在公司大会上呼吁大家不要把设计师称作美工。但从自身出发思考，如何才能不做只会简单技能的美工呢？虽然每个人都是从新人阶段起步，但我们不能在这个阶段停留太久，要通过循序渐进的学习尽快提高自己。很多人都说一个人优秀与否，就看他下班后的5小时。刚入行的前5年，眼界提升和能力升级都非常重要，这是你的价值体现，直接决定了你5年后的薪资能否有大幅的增长。其中眼界是基础，决定了你的设计高度，只有眼界高了，才能知道自己的不足和努力方向。若眼界太低，一直自我感觉良好，只会越做越迷茫。而能力升级则需要一套适合自己的学习方法，关于这点前面也讲到了。总之，要抓住一切业余时间朝着自己规划的方向努力进阶。

　　另外，还要有危机意识和工匠精神。现在互联网行业发展得很快，设计也跟着新技术、新体验而不断改变，比如前面提到近几年大热的动效和短视频等，这都需要设计师积极拓宽能力的广度并增加能力的深度。并且对待每个项目和每次设计都要保持工匠精神，努力追求极致，这是一种态度，更是设计师该有的一种精神。例如，初看有些专题页的大感觉都不错，但细看就会发现很多地方不精致，缺少对细节的极致追求。而高手对决，最后就是拼细节，可以说细节决定了设计上限，因此精益求精是晋级高阶设计师的必要条件。

　　记得我2018年参加阿里巴巴的UCAN设计大会，当听到深泽直人老师讲述他所倡导的无意识设计理念及对产品设计的思考时，他那种简单和实用的极致追求，让我对设计心生敬畏。

2018年阿里巴巴UCAN设计大会，深泽直人主题演讲"设计环境与细节"

　　最后，要对做完的工作及时复盘，特别是一些有数据反馈的设计。要学会看数据，能透过数据评估出这次工作的得失。对的地方继续保持，而错的地方要持续优化。互联网设计的一个很重要的特点就是数据驱动，很多迭代优化都是靠数据反馈后进行的。例如，直通车要看点击率和转化率，而详情页则要看转化率和平均停留时长等。数据能让设计复盘变得更加理性和客观，也能让设计的价值呈现得更加直观。当然数据也不是万能的，也不是所有的设计都能用数据来评估，要学会判断，商业设计本来就是理性和感性相结合的产物。

3.人本设计

人本设计就是以人为本的设计，这里的人可理解为设计的目标用户，这是商业设计中非常重要的关注点之一。不同于纯艺术能自由表达个人情绪和观点，商业设计应该从用户的角度出发，充分理解用户的感受，尽力做出符合大众审美和用户体验的设计。但还是会有设计师一不留神就陷入"自嗨"当中，不考虑产品定位和用户画像，只用自己喜欢的风格来表现主题和内容，一味地迎合自己的喜好。如有些产品本来是时尚大牌，最后却设计成活泼可爱的感觉；有些产品本该是文艺清新的风格，最后却设计得科技感十足，这样再"好看"的设计也只会不伦不类。微信公众号"首席视觉官"曾有篇推文中写道："设计师的职责，并不是追求美，而是将目标人群所追求的美表达出来。"这句话很精辟，对于某款产品或某个主题，设计师就是要能准确表达出目标人群眼中最想看到的模样。有些设计师总觉得运营不懂审美，就爱瞎指点，这也是典型的错误想法。千万不要觉得运营不懂设计，他们往往代表着大众审美，设计师不是艺术家，做的就是"接地气"的大众设计。

除了要符合大众审美，设计出来的页面还要符合大众的浏览习惯，要让用户能清晰舒适地接收页面信息。例如，有些设计师为了追求美感，有意将手机页面的文字做得特别小，导致用户根本看不清，这就违背了"易读性"的原则，这种忽略用户体验的设计就属于无效设计。设计师要明白设计绝不只是好看而已，<u>要时刻牢记设计师的职责不是表达自我，而是服务大众</u>。

4.设计赋能商业

我参加过很多与设计相关的论坛和会议，听过很多"大咖"演讲，而"赋能商业"是出现频率最高的词汇之一，这也是商业设计中非常重要的。<u>运营设计师要能够通过设计来实现各种商业目的</u>。例如，大额优惠券如何呈现才能让买家更想领取，核心买赠如何露出才能让买家第一时间关注，主推品如何展示才能让买家更想点击，这些都是设计师在动手前就要考虑清楚的问题。当然，最终目的都是为了卖货，只有从设计维度实现了商业价值，才能更好地体现个人价值。

总体来说，设计是连接卖家和买家的桥梁，买家要通过各种页面接收卖家传达出的信息。卖家关注的是商业价值，说白了就是能不能卖货；买家则更在意自身的用户体验，简单讲就是看着舒不舒服；设计师要做的则是把握二者间的平衡，<u>追求视觉美感的前提是要先在商业价值（卖家）和用户体验（买家）之间找准一个平衡点</u>，这样做出来的设计才经得起推敲，才是合格的商业设计。

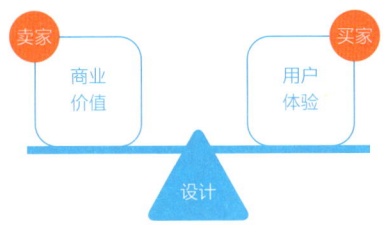

总结

本节大段文字较多，从职业看法到设计感悟，都是我这一路走来的有感而发。其实这些内容很多人都写过，也说明以上我的这些感受和观点是与大家不谋而合的。而且我相信很多人看过之后会有共鸣，也能明白其中的道理，但真正难在付诸行动和坚持。在此呼吁大家要自我驱动，明确每个阶段的小目标，努力成为当初你想象中的那个你。

1.3 漫谈未来

既然电商设计依托于整个电商行业的发展，那么接下来就畅想一下未来的电商会是什么样？当然本节探讨的不是电商的业态发展，这个命题太大，主要是从新技术入手，讲一下电商领域已经出现的"黑科技"可能会对未来的交易形式和设计方向产生怎样的影响。

1.3.1 人工智能

2016年3月，在谷歌开发的阿尔法围棋（AlphaGo）与围棋世界冠军李世石进行的人机大战中，阿尔法围棋最终以4:1获胜，此次的"世纪大战"让"人工智能"（英文缩写为AI）这个词响遍全球，也开启了人工智能市场的新一轮浪潮。这次浪潮的核心技术是深度学习，而阿里巴巴也根据这项技术推出了一款人工智能产品"鹿班"，相信大家都有所耳闻。简单说鹿班就是一个人工智能设计师，它可以快速生成海量图片，并通过深度学习不断优化设计质量。很多人开始担忧自己会不会被鹿班取代，目前看还为时尚早，毕竟做设计不是下围棋，没有规则和对错，灵感、创意和审美这些偏感性的思考都远远超过了现在机器的理解范畴。鹿班目前已全网上线并开放给商家使用，我用一张产品图进行了测试，设计结果如下图所示。

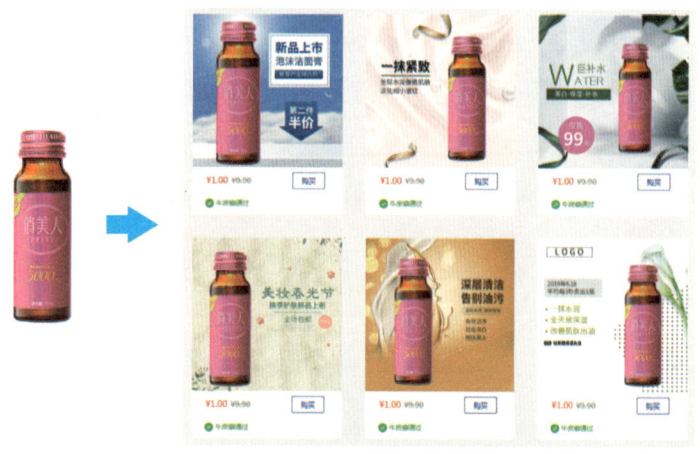

测试显示鹿班的生成速度虽快，但设计还很简单，基本上就是将关联的元素进行简单的拼接，产品融合得也有些生硬。当然整体还是有一定美感的，没有不协调。可见鹿班目前还是以简单的批量生成为主，还不具备复杂设计的能力，从鹿班官网也能了解到，它现在能设计的内容的确偏基础一些。

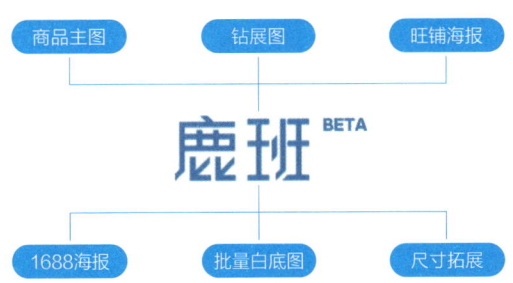

阿里巴巴目前也只是将鹿班用于淘宝个性化推荐时的海量Banner制作，如下图所示。这些投放Banner的视觉要求不高，但需求量极大，鹿班刚好能胜任。据说鹿班每秒可生成8000张不同的图片，如此夸张的产能意味着淘宝的个性推荐将会更加精准。

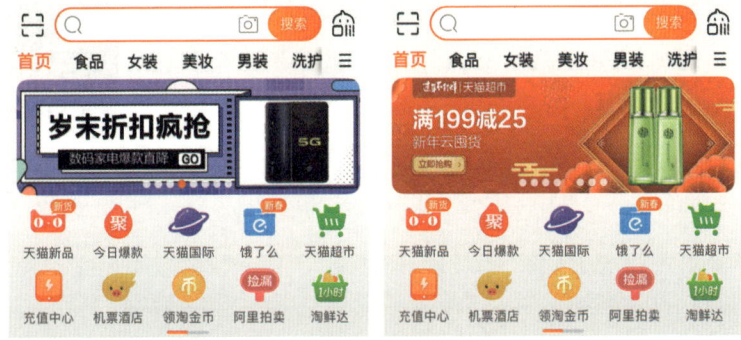

截自淘宝App首页

虽然鹿班还不成熟，人工智能也还有很多难点需要研究。但设计师仍要有危机意识，至少目前的鹿班已能够淘汰一批还以抠图套模板为生的初级设计师，未来肯定会有越来越多的人工智能工具出现。而设计师要做的就是让自己快速成长，不要在初级阶段停留太久，要尽快成为高阶设计师。其实人工智能和设计师不应该是替代关系，被取代的只是非常基础的工作，真正的创意设计人工智能肯定替代不了。在未来相当长一段时间内，人工智能技术应该会是设计师的小助手，帮设计师完成一些不产生价值但又必须去做的简单工作，这样设计师就能专注于创意输出，进而创造出更大的价值。

1.3.2 VR/AR/MR

2016年，很多媒体都宣称这一年是VR元年，因为这一年面向大众的消费级VR产品开始出现。当时VR教育、VR旅游、VR电商等概念层出不穷，和这些同时火热的还有"AR"一词。

但几年过去了，由于技术局限，VR和AR始终未迎来大爆发，很多概念依然停留在体验阶段。但不管怎样，VR和AR仍是大家都很看好的发展方向，只是大众消费的时代还未到来，前面还有很长的路要走，当然这并不妨碍我们来探讨这项技术到底会给未来的电商领域带来哪些新体验。事实上，一些规模较大的电商平台（如淘宝、京东等）已经在这些领域进行了探索和尝试，虽不成熟，但依然让我们感受到了沉浸式购物的新奇魅力。

1.VR

VR指的是虚拟现实技术，这项技术是利用计算机模拟出一个三维的虚拟世界，其中还包括对视觉、听觉和触觉的感官模拟，这样就能让使用者产生身临其境的沉浸感，并与虚拟世界进行交互。右图所示为正在使用VR体验设备的情景。

2016年初，淘宝成立了VR实验室，并于当年的"双十一"活动期间上线了基于VR技术的虚拟购物"Buy+"。人们戴上VR眼镜，就能进入一个虚拟商店进行购物，很有新鲜感。

淘宝Buy+VR购物场景截图

2.AR

AR指的是增强现实技术，不同于VR营造的完全虚拟世界，这项技术是在屏幕上将虚拟元素叠加到真实世界并使人与之进行交互，简单说就是把虚拟世界和真实世界结合起来。这听上去有些绕，但电商领域的AR应用要比VR更加成熟。例如，淘宝和京东都推出了AR美妆，当用户在线上挑选口红或眼影等彩妆产品时，利用AR技术可在屏幕上直观地看到不同产品在自己脸上的上妆效果，并且现有技术已经能让虚拟上妆效果表现得非常真实、自然。除了AR美妆，还有一些平台开发了AR家居摆放、AR眼镜试戴和AR试衣间等功能，感兴趣的读者可以搜索了解一下，相信未来AR应用的电商场景会越来越多。

淘宝AR试妆功能展示　　　　京东AR试妆功能展示

3.MR

MR是指混合现实技术，这是在VR和AR之上发展出的一种更加新兴的混合技术形式，将现实和虚拟世界合并成一个新的可视化环境，简单说就是让虚拟元素在现实世界呈现得更加真实。在2018年的淘宝造物节上，淘宝就开了一家名为"淘宝买啊"的MR体验馆。人们戴上眼镜后，便能看到画中的人物跟自己打招呼、书中飞出了产品和信息等，非常酷炫，如下图所示。当然，比起VR和AR，MR还处于更加初期的研究阶段。

"淘宝买啊"MR购物体验馆

"淘宝买啊"MR购物宣传视频截图

虽然VR、AR和MR属于不同的探索方向，但"三维"和"交互"是三者皆有的共性。它们都需要构建一个三维场景并使人能与之互动，这对设计师来说，或许三维场景、虚拟互动都是未来可以重点关注的新发展方向。

> **总结**
>
> 以上提到的人工智能、VR/AR/MR只是众多"黑科技"中的一部分，当下的互联网行业发展很快，技术变革也在加速。记得几年前无人店、智能家居还只是概念产品，现在就已经遍地开花了。设计师需要做的就是不断地探索技术边界，用技术创造出更多可能性。虽然有些技术还在发展，可能目前对设计的影响并不大，但设计师仍要关注这些前沿动态，一旦起风，说不定你就能赶上下一个风口。

1.4 本章小结

作为本书的第1章，讲的理念较多，可能有读者会觉得枯燥和空洞，但你若用心去读，应该会产生一些深度的思考。如果能将这些思考变成砥砺前行的动力，那本章将是全书最有价值的一章，对设计师产生的影响将远大于后面将要讲的"干货"。如果说后面要讲的是设计方法，那本章就是在探讨设计方向。不管何时，方向都比方法更重要，一旦方向错了，即使再努力也很难抵达那个想要的终点。

读完本章，建议你合上书先问问自己："我为什么要做设计师""我想成为怎样的设计师"。可能你不会立马有答案，但这个答案一定要自己寻找，因为当你感到疲惫、迷茫、失落时，相信你找的答案足以温暖你的心。其实所有行业都一样，从低阶到高阶的爬升过程中，必定会有种种关卡来阻挡一大批有想法却没实力的人，真正到达金字塔高处的只能是少数人。如果你能成为那批少数人，再回望初心，想想酸甜苦辣，一切都值得。

最后，我希望当有人再问起你是做什么的时，你能大声自豪地说："我是一名设计师！"

第 2 章

别急着动手，思考很重要

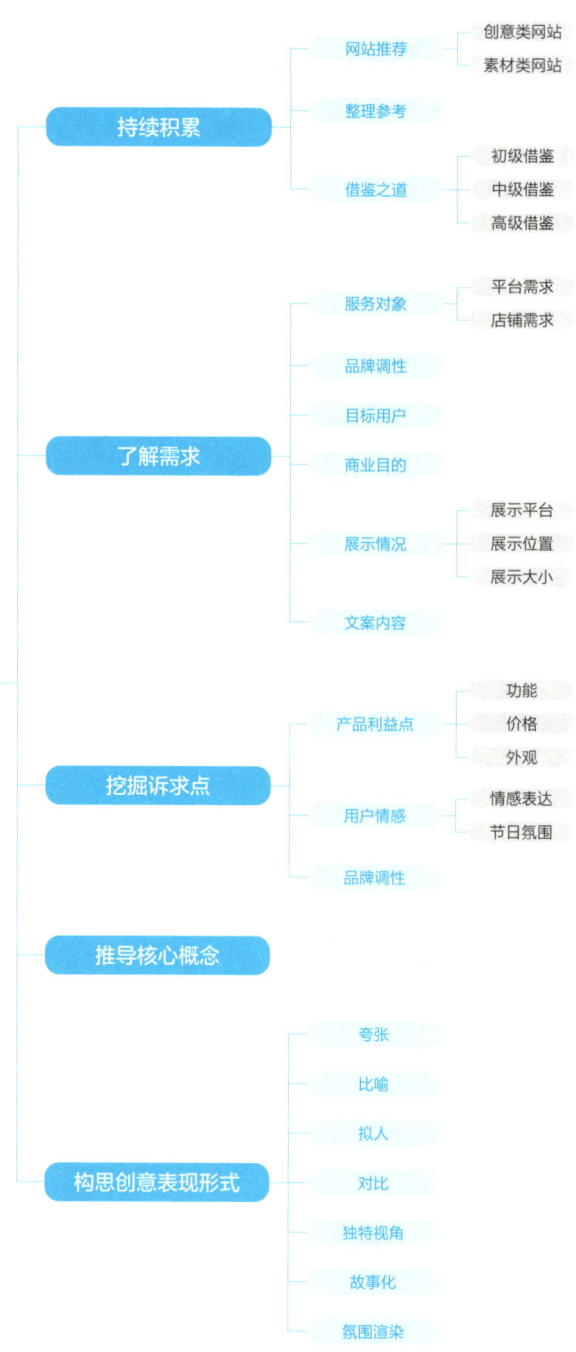

本章导读

从本章开始，我们就来正式讲解电商视觉设计的方法，但仍不是教大家如何执行，而是讲动手前我们该做哪些准备工作。有很多设计师在拿到设计需求后便会直接动手执行，其中不乏工作了5年以上的资深设计师。可见很多人并未意识到先想后做的重要性，没有思考就做出来的画面可能只是"好看"而非"好用"。正因如此，才有公司的运营人员或管理者经常会指着画面说"标题要大点""字体不够粗""颜色不够跳"等。在面对这些看似粗暴的建议时，很多设计师的第一反应就是觉得他们不懂设计，瞎建议。其实我们不该嘲笑，更不要抵触，最好静下心来想想为什么他们会提出这些建议。相信只要不是刻意找茬，每条建议的背后都有他们的理解和需求，只是表述没那么专业而已。我们要学会换位思考，试着从运营和用户的视角来看待每一条建议。例如，"标题要大点"或许是说画面并未突出本次活动的诉求点。知道真实需求后，就能用更合适的方式进行调整了，比如将标题本身设计成主视觉或给标题添加字效等。总之，对修改建议的深度思考和理性表达，才是设计师的"正确操作"，这样才能让更多人真正认可你的专业能力，并体现你的设计价值。

当然，除了对设计后期调整的思考，我们更应该重视前期的设计准备。所有的设计师都希望自己做的页面能"一稿过"，其实只要前期将需求沟通清楚，明确了方向和创意，是能避免后期很多不必要的修改的，进而可以提升设计效率，可以说大部分的修改都是前期准备不充分埋下的隐患。像我现在，想的时间基本会占到全部工作时长的一半以上，想清楚了，整个设计就算完成了一大半。因此，没想清楚前我是绝对不会动手做的，要三思而后行。边想边做乃大忌，容易使人进入一个越做越迷茫、越做越焦虑的设计状态。既然思考如此重要，那下面就来看看设计前都要思考哪些内容吧。

2.1 持续积累

思考并非空想，巧妇难为无米之炊。所有思考的前提都是要有开阔的眼界和足够的知识储备，而这些绝不是临时准备就能获得的，关键在于平时的持续积累。其中"持续"很重要，要知道断断续续的积累是很难达到目的的，唯有不间断地积累才有可能产生质变。

那么如何积累呢？首先，平时要多看一些设计网站上的优秀作品，并养成收集的好习惯，尽快建立一套属于自己的参考库，这样才能有备无患，避免出现"平时常见，关键时刻找不着"的尴尬情况。其次，收集并不是简单的"另存为"就完事了，还要反复浏览和思考，通过观察分析来学习每幅作品的亮点和优点，要吸收作品的精华部分，不然即使看再多也收效甚微。

我建议浏览网站的频次是每天一次，每次看半小时即可。因为每天都会有优秀设计师上传自己的最新作品，而且一旦养成"天天看图"的好习惯，就能为后面的质变打牢基础。可能有人觉得这样很难坚持，但我就是每天看图并收集优秀作品的，很快习惯成了自然，最后就变成一件每天都会做的小事情。作为设计师，坚持看图不仅是一项基本功，还是开阔眼界的必修课。

2.1.1 网站推荐

关于经常浏览的设计网站，其实大家的选择差不多。下面分别介绍一些创意类网站和素材类网站，其中创意类网站是核心，也是开阔眼界的"主阵地"。

■ 1.创意类网站

创意类网站以展示设计师的设计作品为主，可以在上面寻找创意灵感和视觉参考。我常用的创意类网站有4个：花瓣网、站酷网、Pinterest和Behance。这4个网站在设计圈都是知名度很高的优秀网站。

花瓣网和Pinterest属于图片采集类网站，用户平时会采集各种图片放到对应的"画板"中，在网站上能通过搜索和画板推荐快速找到相关的创意图片和参考作品。花瓣网上的电商设计作品非常全面，如搜索"双十一"，就能显示各种主题的"双十一"活动设计页面，快速、精准、丰富。对于电商设计师而言，花瓣网是最好用的搜索网站，在Pinterest上则能搜到国外设计师的很多优秀作品。

花瓣网截图

Pinterest网站截图

站酷网和Behance属于设计作品的展示平台，设计师可以在上面进行作品分享和交流。发展至今，这两个网站都分别聚集了很多国内外各个设计领域的顶尖设计师，并且很多分享内容都会注重完整性。在这两个网站上除了能欣赏设计作品，还能了解到设计师的设计思路。这两个网站上都有很多非常全面的设计项目，这对提升我们的全局思维很有帮助。

站酷网截图

Behance网站截图

其他的设计网站还有很多，但作为运营设计师，能把上面4个网站用好已足够。那怎样才算用好呢？首先，要通过频繁浏览和收集作品来不断扩充自己的参考库；其次，要多收藏一些优质的"画板"（花瓣网、Pinterest）并关注一些优秀设计师的个人主页（站酷网、Behance），这样当参考库里没有合适的参考内容时，也能快速找到想要的图片。

■ 2.素材类网站

相比创意类网站，素材类网站往往是第二步才会用到的，属于辅助型角色。当设计方向和创意敲定后，才会去这类网站寻找相关的素材。素材的匹配度越高，后期调整就越轻松。使用合适的素材能起到事半功倍的作用，但要把握好度，不能形成依赖性，如果素材使用过多，那画面就会变成单纯的素材堆积。从长远来看，这非常不利于设计师的能力提升，也体现不了个人价值。总之，要根据创意找素材，要有选择性地使用素材。适当借力能提升设计效率还能确保品质，没有合适的再动手设计。但若过于依赖素材，则会让专业能力停滞不前。有些设计师只是根据创意堆素材，甚至会根据素材想创意，那就是本末倒置了。如果让设计变成了只是找素材，长此以往肯定会被"性价比"更高的新人取代，因为新人也会找素材、堆素材。

素材网站非常多，大家常用的也各不相同，这里推荐两个：包图网和站酷海洛。包图网以下载设计源文件为主，分类也很全，素材的整体设计感也都较强，如右图所示。

包图网截图

这里要重点介绍一下站酷海洛，这是一个出售正版图片的图库网站（虽然也有视频、音乐等内容，但以图片为主）。由于过去大家对图片版权的认知不足，很多公司都踩过图片的"侵权坑"。现在随着版权保护力度的加大及企业版权意识的提升，设计师们都会注重图片的版权问题，都知道要通过付费获得图片版权后才可以使用。但以往的一些图库网站，价格不透明（主要看公司的议价能力），收费偏高，授权还有用途、期限、地域等诸多限制，确实"水很深"。而站酷海洛走的则是低价微利路线，收费合理，限制不多，一旦购买，就能用于大部分设计中，关键还是永久授权。不过要注意它的授权类型也分几种，可以根据企业规模及具体用途选择合适的授权类型。

另外，重点推荐站酷海洛的第二个原因就是它上面的图片质量很高。供图者遍布全球，图片数量非常庞大且质量颇高，当中还有大量的精修图和创意图，很多图片已跳出了素材的范畴，无须再调整，本身就是非常完整的设计作品。因此除了在站酷海洛搜索图片素材外，我也会在上面寻找灵感和参考作品。可能会有读者人认为我是在"打广告"，但作为5年的使用者，我只想把真实的使用体验分享给大家。

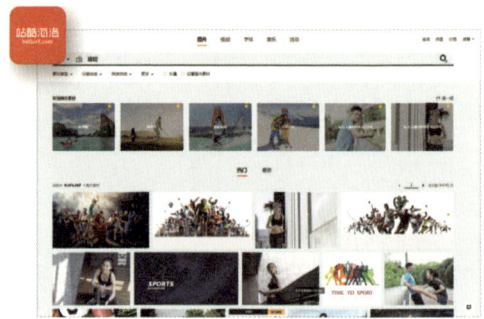

站酷海洛网站截图

2.1.2 整理参考

从各大网站收集了大量的作品，建立好自己的参考库后，接着就要整理这些参考作品了，若不整理只会让每次找图都变得非常低效。关于图库整理，相信每个人都有一套适合自己的方法和逻辑，只要好用就行。这里主要分享我的常用方法，其实操作很简单：先将整个参考库存在一个大容量的U盘中，接着将库里的所有图片都分类存放，再把每一类中的图片用关键词命名。

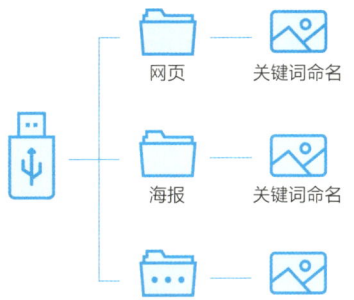

我的方法虽然没有Eagle等一些图片管理工具那么强大和智能，但胜在灵活性强、简单易用，至少我用了8年还没有发现明显的问题。从收集、整理到使用，整个流程都非常流畅。一是U盘携带方便，不管到哪里都能即插即用，不受设备限制；二是看到美图就能直接存入，方便快捷；三是当图片数量庞大时（我目前就有8万多张），也能快速读取。但要注意，从长远考虑，U盘的存储容量一定要大（我用的是256GB的），而且U盘有使用寿命的限制和损坏的可能，因此要在计算机或云端定期备份，以防万一。

接着就是分类存放，将所有图片按照不同文件夹进行分别存放，但具体划分要根据自身需求而定。我分了8个文件夹，共8类作品，基本涵盖了日常工作会用到的所有类型。

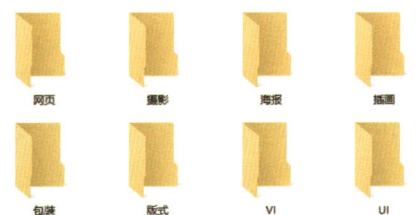

最后就是给每个文件夹里的图片命名，命名时要包含与图片相关的关键词，其实类似Eagle中的打标签。这一步非常重要，因为关键词直接决定了后期搜索的精准性。注意，每张图的关键词不用太多，够用就行，太多反而会让命名变得烦琐，一般不超过4个，如下图所示。

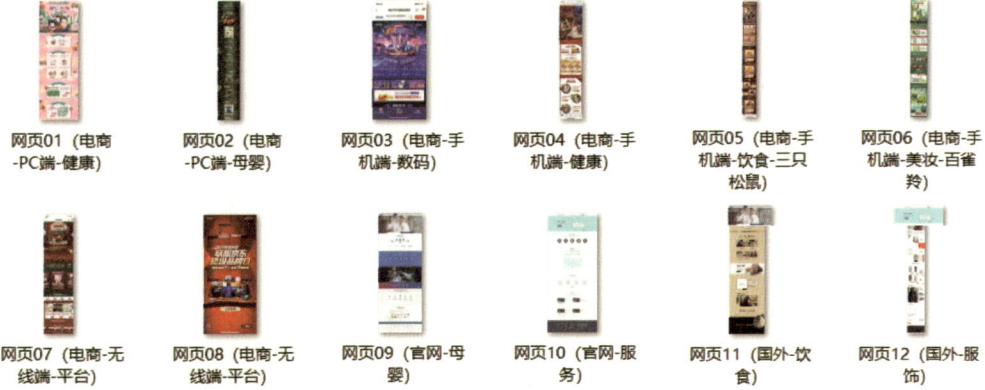

命名的逻辑非常关键，假如逻辑混乱，不仅会影响平时的命名效率，还会在搜索时模糊不清、不够精准。因此命名的逻辑要确保清晰、实用，一旦敲定，就要牢记于心。下页中的表格是我针对"网页"这一文件夹设定的命名逻辑，因为是主要文件夹，所以词条较多，分类较细。

039

分类词	关键词 ①	关键词 ②	关键词 ③	关键词 ④
网页	电商 娱乐 官网 国外	PC端 手机端	平台 健康 服饰 车行 母婴 数码 美妆 家居 饮食 服务	百雀羚 水密码 汤臣倍健 三只松鼠

从上表能看到，整套命名逻辑是从电商设计师的视角出发的。最前面是文件夹的大类词，编上序号是为了防止重名；关键词①是"网页"下的细分词，核心是"电商"；关键词②则是为了分出目前主流的手机端；而关键词③是类目词，我将所有产品大致分为10类，这样便可快速搜出某个类目的常用创意和风格；最后的关键词④是品牌词，我会将综合水准很高的品牌标记上，方便统一浏览。用这套逻辑命名后，如果想浏览电商饮食类目下的手机端作品，直接在"网页"文件夹中搜索"电商"＞"手机端"＞"饮食"即可，非常高效。

以上便是我的整理方法，当然整理图库只是过程而不是目的，我们的目的是要靠着丰富的作品储备来开阔眼界，并能从中寻找灵感和参考。这就需要大家平时多看、多想、多记忆：多看就是要经常浏览、反复浏览，这是最基本的要求，一定不要等使用时才看，因为临时浏览只能是走马观花；多想则是要在看的同时去思考每幅作品的视觉亮点，如作品的创意、风格、构图或配色等，想想为什么要这么做，如果是自己会怎么做、能做出来吗，通过多角度地分析来学习作品中的精华，这样才能看出价值；多记忆就是要对优秀的作品都留有印象，将好创意存入大脑，方便随时调用，确保不让思考变成空想，这样能大大提升思考的效率。只要多看、多想、做到位，记忆也就是顺其自然的事情了。

2.1.3 借鉴之道

光说不练假把式。如果不练习、不使用，那么很多理论和分析都只是纸上谈兵，而且会很快忘掉，只有不断实践才能真正地提升设计能力。对新手而言，实践的第一步就是借鉴。先从字面解读一下：借，就是借用，这个前提是要有一套能借用的图库；鉴，即品鉴，这个前提则要求设计师有较高的审美水平，如果借鉴的图片本身一般，那就"输在了起跑线上"，可见前面所讲的"参考库""整理术"都是借鉴的基础。

借鉴，可简单理解成模仿，但绝不是临摹。临摹是将原图完全复制下来，中间没有经过个人思考，只是训练了软件操作和技法。在下面的这组案例中，原稿是我早期发布的作品，而临摹稿则是典型的临摹作品。能看到左右稿几乎一模一样，只是简单地替换了产品，这样已有抄袭的嫌疑。当然若是新人，这种临摹也是入门的一种学习方法，但仅限于入门练习时使用，决不能长期临摹或商用。我们要试着学以致用，但"拿来主义"不可取，不然很难成为一名合格的设计师。

原稿 临摹稿

禾博士天猫旗舰店2016年"6·18"活动首页

那真正的借鉴应该是怎样的呢？我认为是在原稿某一部分的基础上，结合自身思考进行的再创造。如果说模仿是复制，那借鉴就是形似或神似，根据对原稿的借用多少，我将借鉴分成了初级借鉴、中级借鉴和高级借鉴3个层级。

■ 1.初级借鉴

初级水平的借鉴是将原稿的创意表现和视觉风格全部借鉴过来，同时还参考了构图或配色，总之相比原稿，整体改动并不大。初级借鉴适合新人，容易上手，不过缺陷也很明显。由于改动简单，很难形成自己的风格，基本属于"影子作品"，但有些"高仿"对执行力也有较高的要求。例如，下面的这个案例中，借鉴稿就借用了原稿的创意、风格、构图及配色，原创设计较少，但好在视觉表现效果还不错，很多细节都还原得比较好。

原稿 借鉴稿

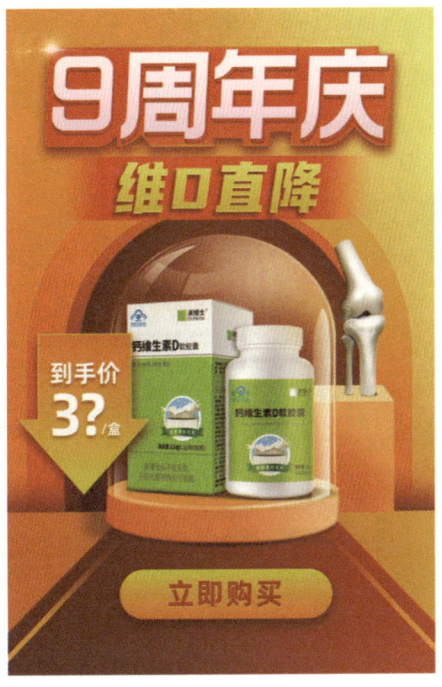

大众点评2020年"亲子节"活动海报

2. 中级借鉴

中级水平的借鉴则是在原稿的创意基础上，根据自身需求进行了改造和适配，虽然仍有"借用"的痕迹，但也有明显的个人思考融在其中。其实借鉴能到这一步，已经挺不错了。例如，右侧的借鉴稿虽然与原稿的核心创意一致，构图也雷同，都是用拟人手法表现"篝火音乐趴"，但借鉴稿根据"今夜狂欢"的主题在视觉表现上进行了重新演绎，将场景移到了大草原上，还增加了"歌手"和"听众"。另外，合成的细节也很到位。

设计师Caglar Mertler作品

3. 高级借鉴

到了高级水平，一般只会用到原稿的某个亮点，然后在此基础上进行全新创造，最终表达出自身的思考和创意。原稿中的亮点可能是创意，也可能是风格，还可能是某种意境，总之一切可以被发散或再创造的地方都算亮点。例如，下面的借鉴稿就只用到了原稿的一个创意点，利用"产品镂空+场景填充"重新表现了另一个完全不同的科技场景。这样的借鉴稿中"借鉴"的痕迹非常弱，仅仅神似。

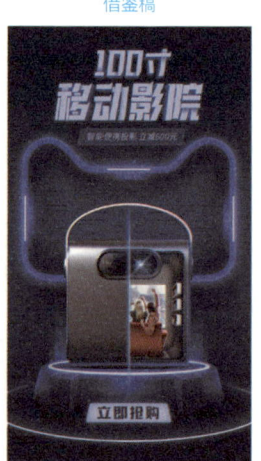

截自极米科技天猫旗舰店2017年"年货节"活动首页
（杰视帮团队作品）

小提示

由于篇幅有限，以上每个层级都只展示了一组对比案例。我之前在站酷网发表过两篇文章，里面共展示了 86 组案例，大家若感兴趣可以上站酷网搜索"借鉴之道"。

借鉴是新手入门的必经之路，但要学会自我提升，不能一直待在初级借鉴阶段。要从初级慢慢升至高级，这个爬升过程就是一个自我进化的过程。在这个过程中，可能你借鉴了别人的作品和做法，但更多人也会借鉴你的作品，彼此相互借鉴、不断微创新就会形成一个共同成长的良性循环。要知道很多优秀的作品都是在前人思考的基础上更进一步的，似曾相识但青出于蓝，所以"站在巨人的肩膀上才会看得更远"。

总结

本节从网站推荐、整理参考和借鉴之道3方面讲解了持续积累，**总体来说就是在强调多看、多想、多练的重要性**。这是一项长期工作，无法速成，也没有捷径，唯有坚持才能获得宽广的眼界和扎实的基本功，也只有做好这些才能使每次的思考内容都更有价值。

当通过积累打牢了基础以后，理解接下来要讲的思考阶段的内容就变得很顺畅了。所谓思考阶段，是指从拿到需求到开始执行的这段时间。**这个阶段需要通过构思将抽象的文字需求转换成可被执行的具象描述**。那具体怎么做呢？我总结为4个环节：一是通过沟通了解详细的项目需求；二是从中挖掘本次设计需要聚焦的诉求点；三是根据诉求点推导出可被表现的核心概念；四是围绕核心概念构思出具体的创意表现形式，只有明确了创意表现形式，才意味着可以进入动手执行的阶段了。这4个环节环环相扣，每个环节都会决定后面的思考和走向。

了解需求 ➡ 挖掘诉求点 ➡ 推导核心概念 ➡ 构思创意表现形式

2.2 了解需求

了解需求，其实就是先摸清需求方到底想要什么。这是要做的第一件事情，如果连对方的需求和目的都不清楚，那后面的构思也就无从谈起了。只有充分了解了需求，根据需求想创意、定风格，才能使设计更有方向和针对性，也能让"美"变得更理性、更具有商业价值。当然，若想做好这一切，除了要有设计思维，还应具备营销思维和商业意识，总之就是要进行更加全面的整合思考，能从各个维度理清需求。而有些设计师会认为了解需求就是阅读对方给的文案内容，这是非常狭义的理解。虽然文案和设计有着强关联关系，但还需要设计师了解文案背后的需求和想法，之后再去设计才会精准、有效。关于需求，可大致归纳为以下6个方面。

2.2.1 服务对象

了解需求的第一步就是要弄清楚服务对象是谁，是平台还是店铺。之所以要分清服务的对象，是因为平台和店铺的需求侧重点是有所不同的。

- **1.平台需求**

如果是平台需求，那么涉及的内容会非常丰富，设计体量也很大，会场多、产品多、页面多，这时设计就更倾向整体整合。设计师需要从宏观角度考虑视觉的规范化和延展性，要确保画面不能太过个性，不同的页面间要有一定的关联性。

- **2.店铺需求**

如果是店铺需求，那么设计则会简单很多。一般只涉及自家品牌下的相关产品，展现页面往往也就是店铺首页、详情页和Banner。所以不需要像平台设计那样考虑整体性，相反应该注重页面的个性和差异化，需要通过独特的创意来吸引买家的注意，进而提升点击率和转化率。

2.2.2 品牌调性

现在都在强调品牌人格化，其实就是赋予品牌形象、个性和内涵，塑造品牌调性，使品牌在用户心智中不再模糊抽象，用丰富的人格唤起用户的情绪，拉近彼此的距离，从而提升用户对品牌的认知度和信任感。设计师在设计前应该先了解相应品牌的调性，其实就是在了解品牌性格，要让最终的视觉调性和品牌调性一致。

例如，优衣库和裂帛虽然都是服装品牌，但当大家听到名字后，脑海里肯定会浮现出两种截然不同的品牌性格：优衣库是现代、简约、品质；裂帛则是民族风、个性、独立。设计师要做的，就是要确保画面的视觉风格不与品牌调性相违背，只有传达一致才能使用户感受到品牌的温度和价值感。下面所示的案例，虽然都是新年主题和红色调的，但因为优衣库和裂帛的品牌调性不同，视觉表现上也有明显的差异。

截自优衣库天猫官方旗舰店2018年"年货节"活动首页　　截自裂帛服饰天猫旗舰店2020年"年货节"活动首页

2.2.3 目标用户

目标用户是指设计需求所针对的目标人群，说直白点就是做出来的设计到底给谁看。如果连给谁看都不清楚，那前期构思也就无从谈起了。只有弄清楚相关活动和产品的目标用户，才会知道用怎样的创意和设计风格可以打动他们，进而引起他们的兴趣和共鸣，这样就大大缩小了前期的思考范围。

既然目标用户这么重要，那如何创建用户画像呢？一般早期在用户基数不大时，会通过市场分析、用户调研等方式定性推导出需求画像；而后期当用户基数达到一定规模时，则要通过实际的数据反馈进行定量验证，这样不断迭代才能让用户的画像越来越精确。

分析用户画像的维度有很多，而且针对不同行业和不同领域也有很大不同。<u>对电商设计而言，常见的分析维度有性别、年龄、地域、婚姻状况、学历、职业、消费特征和兴趣偏好等</u>。此外，基于这些内容还要形成一段形象化的描述，让已知的用户模型更加形象和清晰。例如，我之前所在的公司做过一款饮品，产品的主要功能是给肌肤补水保湿。下面是当时对部分用户进行的调研分析，最后基于调研数据和结果，综合得出了一段形象化的描述。这样用户画像才会生动、具体，才能更加清楚地知道设计所针对的到底是一群怎样的买家。当然，实际上所做的用户研究远比这复杂，在此仅做简单介绍。

俏美人胶原蛋白饮	性别	年龄	地域	婚姻状况
	女性占91%	18~30岁的占62%	一二线城市的占73%	未婚的占71%
	学历	职业	消费特征	兴趣偏好
	高学历（本科及以上）的占55%	公司职员、个体经营者占60%	消费金额100~200元的占45%，热衷网购，折扣敏感度较低	注重保养，热爱分享，品质追求，忠于品牌

使用人群 18~30岁的女性，大多是一二线城市的白领或创业者，高收入、高学历，还未结婚，平时热衷网购，不太会特意挑"打折季"购买，有需求就会下单，看重品牌，平时在胶原类产品上的平均消费在100~200元，也会关注很多美妆达人，注重个人保养，喜欢分享护肤秘籍，生活上追求"小精致"，对产品品质和颜值有着较高追求。

2.2.4 商业目的

作为商业设计师，要做的不仅仅是好看的设计，关键还要好用，<u>好用就是要确保设计能解决某些商业问题，从而帮助需求方达成各种商业目的</u>。因此，动手前就要弄清楚设计的商业目的是什么。当然，电商的最终目的都是卖货，但直接目的却会根据设计内容的不同而有所差异：如果是做内容营销，那设计可能是为了品牌推广；如果是直通车或钻展，那设计则是为了用户点击率和转化率；如果是专题页，那设计就是宣传活动和促销；如果是详情页，那设计就是为了让用户了解产品。总之，当商业目的明确后，设计师一定要牢牢围绕目的做设计，以结果为导向才能使设计具备商业性。

2.2.5 展示情况

展示情况，就是要设计师去了解画面所在场景的相关情形，这是非常重要但又很容易被忽视的一点。很多人会简单地认为做好设计本身就行了，殊不知最终的呈现环境也会对视觉效果产生直接影响。只有先摸清展示场景的各种情况，才能使前期的思考更加全面。例如，单独看直通车页面和在淘宝搜索页看就有很大不同，其中主要的影响因素包括展示平台、展示位置和展示大小3个方面。

1.展示平台

要先了解页面最终呈现在哪个平台，因为用户群的不同会导致平台调性也各不相同。<u>设计师要确保设计的页面风格尽量不与平台调性有太大差异，不然很难引起平台用户的共鸣</u>。

例如，拼多多、唯品会和网易严选这3个电商平台，由于用户的属性不同，它们都有各自的调性和风格。如下面的案例所示，同样是活动页，但这3个平台的视觉表现却截然不同：拼多多的用户更倾向性价比和折扣类商品，所以页面侧重于浓烈的促销风格（左图）；唯品会的用户以年轻女性为主，因此页面偏向时尚和女性化（中图）；而网易严选的用户更追求品质好物，因此整个设计都流露出简单和素雅的感觉，视觉效果非常克制（右图）。总之，画面风格要迎合平台用户的喜好，这样才更容易打动他们。试想如果将拼多多的促销风用到网易严选的页面中，就会格格不入，甚至会引起用户的反感。因此，画面的展现平台是设计师要考虑的重要因素之一。

截自拼多多2018年"6·18"活动页　　截自唯品会2018年"6·18"活动页　　截自网易严选2019年"6·18"活动页

2.展示位置

　　展示位置，其实就是页面最终展示在平台中的位置。特别是在做引流图时，位置因素尤其重要。因为引流图往往都是尺寸不大的Banner，无法像专题页、详情页那样布满屏幕，所以往往会和其他设计页面同时存在于一个版面中，这样画面就会相互影响。设计师要做的就是根据实际位置"因地制宜"，只有一开始就将最终的展示效果考虑进去，设计时才不会走弯路，千万不要只考虑页面本身而忽略整体的展现效果。

　　例如，钻展和直通车就属于要考虑展示位置的典型设计页面，通常它们所在的呈现页面上都有大量的视觉干扰。设计师要思考的是如何让页面能在第一时间跳出来，使之成为视觉焦点，以吸引观者注意，进而提升点击率。

　　在右侧所示的页面中，不管是钻展（左图顶部的Banner）还是直通车（右图左上角的Banner），虽然周围有很多其他元素，但在版面中仍显得非常醒目。

截自淘宝App首页　　　截自淘宝App搜索展示页

特别是直通车，它所在的版面是淘宝搜索页，页面中有大量的产品主图分布在四周，而且设计风格都不一样，这样稍不注意就会让直通车淹没在花花绿绿的"图海"中。因此设计师要事先了解直通车对应的核心搜索词，再仔细观察搜索出来的界面，这样就能知道如何设计才会使页面产生差异化。正如上页案例中所示，直通车周围都是浅色调的产品主图，这时高饱和度的天蓝色就会非常吸引人。

钻展和直通车需要从所在的页面中跳出来，但有些设计却是要融入整个页面中。例如，产品详情页中的通知栏，过于醒目则会显得突兀，最终影响页面的完整性，同时还降低了设计美观度和品质感。总之，设计师要清楚设计的页面在呈现页面中所发挥的作用，根据作用来调整最终的执行方向。

3.展示大小

设计师还得知道页面展示位置的实际尺寸，对于手机端的视觉设计而言，这是做所有设计都要考虑的一点，虽属于基础要求但非常关键。在PC端，设计都是所见即所得的，即软件中的设计尺寸和最终的展现尺寸是一致的，因为载体都是PC端，所以设计成什么样观者最终看到的就是什么样；但到了手机端，浏览载体从大屏变成了小屏，此时载体发生了迁移，PC端上的设计尺寸和手机最终的展现尺寸已是大不一样，版面会缩小很多，因此要以手机上的实际展示效果为准。右侧所示的是在淘宝App搜索"胶原"后的页面，看看页面中的4张产品主图究竟哪个在设计时考虑了最终的展示大小呢？

截自淘宝App搜索展示页

可以明显看出下面的两张主图无论内容还是版式都非常清爽、舒服，而上面的两张主图则显得杂乱很多，这就是没有考虑手机端展示的后果。可能在PC端设计时看到的视觉效果都很好，但转移到手机端后，页面就会显得拥挤、文字过多，观者不但看不清甚至还会产生本能的排斥。

考虑手机上的展示大小就是在考虑信息传递的有效性。要确保页面中的内容不能太多，文字不要太小，这样信息才能被观者读取，不然就属于无效设计。展示大小非常重要，本书在后面还会反复提及这一点。

2.2.6 文案内容

通读需求方提供的文案内容时，对于文字，不仅要读完，更重要的是读懂。**设计师一定要具备读懂文案的意识和能力**，只有读懂文案背后的商业逻辑，才能将核心诉求点转换为大家都喜闻乐见的设计语言。将文案可视化是设计最直接的需求，如果连文字呈现都不到位，那前面所讲的品牌调性、用户画像、商业目的这些间接需求更是无从谈起。

通读文案需要明确文案中的3点信息：主题、层级和主次。主题并不单指主标题，而是整篇文案想表达的核心，可能是关于品牌理念、产品卖点，也可能是渲染节日氛围、促销力度等，主题会反映内容的主诉求，而设计正是在此基础上进行的创意表现。层级和主次则是在梳理文案的逻辑关系，要先明确哪些内容是需要合并或区隔的，哪些内容是需要突出或弱化的。

例如，在右侧所示的案例中，主题是关于产品卖点的；层级则有两层——标题和内文，其中内文又分3个小点；主次上则以突出"科学配比 营养饱腹"为主。这样梳理清楚后，后期才能通过调整文字间距、大小等手段进行版式区分，使观者阅读清晰、不费劲，关于这部分内容将会在本书的第10章详细讲解。

> **总结**
>
> 本节讲了了解需求的6个方面，读懂文案只是最后一步。设计师应该多了解前期的相关内容，而了解的过程其实也是一个和需求方沟通的过程，有任何疑问都要事先沟通清楚，有分歧最好能提前解决，这样才能避免后期很多不必要的调整。同时，全方位的沟通和了解也是在训练设计师的全局思维和营销意识。当然也不是所有的设计需求都会涉及前面所讲的这6个方面，具体还要看需求的类型和设计的体量。

2.3 挖掘诉求点

在充分了解设计的详细需求后,接下来就是从中深挖需要聚焦并传达给观者的诉求点。诉求点就是整个设计希望传达的营销重点,是所有构思和表现都必须围绕的核心焦点,而设计最终要做的就是将诉求点传递到观者的心智中去。若前期没有明确诉求点,那之后的一系列环节就会因为缺少聚焦点而无法展开,下面就具体讲解电商设计中几个常见的诉求点。

只要谈及视觉营销和品牌营销等内容都会提到"马斯洛需求层次理论",它是由美国心理学家亚伯拉罕·马斯洛(Abraham H.Maslow)于1943年提出的。这一理论将人的需求由低到高分成5个层级,在营销上其实就对应了5种消费市场,可以帮助设计师分析目标人群的消费需求。以服装为例,5个层级分别对应5类不同购买需求和消费心理的人群,而品牌方要做的就是通过分析确定自己的产品该定在哪一层级。

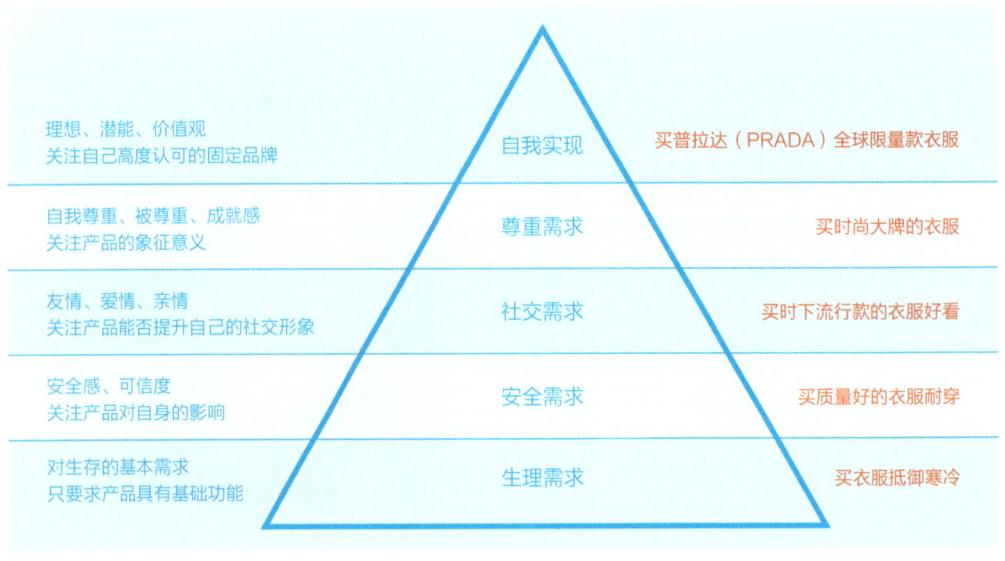

从诉求类型上看,这5个层级由低到高能依次划分成理性诉求、感性诉求和精神诉求3类,而对应的诉求方向则分别是产品利益点、用户情感和品牌调性。总而言之,层次越高,用户能接受的产品定价也越高,对品牌的认同感也会越高。现在都在谈的消费升级,其实也是产品定位逐步上升的过程,会有越来越多的消费者对产品的品质和品牌价值提出更高的要求。当然,也不是任何产品都要瞄准高层次,一定要根据产品的核心优势、推广投入等因素来找到最适合的诉求类型和方向。

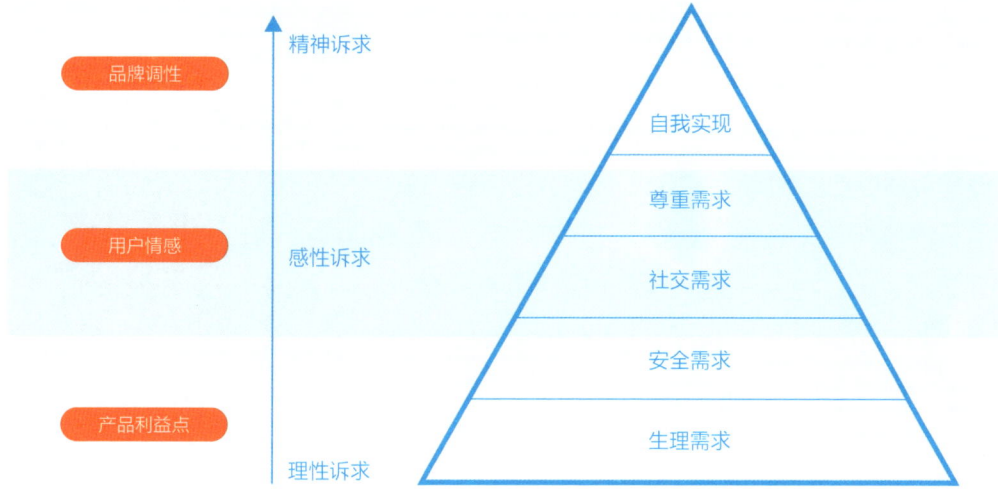

2.3.1 产品利益点

宣传产品的相关利益点属于理性诉求,主要涉及产品的功能、价格和外观等,这样通过直观展示产品的核心卖点来让观者理性购买。

- 1.功能

这里的功能特指产品的核心优势,即通过页面宣传告知观者该产品的差异化卖点。

例如,右图中腰果产品的设计诉求点是"更大颗",那么画面就围绕该利益点进行了对应的视觉效果呈现。

截自良品铺子天猫旗舰店腰果详情页

■ 2.价格

　　价格其实是指产品相关的促销信息，如活动价格、折扣信息、满减、买赠优惠信息等。对于全年活动不断的电商领域，价格诉求也非常常见，特别是在每年的"6·18""双十一"这样的大促活动时，将促销信息作为营销重点的设计可以说是遍地开花。例如，右侧所示的是京东"双十一"活动的宣传海报，画面就是以"满199（元）减100"这样简单直接的满减促销信息为主，而视觉设计上也是在渲染强烈刺激的促销氛围。

京东2019年"双十一"活动海报

■ 3.外观

　　现在都说"颜值即正义"，如果产品有足够吸引人的颜值，那同样能作为产品利益点进行宣传。例如，很有代表性的故宫文创，至今已有很多品牌和故宫这个超级IP进行了联合创作，衍生出的产品都非常注重颜值。右图所示的就是淘宝和故宫合作的一款贺卡的详情页头图，可见高颜值产品本身就能成为视觉表达的核心。

截自故宫淘宝店铺贺卡详情页

> **小提示**
> 外观其实已带有一些感性诉求的倾向，但作为产品的一个维度，本书还是将其归为产品的利益点。

2.3.2 用户情感

　　用户情感，就是用特定的情感引导来打动目标用户，让他们进行感性购买，这属于典型的感性诉求。其中的"情感"可进一步细分为情感表达和节日氛围两种表现方式。

■ 1.情感表达

　　情感表达是指将某些关联情感通过设计传递出来，<u>情感无外乎友情、爱情、亲情和自我的情绪表达</u>，最终通过情感诉求让用户产生认同和共鸣。

　　例如，在右侧的这组案例中，左图是围绕亲情进行的设计，通过亲情来渲染"团圆"的主题；而右图则是表达自我情感的"个性宣言"，这在定位年轻群体的活动或产品宣传中尤为常见。

天猫国际2019年"进口日"活动海报

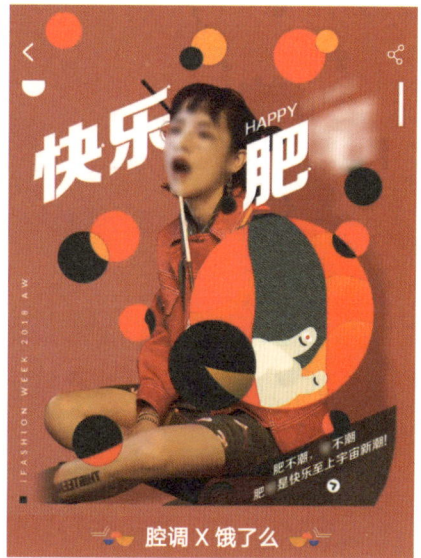

截自淘宝2018年"新势力周"活动页

■ 2.节日氛围

　　都说电商每逢节日必促销，因此另一种情感表现是通过场景塑造渲染出节日氛围，利用各种极具代入感的节日氛围使观者"身临其境"，激发他们内心特定的节日情感，进而刺激相关的购物需求。在下面的案例中分别营造了圣诞节（左图）和情人节（右图）的节日氛围，一个温馨、一个浪漫，通过气氛渲染来提高观者的购物欲望。

截自天猫2019年"双旦礼遇季"活动页

截自小象生鲜活动页

2.3.3 品牌调性

品牌诉求已脱离了活动或产品本身,以展示品牌理念、格调、态度为主,当然前提是目标用户对该品牌有了高度的了解并认可该品牌,甚至会将该品牌当成自己的"个人标签"。总之,品牌和用户之间形成了强烈共鸣,此时画面无须宣传太多活动和产品,哪怕只有一句理念、一个Logo,用户都可感知到。

近几年常说的粉丝经济和口碑营销,其实就是品牌共鸣下的一种营销模式,当然要想有自己的"忠粉",绝不是靠短期营销就能得到的,需要品牌长期坚持理念与调性,与用户不断沟通、共同成长。因此,这种高层次的诉求方式更适合有一定用户沉淀的大品牌,而新品牌或小品牌则不要轻易尝试。

下面3个都是将品牌调性发挥到极致的案例:苹果公司的极致简约(左图)、无印良品的自然禅意(中图)、可口可乐的白色丝带(右图),这些调性和风格早已深入人心,各自的用户也都有极高的忠诚度,画面已无须多言,做好品牌自己就足够了。

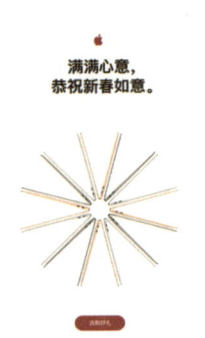
苹果公司2020年新年宣传海报

无印良品2003年"地平线"宣传海报

可口可乐2014年户外创意广告

> **总结**
>
> 诉求点一定要和活动、产品的所处层次相匹配。假如某一产品还处在功能诉求的阶段,那情感宣传就不合适;反之,若是处于情感诉求阶段,那强调功能也会降低用户的认同感。如果前期的诉求点没找准,即使后面的视觉表现效果再好,也只能是好看不好用的无效设计。从某种程度上讲,方向比设计更重要,这是一切表现的基础和前提。当诉求点明确后,最好再用一句话进行形象描述,通过描述尽可能将抽象的"点"铺成更好理解的"面"。
>
> 还记得前面讲目标用户时提到的"胶原蛋白饮"吗?下面以该产品为例,讲解在执行设计前的思考过程。假设现在的需求是"胶原蛋白饮的详情页头图设计",其实就是一张主视觉Banner,为了方便长期传播,在构思的同时还要打造一个符号化元素,类似天猫一直在用的

"猫头"轮廓，因此符号元素和创意表现就是该案例的两大需求。经过前期挖掘和分析，这款产品的诉求点还是以宣传产品利益点为主，得出的一句话描述就是"三效专利配方，法国进口胶原"，下一节将会讲解核心概念是如何推导的。

俏美人胶原蛋白饮	诉求点（产品利益点）
	三效专利配方 法国进口胶原

2.4 推导核心概念

当诉求点明确后，接着是将它作为创意构思的聚焦点，通过一系列的思考分析推导出可被表现的核心概念。那么从挖掘诉求点到最后构思创意表现形式，中间为何还要穿插推导核心概念这一步呢？因为诉求点还是相对抽象的文字描述，它只提供了一个大致的思考方向，离视觉表现还有一段距离。**而核心概念则是对诉求点的进一步提炼，可以理解成创意的中心思想，为最终的创意表现提供了具体指引，将诉求点具象到一个可执行的层面。** 之前看过一个耐威克（宠物粮品牌）的详情页分析，它的诉求点是"传递宠物与人的情感共鸣"，虽然明确了方向但依然抽象，后来推导出的核心概念则是"大狗与小人互动"，这样就具象了，使诉求点能提炼出一个相对清晰的画面。

那么如何从诉求点推导出核心概念呢？如果有多人参与，可以使用"头脑风暴法"。这是一种通过集体思考、讨论来获取各种点子的方法，其实就是集思广益。最早常见于广告公司的创意探讨，后来只要是遇到希望借集体力量来解决某一问题的情况，很多公司的大小团队都可能会用到。

但"头脑风暴法"是一群人解决一个问题，假设只有一个人，那该怎么做？这里推荐使用"发散思维法"，这是一种创造性思维方式：围绕某个诉求点，通过多角度思考使诉求点向多个方向产生多条思路，然后沿着这些思路继续向外扩展，没有终点，最终会形成一个全面扩散的思维导图，这样可以给要找的核心概念提供足够多的设想和选择，最终经过层层筛选再敲定关键词。注意，不要过早地局限自己的思维，不要设立思考边界，要让思维真正飞起来。<u>前期需要的是发散数量，而非质量。</u>数量越多，延伸越远，找到合适概念的概率就越大。

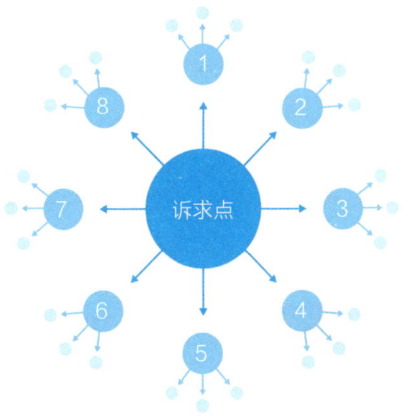

前面挖掘了"胶原蛋白饮"的诉求点，接下来就用发散思维法继续推导出核心概念。首先，以"三效专利配方，法国进口胶原"为原点，从中确定3个主要关键词：法国、功效、配方。其次，从每个关键词开始向外扩展信息，从一个词想到另一个词，再从另一个词发散出更多的词，词与词之间可以是强关联的关系也可以是弱关联的关系，总之不要局限。经过数次发散将会得到很多有趣的词语，并且延伸越远意味着联想会越来越广，思路也会越广。这种方式能帮助我们快速跳出常规思维的条条框框，便于找出更加独特的视角和点子。当然也不是每个词都要充分发散，可以有选择地挑选一些合适的词语进行深度延伸，这样会更高效。最后，从中选出一批相对匹配的词语：埃菲尔铁塔、沙漏、三棱镜、三角，再对这些词语进行比较和排除，通过综合分析最终确定将"三角"作为设计的主视觉和符号的核心概念。下面是发散后的思维导图。

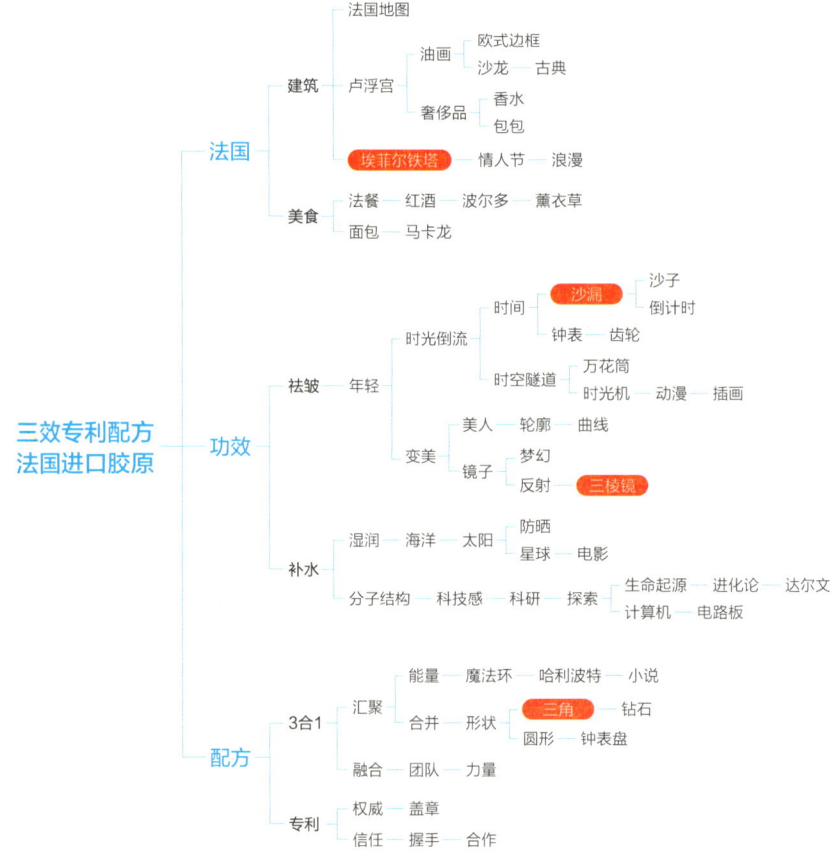

> **小提示**
>
> 上面的思维导图还是以示意为主，只能算是简单发散，目的是让大家了解原理和方法，实际使用时的发散词语远不止这些，毕竟有了数量才可能会有质量。

2.5 构思创意表现形式

当有了核心概念,最后就是要基于概念进一步构思出具体的创意表现形式。**如果说核心概念是创意的中心思想,负责画面的具体指引,那创意表现形式就是创意本身,直接提供了画面的具体描述。**当创意表现形式敲定后,构思阶段的工作才算告一段落,后面要做的就是根据具体描述将该画面用某种风格表现出来,当然表现阶段也要先画草图再执行。

最后的创意表现重在创意。第1章讲到有些企业已将运营设计师改称为创意设计师,可见对电商设计而言,创意是一个非常重要的出发点,也是我们从入行开始就不停谈及的词,那创意究竟是什么呢?有一种抽象的诠释为"创意就是创造意识或创新意识",还有另一个非常通俗也非常著名的解释是"创意本质就是旧元素的新组合",这是广告创意大师詹姆斯·韦伯·扬(James Webb Young)在《创意的生成》一书中给创意下的定义。这个定义在广告界得到了普遍认同,我第一次听到时也惊叹竟然有人能将这么复杂抽象的名词用一句如此简单而又准确的短句解释出来,有种大道至简的顿悟感。

旧元素新组合用公式来表示就是"创意=旧元素+新组合"。确实,所谓创意从来都不是真的去创造一个大家从没见过的全新概念或事物,而是将几件大家熟知的事物用某种合乎情理的方式组合在一起,这样才形成了各种看似新鲜、独特的"新"事物,让大家发出"居然能这样"的感叹。

例如,在2018天猫年发起的"国潮行动"中,很多熟知的品牌进行了颠覆式的"跨界营销"。其中锐澳鸡尾酒和六神花露水联名推出了一款名为"锐澳六神花露水风味鸡尾酒"的产品,当时在1分钟内便销售了17万瓶。

这个脑洞大开的创意颠覆了很多人的想象,其实这次跨界就属于典型的"旧元素新组合"。锐澳和六神都属于旧元素,但通过产品联动的方式重新组合在一起,便产生了一次非常经典的创意营销活动。

天猫2018年"国潮行动"活动海报

电商设计中的创意同样如此。例如，右侧图中的"逛超市"和"终点冲刺"都属于已知的旧元素，但通过一种夸张的方式组合在一起后，画面就变得很有意思了，也正好呼应了标题"低价冲刺 GO！"。

禾博士天猫旗舰店2016年"双十一"活动首页

"旧元素新组合"无处不在，可以说这是创意最简单也是最实用的方法论。因此，我们要先找到合适的旧元素，那么如何寻找呢？其实还是用发散思维法，围绕推导出的核心概念继续向外扩展。若对某个词充满灵感，就可以重点延伸，看看能不能延伸出更多有趣的可能，最终需要得到数量足够的灵感关键词，这些关键词就是人们熟知的旧元素。有了这些旧元素，接下来就要考虑该选择哪些元素进行新组合，筛选的原则其实是要基于我们想用的组合方式。只有确定了组合方式，才能根据需要选择适合的元素进行合理组合。"合理"就是广告人常说的"意料之外，情理之中"，而"组合"则是我们常说的创意方法。接下来就来分析一下关于电商设计创意表现的常用方法。

2.5.1 夸张

夸张就是将对象利益点的某方面进行非常明显的夸大，通过夸大来强化这些利益点，从而使用户能牢牢聚焦并加深记忆。例如，在下面的案例中，左图将洗衣机的"大容量"夸张成能挂很多衣服的衣柜，中图则将油烟机的"大吸力"夸张到能吸走乌云和石块，右图直接将"及时送到"的跑腿小哥夸张成超级英雄"闪电侠"。这类创意方法往往比较直接，正是这种直接夸大才使利益点更鲜明、突出。

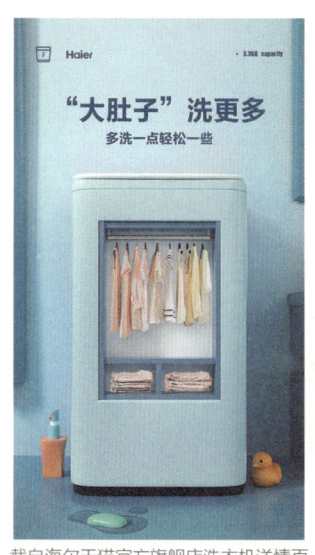

截自海尔天猫官方旗舰店洗衣机详情页
（点奥文化团队作品）

截自杰诺天猫旗舰店
2018年"99大促"活动首页

截自美团跑腿活动页

2.5.2 比喻

  比喻就是将两个看似互不相干但又有某些相似点的事物联系在一起，用一种事物比喻另一种事物。这种表现手法相对委婉，没有"夸张"来得直接，不过相似点若选得巧妙，也会让用户有种意犹未尽的感觉。例如，下面左图将苹果比喻成一家"解忧杂货店"（东野圭吾同名小说）来说明"水果解忧"；中图则将各种蔬菜做成了上海外滩的缩影，直接点明"上海美团买菜"的主题；右图也很有意思，将现在线上流行的分享领红包比喻成汽车加油，而油枪里喷出来的是红包，形象又有趣。

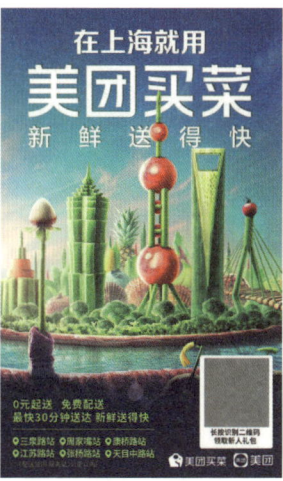

截自京东生鲜"周五鲜放价"活动页

美团买菜活动海报

截自支付宝2018年"双十一"活动页

2.5.3 拟人

拟人就是把对象当成"人"来表现，根据对象特征赋予某种人格。拟人的核心在于对"人"的刻画和描绘，要通过人的外形、动作、表情或服饰等细节使画面诙谐有趣，让用户在会心一笑间接受核心主题和观点。拟人的表现手法相对简单讨巧，但要事先评估好所表现的对象是否适合。

在下面的案例中，左图将夏季饮品画成"解暑天团"，中图则将地瓜设计成强身健体的"红薯哥哥"，右图直接将花呗的Logo设计成了戏精"花小呗"（花呗的IP人格化案例非常成功，建议大家自行深入了解一下）。总之，这些拟人化的元素都使画面变得更加生动、形象。

截自每日一淘2019年夏季活动页　　天猫生鲜2019年"3·8女王节"活动海报　　支付宝花呗2019年"双十一"活动页

2.5.4 对比

对比是把两种不同事物或一种事物的两个方面放在一起进行比较，通过呈现出的明显差别来强调某个对象的特征或观点，以带给用户更直观、强烈的视觉感受，并加深用户对营销重点的记忆。

在下页的案例中，无论是一个人的喜好对比（左图），还是前后装扮的对比（中图），甚至是两个空间的对比（右图），都把想要强调的重点直观地展现出来了，这种鲜明的对照给人以深刻的印象且会使人产生共鸣。

天猫2019年"3·8女王节"活动海报

淘宝2018年"新势力周"活动海报

禾博士天猫旗舰店"感恩季"活动首页

2.5.5 独特视角

这里讲的独特视角并非新的思考角度,而是指画面的表现视角,即从不寻常的视角切入点来表现相关的视觉元素和内容。如下面的案例所示,常见的独特视角有大角度仰视(左图)、大角度俯视(中图)及第一视角(右图),这些采用特别视角的画面会使人眼前一亮,富有冲击力和张力。

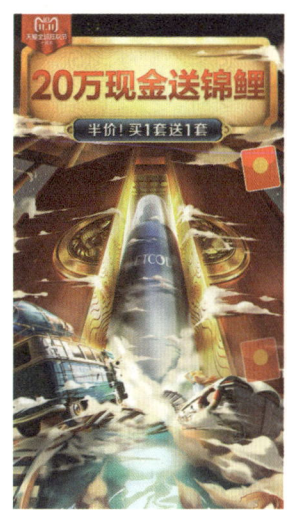
截自水密码天猫旗舰店
2018年"双十一"活动首页
(文渊设计团队作品)

截自文仙亦言天猫旗舰店
2020年"年货节"活动首页

截自饿了么2019年"大牌狂欢节"活动页

大角度仰视和俯视都属于斜角透视,会在第5章中细讲,这里只重点讲解第一视角。第一视角就是以用户本人的视角看画面,用户会感觉自己成了画面内容的一部分,有种奇妙的亲身参与感。正如上页右图中的效果，透过第一视角用户会感觉仿佛是自己坐在桌前边看手机边吃晚餐，这种独特的参与感可以给户留下深刻的印象。

2.5.6 故事化

故事化就是用讲故事的方式表现画面，并且故事最好具有戏剧性。所谓戏剧性，就是要刻意制造一些紧张的矛盾和冲突，这样叙事性会更强，也更易勾起用户的兴趣。说得再简单点就是让画面自带"电影剧情"。虽然用户浏览的是静态页面，但透过页面中的元素和线索，可自行想象出前后到底发生了什么，这样脑海中便会形成一段电影般的动态画面，从而形成深刻的记忆。

例如，在下面的案例中，左图讲的是一个3位江湖中人抢金鸡宝物的故事，画面定格在众人的争抢瞬间，虽是静态画面，但那种你争我斗的紧张感让人隔着屏幕也能感受到，另外争抢前后可能发生的情节，也给人以丰富的想象空间，让人看得意犹未尽，这就是讲故事的魅力；中图讲的是松鼠特工队用产品作武器，消灭人们争吵时爆发出的负能量，使人保持快乐的好心情；右图则是松鼠大侠在中秋节这一天传授"送礼秘籍"。

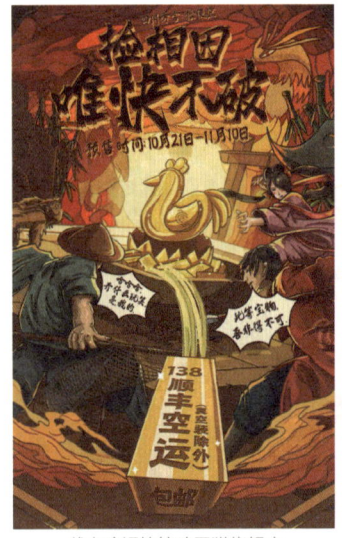
截自廖记棒棒鸡天猫旗舰店
2019年"双十一"活动预售页

截自三只松鼠天猫旗舰店
2019年"超级星品日"活动首页
（汤臣杰逊团队作品）

截自三只松鼠天猫旗舰店
2019年中秋节活动首页
（汤臣杰逊团队作品）

在电商设计中，特别是专题页设计，目前需要搭建场景的创意需求特别多，但很多场景给人的感觉是"平铺直叙"。设计师为了营造氛围，设计重心都在表现场景本身了，这样画面会有些直白，让人总觉得缺少了一些眼前一亮的记忆点。其实若需求和主题允许，可以适当赋予场景一些故事性，使画面不再只是单纯的场景展现，而变成一个故事的发生地，这样能大大丰富场景的内容和内涵。

2.5.7 氛围渲染

氛围渲染就是构建一个与主题匹配的场景，通过具象场景营造出某种氛围，使观者临其境，从而激发出内心的情感共鸣，又称"情境代入法"。在下面的案例中，左图塑造了一个海中小船的盛夏场景，中图是深夜烧烤的夜宵场景，右图则搭建了一个万人狂欢的演唱会场景。一般侧重氛围渲染的场景都偏写实，这样更贴近生活，更有感染力，使用户产生更强的代入感。

截自露得清天猫官方旗舰店夏季活动首页　　截自美团外卖2018年"美食夜江湖"活动页　　禾博士天猫旗舰店2013年"双十一"活动页

可能有人会觉得氛围渲染和故事化有些矛盾，前者强调场景的塑造，而后者又说场景里要有故事性，这两种方法的标准似乎不同。其实这并不矛盾，各有利弊，具体要看需求的核心是什么。氛围渲染虽然直白，但能直观地呈现主题和内容，适用广还不易出错。故事化虽有创意和新意，但由于剧情丰富，观者往往会聚焦于画面本身，若设计不到位很可能变成形式大于内容，主要信息就会淹没在画面中，因此只适用于一些特定的主题和需求。所以两种方法没有好与不好之分，只是创意表现的两个方向，根据需要选择合适的创意手法即可。

总结

电商创意表现的形式除了上述的7种外，其实还有很多，而且多数时候还会叠加使用。例如，故事化中列举的两个案例就同时用到了比喻、拟人和独特视角等手法，正是多种手法的组合运用才让画面更加新颖和独特。

确定了创意表现手法，就确定了元素间的串联逻辑和方式，这样就能反推出该选择怎样的元素进行组合。例如，选择了比喻，那就要从发散的众多旧元素中选出与本体有某些相似之处（二者结合的切入点）的喻体（作比方的事物），这样筛选原则和方向就非常清晰了。

最后讲一讲之前一直在逐步推进的"胶原蛋白饮"的创意表现，上一节推导出该产品的核心概念是"三角"，现在继续围绕"三角"这个关键词进行思维发散。经过几番联想和延伸，就会得到很多有趣的信息和元素，最终根据创意表现手法选择了霓虹灯、金属、梦幻、正负形作为与"三角"结合的旧元素。

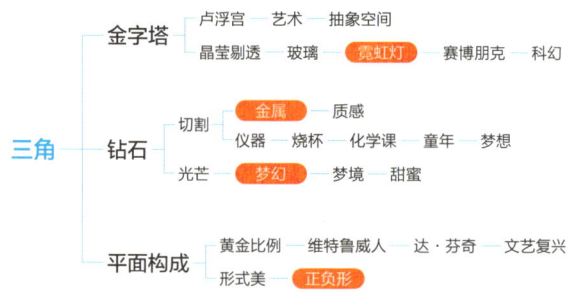

有了旧元素，也有了新组合，这样便敲定了具体的创意，接下来就是动手执行。执行共有两块内容：便于长期记忆的符号元素和承载产品核心诉求的详情页头图。先说产品的符号元素，根据三角和正负形最终设计出了下面的图形，运用正负形刚好呈现出3个三角形，这样通过暗示就能反复强调"三效配方"的产品诉求，而且图形本身也比较简单、好记忆、易延展。其实前期也想过很多方案，想融合的点也很多，比如埃菲尔铁塔、沙漏等图形，但发现若想表达的内容太多会让图形过于复杂，甚至有些牵强，使图形的理解成本过高，影响信息的传达。

另外就是产品的详情页头图，在符号元素的基础上，分别将图形与霓虹灯、金属结合，再配上梦幻基调，最终设计出下页所示的两张Banner。可以看出，不管是以人物为主（左图）还是以产品为主（右图），三角符号都作为很重要的视觉元素融入其中，这样既能保证不同设计间的整合与统一，又能让观者加深对"三效配方"的记忆。关于记忆符号的相关内容会在第3章重点讲解。一般情况下，最终的设计画面不一定就是最优的，只能说是在综合权衡之下敲定的一个结果。所以当我们觉得某些设计太简单或不好看时，一定要多想想设计背后的商业逻辑，尽量避免做出片面、主观的评判。

2.6 本章小结

　　本章主要讲解了在动手设计前需要思考的4个环节，先了解需求，再挖掘诉求点，接着推导核心概念，最后是构思创意表现形式。4个环节层层递进，每一环都有它存在的价值和目的。当然，若需求简单，其实有些环节不用想得太复杂，确保能往下推进即可，最终目的就是要得到创意表现形式。只要敲定了具体的创意表现形式，后期执行就是水到渠成的事情了，"想"不但不会耽误时间，还会让我们在"做"的时候方向明确、思路清晰，做出来的设计也更加理性，经得住多方考验，减少返工。

　　下面再整体回顾一下"胶原蛋白饮"的案例是如何推进的。在了解需求后，从中挖掘出该设计的产品诉求点是"三效专利配方，法国进口胶原"，再根据诉求点推导出创意的核心概念"三角"，最后围绕"三角"构想出了符号创意和画面创意，通过这4步就将开始的抽象需求转换成了最终可被执行的创意表现方案。

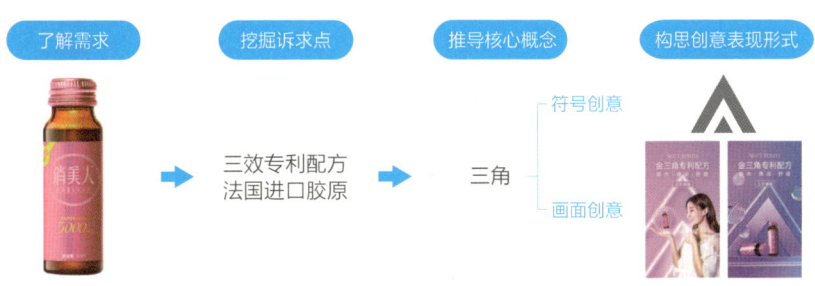

类似的创意推演还有很多,可以说项目越大,构思的每个环节也越完整、越复杂。再列举一个天猫"双十一"活动的设计案例,主要需求是给"双十一"10周年活动设计一个品牌标志,通过深入了解和分析得到了本次设计的诉求点,用一句话描述就是"构建一种仪式感的表达方式,让美好流通、让情感共鸣",然后顺着这句话继续思考如何构建"仪式感",后来想到用大家一看就懂的"手势符号",最后依托这个核心概念构思出具体的手势创意及相应的衍生应用效果。

天猫2018年"双十一"活动海报

以上这个设计案例不是我做的项目。从2015年开始,阿里巴巴的设计团队每年都会借助一些媒体平台将"双十一"品牌设计的完整思路分享出来。我这里只是将他们2018年分享的一些内容的大致路径罗列了一下,能看到整个创意过程同样遵循了本章所讲的4个环节。若想看更加全面的内容,可上网自行查阅,每年阿里巴巴设计团队的思路分享都会带给人一些新思考和启发。

总而言之,从某种程度上讲,"想"比"做"重要得多,是一切执行的基础,也是一位优秀设计师所应具备的核心能力。

第 3 章

设计风格和视觉元素

本章导读

第2章重点讲解了设计的前期构思，通过4个环节的层层推进会得到创意表现形式（可以说这就是构思的"终点"），而本章将要讲的则是动手执行的"起点"，即明确设计风格。只有创意表现形式和设计风格都敲定了，画面呈现才能往下继续。这就好比我们每天出门前选择穿什么衣服，除了要明确想穿的衣服类型（创意表现形式），还需要挑选衣服的样式（设计风格）。例如，选择了长袖衬衫+休闲风，才知道该穿哪件出门，可见明确设计风格是动手表现的一个必要条件。但设计风格不一定就产生在确定创意表现形式之后，它可能来自构思的各个环节，具体要看思考过程中到底哪一个环节对确定设计风格的启发最大，可能是在最开始的了解需求时，也可能是在确定核心概念后，总之并不固定。

那么什么是风格呢？简单说风格就是能反应某些作品鲜明特征的统称，也可以理解成作品所呈现的代表性面貌。还记得第1章讲过艺术与设计的差别吗？艺术是表达自我，而设计是服务大众，这是两个完全不同的视觉领域，但风格的出现却让艺术和设计产生了交集，是二者的一个交汇点。不管是艺术家还是设计师，都会在风格的"包裹"下表达各自的诉求：艺术家通过艺术风格将个人感受变成能传递出来的艺术作品，而设计师则通过设计风格将前期思考转换成具有商业价值的设计作品。虽然艺术风格和设计风格有差异，但又同根同源。**其实有很多设计风格都源于艺术风格，它们有很多的共性**。因此，本章会把艺术与设计结合起来讲解。

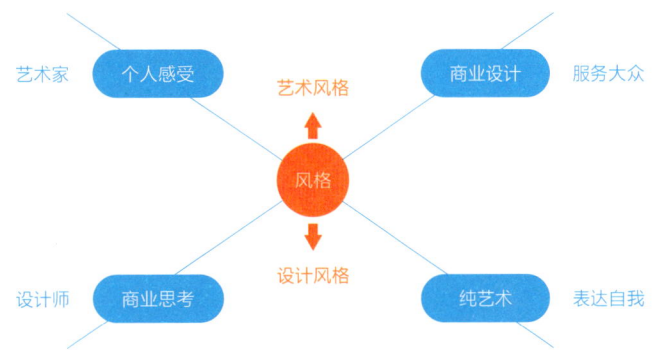

3.1 简述平面设计发展史

在介绍风格前,我觉得有必要将平面设计的发展史做一个简单概述。因为很多风格的出现都有它特定的历史背景,而很多风格的演变也能从设计史中找到答案。因此,想了解设计风格就必须先了解设计的发展史,而平面设计无疑又是整个设计的开端和基础。

平面设计(Graphic Design)是很多细分领域(如电商设计、VI设计、版式设计等)的基础,所谓万剑归宗,这个"宗"就是平面设计。平面设计能溯源到很早以前,<u>但本书中则特指伴随机械印刷出现而产生的"现代平面设计"</u>。可以毫不夸张地说现代平面设计发展史几乎就是一部人类的近代设计发展史,它影响了艺术设计、建筑设计、室内设计、工业设计等诸多领域,下面要讲的就是平面设计史中的3个重要发展阶段。

3.1.1 工业革命时期

人类早期的平面设计能追溯到岩洞壁画、象形文字、宗教书籍和装饰图案等。在漫长的历史长河中,诞生了很多艺术风格,如古典、哥特、巴洛克、洛可可等风格,但它们只能作为传统平面设计的存在依据,却不能被视作现代平面设计的开端。

巴洛克风格的服饰图案

而现代意义上的平面设计则是在19世纪机械印刷出现后才开始迅速发展起来的,这个时期正是欧洲的工业革命时期。这场科技革命使机器取代了人力,以工业化批量生产取代了个体的手工劳动,设计也因此实现了从传统向现代的过渡。这个时期的平面设计更多是对过往很多艺术风格的提取和延伸,整体偏装饰艺术,而非设计,烦琐、复杂、形式至上是这个时代的设计特征。这一时期兴起过两场影响广泛的艺术运动:工艺美术运动和新艺术运动。

1.工艺美术运动

工艺美术运动最早出现于19世纪末的英国,当时工业革命正高速发展,然而机械化的批量生产却无法做出过去手工时代的精美产品。虽然技术和产能上去了,但设计水准却急剧下降,这时就有设计师希望复兴中世纪的手工艺传统,让精致的传统手工艺重新回归这个工业时代。右图就是工艺美术运动的发起者威廉·莫里斯(William Morris)的作品之一,从图中可以看到作品整体崇尚自然风格,装饰烦琐、复杂。

威廉·莫里斯的纺织品图案设计

2.新艺术运动

新艺术运动是19世纪末在欧美兴起的一次影响深远的装饰艺术运动,属于工艺美术运动的进一步发展。虽然新艺术运动也倡导传统手工艺的回归,但不同于工艺美术运动希望复兴的中世纪风格。新艺术运动是历史上第一次完全抛弃过去任何一种传统风格而重新思考的艺术运动,装饰上强调曲线风格的运用(如右图所示),这场运动被看作是艺术运动最后的辉煌。

新艺术运动时期的招贴

工艺美术运动和新艺术运动都反对机械化,主张传统手工艺的回归。从历史发展看,这两场运动都是与工业发展相违背的复旧运动,有自身的局限性和落后性。但从设计的角度讲,由于工业变革,社会的一切都在发生翻天覆地的变化。这两场运动便是当时的设计师对工业化的第一次反思,都探索了工业时代下的设计方向和发展趋势,都试图重新唤起人们对设计的重视。整体既承接了古典主义,又尝试了现代主义,是设计史上一个承前启后的转折点,为之后的设计发展奠定了基础。从设计风格上看,<u>工业革命时期的平面设计仍以装饰艺术为主,依然强调艺术上的感性表达和浪漫主义</u>。显然这种装饰理念和坚持手工的反工业化思想已不适应时代发展,因此设计师才重新思考这个时代下艺术与新技术的关系。

3.1.2 现代主义设计

进入20世纪后，随着工业革命的继续发展，无法批量制作的具有烦琐装饰的作品显然跟不上工业发展的步伐。过去那种华而不实的装饰风格终究还是淹没在了时代浪潮中，取而代之的则是更加实用的理性设计，完全颠覆过去的现代主义设计终于登上了舞台。与过去形式至上的理念截然不同，**现代主义设计主张去形式化，以简约、实用为原则，强调内容和功能**。从感性到理性、从装饰到功能、从复杂到简单，可以说随着社会的技术变革和商业化形成，这是设计发展的必然，简约的实用设计才是工业时代下的合理产物。下面介绍4个非常重要的现代设计风格，它们共同构建出一个庞大且完整的现代设计体系，影响了人类的整个20世纪。

■ 1.构成主义

构成主义主张摒弃过去传统的艺术理念，提倡用抽象化的图形和色彩进行纯理性的表达。右图是构成主义的代表作之一，画面由高度抽象的几何图形构成，具有强烈的象征意义。

卡西米尔·马列维奇
（Kazimir Severinovich Malevich）
至上主义绘画作品

■ 2.风格派

风格派于20世纪初在荷兰创立，他们拒绝使用任何具象元素，主张只用单纯的色彩和几何图形来进行最精简的表达，追求几何抽象主义和简约风格，强调设计的结构和功能性。右图是风格派最为知名的作品，整幅作品就是直线分割和红黄蓝黑几种颜色的组合，简单、理性、抽象。

彼埃·蒙德里安（Piet Cornelies Mondrian）
红、蓝、黄构图作品

3.包豪斯

包豪斯（Bauhaus）在设计界有着极其重大的影响，这是瓦尔特·格罗皮乌斯（Walter Gropius）于1919年4月1日在德国魏玛创办的一所学院的名称，这是世界上第一所完全为发展设计教育而建立的学院，被誉为现代设计教育的起点。右图是包豪斯在魏玛的校舍，建筑本身就有强烈的包豪斯风格，尽管包豪斯只存在了14年，但它对现代设计的影响至今仍在。

包豪斯校舍

其实前面所讲的构成主义、风格派等运动都是各国设计师对现代设计的研究和试验，只能算现代设计的雏形。直到包豪斯的出现，才终于将欧洲近半个世纪的探索融合成一个完整的体系，并由此奠定了现代平面设计的理念和风格。现在的大学仍在教的"三大构成"、全球越来越热捧的"无衬线体"和著名的"少即是多"理论皆成型于此。其实经典还有很多，可见包豪斯对现代设计的影响有多大。

赫伯特·拜耶（Herbert Bayer）
无衬线通用体字母

包豪斯将设计与艺术进行了区分，强调设计要能解决问题。当时有3个基本观点：一是设计是艺术与技术的统一；二是设计的目的是人，而不是产品本身；三是设计必须遵守自然法则。核心就是倡导形式要为内容服务，要以科学、理性的思想创造出完全实用的设计，没想到今天大家高度认可的理念在百年以前就有人提出了。右图是包豪斯举办展览时的招贴作品，风格十分简约，注重点、线、面的构成关系，突出展览信息本身，高度理性化。

朱斯特·施密特（Joost Schmidt）
展览招贴

可能当初谁也不会想到，一个只成立了短短14年的学院，竟会对之后的人类设计史产生那么巨大的影响。从艺术设计、平面设计、工业设计到建筑设计和室内设计等领域，至今都还能处处看到包豪斯的理念和风格。

■ 4.国际主义风格

国际主义风格于20世纪40年代在瑞士形成，本质上属于包豪斯风格的延续和进一步发展。该风格主张用栅格系统和标准化的版面形式来实现设计元素的统一，强调设计的目的性和功能性，风格简约，内容清晰、明确。下面是两张国际主义风格的招贴作品，版式简单，信息凸显，运用了一套高度标准化、功能化、简洁化的国际通用设计语言。

莱斯特·比尔（Lester Beall）
电气化管理局招贴

马克思·比尔（Max Bill）
展览招贴

现在版式编排中常用的栅格系统正是在国际主义风格影响下形成的一套完整设计体系，借助栅格系统使得视觉设计更加规范和统一。另外，VI设计（视觉识别系统设计）也是基于国际主义风格而形成的一套规范系统。由于当时的设计师提倡企业标志要简洁明确、高度精练，因此很多20世纪60~70年代出现的简约风格的标志现在看来仍不过时。例如，下面3个标志是美国品牌设计大师保罗·兰德（Paul Rand）的经典代表作，虽已过了几十年，但现在看这些标志依然具有前瞻性。

UPS快递标志　　　　　美国广播公司标志　　　　　IBM标志

是不是感觉目前主流的"扁平风格"也和国际主义风格很像呢？的确，"扁平风格"正是源出于此。扁平化设计减轻了视觉压力，同时也突出了内容。但任何事物都有两面性，当国际主义风格成为主流，铺天盖地出现时，很多人又会觉得它过于标准和理性，甚至有些单调，缺少情感和特色，于是作为颠覆者出现的后现代主义设计在争议中诞生了。

3.1.3 后现代主义设计

任何一个时代有"主流"就有"反主流",而在现代主义设计(国际主义风格)席卷全球的时代,后现代主义设计就作为反主流的风格而存在。**但这并非特指某种具体风格,而是对现代主义风格之后出现的各种反主流风格的统称。**例如,波普风格、欧普风格、朋克风格和孟菲斯风格等,它们都是对现代主义设计风格的一种颠覆和革新,具有很强的反叛性。

波普风格

安迪·沃霍尔(Andy Warhol)作品

欧普风格

维克托·瓦萨雷里(Victor Vasarely)作品

孟菲斯风格

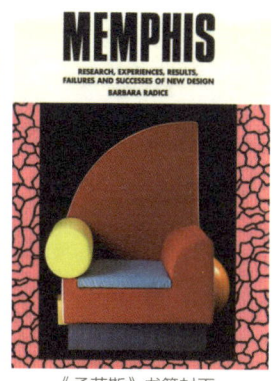

《孟菲斯》书籍封面

纵观整个平面设计史,设计风格是从一个极端(烦琐装饰)逐渐走向了另一个极端(理性简约),过程中出现过一些反对的声音,一些设计师反对现代主义的简约、标准和理性,认为这种风格太过单调、冷漠、无个性、缺少温度。**后现代主义设计呼吁"装饰回归",提倡将丰富的形式和色彩重新加入到内容中,主张风格多元化、表达个性化。**后现代主义不希望像现代主义那样只用一种风格定义所有人,后现代主义设计的本质是一种包容多元文化的功利主义设计风格。

总结

现代平面设计共经历了3个重要时期,从19世纪初出现机械印刷技术算起,前后共发展了200多年,这期间平面设计的风格也经历了3次变化:烦琐→简约→融合,如下图所示。

在工业革命时期,虽然当时对工业化浪潮有过思考和探索,但主流还是传统手工艺的回归和延续,这个时期仍以烦琐的"装饰艺术"为主,注重外在形式,艺术和设计的界定还很模糊。

后来随着工业变革的持续发展，同时也促进了现代商业模式的形成，过去华而不实的装饰艺术终究还是被更加实用的现代主义设计所取代。从包豪斯到国际主义设计，设计风格不断被完善，最终成了国际主流。这个时期主张去形式化，摒弃复杂的装饰，以内容为主，风格简约，突出设计的功能性。此时，设计已正式脱离艺术，成为一个独立的门类。

物极必反，现代主义设计在后来被越来越多的人认为过于单调，没有个性和情感，于是出现了颠覆主流的后现代主义设计，这是各种反主流风格的统称。虽然呼吁"装饰回归"，但并非简单的复旧，而是将前面的各种风格进行融合和再创造，最终形成多元文化和谐共存的新局面。这个时期没有统一的风格倡导和定义，而是鼓励设计师"百家争鸣"。

20世纪90年代后，又迎来了技术革新，随着计算机设计和各种显示屏的普及，平面设计突然从200多年的线性发展到了一个全新时代。这个时期没有大规模的风格变化，设计领域越分越细，每个领域都有自己的独立发展方向，风格空前多元，彼此交融。借助不断出现的新技术和新载体，全球设计师正试图创造更多的可能性。而本书所讲的电商设计无疑是当下最热门的设计领域之一，但机遇与挑战并存。下面要讲的是电商设计这条分支的风格演变。

3.2 电商设计的风格演变

相比其他设计领域，电商设计出现得比较晚，是在21世纪才出现的，发展至今也就短短20多年。但历史总是惊人的相似，电商设计这20多年的风格演变与前面200多年的现代平面设计的发展高度相似，如下图所示。

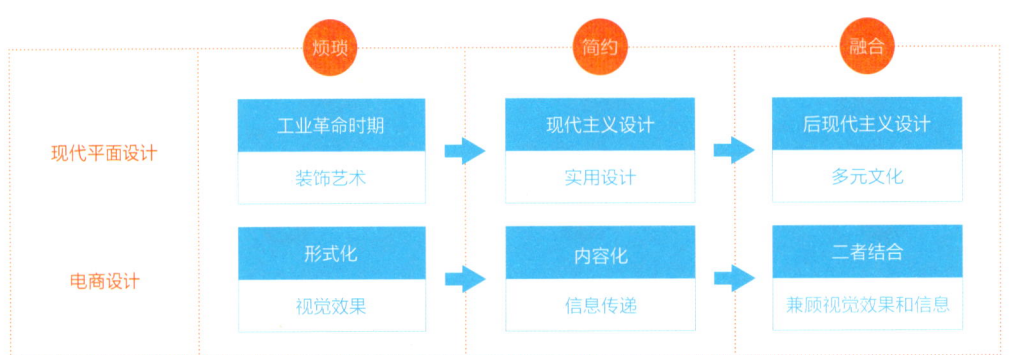

从上图可以看到，现代平面设计风格经历了从烦琐（装饰艺术）到简约（实用设计）再到融合（多元文化）的过程；而电商设计风格也一样，同样是从早期的烦琐（形式化）到中期的简约（内容化），最后变成现在的融合（二者结合）。

其实不难想象，两条发展路线为何会如此相似。从受众欣赏的角度看，在某个设计领域刚出现的时候，往往都是具象化的丰富表达，更看重视觉效果，这样才符合大众的常规审美，大众主观上也愿意接受更易理解的事物。之后见多了就觉得设计又有些浮于表面，过强的视觉效果反而掩盖了信息本身，导致设计看起来特别累，这时设计师就会简化视觉效果，转而以内容表达为主。但后来都变成这种凸显内容的简约风格后，大众又会审美疲劳，发现太过单调，缺少设计感。这时再将形式和内容结合，在保证信息传递的前提下尽可能地增添一些视觉效果，使设计更有情感和温度。可见这样的风格演变正符合人类美学发展的一般规律。下面从电商的UI设计和专题页设计入手，分别分析一下都有哪些具体的变化。

3.2.1 UI设计风格

UI设计的风格演变很有代表性，下面先看一张变化示意图。

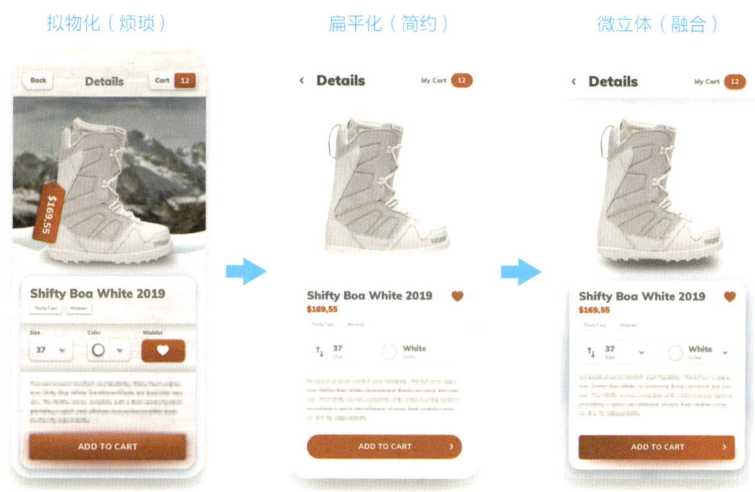

设计师Michal Malewicz作品

如上图所示，UI的设计风格同样经历了3个阶段。

第1阶段：拟物化风格。早期大家对手机的界面交互并不熟悉，"如何操作"才是核心需求，这时拟物化的界面和图标刚好能提供具象化引导，让用户更易理解操作方式，这样就能缩短学习周期，降低学习成本。当用户熟知以后，拟物设计的弊端就会凸显出来，太过写实的烦琐效果更易让人分心，会对信息传达造成干扰，最终会降低受众对信息的接受速度，这在信息爆炸时代属于致命缺陷，因为信息的有效传递才是最主要的诉求。

第2阶段：扁平化风格。将界面和图标变得扁平简单，突出内容本身，这样就大大减轻了视觉压力，用户能快速捕捉到信息和重点，从而达到提升信息传达效率的目的。这就与前面所讲的现代主义设计一样，用多了就会使设计高度雷同，过于冰冷和单调。

第3阶段：微立体风格。其实就是将拟物化和扁平化进行了"中和"，整体在扁平化设计的基础上加入了渐变、明暗、模糊和阴影等效果。不同于早期拟物化设计的立体感，微立体是想打造类似纸张层叠的"层次感"，这样既能保证信息能清晰呈现，又能让视觉效果富有变化和层次。例如，谷歌针对安卓系统的"Material Design"视觉规范和微软推出的"Fluent Design System"视觉语言都是对扁平化设计风格的思考和优化。

3.2.2 专题页设计风格

电商设计中专题页设计的风格演变，如下图所示。

截自QQ会员2009年国庆节活动页　　　截自天猫2013年"双十一"活动页　　　截自淘宝2019年"双十二"活动页

可以看到，专题页的设计风格也是经历了3个阶段。

第1阶段：偏向形式化。这时电商交易还没那么频繁，平台为吸引用户，往往会将页面设计得非常有促销感，主要是想模拟商场的打折氛围，通过热闹直观的活动场景来吸引观者。这个阶段更强调视觉效果，会添加很多烦琐的效果，如刻画各种质感、使用大量的小元素等。虽然"炫酷"的页面设计确实能让观者多看一眼，但终究还是有些华而不实。过于烦琐的设计导致版面杂乱，信息不突出，内容浏览起来吃力，用户体验并不理想，总之是一个不成熟的探索阶段。

第2阶段：偏向内容化。对比早期的形式化设计，能看到之前复杂的视觉效果明显被弱化了，整体由之前的"厚重感"变成了现在的"轻量化"，表现简约，以文字排版为主，几乎没有多余的视觉元素干扰。这样信息就得到了最大限度的体现，浏览起来清晰、明确，大大提升了信息的接收和处理速度。其实从用户体验角度看，由形式化转向内容化，这是事物发展的必然趋势。但内容化后又会出现所有简约风格设计都面临的问题：单调乏味，缺少特色。而且与UI设计的扁平化比起来，专题页的扁平化弊端显得更加严重。因为专题页本来就需要用丰富的视觉氛围来吸引观者注意，虽然现在的设计信息非常突出，但冷淡的风格却让观者提不起购物的兴趣。对电商而言，这显然是个致命的问题。

第3阶段：更倾向于形式与内容结合。先用形式吸引观者注意，再用内容传递信息，但核心原则是形式不能大于内容。正如上面的示意图那样，头部Banner用丰富的视觉效果引起观者的兴趣（形式化）；而后续内容则用图文排版突出信息本身（内容化），以保证观者能清晰阅读。对于版面不大的手机屏幕而言，两种风格结合无疑会更加合理、实用。

> **总结**
>
> 不管是UI设计还是专题页设计，都经历了由烦琐到简约，再到融合的过程。与后现代主义设计一样，融合之后就是一个各种风格并存的多元化阶段，这个阶段没有哪种风格占主导，设计师可以根据需求选择最合适的风格。下面将从两个维度分别讲解电商设计中的常见风格，一是从艺术风格分类，二是从主题风格分类。

3.3 艺术风格分类

艺术风格分类，更侧重艺术呈现，也就是更偏向于画面直接表现出的视觉形式和特征。这一分类下的设计风格偏向艺术化表达，其中有很多风格本身就是设计史中曾有过的艺术风格。

3.3.1 中国风

中国风是大家再熟悉不过的了，虽然不同的设计师对中国风的印象和理解有所不同，但基本都会用到中国特有的传统元素，或者营造出具有国风意境的场景。中国风设计根据元素或场景不同又可分为古典中国风和现代中国风。

1.古典中国风

古典中国风就是从中国传统视角出发，通过画面营造出某种古典意境或者还原出某个古典场景。在右侧的案例中，不管是左图的宫廷风还是右图的江湖风，都刻画得非常细腻、真实，画面古色古香，流露出雅致的古典韵味。

截自百年宝诚天猫旗舰店
2019年"双十二"活动首页

截自李子柒天猫旗舰店
2019年"3·8女王节"活动首页
（插画师"画画的香奈"潘翠美作品）

■ 2.现代中国风

如果说古典中国风是"还原古典",那么现代中国风则是"古为今用",其实就是用现代视角来表现中国传统元素或场景。不同于前者呈现的国风底蕴,现代中国风就是在宣扬传统文化也能变得年轻且具有活力。由于电商消费群体的日益年轻化,<u>这种视角明显更符合年轻群体的喜好和审美,因而更受欢迎</u>。

目前火热的故宫文创就是一个典型案例,通过将各种古典元素和现代手法相融合,最后推出了大量的创意IP和文创产品,使600岁的故宫变成了"网红"。例如,下面左图就是天猫联合故宫打造的春节文创活动海报,图中的"嫔妃"正在用手机拍照,这种颇具现代感的画面使传统文化焕发了新生。

天猫新文创2019年春节活动海报

截自京东2019年"国货当红"活动页

3.3.2 复古风

复古风主要是通过氛围构建还原出某个时代的特有印迹和风格,借此流露某种情怀和感受,有时也可理解成一种怀旧或复兴。根据复古的方向不同,可将复古风分为欧式复古和中式复古。

■ 1.欧式复古

欧式复古就是重塑欧洲某个时期的特有风格,如经常见到的哥特风格(出现于12世纪)、巴洛克风格(出现于17世纪初)等,这些都是工业革命之前就存在的艺术风格,也是欧洲对应时期的典型设计风格,因此整体基调都符合人们对这个时期的第一印象。例如,在下面的案例中,左图的哥特风格就营造出了欧洲中世纪的神秘和阴森;而右图的巴洛克风格则重现了文艺复兴后的欧式浪漫和华丽。不同的复古基调会让观者产生不同的情感和联想,因此要根据需求慎重选择。

哥特风格　　　　　　　　　　　　巴洛克风格

截自天堂伞天猫官方旗舰店2019年"双十一"活动首页

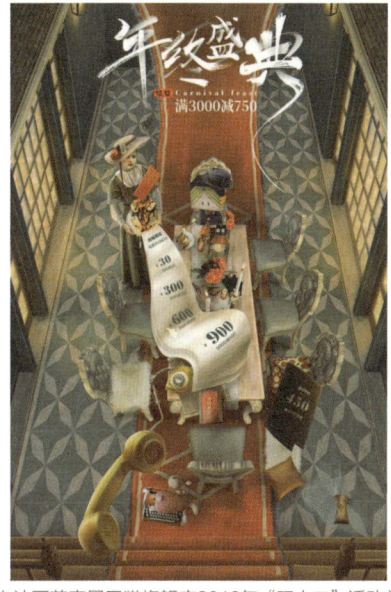
截自法丽莎家居天猫旗舰店2019年"双十二"活动首页

2.中式复古

中式复古就是营造出中国早期出现的设计风格和怀旧感，时间跨度没有欧式那么大，主要重现的是中国20世纪曾出现过的设计风格。常见的中式复古有两种，一种是"民国海派风"。旗袍、洋房、石库门、老爷车等都是常用的元素，通过对上海滩的场景塑造，体现出品牌的历史感和复古的文艺气息，如下面的案例所示。

截自京润珍珠唯品会旗舰店2019年美妆大促销活动页

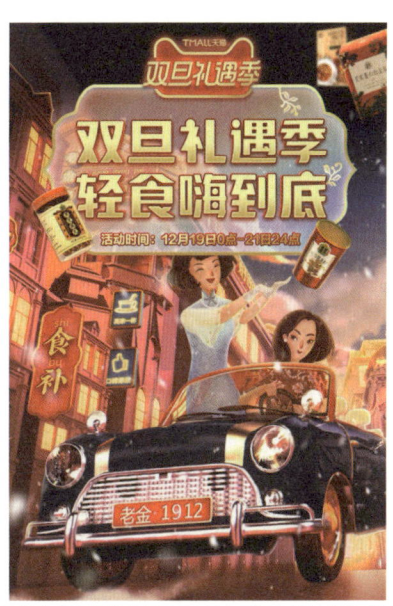
截自老金魔方天猫旗舰店2019年"双旦礼遇季"活动首页

而另一种中式复古则是近几年大火的"复古国潮风"。2018年被媒体称为"国潮元年",从这一年开始有很多本土老品牌尝试用各种营销方式和新的品牌形象向年轻时尚界转型,很多老国货摇身一变成了"新网红"。

例如,右侧左图是青岛啤酒联合天猫推出的"百年国潮"宣传海报,右图则是999感冒灵跨界推出的"高腰秋裤"宣传海报。虽然都披着复古的外衣,用了老海报的版式和配色,但也融合了很多个性化的元素和文案,使观者眼前一亮。

青岛啤酒2019年"天猫国潮行动"海报　　999感冒灵2019年活动海报

3.3.3 极简风

极简风其实是现代主义设计风格的一种延伸,主张去形式化,严格遵循"少即是多"的原则,强调用非常克制的手法来表现内容本身,信息清晰明确,风格简约但不简单,干净的版面也能凸显产品品质和品牌调性。

说到极简风就不得不提苹果和无印良品,这是两个非常有代表性的品牌。虽然都是极简风,但它们走的却是两条路线。一个是现代极简,显得干净简练(左图);另一个则是日式极简,流露出禅宗美学的特征(右图)。可见简单的版式也有微妙之处,这其实是很考验设计师的设计功底的。

苹果公司2020年新年海报　　截自无印良品官方商城专题页

当然，极简并非就是"白底+留白"，核心还是贯彻一种**极致简单的理念**。例如，右侧肯德基的活动海报虽是红色调的，但整体的形式已高度简化，只有文案、产品和Logo，这样信息就显得非常明确，版式也显得很"高级"。

肯德基咖啡活动海报

3.3.4 后现代设计风格

前面讲过后现代主义设计风格其实是对现代设计之后出现的各种反主流风格的统称，这些看似颠覆传统的反主流风格其实大大增加了设计的多样性，也使设计成了一种内涵丰富的文化现象。每种风格都有各自的理论和主张，而它们所追求的视觉表现形式和特征也被设计师用到了电商设计中，正是这些借鉴和应用使得电商设计变得更有文化深度，而常见的后现代设计风格主要有以下5种。

■ 1.波普风格

波普风格最早出现于20世纪50年代的美国，是一种追求大众化、娱乐化的设计风格。波普风格主张将当时的流行文化进行通俗化的艺术表达，不同于现代设计风格理性、严谨的标准，作为颠覆者，波普风格强调设计要个性、随意、通俗易懂，更多的是提倡一种与流行文化结合的、无拘束的创作理念。所以很难给波普风格的视觉特征下一个准确的定义，**只能说设计诙谐有趣，常用大反差配色**，会将各种图形和元素"随意"组合和混搭。例如，右图所示的就是最有代表性的一幅波普风格的作品。

安迪·沃霍尔作品《玛丽莲·梦露》

而电商设计中对波普风格的运用也没有太多约束，右侧两个案例的视觉表现形式虽然有明显的差异，但整体都很个性、夸张，视觉冲击力强，充满着混搭并且呈现出娱乐化的效果。

百度地图推广活动H5页面

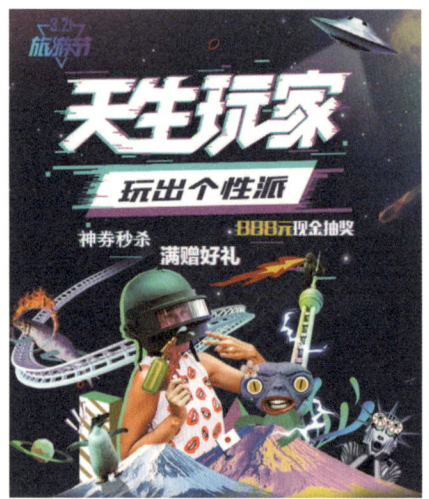

截自同程旅游2019年"321旅游节"活动页

2.欧普风格

欧普风格盛行于20世纪60年代的欧美，也被称为"视幻艺术"，是用黑白或彩色的几何图形进行各种复杂排列和构成，从而使画面产生运动、闪烁的视错觉，以及变幻莫测的空间感。这种精于计算的图形艺术能给人以强烈的刺激性和新奇感，如右图所示。

例如，天猫2016年"双十一"活动的视觉设计就是用欧普风格作基调的，如下图所示。规律变化的图形所产生的视觉流动感和空间感，刚好使扁平化设计有了空间纵深，也让整体氛围变得兴奋和刺激，当中还透出一些时尚感，这些都符合大促的狂欢基调，因此现在也经常有设计师用欧普风格的图形做背景图案。

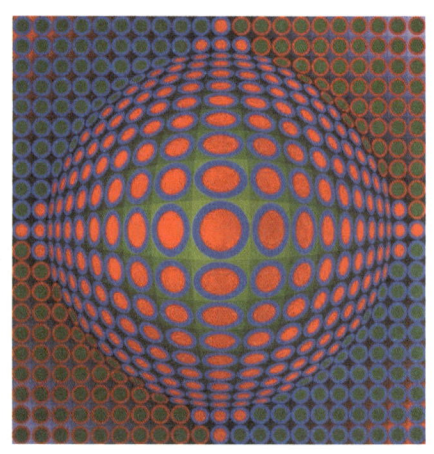

维克托·瓦萨雷里设计作品

截自天猫2016年"双十一"活动预售页

截自天猫2016年"双十一"活动分会场页面

▪ 3.赛博朋克风格

赛博朋克风格虽有"朋克"二字,但其实和宣扬叛逆精神的朋克风格并无太大关联,它属于科幻流的分支之一。赛博朋克风格出现于20世纪80年代的美国,背景设定在科技高度发达的未来,但社会结构却出现了崩坏,高端科技和底端生活形成了鲜明对比。因此,<u>赛博朋克风格的作品中会出现机械科技、人工智能、鲜艳霓虹、阴暗都市、破败废墟等元素的互相混搭</u>,总之流露的是人类对未来科技发展的未知和恐惧。而配色上则用暗色调的颜色做背景,以凸显各种鲜艳的霓虹色,其中蓝和紫最为常见,以此形成强烈的冲击力。右侧是赛博朋克风格的经典代表作。

电影《银翼杀手》宣传海报

与其他后现代设计风格相比,近几年赛博朋克风格在电商设计中更加常见。随着人工智能的火热,充满未来科技感的赛博朋克风格似乎更能迎合年轻人的喜好,而鲜艳的霓虹色和强烈的明暗对比也会使画面显得个性十足,极富张力。<u>右侧左图中还用了常与赛博朋克风格组合出现的"故障效果"。</u>

2017年"淘宝造物节"活动海报

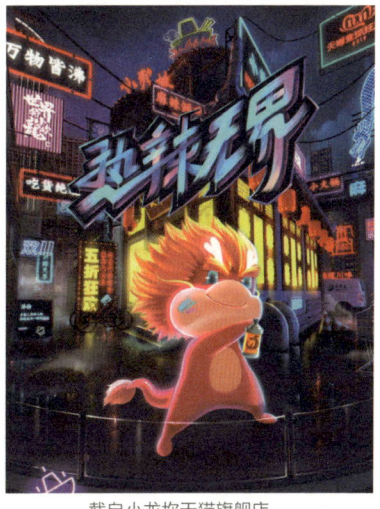

截自小龙坎天猫旗舰店
2019年"双十一"活动首页

其实赛博朋克风格还有一种变种风格是"蒸汽朋克"。与赛博朋克描述的未来刚好相反,蒸汽朋克风格则设定在一个架空历史的蒸汽时代,有浓重的复古气息,但蒸汽朋克风格相对小众一些,在电商设计中不常见。

▪ 4.孟菲斯风格

孟菲斯风格出现于20世纪80年代的意大利,最初来自室内设计,后来影响了各个设计领域。和波普风格一样,孟菲斯风格在当时也属于典型的反主流风格,反对看似冰冷的现代设计风格,提倡"装饰回归",<u>主张打破常规,更看重创意而非功能,整体以几何形体为主,色彩明快、跳跃</u>。

右侧的两张图中都是沙发椅,但设计风格却截然不同。左图中的是简约理性的现代设计风格;右图中的则是创意个性的孟菲斯风格,奇特的造型加上鲜艳的配色,使沙发椅整体透着趣味和活力。

密斯·凡德罗(Ludwig Mies Van der Rohe)作品
巴塞罗那椅

彼特·夏(Peter Shire)作品
沙发椅

孟菲斯风格在视觉设计中的运用同样如此,大胆艳丽的色彩搭配、几何图形的填充,以及各种线条的描边,都让视觉效果显得轻松、明快、有趣,如右侧的案例所示。

蘑菇街2016年
"囤券抢新品"活动海报

知乎推广活动海报

■ 5.蒸汽波风格

蒸汽波风格是2010年初才出现的网络艺术风格,开始是种音乐流派,后来才衍生为视觉风格。它代表着年轻一代的新文化,用一句话描述就是"80或90年代的复古迷幻风格",会使用大量的21世纪80~90年代的复古元素进行随意拼贴。例如,Windows98主题、像素风、光碟、大卫雕塑、低保真电视画面等,而配色则常用高饱和的荧光渐变色。得益于屏幕的RGB显示模式,这些色彩会显得尤为绚烂和迷幻。右图是一张蒸汽波风格的音乐专辑封面,高亮的粉色和一些毫无关联的元素组合在一起,使人产生一种二次元的迷幻感。

Macintosh Plus 音乐专辑封面

2017年初淘宝在新势力周活动的系列页面中首次采用了蒸汽波风格的设计，当时这种光怪陆离的迷幻复古风设计一出来就引起了设计师的热议和追捧，此后蒸汽波风格在电商设计圈小火了一把，但由于其风格浓烈刺激，因此应用得不太多。

截自淘宝2017年"新势力周"活动页

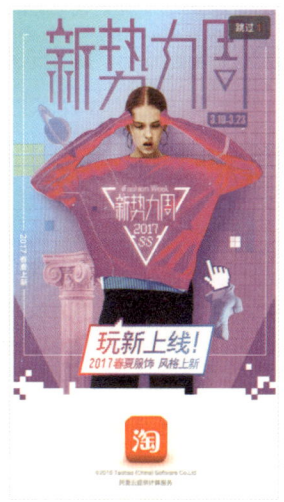
淘宝2017年"新势力周"活动海报

3.3.5 扁平插画风

在第1章介绍技能需求时也提到了插画，但仅当成一种技能在讲，而这里则将其作为一种风格来讲。扁平插画风其实是插画的一个风格分支，可鼠绘也可手绘，核心是去除插画中的一切多余细节和修饰（如透视、材质和光影等），使画面元素变得简约、抽象、概括。扁平插画风的作品降低了视觉干扰，在凸显内容的同时也让设计更轻量化，而且与写实风格比起来，抽象的扁平风格会更有形式感和装饰性。

截自饿了么2019年"饿食记"活动页

截自美图秀秀2019年"宠粉日"活动页

截自饿了么2019年活动专题页

当视觉元素都用抽象概括的方式表达后，色彩就变得尤为关键。优秀的配色能使扁平插画风的作品显得精致生动、富有冲击力；反之，则会显得单薄甚至有些简陋。常用的色彩搭配方式有单色填充和渐变填充两种。

3.3.6 拟物写实风

与扁平插画风对应的是拟物写实风，前者是对元素的简化处理；而后者则是对元素细节的精雕细琢，一个做减法一个做加法。拟物写实风强调对元素、场景进行立体还原，注重透视、材质、光影等细节的刻画，其核心理念与第2章讲的创意方法中的氛围渲染有些类似，都是通过塑造写实场景来增强用户的代入感和情感共鸣，如下面的案例所示。

截自饿了么2019年"大牌惠"活动页

截自美团外卖2018年"美食夜江湖"活动页

其实拟物写实风也并非是完全还原真实场景，准确地讲是用写实手法来模拟各种创意场景。

例如，右图中的"苹果杂货店"并非真实存在的，但写实手法又让用户产生看似真实的错觉，这种并不存在的现实错觉在国外的一些创意广告中经常出现。

截自京东生鲜"周五鲜放价"活动页

3.3.7 纸雕风

纸雕风就是将画面中的各种元素模拟成剪纸层叠的微立体效果，这种风格能增强画面的层次感和空间感。如右侧两个案例所示，画面中的近中远景都有形状对比和色调变化，使用的颜色也不多，尽量用色调和投影来表现简洁、纯粹的立体空间。

截自大宝天猫官方旗舰店
2020年"年货节"活动首页

截自健力多天猫官方旗舰店
2019年中秋节活动首页

其实纸张层叠的表现方式属于纸雕艺术的一种，这种观赏性很强的"纸雕灯箱"若打上灯光，会显得非常梦幻，这种有别于传统剪纸的纸雕艺术深受年轻人喜爱，如右图所示。

设计师尹利帅作品

3.3.8 霓虹风

霓虹风就是将霓虹灯作为重要元素运用在画面中，前面讲赛博朋克风格时也提到了霓虹，那种阴暗都市里带有压抑感的霓虹也是霓虹风的一种运用，但其实电商设计中的霓虹更多的是体现热闹的促销氛围。例如，夜市里的霓虹招牌（下面左图、中图）、舞台上的氛围灯光（下面右图）都是适合用霓虹表现的好地方。背景不管是暗色调还是亮色调，霓虹灯都能使画面变得绚丽，特别是各种颜色交错混搭时运用霓虹效果，不但不显乱，反而会变得炫酷抢眼。

截自美团2019年　　　　　　苏宁易购　　　　　　天猫2018年
"美团闪购"活动页　　　　"深夜加油站"活动海报　　"6·18"活动海报

3.3.9　2.5D风格

　　2.5D风格是指用等距视图（又称正等轴测图）来表现场景中的各个元素，这种特殊视角不但能让物体产生立体感，而且不管物体如何排列，都不会产生透视变化。早期的游戏中常用等距视图让2D画面看着像3D显示的效果。例如，下图所示的经典游戏《帝国时代 2》就是如此，无论建筑在画面中如何移动，尺寸都没有任何变化，也不会产生违和感，等距视图的特殊效果能让玩家产生在玩3D游戏的错觉，因此才被称作2.5D风格。

《帝国时代 2》游戏截图

2.5D风格在电商设计中的应用很广，这种风格能让画面产生非常规则的立体感和空间感。如右侧的两个案例所示，2.5D风格能将很多元素和谐地整合在一个空间里，而视觉表现效果既可以扁平（左图）又可以立体（右图）。

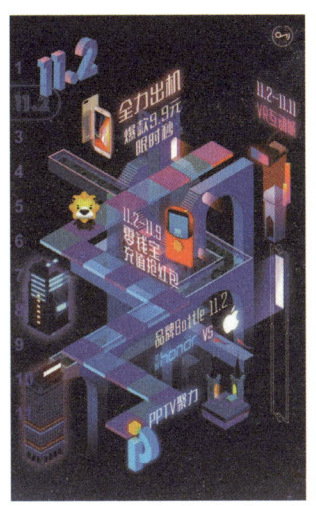

截自苏宁易购2017年"双十一"活动页　　美团联名信用卡活动海报

3.3.10　三维纯色风

与插画一样，现在三维制作也是很热门的技能了。而三维纯色风属于三维风格中的一个分支，其核心是去除三维模型中的复杂材质，只用各种纯色进行光影渲染，重点表现模型的立体感和空间关系，这样呈现出来的画面会显得清爽、简约。用的颜色不多，一般控制在2~3种。这种非写实的三维风格能降低不必要的材质干扰，尽量突出内容，其实算是三维模型的二维化表现。

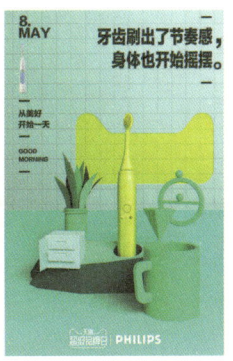

截自京东2018年"双十一"推广页　　飞利浦天猫官方旗舰店　　截自小象生鲜活动页
　　　　　　　　　　　　　　　　　"超级品牌日"活动海报

> **总结**
>
> 以上只列举了常见的10类（共16种）风格，从艺术流派到现代创作都会结合应用这些不同的风格。从视觉形式上看，在空前多元和创作自由的今天，其实风格种类远比我们想的还要多，还有很多并未列出。依托现在发达的互联网，还会经常出现一些突然受热捧的新风格，大家可以时常关注留意一下，同时进行作品的归纳和整理。

3.4 主题风格分类

主题风格分类更侧重于相关的主题定位，而主题就是指整个设计想表达的核心，一般会与品牌定位、产品定位或活动定位相关联。因此，下面要介绍的8种风格也与这些定位有关，要确保画面最终的主题风格和其目标定位相一致，这样才能使画面具有准确的视觉调性。

3.4.1 热闹促销

热闹促销风格最常应用的场景就是大促活动。活动是整个电商行业非常重要的组成部分，而热闹促销风格几乎是每场活动设计的标配，这样才能刺激观者的购物欲。早期表现热闹促销的方式其实挺"粗暴"的，往往就是用暖色配上产品和大标题，有些简单和俗套；而现在的则要生动很多，明显感觉设计师们也试图在这个人人必做的"命题作文"中努力尝试不一样的表达方式。如下面的两个案例所示，画面中出现了很丰富的场景和氛围，细节的刻画也很精致。

天猫2019年"6·18"活动海报　　飞猪旅行2018年"双十一"活动海报

3.4.2 时尚潮流

时尚潮流风格常见于服饰或美妆类目的页面设计中，这种风格能让画面透出个性和张力，同时更能凸显前卫、流行的视觉调性。若想画面表现出时尚感，可尝试鲜亮跳跃的配色或者独特前卫的造型，但不要过于夸张，还是要符合当下的流行度和用户的审美标准。例如，下面所示的两个案例既有时尚感但又不会让人感觉不适。

天猫2019年"TMALL DISCOVERY"活动海报　　截自玛丽黛佳天猫旗舰店口红礼盒详情页

3.4.3 活泼可爱

　　活泼可爱风格适合母婴类目、定位甜美的服饰和美妆等类目的页面设计，以及一些俏皮有趣的主题设计中。现在很多品牌的卡通形象都开始走"卖萌路线"（如阿里巴巴的"动物园"），因此活泼可爱风格的页面设计越来越常见，也经常会结合热闹促销风格。例如，下面右图中的天猫形象就是一个全民皆知且可爱的大IP，活泼有趣的风格大大增加了画面的亲和力。

天猫2019年"双十一"活动海报　　截自蘑菇街2016年"双十二"活动页

3.4.4 甜美温馨

甜美温馨风格适合表达人与人之间的情感氛围，常见的有友情、爱情和亲情，因此情人节、母亲节、亲子节等有关的设计都是适合营造温馨感的。一般温馨感的画面的配色比较柔和、色调更明快，会让观者感到浓浓的暖意，如右侧两个案例所示。

大众点评2019年情人节活动海报

截自京东生鲜2019年母亲节活动页

3.4.5 文艺清新

文艺清新风格给人的印象就是安静、清爽、素雅，常用于文艺范的产品、人物或主题的设计中，如右侧的案例所示。文艺清新风会传递出淡淡的小情绪，色调偏灰，颜色纯度较低，整体轻柔，给人一种品质感和清新的自然气息。

截自百雀羚天猫旗舰店
2018年"天猫欢聚日"活动首页
（壹网壹创团队作品）

截自茵曼天猫旗舰店
2020年春季专题页

3.4.6 大气简约

大气简约风格与极简风格有很多相似之处，往往表现大气的画面也比较简单、干净，没有太多的装饰元素，会大面积留白，常用来体现大品牌的高端调性。在下面的案例中，画面的视觉表现和色彩运用都极其克制，除了产品和模特就是文字，而色彩也以无彩色（黑、白、灰）为主，主视觉重在展示产品及模特的细节，光影和质感都很细腻。另外从视觉形式上看，两个案例也属于极简风的，可见极简风和大气简约风属于强关联的关系。

截自戴森天猫官方旗舰店吹风机详情页　　截自纪梵希天猫官方旗舰店口红详情页

3.4.7 未来科技

未来科技风格常见于数码或家电类目的页面设计中，适合各种主打科技类的产品或主题的设计，该风格运用大量的科技、科幻元素，画面具有强烈的未来感和探索精神。在下面的案例中，蓝色作为星空色，是常用的主色调，通过对实验室（左图）、太空舱（右图）的场景塑造，使科技感更加具象也更有代入感。赛博朋克风格也是未来科技风格的一种表现形式，只不过赛博朋克风格的设定更有深度和故事性。

截自第一卫天猫旗舰店　　　　　　截自饿了么2019年
2019年"6·18"活动首页　　　　　"超级品牌日"专题页
（第一卫团队作品）

3.4.8 动感活力

动感活力风格与运动相关，除了适合运动服饰、健身装备等类目，还适合各种促销及活力感的主题设计。动感活力风格的设计显得活跃、富有张力，让观者感到满满的"元气"。例如，在下面的案例中，当运动类目、潮玩主题、促销活动的设计都用动感的形式呈现后，画面的跳跃性和速度感便增强了。

截自鸿星尔克天猫官方旗舰店"325跑步节"活动页　　截自小龙坎天猫旗舰店2019年"双十二"活动首页

截自淘宝2017年"双十二"活动Banner

总结

与艺术风格一样，主题风格同样还有很多种，这里只列出8种比较典型的，并且风格之间也会叠加出现。例如，上面的淘宝"双十二"活动Banner，除了具有动感活力的风格外，也有热闹促销风格的特点，多重风格使作品的视觉效果更丰富，表现形式也更灵活，当然前提还是要与主题定位保持一致。

或许有人会疑惑为何要分两类来介绍风格，其实它们并非是独立存在的，而是相辅相成的。**艺术风格决定了画面的视觉形式，而主题风格则决定了画面的视觉调性**，明确了这二者才能更好地确定最终的设计风格。例如，在某个创意中先选择了现代中国风，但这种风格既可展现热闹，又可体现文艺，甚至还能表达时尚，这时若进一步明确是热闹促销风格，那这组搭配（现代中国风+热闹促销）就会让视觉表现的形式更清晰。明确风格后，接下来要做的就是把风格融入设计。

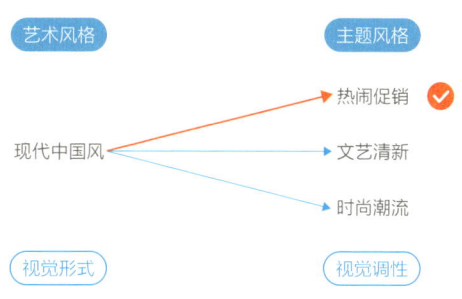

3.5 塑造合适元素，将风格融入设计

将风格融入设计的核心就是塑造视觉元素，这也是本章取名为"设计风格和视觉元素"的原因。其实视觉元素就是连接风格与设计的桥梁，先将风格体现在视觉元素中，再把视觉元素组合起来，可以说视觉元素就是风格的具象化体现。

例如，下面是一个常规的Banner，简化后能看到它由4部分构成：文案、主体元素（画面的主视觉）、点缀元素、背景，这是所有Banner中最常见的组成部分，而它们都可被看作是视觉元素。因此，也可以说视觉元素就是组成设计的基本单位。

常规Banner一般由4部分构成

另外本书后面的章节会讲到设计执行的三大核心：构图、色彩和光影，而视觉元素是基础，若没有视觉元素支撑，那构图、色彩和光影将无从谈起。

一般来说，塑造视觉元素有两种方式：一是先找素材，之后通过塑造将其变成合适的元素；二是不借助任何素材直接塑造。例如，合成就属于第一种方式，而由于插画和三维是可以直接绘制或建模生成，所以属于直接塑造。

3.5.1 元素的塑造原则

讲解了什么是视觉元素后，下面要介绍的就是视觉元素的塑造原则。

- **1.风格统一**

    风格统一有两层意思，即风格和统一，其实就是在确定风格以后还要确保视觉效果整体统一。

    （1）风格推导

    先是风格推导，下面是一张完整的推导路径图，整体共有3步。

    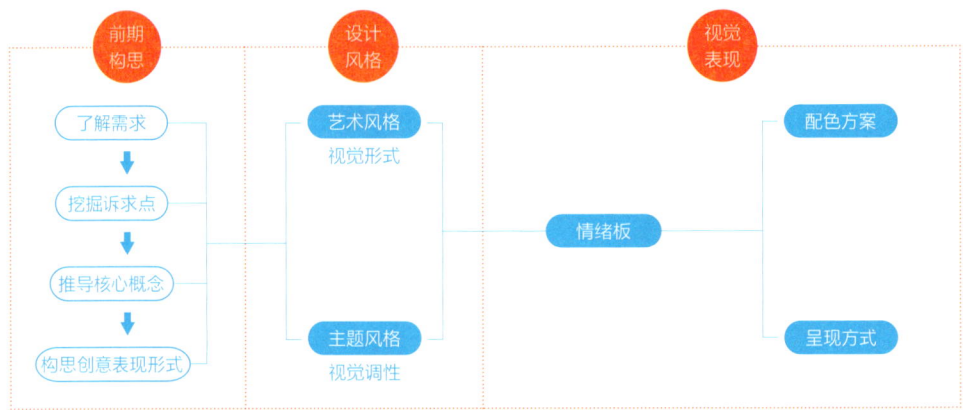

    第1步是前期构思，这是每次设计前都要"想"的阶段，通过4个环节的层层推进会得到创意表现形式，其实就是关于创意的具象化描述，这为后期执行提供了明确指引。

    第2步是要明确设计风格，但设计风格的确定并非就在确定创意表现形式后，在4个环节都有明确风格的可能，如与营销定位相关的主题风格就常常来自挖掘诉求点这个环节，诉求点确定了，主题风格也就确定了。除了主题风格还有艺术风格，主题风格侧重调性，艺术风格侧重形式，两类风格都确定后才能真正知道画面的设计风格是什么。

当有了创意和设计风格后，第3步就是基于二者得出视觉表现形式。有个常用的工具就是情绪板，所谓情绪板，就是把跟创意、风格相关的图片收集在一起，进而引起某些情绪反应，以此作为视觉参考为设计提供灵感。通俗点讲就是收集相关参考图，再从参考图中提取配色方案和呈现方式等。最后把这些提取的信息用在视觉元素上，最终得到具体画面。

下面通过案例来演示整个推导过程。假设要设计一张感恩节的主题Banner，主标题是"感恩回馈"，第1步先通过前期构思得到创意表现形式，这是一段关于画面呈现形式的具象描述，如下图所示。有了描述，接下来如何执行就变得很清晰了。

但有了创意表现形式还不够，还需要明确设计风格，明确了风格才知道与创意匹配的视觉形式和调性，这其中就包括艺术风格和主题风格。因此，在第2步通过分析明确了"拟物写实+甜美温馨"的设计风格。

第3步便是情绪板的使用，根据创意描述得出了两个搜索关键词：礼盒、感恩节，再结合"拟物写实+甜美温馨"从花瓣网选出了一些参考图，再从这些参考图的共性特征中提取合适的配色方案和呈现方式，最后结合框架草图设计出最终的Banner。

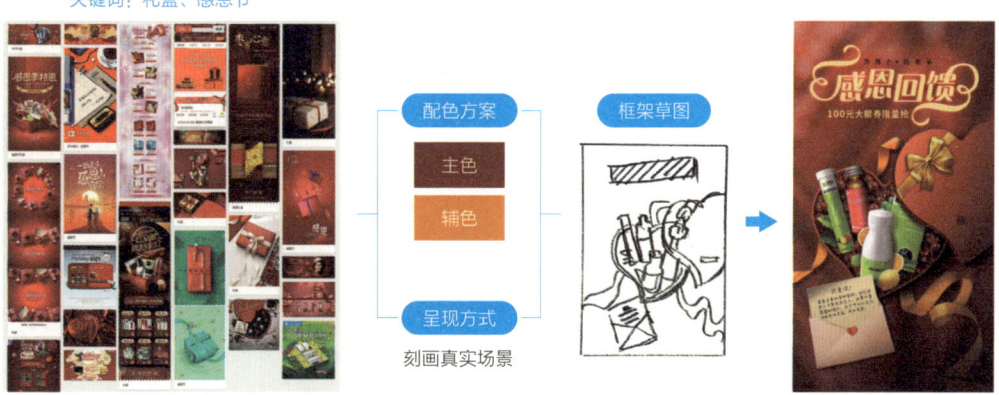

（2）整体统一

明确风格和设计表现形式后，还要确保所有元素的风格都能统一，这其实是个非常容易被忽视的细节表现问题。因为详情页和专题页都是长图，由多版块构成，有时设计到后面很可能就忘记要与前面的风格特征保持一致了。当观者逐屏往下浏览时，就会感觉前后衔接不够顺畅，进而影响阅读体验，这样也破坏了设计的整体性，显得设计师不够细致和专业（关于详情页和专题页的风格统一问题在第10章和第11章中会详细讲解）。

而一幅优秀的设计作品从上到下应该高度统一，从占据核心的主体元素到不起眼的点缀元素，都要保持风格上的强关联关系。下面的案例是淘宝新势力周页面的3个不同版块，采用的是蒸汽波风格。每个版块中，大到人物、边框，小到字体、按钮，几乎所有元素都保持了风格统一，没有一个元素"出戏"，这样的效果才是设计师该有的追求。

 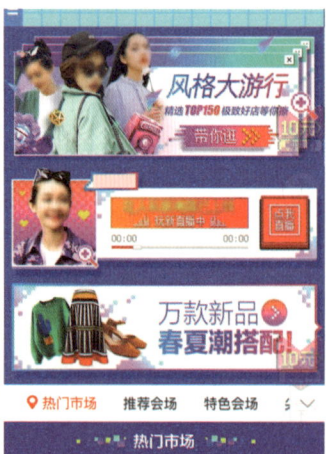 

截自淘宝2017年"新势力周"活动页

■ 2.精准提炼

精准提炼就是要选择最合适的元素内容。一般会从诉求对象或创意表现形式中来提炼，其中常见的诉求对象有产品、节日活动或品牌等。例如，在右侧的案例中，左图根据产品利益点（原料来自法国进口的深海鱼）提炼出海底世界、埃菲尔铁塔等元素；右图则根据圣诞节提炼出了苹果、圣诞树、雪花等元素，正是这些关联元素使得营销主题非常突出，也让画面显得整体、统一。

截自汤臣倍健天猫官方旗舰店　　京东到家"暖心圣诞"
胶原蛋白粉详情页　　　　　　　　　活动海报

3.先主后辅

先主后辅是指要先塑造主体元素，然后根据主体元素确定点缀元素的内容和数量。右图是一张淘宝聚划算的活动海报，设计的顺序是先呈现画面中央的购物车及同心圆背景（主体元素），然后根据版面构图及布局再添加相应的小元素（点缀元素）。**先主后辅属于设计领域的通用逻辑**，既能确保点缀元素不影响主体元素的展示效果，又能使画面主次分明，布局合理。

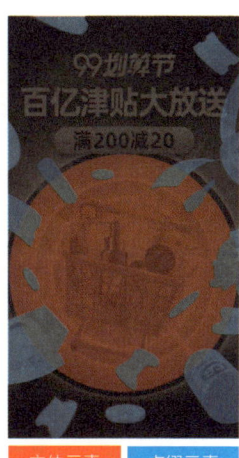

淘宝聚划算2019年"99划算节"活动海报

4.强调层次

视觉元素作为组成设计的基本单位，彼此间的布局显得非常重要，其中具有层次感无疑是布局的核心原则之一，这样能让版面有主次、强弱之分，也能让画面具有形式感和空间感。**而表现层次感的本质就是对比手法的运用**，作为设计领域常用的手法之一，对比几乎存在于所有的视觉设计中，本书后续也会多次提及。

下面介绍5种体现层次感的对比手法。为了便于大家有更加直观的感受和印象，将以一款产品做主体，用5种手法分别设计5张Banner来进行演示。

（1）方向对比

方向对比是指在布局视觉元素时要有不同的方向差异，比如水平与垂直、倾斜与垂直都是常见的方向对比形式。例如，由于下图中两个产品的倾斜角度不同，形成了明显的方向对比，比起相同方向的整齐感，不同方向的排布会让画面显得更加灵活、生动，且更富有变化。

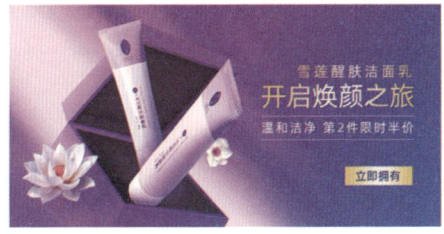
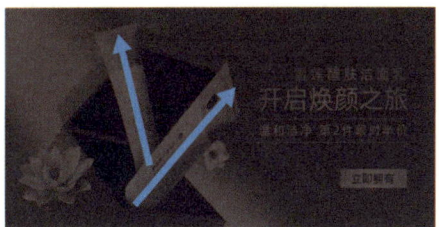

（2）远近对比

远近对比属于大小对比的一种。设想所有元素都处在一个立体空间内，通过近大远小的空间透视关系使元素产生远近上的关系。如下图所示，产品一大一小远近排列使画面具有微妙的空间感，产品的大小反差也让版面的主次更加分明。

（3）虚实对比

从事摄影的人肯定对虚实对比不陌生，虚实对比是一条很重要的拍摄原则，主要通过控制景深大小来使画面有虚有实，虚的模糊，实的清晰，这样就能聚焦主体，同时凸显纵深感。而设计也一样，通过虚实对比能使主体元素更突出。例如，在下面的对比图中，左图没有虚实对比，产品布局显得杂乱无章；而右图则将远景和近景进行了虚化，一个小小改动就立刻凸显出了前后层次感，产品也变得更突出。

产品没有虚实对比，显得杂乱　　　　　　　　产品有虚实对比，凸显了主次和层次感

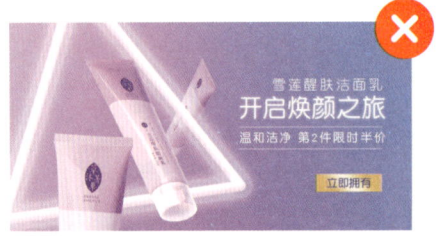 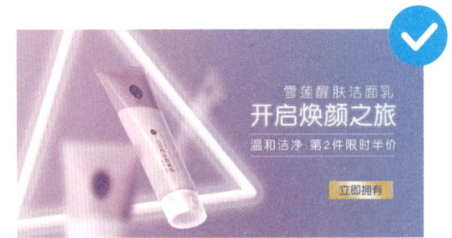

（4）动静对比

动静对比是指使视觉元素间形成一种动静反差，通过这种动静反差来提升画面的节奏和动感，也使视觉变化更加强烈。**一般快速体现运动感的方法是使用"动感模糊"的特效（有时还会结合使用"高斯模糊"）**。从下面的对比图中可明显看出，加了"动感模糊"特效的右图更有活力和张力，蝴蝶仿佛有了生命力，同时这种模糊处理方式也使点缀元素得到了一定程度的弱化，画面变得更干净、舒服，层次也更丰富了。

无动静对比，缺少动感，元素也有些繁多和杂乱　　　　有动静对比，凸显运动感，同时也简化了元素

（5）色彩对比

在5种对比中，色彩对比的感知度最强。因为色彩变化的加入对整个画面的影响最为明显和强烈，所以设计时要慎重使用。色彩对比的核心在配色，不同的颜色搭配所产生的视觉感受也截然不同。例如，下图中的3种颜色均为柔和的浅色调，整体让人感到清新明快，同时带一点活泼感。色彩对比是一种非常重要的对比手法，若进一步细分还有色相对比、色调对比、明暗对比和光色对比等，这些在第6章和第8章会进一步展开讲解。

以上5种对比手法很少单独应用，大部分设计都会组合应用多种对比手法，如上面的案例就同时用到了色彩对比和方向对比，这样的结合能使画面布局更灵活。

■ 5.存在就要合理

这条原则是说画面所有元素的存在都要有合理依据，不能为了加而加，要懂得克制。有些设计师在设计画面时，会将版面填得很满。特别是表现热闹促销风格时，不管合不合适，都用各种促销元素将画面填得满满当当的，生怕画面一空就显得促销氛围不够浓重。这样就可能导致版面杂乱，没有重点，尤其是在添加点缀元素时，稍不注意就会装饰过度。例如，右图中的点缀元素就显得过于"丰富"，虽然没有盖过中间的文案部分，但画面周围有太多元素杂糅在一起，令人眼花缭乱，大大降低了设计感。

因此，在添加元素时一定要多问自己："为什么要在这里添加这个元素，可以不加吗？"通过自问自答的形式让自己有个理性思考的过程，确保每个元素都有必须存在的意义和价值，要懂得适可而止，这样做出来的设计才会科学理性，经得起推敲。

再看右侧的案例，画面虽然也是促销主题和热闹风格的，但对于点缀元素的使用就收敛了很多，点缀元素只在必要位置出现，点到即止，适当留出空间，这样的布局形式反而透气一些，元素分布也更合理。

天猫2018年"双十一"活动海报

3.5.2 元素的设计误区

前面讲的是元素的5条塑造原则，接下来讲解的是元素的3个设计误区，这些误区都是设计师非常容易掉入的设计陷阱，包括很多资深设计师一不留神也会"踩坑"。

■ 1.主次颠倒

任何画面的视觉重点都必须与需求方想要传递的主要信息保持一致。如果画面最显眼的位置只凸显了次要信息，那就是主次颠倒、本末倒置，因此在设计前一定要理解文案并理清主次关系。

例如，下图中的主要信息是"营养专场 爆款直降100元"，但设计师却将折扣力度并不大的"20% OFF"放在了核心位置，这样观者第一眼只会看到力度不大并且内容单薄的次要信息，而对主要信息却很可能视而不见，所以这个Banner就没有使信息得到有效传递。

2.图文不符

无论是专题页还是详情页,有时都会出现画面和文案不匹配的情形。这是由于设计师在还不理解文案内容的情况下就直接动手设计造成的,这样设计出的画面最多只是好看而已。甚至有的设计师为了炫技,压根就不考虑文案匹不匹配的问题,一心只追求所谓的视觉效果,这就违背了商业设计的初衷,图文不符是不负责任的体现。要知道,**将文案可视化才是设计最直接的需求**,所有好看的前提都要先确保信息能得以有效传达。

在下面这组对比图中,文案一样,只是配图不同。左图配了一张产品展示图,虽然大方向没问题,但与文案内容并无直接关联。这其实是很多人在设计详情页时常犯的错误,有时为了追求效率,也不管文案是什么,都配产品展示图,觉得"百搭"还不易出错,但这样的中庸设计既不利于观者对文案的快速理解,又体现不出设计师的个人价值。右图则配了一张诠释文案内容的功效示意图,图文相符的画面能引导观者在快速扫读时获取文案信息,并帮助观者理解文案中的核心信息,这才属于好用的设计。

图文不符,配图不利于信息传达　　　　图文相符,配图能帮助观者快速理解文案

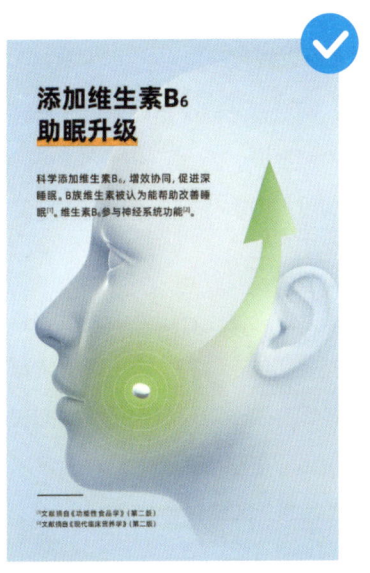

3.设计过度

设计过度其实就是常说的形式大于内容。不管是新手还是资深设计师,稍不注意都会走进"一味追求视觉效果"的误区。特别是当设计师越做越有感觉时,不经意间就会变成单纯的"设计思维",这时只想着怎么表现好看,而忽视了设计背后的商业目的和信息传达。具体来讲,设计过度有以下两种情形。

（1）文字设计过度

若想成为优秀的设计师，字体设计是必备技能，但要注意字形塑造不能影响字义的表达，否则就会适得其反。

例如，右图为了使主标题的字体设计变成三角形刻意将字形、笔画进行了大幅度变形和改造，虽然效果有了，但文字却变得难以识别，甚至大部分观者都会将其当成图形一扫而过，这不仅违背了字体设计易读性的原则，还反而让主标题成了无效信息。

（2）视觉设计过度

比起文字，视觉设计过度更为常见，毕竟视觉上好看是很多设计师的本能意识。因此，**设计师要反复提醒自己"任何形式都不能盖过内容本身"**，不要陷入所谓的"炫技"和"自嗨"中。

例如，右图的主视觉设计虽然看着设计感较好，但设计师为追求场景美感和统一，有意将所有文字都淹没在了好看的场景中，这样观者第一眼只看到了画面的主视觉，而对融在其中的文字信息却自动忽略了。这种为追求美感而牺牲内容的设计，只能算是无效的设计。

以上3个误区产生的根源都是设计师还没能将单纯的"设计思维"转换成能解决商业问题的"全局思维"，很多时候还是将设计得好看与否当成衡量能力的主要标准，而忽略或理解不透设计本身要传递的信息和目的，这样就容易出现无效设计。总之，要先实现商业价值才会体现设计价值。

3.5.3 元素的符号化表达

前面讲了元素的塑造原则和常见误区，下面要讲解的是视觉元素里的符号化表达。符号一词常见于品牌设计中，它是人们对某一事物印象的浓缩和提炼，可以帮助人们快速记忆并使人在看到的瞬间就能想到对应事物的相关信息。例如，看到"东方明珠"就会想到上海及上海的海派文化，那这个地标建筑就属于城市的印象符号；而看到下面这个"勾"时又马上会想到耐克以及那句经典口号"Just do it！"，那这个"勾"就属于"品牌符号"。不管是"东方明珠"还是"勾"，图形本身并没有这些含义，而人们看到后第一时间想到的一切，都是在潜移默化中形成的认知记忆。

可见一个成功的符号应该是个具有独占性的"盒子"，里面装有大量的记忆信息。<u>**每当人看到这些符号时，人的记忆都能被瞬间唤醒，最终这些符号才能进入人们的心智，成为一个可以被广泛传播的感知点**</u>。而符号的类型也是包罗万象，可以是标志、包装、卡通形象，也可以是产品、色彩、口号，甚至还能是一段旋律或一种味道等，可以说只要是能被人们感知到的都有可能成为符号。

在做电商设计之初，就应该有意识地提炼一些元素，使其成为符号，并通过后期的反复使用和传播，让不同的设计也具有某些共性特征，并确保这些特征能在人们的脑海中留下印象，最终变成一份独特的感知和记忆。而在实际设计时，符号又可分为品牌符号和活动符号。

■ 1.品牌符号

品牌符号属于长期符号，它是对品牌各种认知信息的高度凝练，虽然品牌符号可以是任何传递品牌信息的感知点，但一般还是以视觉符号居多。最常见的就是各种差异化的图形及卡通形象，它们需要具备识别度高、方便记忆等特征，如麦当劳的"M"图形和迪士尼的米老鼠等都是强有力的品牌符号。在品牌的传播过程中，作为品牌价值的具象载体，<u>**品牌符号就是一切传播内容的基础，它既可以提升品牌记忆，同时又能强化品牌的差异化感知力**</u>。

其中有一种表现手法是使品牌符号作为一个"容器"出现，所有的设计都会往这个"容器"中添加不同的内容，这样在不影响各自设计内容的前提下，能让观者反复记忆这个符号，最终占据观者的心智。例如,绝对伏特加的经典广告无疑是最早应用该手法的。从1980年至今,绝对伏特加就将所有广告内容都放在瓶身这个载体上。虽然核心概念一样,但不同的广告都会用各种不同的创意表现形式来突出瓶身这个超级符号。这些广告已经模糊了商业和艺术的边界,每个系列都能让人看得停不下来,如下图所示。

绝对伏特加的经典创意广告

绝对伏特加的广告是广告界的经典案例,后来很多品牌在创意和表现形式上都采用了这种形式,而电商圈做得最好也最成功的无疑就是天猫了。2015年,天猫从自家的卡通形象中提取"猫头"轮廓作为品牌的超级符号,之后该符号就变成了一个"品牌容器"被大量运用在各类设计中。这个符号可以与各类创意、信息融为一体,有着极强的识别性和延展性,既不会干扰内容呈现,又能让人一眼看出是天猫的广告。

天猫2016年"双十一"活动Banner

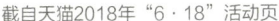

截自天猫2018年"6·18"活动页

截自天猫2019年"双十一"活动榜单页

从2016年开始，天猫在每年的"双十一"活动中都会联合各大品牌推出预热海报，其中的核心概念与绝对伏特加的广告如出一辙，都是用各类品牌的相关元素来表现"猫头"符号，每一张海报无论是创意还是表现效果都堪称完美，而且风格非常多元，具有很高的学习价值。经过这些年的展现和传播，天猫品牌已牢牢植入用户心智中，并与"猫头"符号形成了强关联的关系。可以说用户对天猫品牌的所有感知和记忆最后都归结到了"猫头"这个符号上。当然后来也有其他电商品牌试着提炼符号并用在传播中，但无论辨识度、灵活性还是最终的表现效果，都不如天猫做的那样令人印象深刻。

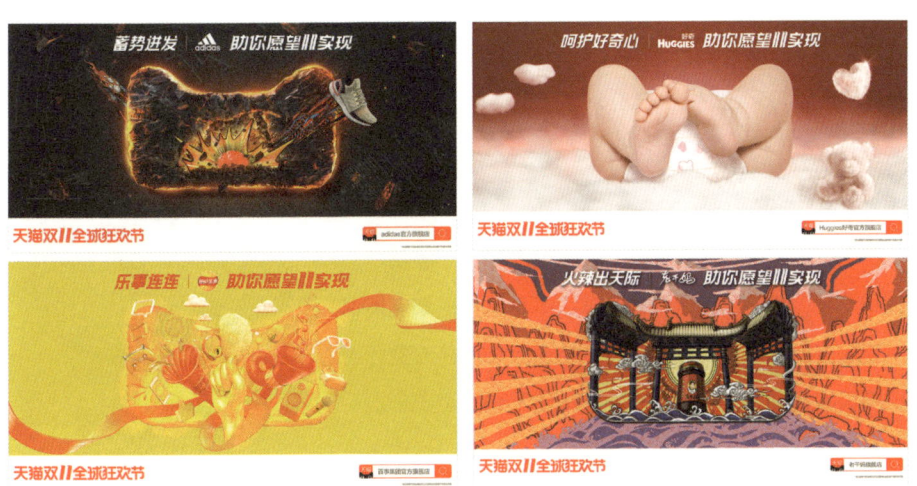

天猫2019年"双十一"活动海报

■ 2.活动符号

　　活动符号,就是针对营销活动而提炼的符号,属于短期符号。相比长期使用的品牌符号,活动符号无论是前期打造还是后期运用都要简单很多,它无须考虑太过长远的规划和传播,只要适合当次活动即可。<u>有了活动符号,既方便了设计延展,又能将不同设计整合在一起,而且符号的反复出现还能强化用户对该活动的印象和记忆。</u>因此,活动符号常用于设计体量很大且页面繁多的平台活动设计中。

　　从2015年开始,天猫在每年"双十一"活动的营销传播中,除了使用"猫头"符号外,还会提炼一个活动符号作为营销的传播记忆点。如下图所示,2018年是"手势"符号,2019年则是"气泡框",这些活动符号会频繁出现在当时的视觉传播设计中。

手势符号

气泡框

天猫2018年"双十一"
活动海报

天猫2019年"双十一"
活动海报

　　活动符号的表现并无太多限制,总体有具象和抽象两种表现类型。先看具象表现的,这类符号有具体的形象,能让人结合过往认知一眼就看出符号像什么。

　　例如,右侧是京东2018年"6·18"活动的视觉设计,当时围绕"全球化、年轻化、时尚化"的主题,确定将"缤纷视界"作为核心概念,并由此提炼了"眼睛"作为活动符号,最终所有设计都在"眼睛"这个框架下展开。由于大方向都是将内容和符号相结合,所以各分会场页面就变得很好延展,并且所有设计都会形成一个统一发声的整体。另外,通过"眼睛"符号的反复使用,活动主题也能被人快速识别并产生深刻的记忆。

截自京东2018年"6·18"活动会员推广页

截自京东2018年"6·18"活动分会场页面

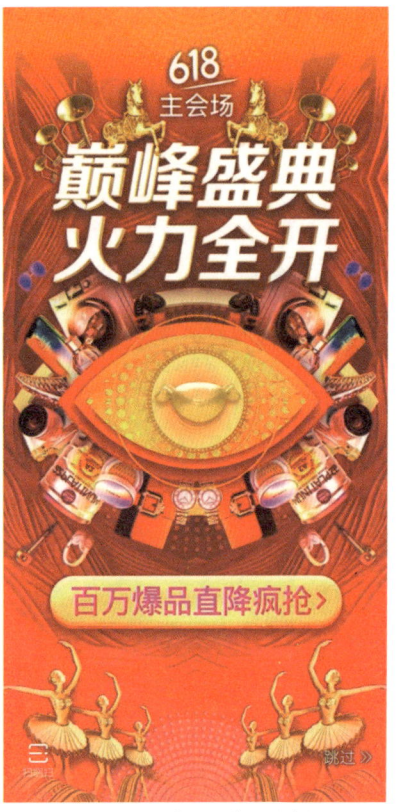

京东2018年"6·18"活动海报

再看抽象表现的,这类符号已脱离了具体形象,属于一种写意式的概括。每个人看后或许都有不一样的解读,如圆形、方形和三角形就属于典型的抽象符号。下面是京东2019年"双十一"活动的视觉设计,将"同心圆"作为活动的传播符号,目的也是为了方便设计延展和整合发声。

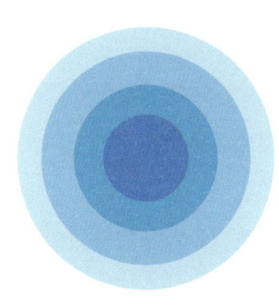

截自京东2019年"双十一"活动美妆预售页

截自京东2019年"双十一"活动页

截自京东2019年"双十一"活动页

如果大家仔细留意各平台每次大活动的会场页面，会发现大部分都在用活动符号串联，只是有的具象有的抽象。总体而言，具象表现更有独特性，差异化的符号也更有记忆点，容易让人留下印象。但由于具象形态一般较复杂，因此在运用上也会有较多的限制，延展性和灵活度会差一些。而抽象表现的则恰恰相反，简洁、规则的形态在运用上更灵活自如，但造型的通用性又使其独特性较弱，不利于记忆。设计师可根据实际需求，做出适当的选择。

表现类型 / 形态特征	独特性	记忆点	延展性	灵活度
具象表现	强	强	弱	弱
抽象表现	弱	弱	强	强

3.6 本章小结

本章先围绕平面设计的发展、风格演变、艺术风格和主题风格等讲解了电商的设计风格，然后根据风格运用又进一步延伸出视觉元素。视觉元素是组成设计的基本单位，也是所有风格的具象化体现。本章讲了这么多，最后将各种风格都归结为创意表现的不同刻画方式，也就是说一个创意往往会用多种风格来呈现。例如，某个创意需要一个心形舞台，那这个舞台可以是扁平插画风的，也可以是拟物写实风的，虽然风格不同，但最终的创意表现形式都一样。因此，要根据需求、诉求点、核心概念，以及自身的擅长点进行综合分析，找出最合适的风格。如果选错了风格，就可能影响创意及主题的表达，严重的还会干扰信息的传递和品牌定位。

第 4 章

Banner的版面布局

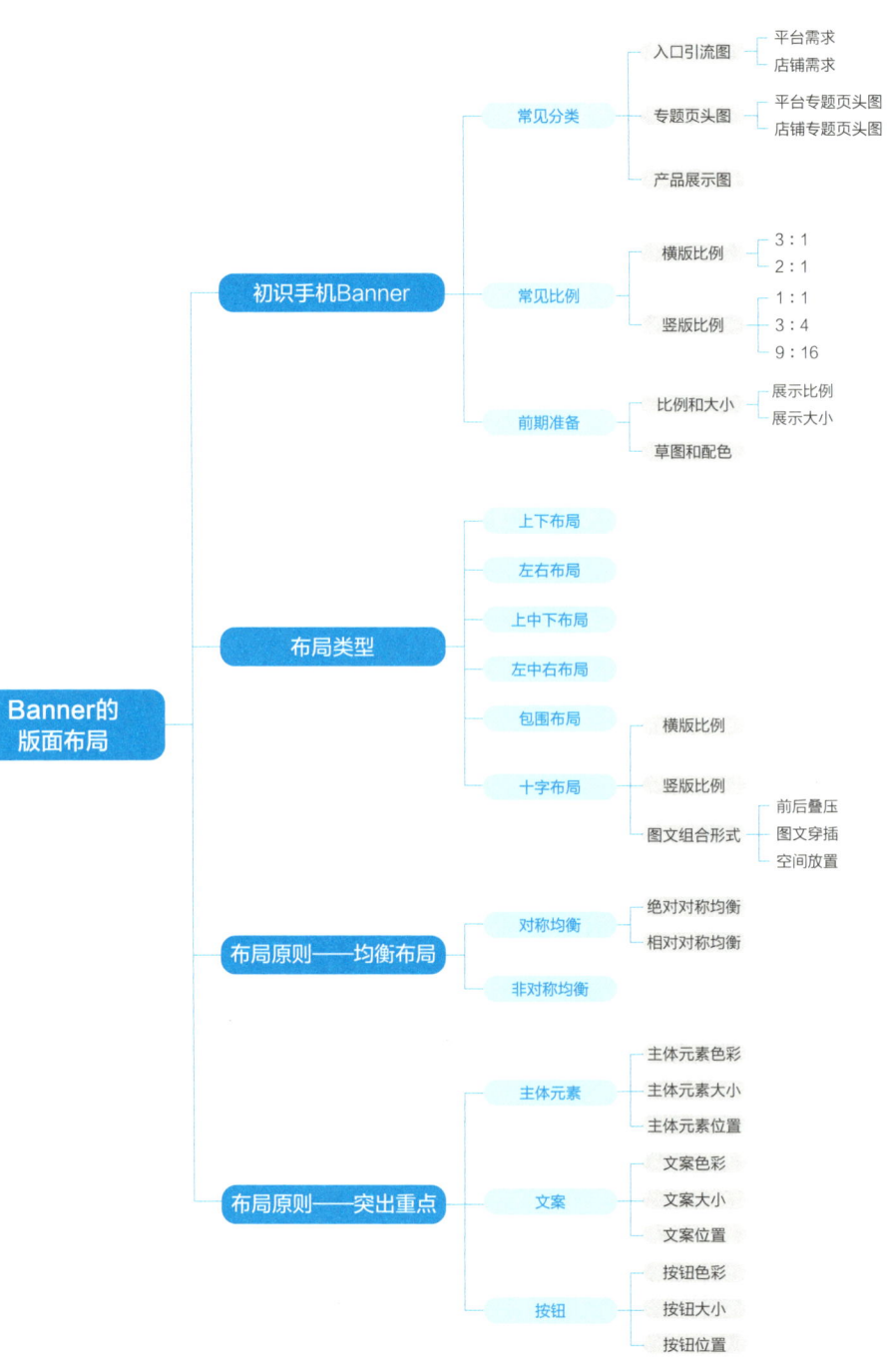

本章导读

前面3章主要讲解了职业感悟、前期构思和设计风格，可能有读者会觉得过于理论、不接地气，但任何优秀作品的背后，"想"的部分都是至关重要的。用全局思维来看每个需求背后的商业逻辑，会让设计更有深度，从而使设计的价值最大化，因此本书才会先用不小的篇幅来探讨理论部分。"想"固然重要，但"做"肯定必不可少。只有想得周全、做得漂亮，才真正算是优秀的设计师，套用电影的话术就是要努力做到"叫好又叫座"。从本章开始，将进入全书更偏实用的"执行"部分。从第4章到第9章，将分别从构图（第4章、第5章）、色彩（第6章、第7章）、光影（第8章）和字体（第9章）这4个维度来详细讲解电商设计师日常工作的核心——手机端的Banner设计。

先是Banner的构图，那么何谓构图呢？词条的解释是"根据主题要求，把要表现的形象适当组织起来，构成一个协调的完整画面"，这个解释相对宏观。因为很多领域都会谈及构图，如绘画有绘画构图，摄影有摄影构图，设计有设计构图等，彼此虽有差别，但统称为构图。而在平面设计中，构图其实就是根据需求将各种视觉元素组成一个和谐的整体，这也是梳理元素关系的过程，同时也会搭建出整个画面的基本框架，这样后面才会越做越顺；反之，画面则会显得没有章法，形式不协调。就好比建房子，也是要先把整体框架搭好，再进行浇筑、砌墙等，若框架出了问题，那后面即使做得再好也会存在各种隐患。

构图其实是个庞大的知识体系，所以本书会分两章来讲解，这一章先讲构图中的版面布局。如果你学过素描，应该知道绘画的第1步都是先明确物体的比例并勾出大概的分布，之后才是起形和铺明暗，这一步的分布就是"布局"。**本章所要讲的版面布局，主要指文案和主体元素间的分布关系，需要遵循均衡布局、突出重点这两大原则。**

4.1 初识手机Banner

在讲解布局之前，先系统介绍一下手机Banner。如果从事互联网相关的视觉设计，听到最多的一个英文单词可能就是Banner。早期它是横幅广告（Banner Ad.）的意思，就是网页中的一个个方形广告牌，点击后便能跳转至链接的页面，就跟报纸上的广告位差不多，叫法不同而已。但发展至今，Banner早已超越本身的定义范畴，正如第1章所讲的，<u>现在互联网上所有宣传信息的广告位都可称为Banner</u>。而对电商运营设计师而言，可以说大部分时间都在与Banner打交道。因此，做好Banner就等于打通了电商视觉设计的"任督二脉"。

4.1.1 常见分类

Banner的类型非常多，在电商平台上无处不在。根据展示的位置不同，可以大致分为3类：入口引流图、专题页头图和产品展示图。

- **1.入口引流图**

这类Banner的定义比较宽泛，凡是用于吸引用户点击并跳至指定页面的广告图都属于入口引流图，而根据服务的对象不同，平台需求和店铺需求的Banner也会有明显的差异。

（1）平台需求

从平台视角出发，会经常涉及以下3种Banner。

App启动页

App启动页是指刚打开App时所看到的页面，出现时间短但非常显眼，属于用户必看的Banner之一，又称"闪屏"或"开屏"。启动页是App启动时的过渡页，主要是为了缓和用户等待App开启时的焦虑感，淘宝、京东就常用这个"黄金广告位"展示各类活动的宣传海报，用户点击就能直接进入对应的活动页，如右图所示。

淘宝App启动页

会场引流图

会场引流图主要指临时出现在App主页面的活动引流图。例如，在淘宝App的首页中，每到官方大促就会在首屏显示非常显眼的活动Banner，一般会用特别的创意和形式来吸引用户注意，最终达到为活动引流的目的。在右侧的案例中，Banner除了有常规的方形（左图）外，还可以是异形（右图），有时也会加入一些动态效果，主要目的就是要勾起用户的兴趣并点击。

截自淘宝App首页

弹窗广告

弹窗广告虽然令多数用户反感，也有悖于用户体验，但作为商业传播的手段之一，又有其存在的必要性。而设计师要做的，则是在确保信息有效传递的前提下，使弹窗变得亲和、不被排斥，通过有趣的画面能让用户第一时间选择观看或点击，而不是立即关闭或者视而不见。例如，在右侧的案例中，淘宝的弹窗就设计得很精致，文案也很直白，不兜圈子，这样的弹窗广告应该能起到不错的引流效果。

截自淘宝App首页弹窗

（2）店铺需求

如果从商家视角出发，常做的入口引流图又有以下3种。

钻展

钻展是"钻石展位"的简称，这是淘宝的特有叫法（京东则叫"京东展位"）。它泛指平台付费推广的部分广告位，目的是给商家做有偿引流，主要通过竞价的方式向筛选人群定向展示相应的广告图。最常见的钻展图就是淘宝App首页的顶部Banner，京东上也一样，如下图所示。钻展属于主动展示，即目标用户只要打开App就会自动出现。

117

截自淘宝App首页　　　　截自京东App首页

> **小提示**
>
> 　　2020年9月，淘宝的手机端首页进行了一次重大改版，首页的内容排布进一步信息流化，同时还加入了大量的视频内容。其中多年未变的钻展图也由原来的横版Banner变成了现在的竖版，位置也不再是顶部的独立版块，而是融进了"猜你喜欢"的信息流中，如下图所示。这样首屏的版面利用率更高，显得更加紧凑，用户浏览起来更加方便，视线移动也更加流畅。

截自淘宝App首页

　　但目前还有很多平台并未调整钻展的位置和比例，为确保知识的通用性，本书还是以讲解常规的横版钻展图为主。其实不管展现形式如何变化，其设计的核心理念和原则都未改变。

直通车

直通车也是淘宝的叫法（京东则叫"京东快车"），同样指平台付费推广的部分广告位。与钻展不同，直通车展现在淘宝App的搜索页，是用户搜索关键词后才会出现的广告。<u>直通车属于被动展示，用户搜索特定的关键词才会展现，不搜则不展现</u>。相比钻展的广泛展现，直通车只给想买的人看，再加上按点击收费，因此流量更加精准，成本可控，所以商家用得更多。不管是淘宝还是京东，直通车图都有专门的字眼区分，目前是"HOT"角标和"广告"标识，如右图所示。

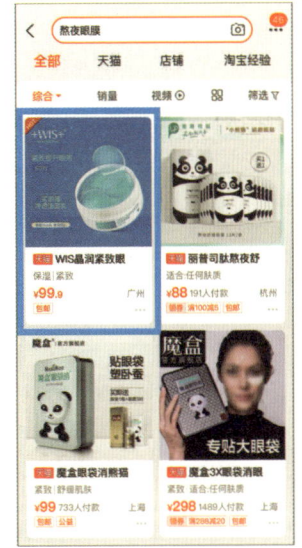
截自淘宝App搜索页

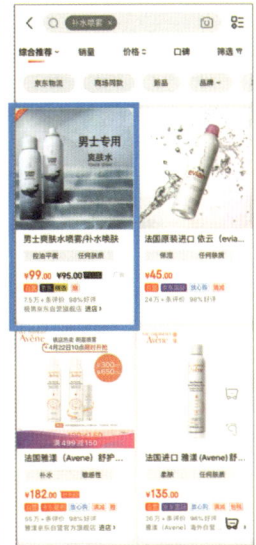
截自京东App搜索页

活动资源位

活动资源位就是常说的"活动报名图"，平台设计师一般会根据活动主题先定页面基调和规范，包括头部Banner及后续的排布框架，之后店铺设计师再按照规范设计出具体的产品图片填充其中，每一个矩形小图就是某个店铺的资源位图片，如右图所示。

截自天猫2019年"天猫年终盛典"活动页

截自京东2020年保健品专题页

总的来讲，<u>平台和店铺入口引流图的目的都很直接，就是要吸引更多的用户点击，并且进行点击的人群越精准越好</u>。因此，这类Banner的好用与否，可通过量化指标进行判断，核心指标是点击率和转化率，只有图片点击率高、转化率高，展现效果才能最大化。影响转化率的因素有很多，入口图只是一方面，此外还与承接页有关。但影响点击率的就只有入口图本身了，若点击率不达标，入口图就需要优化。<u>所以对入口图而言，点击率是运营最为看重也最为直接的衡量标准。</u>

2.专题页头图

无论是平台设计师还是店铺设计师,专题页设计都是日常非常重要的工作。专题页一般包含的信息很多,也很杂,需要综合运用信息梳理、氛围塑造、版式设计等技能,很考验设计师的功力和水准。因此若想了解某位设计师的水平高低,可以先看看他设计的专题页。<u>而专题页的头图无疑是视觉层面最关键的部分,它决定了整个活动页面的基调和氛围,决定了观者对页面的第一印象。</u>

(1)平台专题页头图

平台专题页的头图一般较短,以横版为主,如右侧的案例所示。这是因为平台专题页涉及的品牌多、产品多,所以整体需要通过紧凑的布局来提高浏览效率。

截自天猫2019年
"双十一"活动页

截自京东2019年
"活色生鲜节"活动页

(2)店铺专题页头图

店铺专题页的头图较长,以竖版为主,如右侧的案例所示。这是因为店铺专题页上的产品相对较少,信息量也没那么大,宽松的布局可以确保页面的结构更舒服、透气。

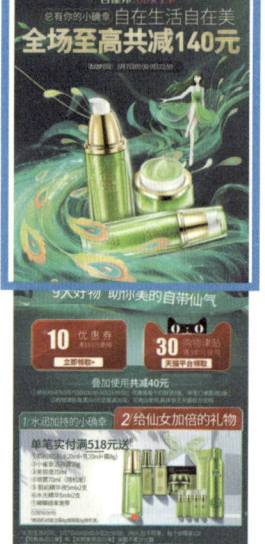

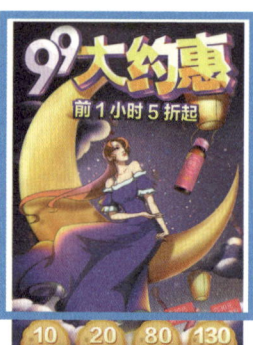

截自百雀羚天猫旗舰店
2019年"3·8女王节"活动首页
(壹网壹创团队作品)

截自禾博士天猫旗舰店
2018年中秋节活动首页
(设计师骆梦凡作品)

3.产品展示图

产品展示图设计属于店铺设计师的工作内容。当观者通过各种路径进入产品详情页后，页面最顶端的图片就是产品展示图，产品展示图主要用来展示产品外观或介绍产品的卖点。早期各平台的产品展示图都要求是白底的，而且只能展示产品外观，因此那时设计师的发挥空间并不大，顶多只是将产品拍得好看一些，但现在平台已允许图文结合，这样设计师的发挥空间就更大了。

由于产品展示图是观者进入详情页后最先看到的版块，决定了观者对产品的第一印象，因此它对产品转化至关重要，甚至超过了靠后出现的"详情描述"。再加上淘宝将展示图尺寸由原先的800px×800px改成了现在的750px×1000px（右侧左图），这样3∶4的竖版比例足足占了首屏的2/3，观者想不注意都难。因此，要尽可能地将产品的核心卖点和优势在产品展示图中展现出来，以争取在第一时间打动观者。

截自李子柒天猫旗舰店产品详情页　　截自百雀羚京东自营旗舰店产品详情页

其实Banner的类型还有很多，以上3类只是工作中最常接触的，各式各样的Banner就像夜市里形形色色的霓虹招牌，这些招牌使街道变得绚丽多彩。

4.1.2 常见比例

对于手机端的页面设计而言，由于版面受限，不同比例对元素布局有着较大影响。在PC端设计时代，主流是宽屏设计，因此Banner大多以横版比例为主；但到了手机端，由于竖屏的特殊性，横、竖比例则各占一半。下面就具体讲解一下常见的比例，但展示的案例不一定完全是对应的比例，也可能只是接近所讲的比例。

1.横版比例

由于是在手机上显示，所以横向空间狭窄，横版比例会显得有些拥挤，能展现的内容有限。但Banner的尺寸不大，整体不占太多版面，因此适合穿插在各类页面中呈现。

（1）3∶1

3∶1的Banner属于典型的小尺寸Banner，瘦长型。页面的广告图常用3∶1这个比例，钻展、会场引流图和轮播图等都接近这个比例，整体小巧，用于给活动或产品引流，如下面的案例所示。

（2）2∶1

这个比例使Banner的纵向空间变大，能呈现的内容更多，在页面中更醒目，往往用于头图或者重要信息的呈现，如店铺通知栏、信息流的横版广告图和平台专题页头图等。

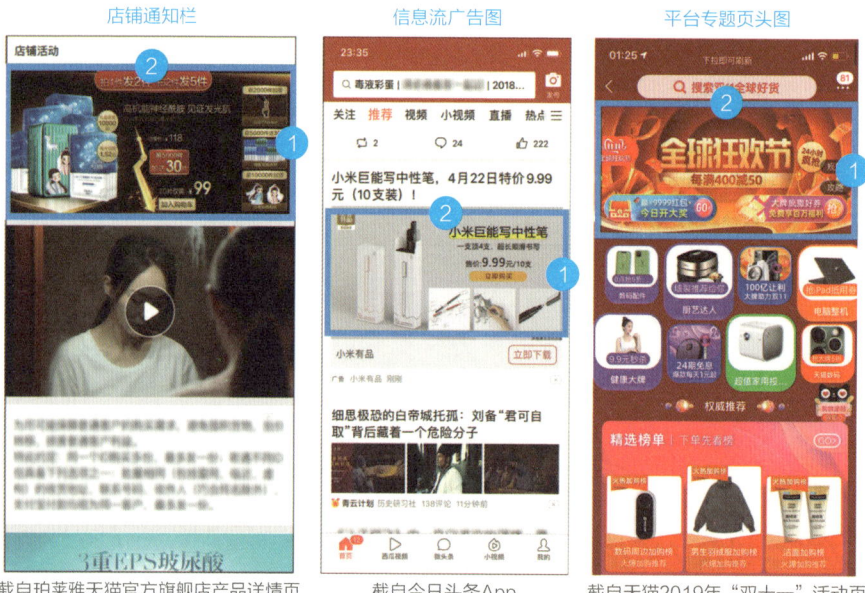

2.竖版比例

相对而言，手机端的页面设计用竖版比例的更多，这样就能充分利用手机屏幕的纵向空间，使版面变得开阔、透气，看起来更舒服。

（1）1：1

1：1呈正方形，但这里还是将其与竖版比例归为一类，这个比例应用灵活，展示面积根据需求可大可小，最常见的就是直通车、搜索主图、资源位图片以及正方形的产品展示图等，如右侧的案例所示。

截自淘宝App搜索页　　截自百雀羚京东自营旗舰店产品详情页

正方形适合整齐的重复排列，如右侧的案例所示。手机端的页面设计一般是一排2~3个重复向下，这样的排布使产品陈列得多而不乱，版面有序、统一，同时还能节省空间，对每屏的空间利用最大化，属于产品紧凑排列的最优设计方案，因此各大平台的活动资源位都会以方形排列为主。

截自天猫2019年"天猫年终盛典"活动页

（2）3：4

这是目前主流的竖版比例，多用于店铺专题页的头图设计。该比例对竖屏的利用恰到好处，既不会像横版那样拥挤，又不会因为Banner太长而使页面显得不紧凑、首屏信息太少。例如，在下面的案例中，3：4的Banner基本占到一屏的2/3，剩下的1/3可以展示优惠券及买赠信息，这样一屏所呈现的信息量就恰到好处。

店铺专题页头图

截自百雀羚天猫旗舰店
2019年"3·8女王节"活动首页
（壹网壹创团队作品）

截自汤臣倍健京东自营旗舰店
2020年"超级品牌日"活动页

另外，还有一些长方形的产品展示图和信息流展示图也是3：4这个比例。例如，在右侧的案例中，淘宝750px×1000px的产品展示图就是典型的3：4（左图），而淘宝首页的部分长方形展示图同样接近3：4（右图）。目前，首页在信息流的展现形式下，3：4的竖版比例更有利于手机屏的版面利用以及每个Banner的内容呈现。可想而知，未来竖版展示位会越来越多。

产品展示图

截自李子柒天猫旗舰店产品详情页

新版钻展

截自淘宝App首页

（3）9∶16

该比例泛指满屏或接近满屏的比例，撑满整个屏幕的画面会有很强的冲击力和代入感，宽松的版面能让视觉表现游刃有余。9∶16是早期手机的全屏比例（2018年之前），但现在随着全面屏的普及，主流的全屏已变成9∶18或9∶19了。对电商设计而言，除非是必须满屏的需求，不然就按照9∶16设计即可。因为9∶18的Banner确实太长，并不利于构图，而且还会造成版面的浪费。一般必须为满屏设计的有App启动页或H5页面等。

来自淘宝App启动页　　天猫2018年"6·18"活动H5推广页

有的店铺专题页的头图也会用全屏比例，但以9∶16为主，这样才不会显得太长，如右侧的案例所示。这时商家希望能用满屏产生的视觉冲击力来引起观者的浏览兴趣，同时传递品牌调性，加深观者对品牌的印象。

当然，Banner的比例还有很多，上面列出的只是主流的比例，不同比例都有各自的构图方法。手机端与PC端设计的最大不同就是会大量运用竖版构图，这也是手机端设计的一个非常重要的特征，也是需要设计师重点关注和学习的。

截自水密码天猫旗舰店　　截自燕之屋天猫官方旗舰店
2018年"双十一"活动首页　2019年"双十一"活动首页
（文渊团队作品）　　　　（汤臣杰逊团队作品）

4.1.3 前期准备

第2章明确了先构思再执行的重要性，也介绍了动手前的准备工作，当然那只是针对整个电商设计所讲的。那么具体到Banner构图，前期又需要做哪些具体的准备呢？核心有两点：先看比例和大小，再定草图和配色。

1.比例和大小

比例和大小决定了Banner的真实形状和面积，是影响版面构图的关键因素，因此需要先明确展示比例和展示大小。

（1）展示比例

展示比例是指Banner的尺寸比例，因为不同比例决定了不同构图，比如横版和竖版的构图肯定就完全不同。因此，在拿到设计需求后，要先看看要求的比例是多少，是横版还是竖版。例如，在下面的案例中，虽然钻展和直通车都是左右布局，但由于比例不同，最终的版式结构也大不相同：3：1的钻展虽然信息容量小，但图文排布宽松；而1：1的直通车则正好相反，信息容量大但布局紧凑，所以动手前一定要确定展示比例。

钻展（3：1）

 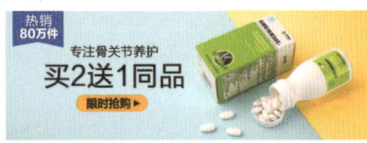

红色小象天猫旗舰店钻展图　　　　　禾博士天猫旗舰店钻展图

直通车（1：1）

 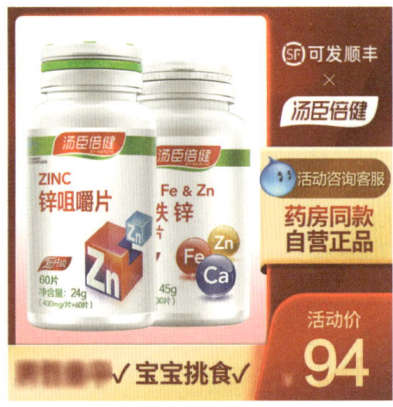

SKG天猫旗舰店直通车图　　　　　汤臣倍健天猫官方旗舰店直通车图

（2）展示大小

在第2章就强调过展示大小的重要性，由于PC端的设计尺寸和手机端的最终展现尺寸有很大不同，因此除了明确Banner的展示比例外，还必须了解它在手机端展现位置上的面积。同样尺寸的图片，手机端上显示会比PC端上显示小很多，但具体小多少，则要看手机端展现位置的大小。例如，一个1：1的Banner，若是直通车图就会很小，而要是产品展示图则会相对大一些。总之，若不考虑真实的面积大小，就会对版面中的信息容量产生错误判断。如下面的案例所示，800px×800px的直通车图若按实际尺寸设计，在PC端上感觉合适的信息量，换到手机端上就会发现其实根本放不下这么多内容，最后造成文案不清、版面拥挤。

直通车的常规尺寸是800px×800px，若在PS中按照实际尺寸来设计，虽然在PC端显示正好，但切换到手机上显示时，就会出现版面内容太多，文字太小，显得拥挤的情况

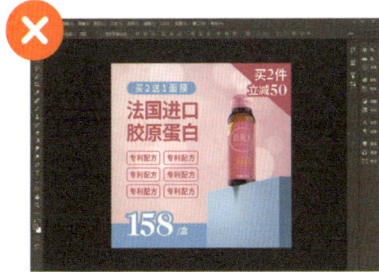

设计Banner时，应将软件中的显示大小缩至手机端展现的真实大小，这样才能准确判断出版面的信息容量到底有多大。另外在Banner做到差不多时，最好先导入手机看下实际效果，根据真实显示情况及时调整，确保万无一失。**我的导入方法就是用微信互传，简单又高效。**

正确做法应该是在PS中将版面等比例缩至手机显示的真实大小，这样才不易出现"误判"，因为这时PC端和手机端显示保持了大体一致

通过上面的案例可以看出，其实手机就那么大，能展现的内容有限，能传递的有效信息也不多。因此，在做移动端的设计时要将信息精简再精简，少即是多，这需要设计师重点关注。

2.草图和配色

明确了Banner的比例和大小，就知道了整个版面的基本框架，但这时仍不要动手执行，应该先用画草图的方式将各种视觉元素组合起来，并且设定一套与之匹配的配色方案。有了草图和配色，脑海中才会浮现出具体的画面。可以说草图和配色就是后期执行的"施工图纸"，有了图纸，设计时思路才会更清晰。

在接到设计需求后，除非要求很简单，不然画草图、定配色都是必不可少的步骤。因为该步骤确实能让设计事半功倍：**一方面能快速检验创意表现的实际效果**，可直观看到设计的不足之处，发现问题并立即修改，改到满意再进入执行环节，相比边做边改，灵活性更高；**另一方面是设计师可以拿着草图和配色方案与需求方沟通想法**，看他们是否认同自己的设计方案，若有分歧，在草图阶

段就能及时调整,直到认可了再设计。要尽量避免出现全部完成设计才让大家提意见的情况,不然若返工将会使设计师有强烈的挫败感,整个设计流程也会非常低效。为了使沟通更加顺畅,草图要尽可能精细一些,不要过于"写意",不然相关人员在理解上会有偏差。当然,若只是自己看则可以适当简略一些。

我之前接过一个中秋节的页面设计需求,当创意和风格敲定后,便画了一张草图,并确定了配色,但与运营沟通后发现其理解有偏差,于是又重新画了一张,这次大方向没问题,但细节还要修改,后来一直改到他满意才开始设计,设计出来的页面最后只微调了一下,算是一稿过,如下图所示。试想如果当初没有画草图就直接设计,再重做将会非常崩溃,也会浪费大量的时间。本书绝大部分的实战案例都是先将画草图、定配色放在第一步,主要是想提醒初学者要养成画草图的习惯。

总结

本节从手机Banner的常见分类、常见比例和前期准备入手,介绍了Banner的相关内容。虽然Banner的比例、大小和草图看似很简单,但却是设计前的重要内容,忽视任何一点都可能让Banner的构图甚至整个视觉设计出现大问题,因此要足够重视。知道了Banner的比例和大小,也明确了草图和配色方案,下面要讲解的是文案和主体元素间的版面布局类型。

4.2 布局类型

版面的布局类型,可简单地理解为文案和主体元素的组合方式。常见的组合方式有6种,而这6种方式在横、竖比例上的应用都各不相同,因此将针对这两种比例分别讲解和举例。

4.2.1 上下布局

上下布局，即文案和主体元素呈上下分布，这是一种很常见的组合方式。文案和主体元素分别位于上下两个相对独立的空间区域，版面划分清晰，便于识别。虽然上下布局在横、竖版中都有，但大部分以竖版应用为主。

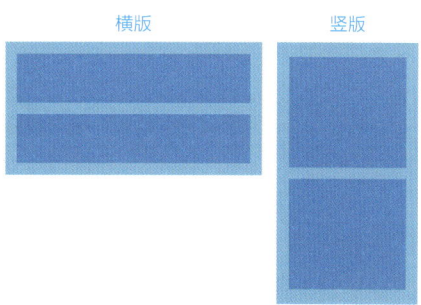

■ 1.横版比例

在横版比例中，由于版面的纵向空间有限，继续将版面一分为二会使版面更紧凑。若划分不当就会使文案或主体压缩过度，从而使画面整体拥挤，版面不透气，因此横版中的上下布局相对少见一些。

为了使上下布局在横版中浏览起来更舒适，主体元素尽量横构图排列，并且上下的区域划分不要相差过大。例如，在下面的案例中，图文所占面积相当，这样才不会使某一区域过于紧凑。

截自天猫2020年"品智生活节"活动页

截自苏宁易购2019年"集码抽百万苏宁鲸喜"活动页

2.竖版比例

与横版比例相比，竖版比例则正好相反。由于本身是竖向结构，纵向空间就非常宽松，应用上下布局恰到好处。如右侧的案例所示，整体版面开阔，不管文案还是主体元素都很清晰，布局清爽，浏览起来也很舒服，因此竖版才是上下布局的常用比例。

截自每日优鲜活动页

截自大众点评2018年"今夜不打烊"活动页

4.2.2 左右布局

左右布局，即文案和主体元素呈左右分布，这也是一种常见的组合方式。不同于上下布局的纵向划分，左右布局是对横向空间进行划分，因此关于横、竖比例的适用性和上下布局正好相反，横版宽松而竖版拥挤，所以横版比例应用得居多。

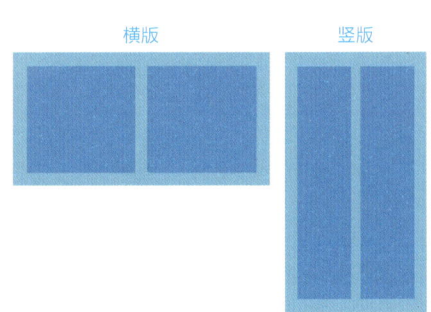

■ 1.横版比例

在横版比例的图中，左右布局对横向的空间利用较好。如下面的案例所示，文案和主体元素分属的两个区域都很宽松，版面舒服，结构大方，而且图文互不干扰，清晰分明，便于浏览，所以横版比例才是左右布局的常用比例。

截自贝店2019年"双十一"活动页

每日优鲜活动Banner

■ 2.竖版比例

由于左右布局的竖版比例的横向空间狭窄，因此要额外注意左右的空间配比，尽量确保左右均衡，若分配不均，则会使其中某一区域变得拥挤不堪。例如，右侧案例中的文案区域就显得过窄，这样文字不但不突出，而且过于紧凑的布局结构也会让人感觉不舒服。

文案所占的横向空间受限，拥挤不透气

宽度过窄

正确的做法是尽量确保左右空间的占比均等，图文各占一半区域，并且对各元素都采用竖构图的形式排列，这样才是对横向空间的合理应用，如下面的案例所示。

截自百年宝诚天猫旗舰店2018年"3·8女王节"活动首页
（重塑创意团队作品）

淘宝2020年"淘鲜达3·8节"活动海报

4.2.3 上中下布局

上中下布局，即文案和主体元素呈上中下分布，这是一种垂直的三段式组合方式。由于元素的3层分布方式对纵向空间的要求很高，因此这类布局形式大多应用在竖版比例的页面中。

竖版

在上中下布局的竖版比例页面中,从上到下共有"主体元素+文案+主体元素"和"文案+主体元素+文案"这两种排列形式。因为上中下布局基本明确了整个版面的结构和各元素的分布形式,对元素的形态要求较高,构图上也没那么灵活,所以这种局限较多的布局形式使用得并不多。

淘宝2016年"双十二"活动海报

肯德基咖啡活动海报

4.2.4 左中右布局

左中右布局,即文案和主体元素呈左中右分布,这种水平的三段式组合形式对横向空间的要求很高,因此基本只用于横向宽松的横版比例的页面中,页面水平划分为3个区域。

横版

与上中下布局一样，左中右布局的横版比例页面从左往右也有"主体元素+文案+主体元素"和"文案+主体元素+文案"两种形式，但以前者为主，这样文案可以放在中间形成焦点，而主体元素分列两边作为配图。由于该布局形式同样对构图和元素的限制较多，因此也较少使用。

截自花王官网（日本）轮播图

天猫2018年"双十一"活动Banner

4.2.5 包围布局

这类布局形式一般是将文案放在页面中间，让主体元素分布在周围。**包围布局有很强的通用性，适用于各种版面**，对横、竖比例都没有太高要求，无论横版还是竖版，呈现的效果都很舒服。

包围布局能突出文案，使其成为视觉焦点。 由于手机版面不大，观者又是快速扫读，因此信息的有效传达就显得格外重要了，而包围布局恰恰能让观者聚焦文案本身。例如，在下面所示的案例中，无论是横版还是竖版的Banner，中间的文案都是最突出的焦点，而其余的元素则作为点缀均匀地环绕在四周，这样信息呈现更清晰。

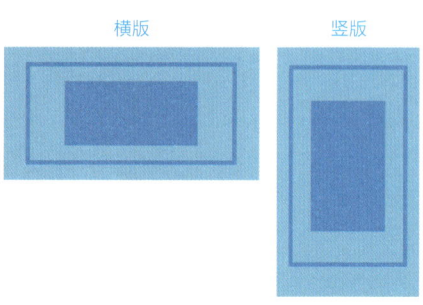

- **1.横版比例**

截自京东2019年"圣诞礼遇季"活动页

截自天猫2017年"双十一"活动主会场页面

■ 2.竖版比例

截自美团外卖2018年"白色情人节"活动页

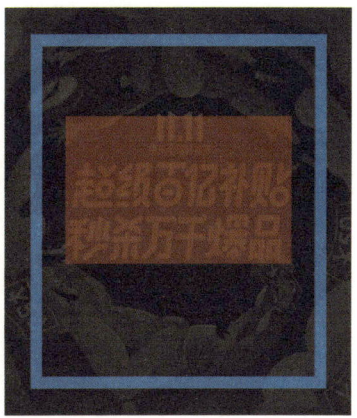

截自京东2019年"双十一"活动页

4.2.6 十字布局

该布局形式是将主体元素放在页面中间，而文案和主体元素呈交叉分布。与包围布局一样，十字布局也同样适合横竖版比例，两种比例的版面分布都很均衡。

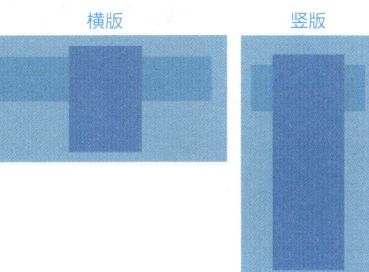

十字布局的形式广泛应用是在手机端的页面设计中,灵感似乎来自时尚杂志的封面设计,如下图所示。这种组合方式上手简单还易出效果,有很强的形式感和层次感。

对于版面不大的手机端页面,十字结构能充分利用相对紧凑的版面空间,既突出了主体元素,又能让观者注意到文字信息。虽然主体元素可以是人物或产品,但多数以人物为主。

《VOGUE》杂志封面

下面展示的是一些横竖比例的应用案例,可以看到十字布局在任何比例的页面中都显得视觉均衡、透气,元素分布也让人感到舒服。但要注意,<u>十字布局一般适用于人物或产品独立存在的页面</u>,这样主体元素才能与文案形成清晰的十字结构,而以场景为主的Banner则不太适用。

■ 1.横版比例

截自天猫2018年母亲节活动页

截自大众点评2019年"结婚欢购节"活动页

2. 竖版比例

截自斑马会员2018年秋季活动页

天猫2019年"秋冬新风尚"活动海报

3. 图文组合形式

在前面的5种布局形式中,大多数案例的文案和主体元素都分别处于版面的不同区域,彼此相对独立,没有明显的层叠关系。但在十字布局中,文案和主体元素不再独立,二者通过十字结构组成一个整体,这样就提升了画面的层次感和空间感。而在这种结构中,图(主体元素)、文(文案)的组合形式就变得非常关键了,常见的组合形式有以下3种。

（1）前后叠压

文案和主体元素以一前一后的方式排列，形成叠压关系，这是最常用的组合形式。文案可前可后，二者通过叠压组合能丰富版面层次，增强图文的形式感，使视觉效果富有变化。

截自淘宝2019年"造物节"活动页

截自京东2020年活动页

（2）图文穿插

文案和主体元素相互穿插，如右侧的案例所示，都是一部分文字在人物前，而另一部分文字在人物后，这样文字和人物就形成了前后穿插关系。这种形式能让图文融为一体，强化整体感，同时产生一种微妙的空间关系，提升了页面的趣味性。

截自易跑旗舰店2020年"6·18"活动首页

截自淘宝2018年"新势力周"活动页

（3）空间放置

如果画面有明显的空间感，就可以采用空间放置的形式，这种形式能将文案、主体元素和画面的空间环境融为一体，让彼此形成前后纵深的空间关系，增强了视觉表现力。要注意各元素的视角和透视需保持一致。由于需要特定的画面空间，因此这种形式使用得较少。

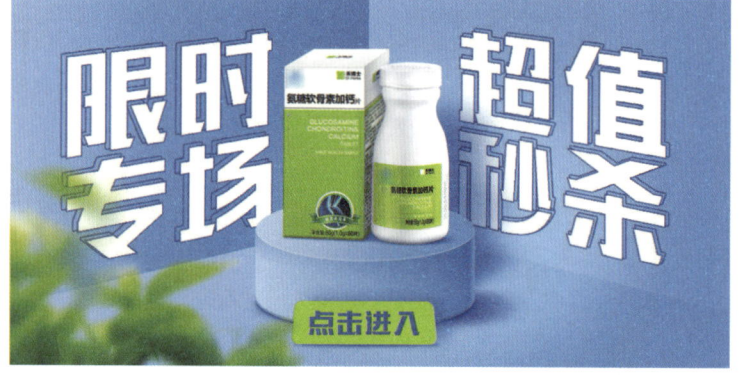

总结

前面讲解了文案和主体元素的6种组合形式,每种形式的适用比例都不同,其中上下布局、左右布局、包围布局和十字布局属于常用的布局类型,而上中下布局和左中右布局则由于局限性较大,因此使用得较少。

布局类型	最佳适用比例
上下布局	竖版比例
左右布局	横版比例
上中下布局	竖版比例
左中右布局	横版比例
包围布局	横版比例 / 竖版比例
十字布局	横版比例 / 竖版比例

实战案例

下面是用相同元素(文案、主体元素、点缀元素和背景)根据上述6种布局类型分别设计了6张Banner,每种布局形式都会用最适用的比例来构图,以便初学者能直观看到不同版式的差异。

▶ 上下布局

上下布局属于竖版比例的常见布局类型,文案和人物分处上下两个区域,这种版面划分形式非常合理,版式舒服、透气。

▶ 上中下布局

这种布局类型相对少见,但若用得好,画面会有很强的形式感,会使人留下深刻的印象。

▶ **左右布局**

左右布局属于横版比例的常见布局类型，文案和人物展示得很清晰，互不影响。

▶ **左中右布局**

左中右布局时应注意两边元素的选择，最好有所关联，但也要不比中间的核心文案抢眼。

▶ **包围布局**

包围布局有很强的延展性，横竖比例都可以，但要注意四周元素的合理排布，需要排出节奏感，并且不能干扰中间的文案。

▶ **十字布局**

相比其他5种布局类型，十字布局能将文案和人物组成一个整体，使画面视觉均衡、层次丰富。

4.3 布局原则 —— 均衡布局

讲完版面的布局类型，接下来讲解布局的原则之一 —— 均衡布局。这一布局原则要求画面重心平稳，不要出现一头重一头轻的情况，要使画面整体给人一种平稳的视觉感受。我们常说某个画面"头重脚轻"，就是指版面布局不均衡，这种失衡感会让人不适。均衡布局一般有两种形式：对称均衡和非对称均衡。

4.3.1 对称均衡

首先要了解什么是对称？这是形式美中的一条公认法则，是说物体以中心线或中心点为基准，在大小、形状或排列上具有一一对应的关系，说得再通俗些就是物体间具有"镜像"或"类镜像"的关系。而对称均衡则指版面的元素布局是以对称的方式呈现，这是一种平衡的构图方式，易出效果也符合大众审美。对称均衡又分为两种，即绝对对称均衡和相对对称均衡。

■ 1.绝对对称均衡

绝对对称均衡是指整个版面的上下两端或左右两侧都完全一致，这是日常生活中常见的一种自然形式。从人体构造到动植物结构，大多都是绝对对称的形式，这种形式能让万物呈现一种张力均等的状态，在视觉上给人一种舒服的平衡感，是一种完美的艺术形态。早在8000多年前的新石器时代，人们就知道用绝对对称的形式来绘制陶器上的装饰纹样，后来成了装饰艺术中普遍采用的表现形式之一。

马家窑文化彩陶

在现如今的日常生活中，大到建筑设计，小到标志设计，很多都会采用绝对对称的形式，这种形式被广泛应用在各方面，具有很强的稳定性，也能流露出很强的艺术感，整体呈现的是一种非常匀称的有序之美。

中国银行标志

巴黎圣母院　　　故宫博物院　　　中国石油标志

而在电商设计中,一些拼贴风格的设计也会采用绝对对称的形式。如下图和右图所示,版面以中线为轴,左右两侧的元素一致,让人感到视觉平稳,呈现出很强的艺术气息。这种形式若使用不当也会让人觉得缺少变化,甚至有些单调、呆板,缺少活力。因为电商设计常常追求的是生动变化的促销氛围,所以总的来讲,<u>绝对对称在电商设计中非常少见,能应用的创意和场景也比较单一</u>,而常用的则是相对对称的形式。

截自京东2018年"6·18"活动会员推广页

天猫2019年"年货合家欢"活动海报

■ 2.相对对称均衡

相对对称均衡是指整个版面的上下两端或左右两侧大体相似而略有不同,这听上去是不是与绝对对称均衡的解释差不多呢?下面用一组对比图来展示这两种形式的差异。

左右两侧的视觉元素完全一致　　　　　　　　左右两侧的视觉元素大体相似

绝对对称均衡　　　　　　　　　　　　　　相对对称均衡

从上面的对比图可以看出，比起绝对对称均衡的完全一致，相对对称均衡则更加灵活，只要确保中线两侧的元素观感相等即可。可以想象成画面中有一个跷跷板，将两侧的元素放在跷跷板上，若能平衡则两头元素的重量就相同，这时就可认为画面左右达到了均衡。

但要注意，设计不是做力学题，千万不要刻意以相同重量来配比画面元素，观感相等并非指元素重量完全相等，而是视觉感受差不多即可，这是一种视觉上的相对平稳，要学会灵活运用。

由于相对对称均衡发生了变化，能让画面变得更活跃，视觉效果更生动，所以在电商设计中比较常用。在前面讲的6种布局类型中，上下布局、上中下布局、左中右布局、包围布局和十字布局就多用这种均衡的方式。

右侧和下面展示的案例中大部分都有明显的中心元素（图中方框标识处），确保中心元素两侧的视觉重量差不多，才能使画面显得平稳。

上下布局

 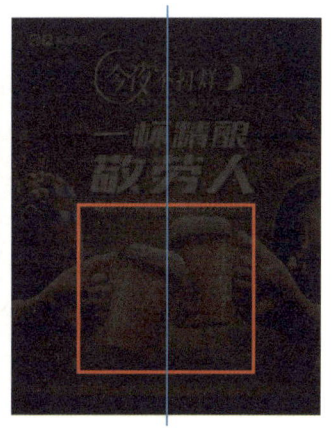

截自大众点评2018年"今夜不打烊"活动页

上中下布局

 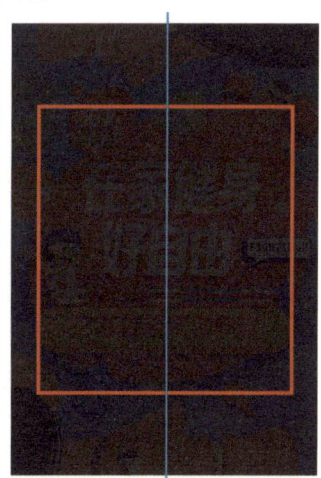

淘宝2016年"双十二"活动海报

左中右布局

 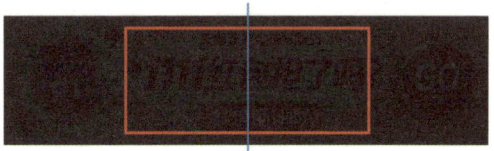

天猫2018年"双十一"活动Banner

143

截自美团外卖2018年"白色情人节"活动页

截自天猫2018年母亲节活动页

4.3.2 非对称均衡

再看下面一组对比图，左图为对称均衡，右图为非对称均衡。左图中有明显的对称轴，通过在中轴两侧添加相同或相近元素来达到平衡；而右图中则没有明显的对称轴，两侧的元素也完全不同（左侧为产品，右侧为文案），但重量感受却又相近，属于典型的"等量不等形"，这正是通过元素的不同配比来达到了观感均衡。

（相对）对称均衡　　　　　　　　非对称均衡

与相对对称均衡一样,非对称均衡只要追求观感相等及中线两侧元素的重量感受差不多即可,不用太精确,以感性判断为主。相比对称均衡,非对称均衡这种形式会让版式更加灵活也更有变化,限制少,发挥空间大,更能体现现代感和活力感。

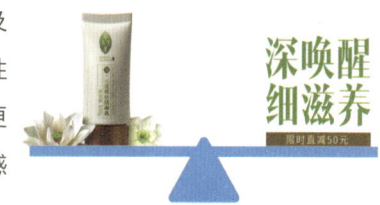

在6种布局类型中,由于左右布局没有明显的中心元素,故多用非对称均衡的形式。下面和右侧案例中的中线两侧的视觉元素虽然完全不同,但重量感受却都差不多,画面都显得很舒服、协调。

左右布局

左右布局

截自贝店2019年"双十一"活动页

截自百年宝诚天猫旗舰店
2018年"3·8女王节"活动首页
(重塑创意团队作品)

相反,在右侧的案例中,中线两侧的元素重量就显得有些差异过大了,这种失衡会使画面不平稳,整体不协调。所以,当版面使用非对称均衡的形式构图时,一定要注意画面的整体平衡。

中线两侧的元素重量差别过大,左轻右重,版面整体不均衡

黄金比例

无论是对称均衡还是非对称均衡，在实际运用时，有个准则会经常出现在元素布局中，那就是黄金比例。作为大家公认的美学标准，黄金比例让视觉均衡变得有据可依。这是一个比较特殊的数学比例，说得简单些，就是有一条线段，从中分开，若两段的比例是1∶0.618，那就是黄金比例，这一比例也被公认为是最能产生美感的比例。

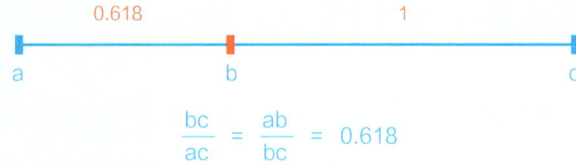

相传黄金比例是在公元前6世纪由古希腊的毕达哥拉斯学派提出的。感性审美竟用一个理性公式表达了出来，不得不说这是一个伟大发现。在后来的几千年里，我们可以从无数的精美艺术品和宏伟的古建筑中看到黄金比例的影子，从达·芬奇的《蒙娜丽莎》到米开朗琪罗的《创世纪》，从埃及的金字塔到希腊的帕特农神庙，甚至连自然界的鹦鹉螺构造、蕨类植物的生长路径也都遵循着黄金比例。

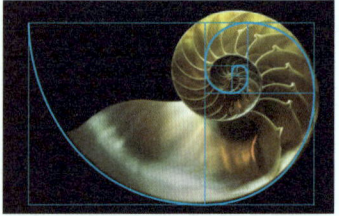

米开朗琪罗《创世纪》局部　　　　　　鹦鹉螺的螺壳构造图

那么该如何将黄金比例用到具体的设计中呢？在Banner布局中，常见的两种表现形式是用黄金分割线和用黄金螺旋线，用这两种形式能提升画面美感，同时又能让视觉效果和谐。

■ 黄金分割线

在线段的黄金比例处用直线将线段分开，这条直线就是黄金分割线。若分割对象是矩形，那版面就能分出4条黄金分割线。根据矩形的不同长宽比，分割位置也会有所不同，如右图所示。

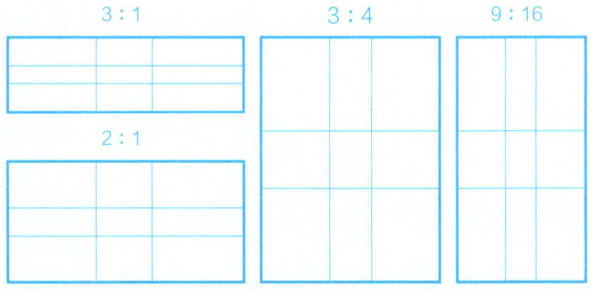

在实际运用时，可以将黄金分割线定为某些视觉元素的重心位置。当然，这些元素重心也不是都要与黄金分割线正好吻合的，根据画面的重量分布对位置进行微调，确保整体均衡即可，不过想凭感觉就找到黄金分割线的位置并不容易。只要知道它大概处在版面的1/3处即可，而且也不是都用4条分割线，要根据元素排布有选择地使用，一般用1~2条分割线即可，针对具体版面要具体分析。

例如，在前面讲的4种常用布局形式中，有很多案例都将黄金分割线作为元素的摆放依据，至于选择哪几条，则要根据版面的元素分布来定。总之，当对元素的排布位置犹豫不决时，黄金分割线便成了一个很好的参考标准。

■ 黄金螺旋线

黄金螺旋线又称为斐波那契螺旋线。先根据斐波那契数列得到下面所示的由数个正方形拼成的长方形，然后在每个正方形中画一个90°角的扇形，最后连起来的弧线就是黄金螺旋线。由于斐波那契数列与黄金比例的关系非常密切，因此黄金螺旋线一直被认为是黄金分割线的衍生形式。

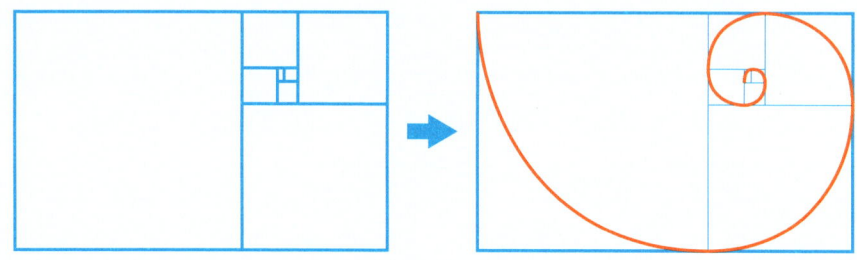

上图中的这根螺旋线经常出现，它是黄金比例最具代表性的形式，也象征着一种"完美"的艺术感。黄金螺旋线常作为元素排布的轨迹参考，通过螺旋走向来控制内容的轻重分布，这样能营造出更有韵律的版面层次。<u>螺旋线最终汇聚的地方被称为视觉焦点，即画面最先吸引观者目光的位置</u>，如下图所示。

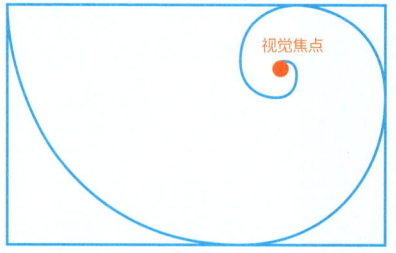

对于矩形版面，将黄金螺旋线进行水平、垂直翻转后，会得到4个视觉焦点的位置，如下图所示。这样可以使排布更加灵活，<u>但一个画面通常只有一个焦点，选择哪个位置则视内容而定</u>。

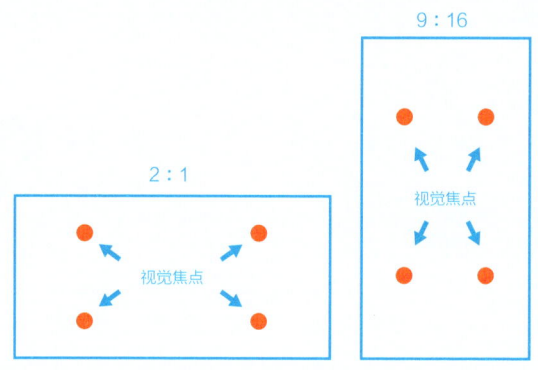

那么到底该如何应用视觉焦点位置呢？一般版面若有一个明显的视觉点想要抓住人的眼球，就可将该视觉点放在某个焦点的位置。例如，在下页的案例中，主体元素的核心部位都位于焦点位置，这样哪怕展现面积很小，也能在第一时间吸引人的眼球，而且能使观者的视线移动轨迹更加顺畅。但要注意，<u>不是所有画面都能使用视觉焦点，只有当画面具有明显聚焦点时才适合使用</u>，如人物的面部（特别是眼神）就常被作为聚焦点。

每日优鲜活动Banner

 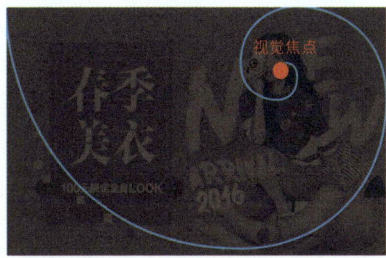

截自蘑菇街2016年活动页

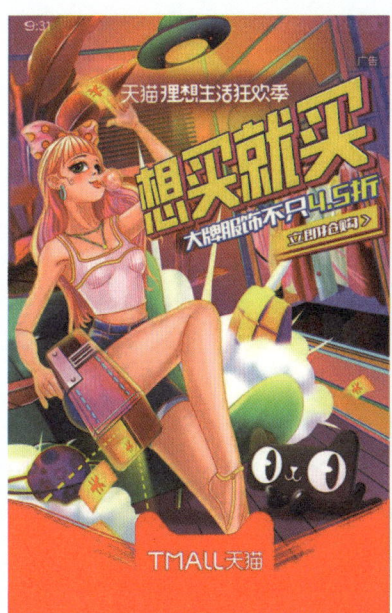 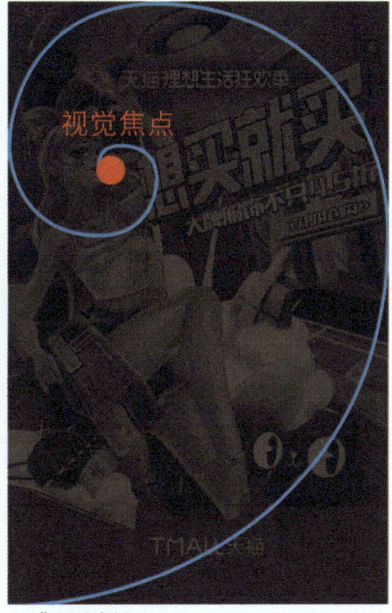

天猫2019年"6·18"活动海报

可能有人会将黄金分割线和黄金螺旋线相混淆。一般来说，黄金分割线用来确定视觉元素的重心位置，而黄金螺旋线则用来确定视觉元素的焦点位置。如果元素合适，二者也可结合使用。如下面的案例所示，人物的整体重心就位于黄金分割线附近，而引人注目的脸部则刚好在视觉焦点处，这样构图显得更加科学、理性，画面也显得更和谐、有美感。

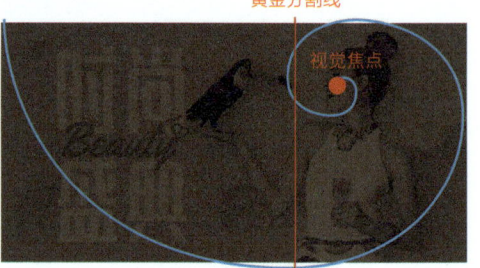

黄金分割线和黄金螺旋线都并非绝对的。虽然黄金比例是一个美学标准，但最终要看画面元素和布局能否适用，千万不要硬套，更不要被黄金比例所局限。其实这些都只是让设计师在合适的时候有一个合适的参考依据，关键还是要靠设计师的美感和设计感。

> **总结**
>
> 本节讲了均衡布局的两种形式（对称均衡和非对称均衡），其中对称均衡以相对对称为主。两种形式虽表现手法不同，但核心都是让画面的张力均等，使版面的两侧重量差不多，这样画面整体会体现一种观感上的平衡和稳定。如果内容合适，还要注意黄金比例的运用，借助黄金比例推敲元素重心或焦点的位置是否合理。正是综合运用这些"组合拳"才使均衡布局变得有章可循，经得起推敲。

4.4 布局原则 —— 突出重点

接下来讲解布局的另一个原则——突出重点。当Banner的版面视觉平稳后，还要突出一个视觉重点，否则Banner就没有记忆点，也不利于信息传达。设计师要做的就是用合适的手法突出这个视觉重点，使观者浏览后能对关键信息留下印象。突出重点就是要让Banner的信息有主有次。

视觉重点和视觉焦点都是能吸引观者注意的地方，二者虽只有一字之差，但还是有很大不同：视觉焦点是整个画面最先吸引观者目光的地方，而视觉重点则是观者在整个画面中视线停留时间最长的地方，也是版面最需要突出表现的位置。下面来看两个应用案例。

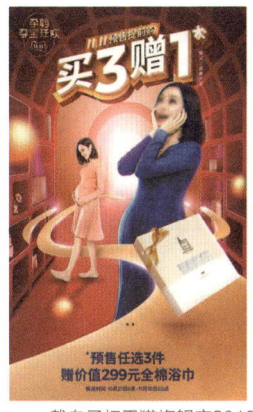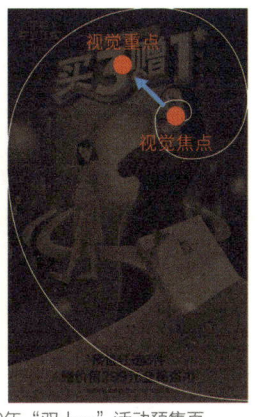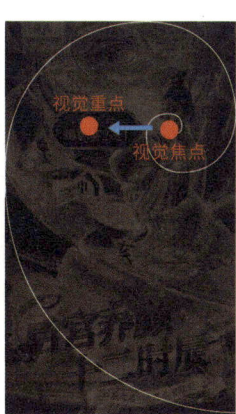

截自子初天猫旗舰店2019年"双十一"活动预售页　　　　　截自燕之屋天猫官方旗舰店2019年"双十一"活动首页
（汤臣杰逊团队作品）

在上面两个案例中，观者最先都被右上角的人物表情所吸引，人物表情便是视觉焦点。接着观者的视线从视觉焦点出发，跟随画面中人物的目光指向，最后落在旁边的文案上，由于文案凸显，观者会多看几眼，这便是画面想要突出的视觉重点。通过对视觉焦点和视觉重点的巧妙布局，才能使观者的视线移动轨迹变得合理、顺畅。

视觉焦点和视觉重点有时也可以是同一个元素，关键要看版面内容和布局。但与视觉焦点一样，一个画面中最好只有一个视觉重点。只有一个视觉重点时，更易被观者记住。反之，若有多个视觉重点，则会干扰观者的视线，使得主次混乱，影响阅读体验和信息传达。因此，在设计Banner时，一定要事先明确设计内容的核心点是什么，这样才能知道哪些地方需要重点突出和表现。突出重点的常用手法有3种：色彩对比、大小对比和位置对比，这3种手法的核心都是通过对比来突出画面中的视觉重点，如下图所示。

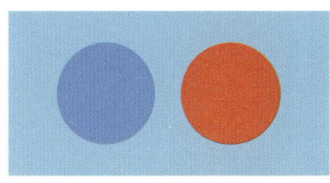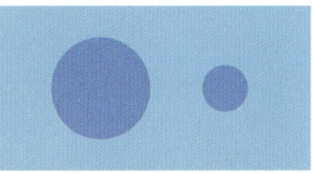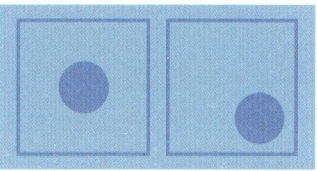

那么常见的视觉重点又有哪些呢？之前讲到常规的Banner一般由文案、主体元素、点缀元素和背景构成，其中点缀元素和背景只起辅助作用，一般不用突出，因此视觉重点就在文案和主体元素间选择。下面结合3种手法分别介绍如何突出画面中的主体元素、文案和按钮。

4.4.1 主体元素

主体元素泛指Banner中的主视觉，这是设计表现时最花时间的内容，它可以是简单元素也可以是复杂场景。但这里特指人物、产品或卡通形象，因为只有以这些元素为主的画面，才有明确的对象可突出。突出主体元素可以从色彩、大小和位置3方面入手。

■ 1.主体元素色彩

通过改变主体元素的色相或色调来达到使其突出的目的（详见第6章）。在3种对比中，色彩对比的效果最明显。在右侧的案例中，人物（左图）和产品（右图）都用了与背景反差很大的对比色，这样主体就成了画面中的核心记忆点，观者很自然地就会注意到。

天猫精灵2019年"6·18"活动海报

截自饿了么2019年专题页

■ 2.主体元素大小

将主体元素放大，以增加其在版面上的面积占比，通过大小的明显优势来占据视觉核心。例如，在右侧的案例中，大面积展现的产品就成了版面中最引人注意的核心点。但要注意，并非将产品放得越大越好，关键要看画面的内容和构图形式。切记，版面均衡是前提。

截自水密码天猫旗舰店
2018年"3·8女王节"活动首页
（文渊团队作品）

截自良品铺子天猫旗舰店
腰果详情页

3.主体元素位置

一般在没有任何视觉引导下，版面的中心位置会比四周更突出。所以把主体元素放置在版面的中心位置，通过位置优势来吸引观者注意。<u>相比突出色彩和大小，突出位置的效果相对较弱，因此常常会结合使用突出主体元素的大小的手法。</u>

例如，在右侧的案例中，产品不仅被放置在版面的中心位置，展现面积也被适当加大了，这样观者一眼就能看到产品。

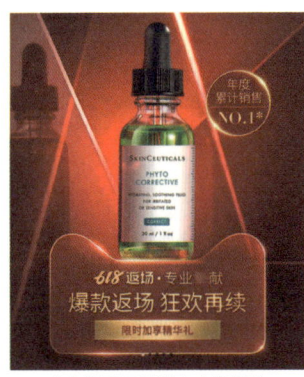

截自修丽可天猫官方旗舰店
2019年"6·18"活动首页

截自饿了么2019年活动页

4.4.2 文案

文案就是Banner中的文字部分，虽然在做视觉表现时，主视觉花费的时间最多，但其实文案才是传播的关键。没有文案，Banner的商业价值也就无从谈起。所以我们常说形式不要大于内容，就是要凸显文字的重要性。<u>文案常被作为视觉重点，根据信息的主次划分，标题和副标题都是常被突出的对象</u>，具体要看哪个是传播的核心。

1.文案色彩

凸显效果最明显的还是色彩对比，对比越强文案就越突出。当然，也不是越强越好，要根据整体氛围选择适合的配色，不然"突出"就成了"突兀"。例如，在右侧的案例中，比起画面主色，核心文案的配色既鲜明又不突兀，小面积的亮色点缀恰到好处。

截自每日优鲜活动页

截自百雀羚天猫旗舰店2019年中秋节活动首页
（壹网壹创团队作品）

2.文案大小

将Banner的核心文案直接放大，使主标题既是文案又是主体元素，如下面的案例所示。该手法能将信息传递最大化，确保观者第一眼就能锁定核心信息。放大标题在大促时用得特别多，因为那时全网都是铺天盖地的促销画面，观者早就看花了眼，而以文案为主的Banner则更易实现有效传播。另外，当标题被放大后，要在排版、字形和字效上下功夫，否则画面会显得单薄。

每日优鲜推广海报

截自京东2019年"双十一"活动页

3.文案位置

让核心文案占据版面的中心位置，注意这个中心不是几何中心，而是视觉中心。例如，在下面的案例中，视觉中心就是黄金分割线（几何中心偏上）的所在位置，当标题位于版面中心时，能有效吸引观者阅读。在设计时，会经常结合应用位置对比和放大对比来突出文案。

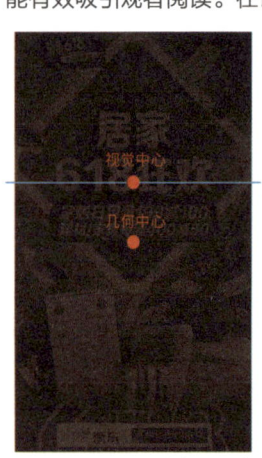

京东2019年"6·18"活动海报

截自饿了么2019年活动页

4.4.3 按钮

除了主体元素和文案,还有一类经常要突出的元素是按钮。用于引导买家进入承接页面的点击按钮,从逻辑上讲也属于文案的一部分,如"点击购买""立即抢购""立即领取"等诱导点击的字眼就是按钮的常用文案。因为按钮比较特殊,所以单独来讲解。当需要观者点击Banner时,按钮就派上了大用场,若想提高点击率,那就要想办法突出按钮。

■ 1.按钮色彩

由于点击按钮一般不会太大,且所处的位置相对靠边,因此色彩对比是突出按钮的主要手法。例如,在下面的案例中,反差强烈的对比色使按钮非常突出,尤其是右图,玫红色的按钮虽小,但仍是画面的核心点。

截自饿了么2019年"双十一"活动页

每日优鲜活动Banner

■ 2.按钮大小

将按钮放大虽能占据视觉核心,但单纯地将按钮的面积放大又会显得按钮的设计很单薄,这时就要给按钮添加一些效果,使其更丰富。

例如,在右侧的案例中,右图将按钮设计成了红包造型,并通过添加文字进一步强化"抢10元超级红包"的信息点,这样按钮不但变得更丰富,而且有清晰的利益点更易被观者点击。

截自美团外卖2019年活动页

截自饿了么2019年活动页

3.按钮位置

将按钮放在版面中心使其突出，这个中心也是视觉中心。如下面的案例所示，虽然两个案例中的按钮都不大，但位置优势仍使其显得很突出。当然，比起色彩和大小突出，位置突出凸显的效果没那么明显，设计时可结合使用其他突出手法。

京东2019年"双十一"活动海报　　　　每日优鲜活动海报

总结

本节讲了视觉重点的3种常见类型和3种突出手法，不管突出主体元素、文案还是按钮，最终目的都是让Banner不显得那么平淡无奇，让观者不要看过就忘。画面中必须要有利于传播的记忆点，而这个记忆点只需要一个就好，不能主体元素和文案都突出，这样会适得其反，最后条理不清，版面散乱。

每类视觉重点都有3种突出手法，其中色彩对比和大小对比更常用。而由于位置对比的突出效果较弱，所以相对少见。每种手法都有自身的特点和应用场景，所以很多时候会结合使用，如突出色彩和大小、突出位置和大小等都是常被组合使用的，这样能使重点更突出，应用起来更灵活。

实战案例

先设计一个常规的横版Banner，然后从主体元素、文案和按钮中分别选择一个进行突出，下面是具体的操作过程。

- 主推产品：雪凝霜（护肤品）
- 文案信息：冰肌晶白雪凝霜，一触即融、即刻亮肤 限时直减50元，立即拥有
- 风格定位：简约、冰冷
- 尺寸比例：2:1

▶ 案例1（标准版）

- 布局类型：左右布局

在标准版中，产品和文案的占比相对均衡，没有哪个特别突出，如下图所示。而后面则会用3个Banner分别演示是如何突出产品、文案和按钮这3个部分的。

▶ 案例2

- 突出对象：主体元素
- 突出手法：大小对比、位置对比
- 布局类型：十字布局

如右图所示，直接将产品放大并居中放置，这样就能使其占据版面中最核心的位置。再把文案放在产品后面，这样在保证阅读清晰的同时，也不会使文案显得太抢眼。

▶ **案例3**

- ○ **突出对象**：文案
- ○ **突出手法**：大小对比、位置对比
- ○ **布局类型**：包围布局

将文案重新排版并居中放大，再将产品、雪花缩小放在文案周围，通过一大一小的鲜明对比使文案显得更突出，如右图所示。

▶ **案例4**

- ○ **突出对象**：按钮
- ○ **突出手法**：色彩对比
- ○ **布局类型**：左右布局

如右图所示，这里突出按钮的方式比较简单，先将按钮稍微放大，再给按钮填充一种与天蓝色反差很大的红色，这样红色的按钮就显得非常突出。其实改变颜色是一种很讨巧的突出方式，很多时候也会用于突出主体和文案。

4.5 本章小结

本章作为本书"实践"部分的开篇内容，主要讲了Banner中的版面布局。版面布局是构图的第1步，也是视觉表现的基础环节。常见的布局形式有6种，无论选择哪种都要确保版面的布局均衡、重点突出，这样Banner才协调，信息传达才高效。如果布局做不好，后面的版面形式、色彩和光影也都无从谈起。其中，布局均衡主要侧重视觉感受，而重点突出则偏重内容逻辑。尤其是后者，很容易被忽视。设计师需要事先了解每个Banner背后的商业逻辑，要能准确找出需求方最想突出的视觉重点。千万不要一直停留在设计思维层面，否则一不留神就会出现画面形式大于内容的情况。

第 5 章

6招提升形式感

本章导读

第4章讲了Banner构图的布局，本章继续讲解版面的形式。何为版面形式？这个概念比较抽象，不像布局那么直观易懂。版面形式泛指版面中各个元素的造型、结构和表现方式。常说某个画面的形式感强，其实可理解为版面有秩序、有节奏、有设计感，让人觉得构图新颖、有冲击力。其实"形式感"与"美感"一样，都是感性词，更多的是观者对画面构图的一种感受和描述，不同的人或许有不同的见解，但形式感就是构图美感的综合体现。

那么如何提升版面的形式感呢？因为形式感比较抽象，所以不同的人会有不同的逻辑和侧重点。有人结合形式美法则来讲，也有人从点、线、面的构成形式切入，但这样讲解都偏理论化，并不利于实际运用。因此，我从视觉表现出发，直观地介绍手机端上6种常见的Banner表现形式，也可理解为是构图方法，简称"构图6招"。这6招能快速提升版面设计的形式感，同时也让设计师的设计思路变得更开阔。当然，这6招只概括了版面形式的一部分内容，并非全部，大家要学会举一反三，努力呈现出更加多元的表现形式。

- 图形分割
- 简约背景
- 放大核心点
- 使用摄影图片
- 空间陈列
- 创意场景

5.1 第1招：图形分割

图形分割这招很常用，不挑类目、不挑产品，上手简单还易出效果。这招的核心是对图形构成的基本运用，常需要与另外5招结合使用。图形分割就是用各种图形将版面分割成不同部分，然后将视觉元素根据分割后的空间和走向进行布局。其中，常用的图形分割形式有横/竖线分割、斜线分割、三角形分割、圆形分割、方形分割、异形分割和放射分割7种。下面将从手机电商设计的构图出发，详细讲解每种图形分割形式的运用。

还记得第3章讲过的风格派吗？受现代设计理念的影响，风格派主张只用单纯的色彩和几何图形进行最精简的表达，而彼埃·蒙德里安（Piet Cornelies Mondrian）则是其中的代表人物之一。他的代表作《红、蓝、黄构图》也是广为人知，这种抽象的直线分割形式正是运用了他一直提倡的"新造型主义"，而作品中的美学理念更是影响至今。可以说图形本身就是一门艺术，而从视觉表达的角度来说，也与本节所要讲的图形分割有很多共通之处。

彼埃·蒙德里安

红、蓝、黄构图作品

彼埃·蒙德里安的艺术风格后来被广泛应用于各个领域的设计中，这种图形分割形式不仅能用于平面设计，用于装饰设计中也同样出彩。可见很多设计理念都有互通性，就像本书虽然是针对手机电商设计的，但涉及的知识与设计手法却能应用到其他方面，如包装设计、摄影等。因此，学习时不要设限，要试着将所学的知识融会贯通。

李宁"悟道"系列产品海报　　　　　　　蒙德里安风格的装饰空间
（设计师何永明作品）

注意点

在介绍图形分割前，为了让视觉效果表现得更丰富、生动，先讲3个运用图形分割时的注意点。

■ 图形的显性和隐性

下面左图是个三角形，右图则是3个半封闭的圆形，但借助大脑所形成的常识性思维，人的视线还是会优先聚焦于右图中间那个并不存在的三角形上，这就是平面设计中常用的正负形原理，也是"格式塔原理"的典型应用。正负形在标志设计中尤为常见，其中正形和负形的巧妙结合能增强标志的创意性和记忆点。

再看看下图，你是否能快速找到标志中的负形？

　　家乐福标志　　　　　　　　联邦快递标志　　　　　　　Beats耳机标志

回到本节要讲解的图形分割的内容，其实版面中的图形分割也有两种类似的表现形式。一种是显性图形，就是能被直观看见的图形，这种显性图形通过简单分割就能快速提升版面的形式感和装饰性。当版面有些单调时，图形就能成为版面的整体框架，增强视觉的丰富程度,同时也能让内容更有条理。例如,在右侧的案例中就能明显地看到三角形(左图)和圆形(右图),这些显性图形和各种元素一起组成了Banner的主视觉。

2016年"淘宝造物节"活动海报　　京东掌柜宝2020年"春节订货惠"活动海报

另一种是隐性图形,类似前面所讲的"并不存在的三角形",感觉图形存在,其实并没有。在实际设计时,可以先假设版面中有个负形,然后将指定元素根据负形的空间及走向进行排布。这种做法常用于元素较多的版面设计,以使元素布局更有规律和节奏感。

例如,在右侧的案例中,各元素根据负形排布,最终形成了三角形。也有的排布成了圆形(如下页案例所示),但其实实体图形并不存在。

口碑2018年"双十一"活动海报

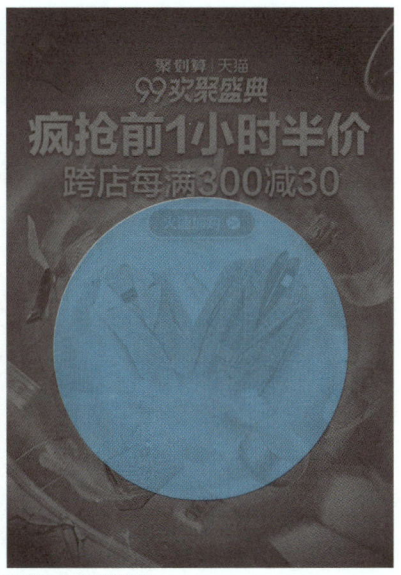

天猫2018年"99欢聚盛典"活动海报

■ 巧用破局

"破局"就是让视觉元素从图形中出来。例如，在下面的两组对比图中，左图中的人物和产品均被框在了图形中，版面显得拥挤、不透气，元素之间也不协调；而右图中的人物和产品则从图形中出来了一部分，前后叠加形成了层次感。比起框在图形中，破局能让画面显得更通透、构图更饱满，也更有视觉张力。因此，<u>若遇到有元素和图形结合的情况，可优先尝试使用破局这种形式</u>。

人物被框在三角形中　　　　　人物从三角形中露出一部分

产品被框在圆形中　　　　　　　产品从圆形中露出一部分

在运用图形分割时，图形可以是线，也可以是面。正如前面的两组案例所示，一组是三角形的框（线），另一组是圆形（面），用线还是用面则要视需求而定。一般而言，当图形是由线构成时，主要起到修饰和强调的作用，通过线的引导能串联各个元素，提升画面的整体感和完整性；而当图形是由面构成时，版面分割则更明显，观者的视线也能快速聚焦到图形中的内容上。当然，线和面也常被组合使用，其实就是给图形外围加上边框，进一步增强设计的细节和装饰性。

▪ 空间穿插

当图形是由线构成并与元素产生关联时，若元素的形态合适，最好能与线框形成穿插关系。例如，在下面的对比图中，左图中的方框与人物无穿插关系，整体只有前后的叠压关系，显得常规、平淡；而右图形成了穿插关系，产生一种微妙的空间感，这种空间关系让视觉效果变得更生动，也更富有趣味性，也就有了我们常说的设计细节。

人物与方框无穿插关系　　　　　　人物与方框形成穿插关系

总之，图形的隐性分割能让版面构图显得灵活而丰富，而破局和空间穿插则是增添设计细节的有效方式。了解了以上3点，下面将正式讲解7种常见的图形分割形式。

5.1.1 横/竖线分割

■ 1.显性分割

横线和竖线属于直线的两种角度，它们加上数量变化便能形成丰富的图形分割形式。常见的有以下3种形式，这些横平竖直的分割形式能让版面显得十分规整。

横线分割　　　　　　　　竖线分割　　　　　　　　多线分割

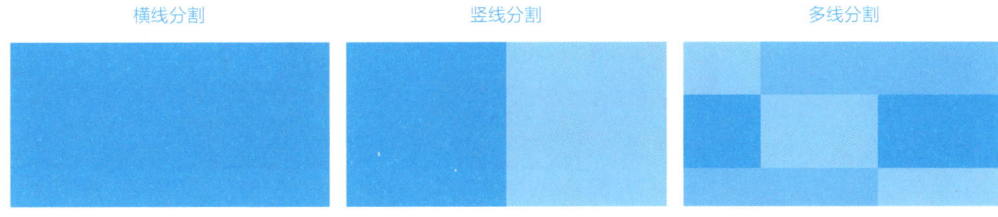

（1）横线分割

当用直线水平分割时，画面变得简约，同时让人感觉到平稳和安静。在下面的案例中，哪怕是促销主题的设计也显得没那么热闹，简约中流露出品质感（左图）。横线会将版面的空间分割成上下两部分，要注意分割比例和配色，色彩最好能与主体元素产生关联（中图），这样视觉上才协调。另外，色彩的对比程度也要强烈些（右图），不然画面会缺少层次感。

　　　　　　　　　　　　　　　截自天天果园夏季活动页　　　　每日优鲜活动海报

（2）竖线分割

用竖线将版面的空间分成左右两部分，这样分割会让两侧的元素有明显的对比效果。

在右侧和下面的案例中，前3张图都用竖线分割使左右两侧的元素形成了鲜明对比，而最后一张图则是划分了图文区域，不管哪种分割形式，配色都很重要，一般反差较大的两种颜色会使画面更富有冲击力，视觉效果也更跳跃。

截自每日优鲜活动页

淘宝2019年"新势力周"活动海报

截自天猫国际2017年"全球挑战赛"活动主会场页面

淘宝"ifashion"活动Banner

（3）多线分割

相比前两种形式，多线分割用得较少。当用不同数量的横线和竖线分割版面时，会产生大大小小的方格子，适合多种元素的单独呈现。如下面和右侧的案例所示，每个产品都在各自的方格中，互不干扰，呈现出来的效果直观、清晰，也增强了画面的形式感。

淘宝2016年"双十一"活动Banner

截自每日优鲜特价新品活动页

2.隐性分割

以上讲的是显性图形,能看到所有案例中的横竖线都是直观存在的,这些线条将版面清晰地分割成两个或多个部分,通过显性分割能快速增强画面的形式感和层次感。下面再看看横竖线的隐性分割,如下面的案例所示,虽然没有明显的直线分割,但产品排列却都遵循着分割后的版面走向,使排布变得很规整。<u>隐性图形其实就是给版面设定了一个排列规则,在这个规则下,各个元素的布局都变得有章可循。</u>

每日优鲜活动Banner

3.拟物分割

横竖线的显性分割属于抽象的图形分割,其实还可将图形根据需求"拟物化",当图形拟物后,不但能分割版面还能营造出匹配主题的场景氛围。当然,这样对视觉表现的要求也会更高。例如,在下面的案例中,桌面、隔板、方形空间都是横竖线拟物后的具象元素,这些元素很自然地对版面进行了区域划分,增加了内容的条理性,同时也渲染出了更加细腻的场景氛围,使产品融入得更真实,画面也更富有情感。

每日优鲜活动Banner　　　　截自骆驼女鞋天猫旗舰店
　　　　　　　　　　　　　2020年"阿里88会员节"活动首页

5.1.2 斜线分割

■ 1.显性分割

　　斜线也属于直线的一种，虽然把横线或竖线旋转一定的角度就能得到斜线，但让人产生的心理感受却有很大不同。如果横竖线分割能使画面显得简约、安静，那么斜线分割则可以使画面显得动感、有活力。常见的显性斜线分割形式有以下两种，其中单斜线分割更加常见。

单斜线分割

双斜线分割

　　（1）单斜线分割

　　斜线分割能让版面更生动，能体现出促销活动的热闹氛围，对于电商这种全年活动不断的领域，斜线分割显然更适合。单斜线会将版面分成两个区域，所以要注意两个区域的色彩搭配。例如，在下面左侧的案例中，两个分割区域色相差异较小，能使画面和谐统一、视觉效果柔和。

　　而两个分割区域色相差异过大则让画面形成鲜明对比，视觉冲击力强，如下面的案例所示。另外，倾斜角度和倾斜方向也会影响版面的结构和感受，因此要根据实际情况选择最适合的倾斜形式。

天猫国际2017年"黑色星期五"活动海报

易果生鲜活动Banner

截自每日优鲜活动页　　　　　截自水密码天猫旗舰店首页

（2）双斜线分割

两条斜线会将版面分成多个区域，再根据区域划分对不同的元素进行排布，排列方向最好与画面的倾斜方向保持一致。如下面的案例所示，由于双斜线分割让中间区域具有明显的方向感，如果元素的排列方向与斜线分割方向不一致，就会产生违和感，视觉风格上也显得不统一。

截自淘宝2017年"双十二"活动页　　　　截自每日优鲜"九月尝鲜"活动页

2.隐性分割

斜线的隐性分割也很常见，其实就是让元素沿着倾斜方向进行排布。

淘宝"酷动城"活动Banner

截自天猫2015年"双十一"活动分会场页面

当文案和点缀元素倾斜排列时，画面会显得活力十足，更能烘托出热闹的促销氛围。

截自淘宝2018年"新势力周"活动页

当整个画面（包括主体元素）都呈斜线排布时，则会有更加强烈的运动感和速度感，视觉上充满力量。但要把握好倾斜角度，如果角度过大，则会影响正常的信息浏览，也会使版面结构显得不稳定。

截自斑马会员活动页

3. 拟物分割

斜线的拟物化分割形式运用得相对较少，因为比起水平和垂直构图，现实中的斜构图没那么常见，一般只在特定的创意场景下才会使用。例如，在下面的案例中，除了左图中的桌面，中图和右图的拟物元素都与产品本身有着强关联的关系。

 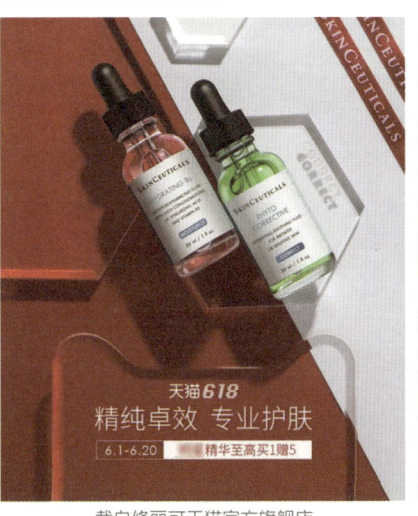 

天猫国际2018年"进口日"活动海报　　截自修丽可天猫官方旗舰店2018年"6·18"活动首页　　唯他可可椰子水创意海报

4.倾斜方向

最后再强调一下倾斜方向。对于一般的画面而言，<u>从左侧开始，斜朝下会有下降感；而斜朝上则会呈现上升感</u>。其实从前面的众多案例中可以看出，斜朝上的形式用得更多，因为这种上升感会让观者的视线移动更加顺畅。在下面的对比图中，左图呈现的下降感会让人觉得不适。

整体呈下降感，让人感到不适　　　　　整体呈上升感，让人感觉舒适

5.1.3 三角形分割

1.显性分割

前面讲的线分割主要能丰富背景，而三角形这类封闭图形既能划分版面，又能作为视觉元素单独存在，这样设计时会更加灵活。下面列出3种常用的三角形分割形式，当三角形缩小、放大或组合时，都能产生截然不同的变化形式。

| 三角完整分割 | 三角放大分割 | 三角组合分割 |

（1）三角完整分割

三角形自带尖锐感，给人一种强烈的心理刺激，从而传达出个性和自我的感觉，常用于运动、时尚、新锐等主题的设计中。如下面的案例所示，当三角形完整出现在版面中时，常会与人物、产品或文案结合，成为主视觉的一部分，这样能凸显元素的个性。另外，三角形中的元素也经常会"破局"，如右图中的"摇滚手势"就从三角形中伸出了一部分，这样的结构更有张力，视觉上更透气，层次也更丰富。

淘宝2016年"新势力周"活动海报

截自淘宝2017年"新势力周"活动页

截自网易云音乐专题页

（2）三角放大分割

如果把三角形放大到一定程度，它便与直线一样，可以对版面进行分割，将画面分成不同的区域。如右侧的案例所示，**三角形区域往往属于视觉核心区**，所以一般会将主要内容放置其中，使之成为视觉重点。

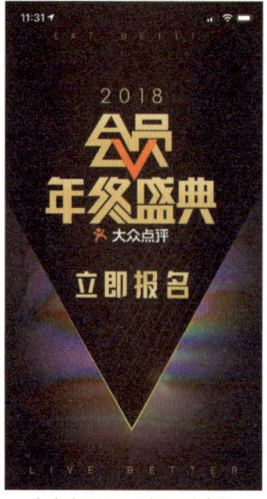
大众点评2018年活动海报

截自唯品会活动页

（3）三角组合分割

封闭的规则图形还可以组合排列起来，根据形状特征，三角形适合错位排列。例如，在下面的案例中，需要展现的人物众多，用大大小小的三角形上下错位排列，就可以让每个人物都能清晰呈现，彼此独立，互不干扰，版面也不会因为元素众多而显得杂乱。此外，三角形组合的形式还能让画面的结构富有变化，提升了形式感。

QQ音乐专题Banner

■ 2. 指向性

三角形是很特别的规则图形，<u>整体形态对称却又有明显的指向性，当指向不同时，所让人产生的心理感受也会不同</u>。常见的指向有上、下、左、右4种。

当三角形的其中一角垂直朝下呈倒三角时，由于尖角朝下，倒三角会让人感到不稳定和不安定，这种形式适合一些时尚潮流、年轻个性的主题设计。如下面左侧的案例所示，淘宝"新势力周"活动就是专门展现年轻人喜好和生活方式的营销活动，它的活动标志便是倒三角形的。

当三角形的其中一角垂直朝上时，视觉上会给人一种安定感，如右侧右图所示。这种三角形使科技感的画面里透露出严谨和可靠，容易使观者产生信任感。

还记得前面讲的空间穿插的内容吗？这里的三角框和产品也形成了穿插关系，有了穿插，画面就有了空间感。

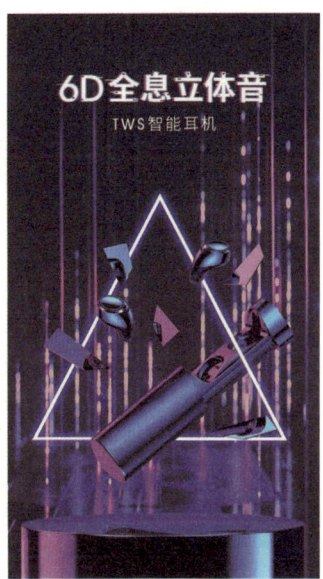

截自淘宝2017年"新势力周"活动页　　截自第一卫京东旗舰店蓝牙耳机详情页
（第一卫团队作品）

水平指向两侧的三角形则具有一定的引导性,如下面的案例所示。借助三角形的左右指向将视线引向产品,这样三角形除了能分割版面,还能串联起文案和主体元素,让观者的视线移动轨迹更合理、顺畅。

截自天猫2017年"6·18"分会场页面

以上案例中的三角形指向都是"正向"的,即上、下、左、右,这些正向角度会让版面分割变得规整有序。

但有时也可将三角形旋转至其他任意角度,如下面和右侧的案例所示。画面中的三角形就变得极不稳定,会凸显强烈的个性和不安分感,同时也增强了画面的跳跃性。另外,右侧案例中的三角形和人物形成了穿插关系,这样便营造出了三角框的空间感。

截自淘宝2017年"男神节"活动页

截自百雀羚天猫旗舰店2017年周年庆活动首页
(壹网壹创团队作品)

■ 3.隐性分割

让各元素按照三角形排布,会产生扩散或喷射的动态感。在电商设计中,这种形式常用在"开盒"的表现上。如右侧和下面的案例所示,当盒子开启,各种元素喷射而出,沿着三角形散开,不但不显凌乱,反而能让画面产生运动感,这种动势很适合体现促销活动的热闹氛围。

截自天猫2017年母亲节活动主会场页面

京东2017年"双十一"活动海报　　　　　　　　京东到家活动海报

4. 拟物分割

三角形拟物分割通常是用一些材质来丰富三角形的质感，使其立体化。

例如，在下面的两个案例中，左图中的金属、右图中的玻璃都是常用的材质，立体三角形不但能分割版面，还能增强画面的空间感和活力感，使整个场景显得动感十足。

截自荣耀天猫官方旗舰店2018年活动页　　截自天猫2018年"双十一"活动分会场页面

除了用材质表现三角形，还有一些更加有趣的拟物创意。例如，在右侧的案例中，当空间呈平行透视时，地面刚好就是一个三角形，可见图形除了能拟成物品外，还能拟成空间，这样场景呈现的效果才会更加丰富，当然前提是要设计师不断提高创意思维能力。

淘宝2016年"双十二"活动海报

5.1.4 圆形分割

- **1.显性分割**

不同于尖锐的三角形，圆形是由弧线构成的，显得匀称饱满。因为圆润，所以不受旋转角度（旋转任意角度还是圆形）、边角类型（圆形没有边角）等影响，不像三角形和方形那样换个角度或改个边角（如直角、圆角和斜角等）就会产生不同的感受。因此，<u>在常见的规则图形（三角形、圆形、方形）分割中，圆形是最好掌握的图形</u>。例如，在下面列出的3种形式中，不管对圆形缩小、放大还是任意组合，画面都很协调，毫无违和感，不像三角形和方形那样对位置、旋转角度、边角都有较高要求。

圆形完整分割　　　　　圆形放大分割　　　　　圆形组合分割

（1）圆形完整分割

圆形是富有亲和力的图形，让人感到柔美、活泼、可爱，一般只要不是那种硬朗风格的画面，圆形分割都很适合。在下面的案例中，女性、母婴、促销等主题的设计中都会出现"圆"的身影。与三角形一样，当圆形完整露出时，会与人物、产品或文案结合成为画面的主视觉。注意元素的"破局"使用，可以看到以下4个案例均用到了破局的形式，这种形式让画面显得更加饱满和灵活，也使细节表现更到位。

截自大众点评丽人频道"双十二"活动页

截自贝店2018年"双十二"活动页

截自贝贝2017年"5·18母婴节"活动页

截自京东掌柜宝2020年"春节订货惠"活动页

（2）圆形放大分割

在页面中将圆形放大便得到半圆形，半圆形像扇形，会流露出一些中国风，因此常用于一些传统节日的主题设计。例如，下面的案例就用了半圆形分割的形式，半圆形内部是观者视线聚焦的核心区，一般用于展现重要信息。根据外形特征，半圆形分割适合横版比例的Banner。

截自天猫超市2017年"年货节"活动页

截自京东2020年"年货节"活动页

（3）圆形组合分割

圆形组合分割的形式很好用，不管是规则排列还是大大小小的自由排列，画面都很舒服。这种形式应用范围很广，既能与主体元素结合，又可作为背景点缀。因此，在各类图形组合分割形式中，最常用的就是圆形组合分割。在实际应用时，对其他图形可能还要尝试各种排列方式，看哪种最舒服，而对于圆形则完全不用担心，随意组合都能获得较好的效果。

截自诗凡黎天猫旗舰店首页

截自天猫"TMALL DISCOVERY"活动页

截自天猫2017年"双十一"活动页

网易云音乐活动Banner

- **2.隐性分割**

当元素排成"圆形"时,画面会变得活泼、有趣、充满活力。如下面的案例所示,不管是文字还是元素,"隐性的圆形"都会将核心内容包裹起来,让内容显得更突出,同时也使画面整体具有圆润饱满的匀称感,版面更均衡。

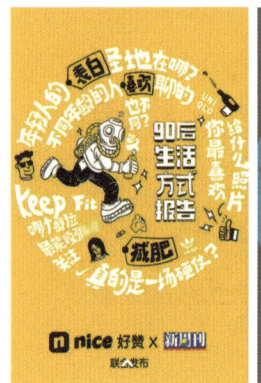

《新周刊》杂志推广H5页面　　　　　　　　　　　截自口碑2017年周年庆活动页

截自淘宝2019年"双十二"活动页

- **3. 拟物分割**

圆形的拟物分割形式非常常见,因为现实中的圆形物品实在是太多了,设计的关键是要找出最匹配的具象元素,并在此基础上搭建出符合主题的场景氛围。注意,选择的物品不能为了特别而特别,重要的是得符合主题或产品需求。

在下面的案例中，每种圆形元素都与主题、场景相匹配，这样的创意才算恰到好处，圆形分割也用得很巧妙。

截自网易严选2018年
中秋节活动页

截自天猫超市2019年"Buy里挑一"
活动页

截自德国马牌轮胎天猫旗舰店
2018年"双十一"活动首页
（设计师袁思杰作品）

截自每日优鲜"双十一"活动页

蘑菇街夏季活动海报

截自京东超市专场页

5.1.5 方形分割

- **1. 显性分割**

如果说三角形给人的感受是尖锐，圆形给人的感受是圆润，那方形给人的感受则介于三角形和圆形之间，具体偏哪种就取决于方形的边角类型。当方形是直角时显得硬朗、稳重，而当方形是圆角时则显得平滑、亲和。两种边角都很常用，关键是看想让画面传递什么样的氛围和感受。

方形又叫矩形，是长方形和正方形的总称，旋转45°角的正方形又称为菱形。如下图所示，**方形和菱形是最常见的两种分割形态**，它们既可以单独出现，又可以组合排列出现。

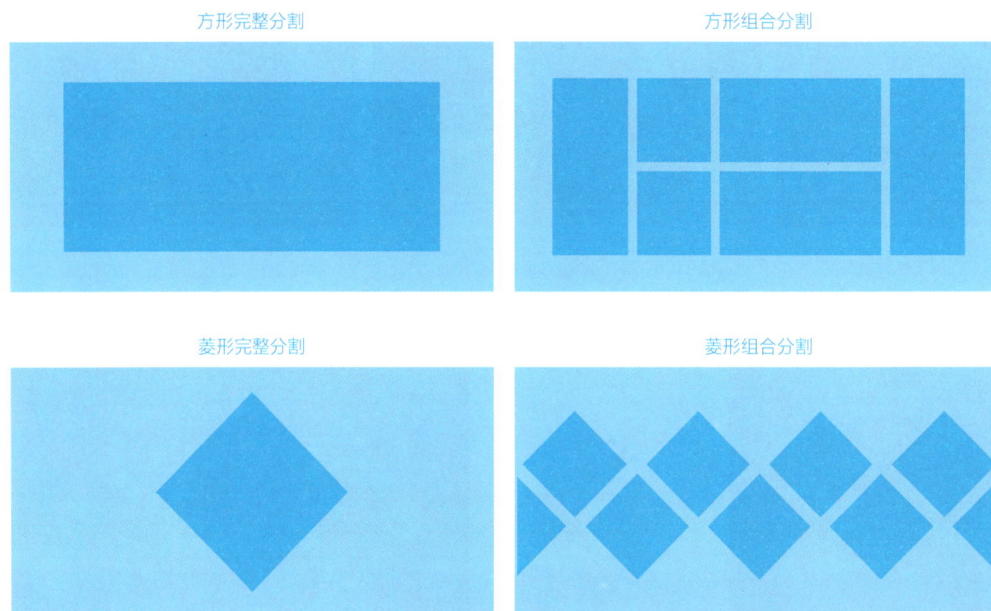

（1）方形完整分割

方形是由直线构成的规则图形，这样一个横平竖直的外形会让人感到稳重和理性。如右侧的案例所示，方形完整分割常用在一些简约、时尚的主题设计中，不管是方形还是方框，由于形态规整，都不会干扰主体的呈现，一般只起到点缀或强调的作用。平时若想在不影响整体视觉效果的前提下提升版面的形式感，可优先选择用方形或方框来分割版面。

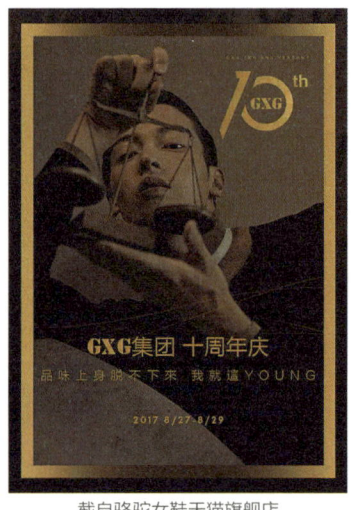

截自骆驼女鞋天猫旗舰店
2019年"双十二"活动首页

大众点评丽人频道
2018年"双十二"活动海报

此外，还要注意直角和圆角的区别，若使用圆角方形，画面则会偏柔和一些，也更有亲和力，如下面的案例所示。

每日优鲜活动海报

截自GXG天猫官方旗舰店店庆活动首页

（2）方形组合分割

由于形态方正，方形最适合重复平铺，这样规则的排列能使画面统一有序，对版面的利用率也最高，而方形里的内容也能得到最大面积的展现。如下面的案例所示，当元素众多且需要分别呈现时，可以优先考虑使用方形组合分割的形式。

微博活动海报

肯德基活动海报

183

以上都是相同方形的规整排列，其实将大小不等的方形错开排布也能获得不错的效果。例如，在右侧的案例中，大大小小的方形错位组合起来也能让版面显得很活跃。

截自携程旅行2018年
"方言博物馆"活动页

（3）菱形完整分割

这里的菱形特指旋转45°角的正方形，其外形会让人首先想到中国传统民俗里的"福字贴"，由于这个潜在认知，所以会让菱形流露出中国风和喜庆感，因此菱形常出现在新年主题的设计中。例如，在下面和右侧的案例中，将菱形和画面的核心内容相结合，再配上"中国红"的颜色，营造出浓浓的新年氛围。

截自淘宝2017年"年货节"活动主会场页面

京东2020年"年货节"活动加载页

除了用在新年主题的设计中，菱形也会出现在促销活动的设计中，如下面的案例所示。与圆形分割的用法类似，但由于菱形是由直线构成的，所以菱形完整分割会更有气势和张力，更能渲染出活动的促销力度和氛围。

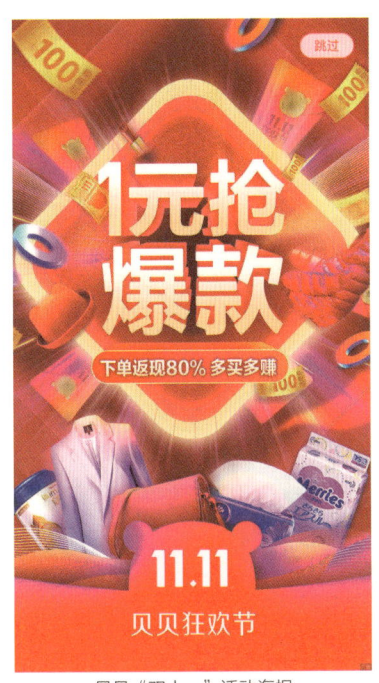

贝贝"双十一"活动海报　　贝店2018年年中大促销活动海报

（4）菱形组合分割

　　菱形组合分割与三角形组合分割一样，也适合错位排列。如下面的案例所示，菱形组合分割能让版面更有形式感，也使视觉效果更加活跃。但由于菱形的组合外形并不规整，与周围元素较难整合，所以这种形式并不常用。

截自蘑菇街2016年"焕新大赏"活动页

2.隐性分割

隐性方形常用在以版式设计为主的画面中。如右侧的案例所示,不管是图中的文字还是产品,当排成"方形"后,版面会变得工整,风格上也更简约。其中,产品在正俯视角度下的"方形排列"还能凸显品质感。

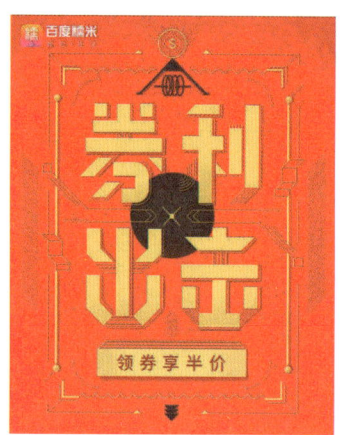 

截自百度糯米活动页

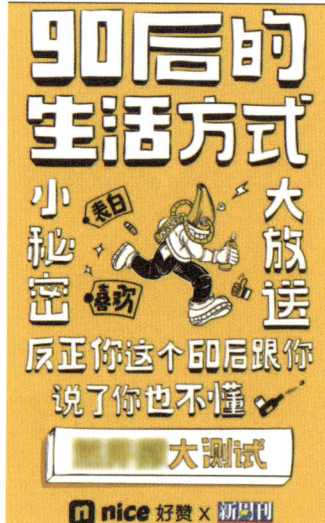 

《新周刊》杂志推广活动H5页面

截自每日优鲜活动页

3. 拟物分割

与圆形拟物分割一样,现实中的方形物品也很多,但同样要根据主题、产品和创意选择最适合的具象元素。方形的拟物化分割一般有两种方式,第一种是拟成"方形物品"。如下面的案例所示,每种物品都要与画面场景产生强关联的关系,要能合理存在于对应的场景之中,这样才能让观者产生代入感。

美团外卖2018年活动海报

每日优鲜"丰收会员日"活动海报

截自大众点评2019年活动页

截自苏宁易购2018年活动页

第二种方式是拟成"透视空间",当空间的观察角度呈平行透视时,整个空间的外框就会呈现为"方形"。如下面的案例所示,手机版面的横向空间往往略显拥挤,而方形空间则恰好能让画面具有纵深感,这时观者的视线就会在前后维度得到延伸和舒展,给人以透气感。

截自唯品会2017年"时尚盛典"活动页

截自京东2019年"京东男神季"活动页

京东2019年"12.12 京东暖暖节"活动海报

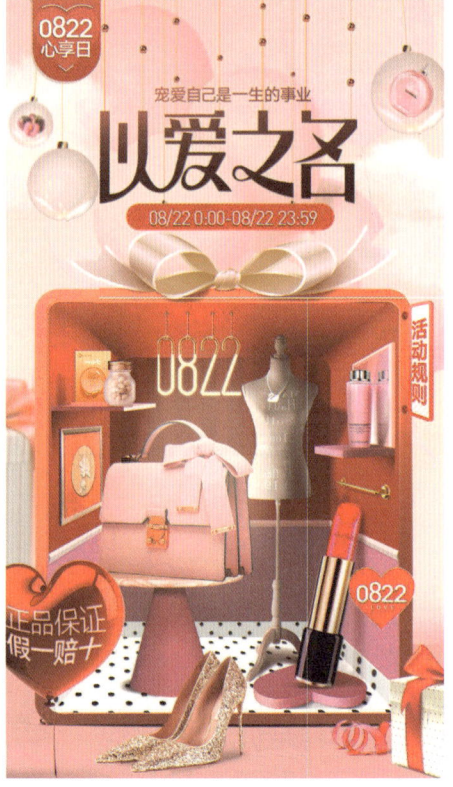

截自斑马会员2018年活动页

5.1.6 异形分割

- **1.显性分割**

前面讲的三角形、圆形、方形都属于规则图形，其实还有另一类图形就是不规则图形，简称异形，像平时常见的对话气泡、爆炸贴就属于异形。在下面的案例中可以看到，比起规则图形的工整，异形分割则会让版面显得更灵动、自由，也能让画面更有新意，可以避免构图中规中矩。由于异形没有可被定义的标准形状，因此形式上也无规则可循，更多的是要设计师结合主题和元素进行"临场发挥"，根据创意绘制出最符合需求的图形。

截自蘑菇街2016年活动页

截自云集2017年"石榴节"活动页

截自伊芙丽天猫旗舰店"天猫闺蜜节"活动页

贝贝"童装上新节"活动海报

苏宁易购2018年活动海报

- **2.卡通异形分割**

虽然异形分割需要"随机应变",但其中却有那么一类异形很容易被想到,那就是很多品牌都有的卡通形象轮廓。自从天猫将"猫头"轮廓作为对外宣传的品牌符号后,各大互联网公司纷纷跟进。如下图所示,每个形象轮廓都是一个非常好用的异形,这些异形除了可以用于版面分割外,还有助于品牌传播,强化观者对品牌的记忆,可谓一举多得。所以,设计时若没有更好的想法,不妨试试用卡通形象的轮廓造型。

天猫"猫头"轮廓　　　　　　　　　　　　"淘公仔"轮廓

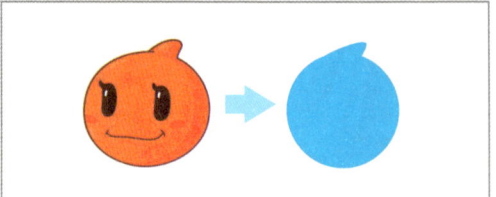

截自天猫2018年"6·18"活动页　　　　截自淘宝2015年"双十二"活动分会场页面

"飞猪"轮廓　　　　　　　　　　　　"小狮子"轮廓

截自飞猪旅行2017年"双十一"活动页　　　截自苏宁易购2017年"大家电3C狂欢"活动页

3.拟物分割

将异形拟物化，这对构思和执行的要求都很高，需要设计师结合创意和场景，看是否有合适的元素能用于版面分割。当然，若构思巧妙，就能大大提升画面的出彩度和记忆点，令人耳目一新。

例如，在右侧的案例中，火锅冒出的雾气（上图）、窗帘掀起的形态（中图）、泳池的边框造型（下图）都刚好成为分割版面的异形，颇有趣味。特别是下图中的泳池边框，其实是一个胃的形状，正好呼应夏季开胃小食的主题，显得很有新意。

截自每日优鲜活动页

每日优鲜活动海报

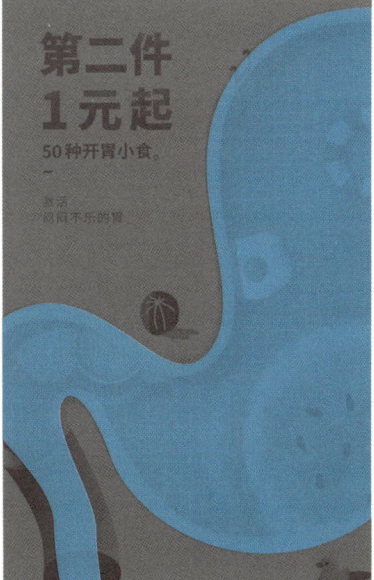

截自每日优鲜活动页

5.1.7 放射分割

■ 1.显性分割

放射比较特殊，它不是用某一类具体的图形，而是用图形构成一种特殊的表现形式。常见的放射分割有两种形式：射线分割和螺旋分割，如下图所示。这两种形式都可以丰富画面背景、强化活动氛围，使画面在视觉上具有强烈的冲击力和节奏感。

射线分割

螺旋分割

（1）射线分割

射线分割就是使线条基于中心一点向外直接散开，这是最常用的放射分割形式，表现方式也有很多种，具体要根据画面风格来定。例如，在下面的案例中，射线的色彩、形态和放射密度都与画面风格相匹配，毫无违和感。当背景有了射线点缀后，能立刻提升整体的大促氛围，画面更富有冲击力。可以说射线分割是快速增强大促感的有效设计方式，也因此被广泛应用在各类促销主题的设计中。

截自口碑2018年"双十一"活动页

截自京东2019年活动页

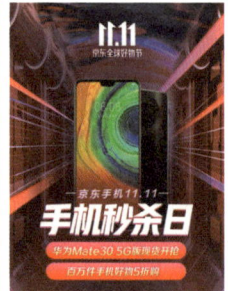
京东2019年"双十一"活动海报

（2）螺旋分割

螺旋就是使线条基于中心一点向外扭转散开，呈旋涡状。不同于射线分割的点缀作用，螺旋分割的形式感很强，用在背景中往往会对视觉效果产生很大影响，因此要事先考虑好螺旋形态能否与其他元素结合。如下面的案例所示，螺旋中心就是一个视线汇聚的核心区，将主要信息放入其中就可以形成明显的视觉焦点。当然，也因为螺旋形态的突出特征，使得视觉设计的发挥空间较小，所以并不常用。

同程旅游App启动页　　　　截自淘宝2016年"淘宝汇吃"活动页　　　　淘宝2019年"吾折天"
（设计师大华哥666作品）　　　　　　　　　　　　　　　　　　　　　　　　　活动海报

总之，不要小看放射分割这种形式，它在电商促销活动的设计中出现的频次很高，而放射分割对大促氛围的渲染也有显著效果。例如，在下面的案例中，加入射线的右图明显要比左图更显得动感、活跃。因此，设计时若觉得画面显得冷静，不够有促销感时，不妨试试放射分割这种形式。

　　不加射线，画面整体偏冷静　　　　　　　加入射线，画面整体显得动感、活跃

■ 2.隐性分割

先看射线的隐性分割，当页面中有很多点缀元素时，如果将元素排成射线状，就能在四周形成有序分布的状态，多而不乱，页面会更有节奏感和视觉冲击力。

截自淘宝2017年"双十二"活动页

截自饿了么2017年活动页

截自天猫2017年"双十一"活动页

再来看螺旋形态的隐性分割,相比放射分割,螺旋分割对元素的形态要求较高,并非所有元素都适合螺旋分割。例如,在右侧的案例中,优惠券和红包这些能大量重复堆叠的元素就用得恰到好处,元素的螺旋式排布使画面产生强烈的汇聚感,在增强画面气势的同时,也能将观者的视线引向螺旋中心的卡通形象上。

淘宝聚划算2020年"99划算节"活动海报

国美2019年活动海报

3.拟物分割

拟物化的放射分割以射线拟物分割为主,**虽然也能将构成射线的图形拟成某些具象元素,但更多的还是拟成空间。**当空间呈平行透视且纵深感很强烈时,左右的边线都会汇聚到一点,类似射线状。如下面的案例所示,这样的空间场景会有极强的视觉冲击力和张力,同时也让版面更透气。

截自海尔空调天猫旗舰店2018年"6·18"活动首页

截自饿了么2018年"双十二"活动页

截自竹π天猫旗舰店2019年"双十二"活动首页

总结

图形分割这部分的内容量还是挺大的，我们再来简单回顾一下，常见的图形分割有7种：横/竖线、斜线、三角形、圆形、方形、异形和放射分割，每种分割形式都有显性、隐性和拟物3种分割方式，其中显性分割还要注意封闭图形的线面选择以及其中元素的破局与穿插效果。另外，7种图形分割形式有时还会结合使用。总之，要能够灵活变通，具体如何分割还要看创意和需求。

实战案例

下面围绕一款产品，选取几种图形分割形式来设计不同风格的手机Banner，希望能帮助初学者更好地了解图形分割法的使用。

小提示

由于印刷采用的是 CMYK 色彩模式，所以书上展示的所有案例的整体色调可能会偏暗一些，而电商设计中的展示屏幕却是 RGB 色彩模式，显示色域更广，整体也会更为明亮和鲜艳。因此，本书所有实战案例的源文件都支持下载，可在 PC 端下载后观看并学习。由于印刷原因，后面很多 Banner 的颜色可能都会偏灰，将不再单独说明。

▶ 案例1

- 文案信息：胶原蛋白
  法国进口、专利配方
  锁水、弹润、舒缓
- 风格定位：时尚、简约、女性
- 表现手法：（显性）圆形分割
- 布局类型：上下布局
- 尺寸比例：9∶16

① 在Photoshop中新建一个9∶16的画布，导入产品。然后调整产品的位置，并适当添加明暗效果，凸显产品的立体感。接着设置背景色，由于产品是玫红色，所以背景用浅粉色与之呼应。

② 用形状工具绘制一个圆形，填充由粉到紫的渐变色；然后添加英文，调整文字大小和间距，并用外发光样式提升设计的精致度，这样主视觉就基本完成了。

③ 添加文案，注意信息要分清层级，因为想重点突出"法国进口 专利配方"，所以用色块作底进行衬托。

④ 添加一些小圆形作为点缀，并对一些圆形进行模糊处理，这是表现空间前后景深的常用手法。

① ② ③ ④

▶ 案例2

- 文案信息：法国进口胶原蛋白
- 布局类型：上下布局
- 风格定位：时尚、动感、女性
- 尺寸比例：9∶16
- 表现手法：（显性）斜线分割

① 用钢笔工具在新建的画布中绘制一个直角三角形，然后分别填充浅粉色和浅蓝色（粉色与蓝色属于常见的搭配色，常用于清新、时尚风格的设计中），再为两个色块添加暗色以提升质感，这样通过一个简单的斜线构图，就确定了Banner的大框架。

② 导入产品，并根据斜线分割的形式进行摆放和调整，使产品排布与构图走向一致。

③ 给产品添加光影（明暗和投影），光影要与光源方向保持一致，这样整体才会真实、自然。

④ 根据画面风格，加入活泼俏皮的英文手写体文字和中文名称（如果版面属于简约风格的，那么文字将会是影响整体效果的关键元素）。

① ② ③ ④

▶ 案例3

○ 文案信息：金三角专利配方　　　○ 表现手法：（拟物）三角形分割
　　　　　　法国进口胶原蛋白　　　○ 布局类型：上下布局
○ 风格定位：品质、简约、女性　　　○ 尺寸比例：9∶16

① 这个案例稍微复杂一些，要先根据需求构思创意形式，然后绘制出草图并查看大致效果。Banner的主标题是"金三角专利配方"，那就设定一个玻璃质感的三角形放在产品的后方，以呼应"金三角"这一核心诉求。

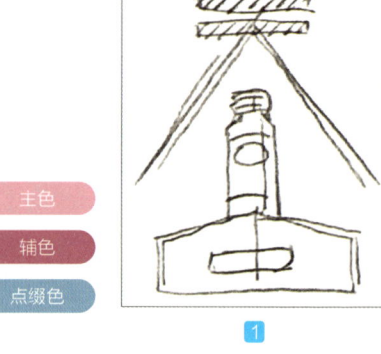

② 确定了草图和配色，就要根据设定的光源画出三角形和下方的陈列台，并导入产品。因为是仰视的视角，所以需要添加一个仰视视角的瓶子，这一步的核心是使各元素的明暗逻辑和光源的照射方向保持一致。

③ 刻画玻璃瓶子的光影细节，这里主要用到的是渐变图层样式和图层混合模式，建议先参考一些玻璃质感的物品。其实表现玻璃质感的核心就是对高光的刻画，最后再给背景适当加一些照射光。

④ 加上文案和购买按钮，注意信息的主次逻辑，重点突出"金三角专利配方"几个字。由于画面上的光照强度较大，所以需要再给文字适当加一些亮部，这样能与环境融合得更自然。

▶ **案例4**

○ 文案信息：公主新肌
　　　　　　法国进口，买 4 送 1
○ 风格定位：可爱、女生、插画
○ 表现手法：（显性 + 隐性）圆形分割
○ 布局类型：上下布局
○ 尺寸比例：9 ：16

① 这个案例与前面的案例有很大的不同，整体是可爱插画风格的，稍微复杂一些。先画草图并确定配色，确认整体的创意和构图形式。

② 根据草图，先把云层素材拼成一个环绕形（隐性圆形），调整素材的明暗细节，然后给云层添加一些紫色，让整体背景显得更梦幻。

③ 用钢笔工具绘制出小女生手捧产品的主视觉，如果手绘功底不好，建议先找一些符合创意的参考图，借鉴参考图中的人物动作和表现风格。

插画师"猴哥MONKI"作品

④ 因为画面是模拟的手绘插画风格，所以需要用画笔工具在勾画的主体基础上添加一些模拟画笔的笔触，Photoshop图层样式中的内阴影、内发光、外发光和投影都有"杂色"这一选项，选择适当的参数就能呈现出噪点插画的风格。

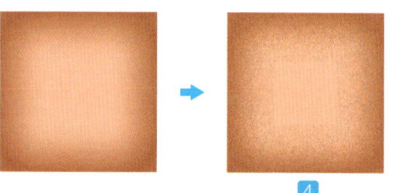

④

⑤ 添加核心文案，根据创意需求，要对"公主新肌"几个字的字形进行重新设计，比较讨巧的做法是选择一种合适的字体，然后在此基础上调整笔画。字体设计完成后，再添加合适的字效，并在标题后方加上圆形，这样标题就成了一个图形化的视觉元素。

⑥ 加上副标题、购买按钮和一些点缀元素，将副标题设计成丝带形式，注意画面整体是圆形走向，所以丝带需要做成弧线形。

造字工房妙妙体（需付费）

⑤　　　　　　　　　　　　　⑥

以上4个案例分别从图形的显性、隐性和拟物分割形式入手，执行起来其实并不复杂。虽然之前提到的7种图形分割形式并未全部展示出来，但根据这些案例介绍的思路和方法，对其他图形分割形式的应用操作也都大同小异。图形分割确实能快速搭建出版面框架，也再次印证了本节开头所讲的"上手简单还易出效果"。

5.2 第2招：简约背景

第2招重在Banner的背景呈现。**简约背景是指用简约的设计手法来制作背景，以此为基调再组合文案和主体元素。** 在简约背景的衬托下，视觉干扰大大降低，这样就能清晰呈现内容本身，让信息突出，也让画面干净、清爽。使用简约背景的Banner大多为简约风格，没有太过浓烈的促销氛围，简洁大方，能凸显主体元素的品质感，整体也符合扁平化设计的趋势，属于轻量化的设计。而背景设计无疑是第2招的表现核心，它直接决定了Banner的氛围和基调。常见的简约背景有3种形式：单色背景、渐变背景和底纹背景。

5.2.1 单色背景

单色背景是指Banner的背景只有一种颜色，或者说颜色变化非常小，接近单色。这种背景其实就是一个单色的色块，非常简单，正是这样的极简形式使得版面更简约清晰，能让观者的目光牢牢聚焦在文案和主体元素上。因为只有一种颜色，所以颜色的选择就变得至关重要，基本原则是要与主体元素的主色相呼应。注意，这种呼应不单指颜色相近的同类色和邻近色，也可以是反差强烈的对比色甚至是互补色。总之，要确保视觉效果舒服、协调。

例如，在下面的案例中，虽然背景都是蓝色的，但左图是常见的同类色搭配，配色和谐统一；而右图却是对比强烈的互补色搭配，不过大反差配色也没有让人产生不适感，人物的黄色服装在蓝底上并不突兀，这种对比反而让人物成了视觉重点，因此这类配色也形成了合理的呼应关系。其实这两类配色方案都很常用，一类协调一类鲜明，选择哪一类则要视设计风格而定。

截自Puella天猫官方旗舰店首页　　　　天猫精灵2019年"6·18"活动海报

既然在单色背景上突出了文案和主体元素，那么主体元素的选择及图文版式就很关键，如果处理不当，简约就变得单调了。先看主体元素（人物或产品），在观者聚焦下，很多细节会被放大，若有瑕疵那画面的设计感就会大打折扣，<u>因此要优先选择有质感的元素</u>，而想体现质感就得根据光影对素材图进行精修。例如，在下面的对比图中，人物未精修时，Banner的品质感显得不高（左图）。

未精修的人物，缺少明暗细节，层次感弱，品质感低　　　　精修后的人物，整体更显精致，细节丰富，立体感强

再看图文版式，对于简约风格的设计，<u>文案和主体元素的排版也同样重要</u>。在单色色块中，好的版式才能撑起整个版面框架，如果排版经不起推敲，即使主体元素再有质感，Banner也会缺少形式感，让人看着不适。例如，在下面的案例中，版式就很有设计感，字体、字间距等细节也很合理，画面清爽、有序。

肯德基活动海报　　　　截自奥利奥2017年推广活动H5页面　　　　优衣库2020年活动海报

5.2.2 渐变背景

渐变背景是指Banner的背景使用了渐变色。所谓的渐变色，其实是颜色的一种规律性变化，这种变化可以是从一种颜色过渡到另一种颜色，也可以是颜色自身的明暗过渡。在3种简约形式的背景中，渐变背景最为主流和常用，而最大的"推手"还是扁平化设计的兴起。早期的扁

平化风格的作品以单色为主，但久而久之就会显得颜色单调，容易使人审美疲劳，之后渐变色便很自然地流行起来了，可以说渐变色是扁平化风格发展的必然趋势。

比起单色背景，渐变色背景更显活泼，也更生动，它能使背景在凸显内容的同时，还依然保持丰富的视觉变化和层次感。例如，在UI设计中，很多主流App的界面已经用渐变色取代了单色，仔细观察淘宝App2017年的改版界面，能看到橙色渐变使界面显得更加时尚、年轻化，尽管后来又进行了改版，但渐变色依旧是视觉设计的核心方向，可见这种变化之美更受用户青睐。那么在背景中应该如何应用渐变色呢，下面从两个角度来展开分析。

截自淘宝App首页

■ 1.色彩分类

从色彩属性的角度区分，有色相渐变、明度渐变和纯度渐变。由于明度渐变和纯度渐变常常组合出现，因此又统称为色调渐变。色相渐变就是颜色的种类变化，而色调渐变则是颜色明暗及鲜艳程度的综合变化。在第6章会对色彩的知识进行详细讲解，所以在这里就不对相关的名词展开解释了。

（1）色相渐变

色相渐变是指两种或两种以上的颜色过渡，可以说色相渐变才是渐变色的精华所在。比起单一的颜色，当背景有了不同的颜色混合时，那就多了无限的可能性。不同的颜色过渡给人的感受也完全不同：颜色相近的渐变柔和舒服，而颜色迥异的渐变则鲜明刺激。

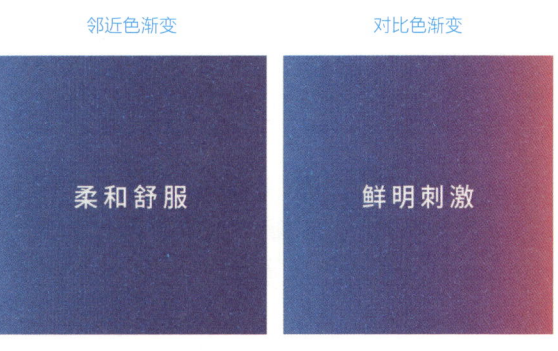

因此，色相的选择很重要，选得不好就会显得过时甚至脏乱，这就需要设计师要有很高的色彩敏感度。其实当看到不错的渐变色时都可以记下来，这是学习配色的一条捷径。

例如，在右侧的两个案例中，渐变色就用得恰到好处，既迎合了主题调性，又使Banner充满了活力。

截自INMIX音米眼镜天猫官方旗舰店首页

截自天猫2017年"双十一"活动页

（2）色调渐变

色调渐变是指某种颜色的明暗及鲜艳程度的过渡变化。相比色相渐变，色调渐变在使用上要简单很多，只要根据画面调节颜色的明度和纯度即可。当然核心还是调明度，通过颜色的明暗变化能让背景呈现一种有光照射的环境感，从而丰富Banner的视觉层次。例如，在右侧的案例中，色调渐变就模拟出上方有光照的明暗变化，产生一种微妙的空间感，使产品显得更加立体，画面整体和谐但不单调。

饿了么早餐活动海报

雪花秀精华露2020年活动海报

2.形式分类

还有一个分析角度是从渐变的形式来区分，常见的有线性渐变、径向渐变和自由渐变，它们的区别在于颜色过渡的形状不同。

线性渐变　　　　　径向渐变　　　　　自由渐变

（1）线性渐变

线性渐变就是使颜色沿着一根轴线进行直线渐变，在3种渐变形式中，线性渐变最常见。因为线性渐变融合非常自然，过渡平缓，适合各种颜色的混合。例如，在右侧的案例中，红到紫的线性渐变色背景就显得很舒服，这种自然过渡让画面的颜色变化平顺、舒适。

截自天猫2017年"双十一"活动页

（2）径向渐变

径向渐变就是使颜色从内到外呈圆形渐变，这样背景会产生一个模糊的圆形。<u>径向渐变适合反差较小的颜色融合</u>，若颜色对比强烈，那么背景中的圆形会很突兀，令人不适。如右侧的案例所示，这是玫红的色调渐变，单一颜色的明暗变化让中间的圆形显得非常柔和，类似聚光灯的聚焦效果，能使人物更突出。

截自百度糯米2017年"珍爱七夕"活动页

（3）自由渐变

自由渐变是指使多种颜色进行任意形状融合的渐变，这是一种特殊的渐变形式，没有固定的过渡形状，非常随机、灵活，能让不同的颜色呈现出更加丰富的视觉变化。

这里要重点介绍一种自由渐变形式——流体渐变。2017年底，iPhone X手机的壁纸让流体渐变彻底火热了起来。

205

如右图所示，不同于线性渐变和径向渐变带给人的安静感，这种宛如液体流动的渐变形式展现出强烈的运动感，显得活力十足，令人耳目一新。

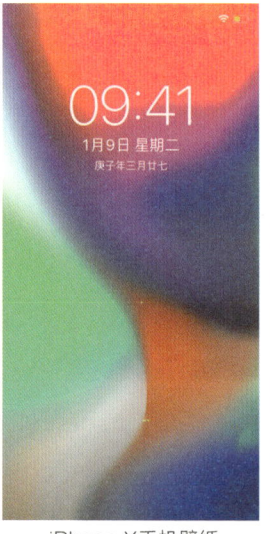

iPhone X手机壁纸

流体渐变在视觉上具有鲜明的现代感，整体给人一种更加刺激的感官体验，这种冲击感极强的渐变形式很快便在电商设计领域大热起来。

如右图所示，流体渐变的背景显得绚烂多彩，同时有着很好的装饰性，可以让Banner显得时尚、年轻，充满生机和活力。

截自携程2018年UED设计大会介绍页

> **小提示**
>
> 以前若要在illustrator中实现自由渐变，主要用网格工具，但要想把网格工具用得心应手可不是一件容易的事。后来在illustrator CC 2019的版本中，新增了任意形状渐变的功能，用这个功能可以快速创建出自由渐变，操作简单，过渡效果也更自然。

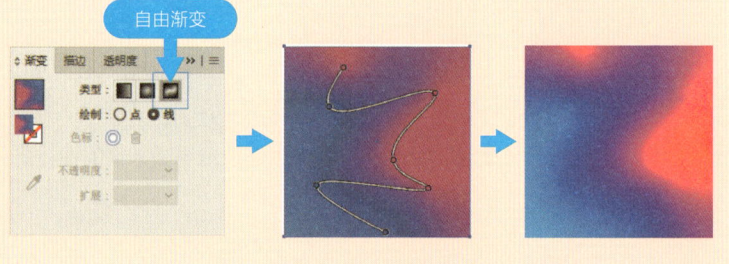

5.2.3 底纹背景

不管是单色背景还是渐变背景，核心还是对色彩的应用，而以底纹装饰为主的底纹背景则是对色彩与元素的综合应用。底纹背景能进一步提升页面的丰富度，增加设计细节。根据底纹的不同类型又可将底纹背景分为写实底纹和抽象底纹两大类。

■ 1.写实底纹

写实底纹就是常说的肌理，主要指物体表面的纹理结构。肌理的质感很强，这种写实的立体表面能激发人们的联想，从而产生一种视觉触感和环境感。例如，看到砖块的肌理时，就能想象到那种凹凸感和粗糙感，脑海中还会将砖块肌理进一步扩充成一个四面是砖墙的空间环境，无形中还会附加某些情感表达。因此，在用写实底纹时，一定要结合主题氛围、风格和元素做出合适的选择，确保文案和主体元素融合得更自然。

例如，在右侧和下面的案例中，肌理运用得恰到好处，背景上的人物、产品都很和谐，风格也比较统一。特别是汉堡王的宣传海报，文案还模拟了在墙上涂刷的质感，细节做得很到位。总之，适当地添加肌理能提升画面的质感和精致程度。此外，有些肌理还能营造出空间感，使Banner显得立体、饱满。

金箔纸

截自香影天猫官方旗舰店
2017年"双十一"活动首页

墙砖

汉堡王活动海报

木板

麦当劳活动海报

2.抽象底纹

抽象底纹就是由各种形状组成的图案或图形,如果说写实底纹是拟物风,那么抽象底纹就是扁平风。抽象底纹没有肌理底纹的那种立体触感,主要侧重形状的排列组合。那么图案和图形到底有何区别,下面先看一组对比图。

图案是在某种排列规则的引导下,由形状重复平铺而成的。图案有着明显的规律性和延展性,用Photoshop的图案叠加功能可使一小块图案自动铺满整个背景

图形则是根据创意构思,针对形状进行的构成设计。与图案相比,图形虽然不能自动延展,但个性更强,能影响版面的构图和节奏

图案

图形

可见图案和图形各有千秋,图案的规律性更强,而图形的节奏感更好,选择哪种要看元素的排布和风格。比起单纯的色块背景,由于抽象底纹加入了形状,双重组合(色彩+形状)使画面更显活跃和饱满,下面分别介绍一下图案和图形底纹。

(1)图案底纹

规律平铺的图案没有太多个性,主要是让背景在色块之上多一些细节,增强一些精致感,使画面不那么单调。例如,在右侧和下面的案例中,方块和圆点图案既丰富了背景,又增强了促销的氛围感。

截自淘宝聚划算2017年"3·8女王节"活动页　　　　淘宝2016年"双十二"活动海报

(2)图形底纹

图形底纹不像图案底纹那样具有通用性和规律性,要根据Banner的创意单独设计,需要考虑设计风格、版式构成和元素造型,因此应用起来相对复杂一些。如下面的案例所示,图形背景使画面产生了节奏感,在避免色块单调的同时也提高了页面的设计感和活跃度。

截自佰魅伊人天猫旗舰店2020年
"3·8女王节"活动首页

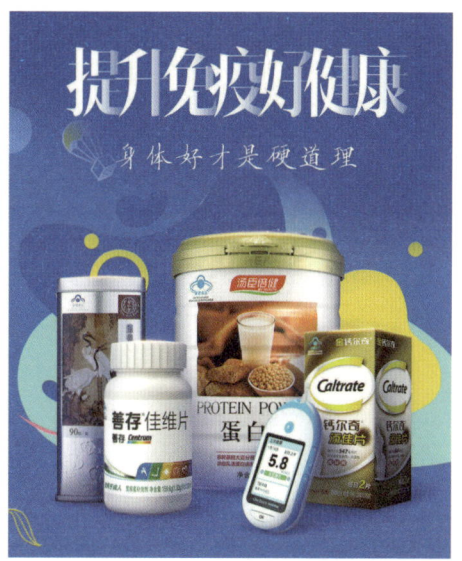

截自京东2020年保健品专题页

一般来说，如果只想点缀画面而不影响整体构图可以用图案底纹；如果要提升形式感和版面节奏则可以用图形底纹。但不管是图案底纹还是图形底纹，形状本身都要与画面风格相匹配，确保整体协调。例如，对可爱风的画面就可以加一些圆润的形状，而对中国风的画面则可以多配一些传统纹样。总之，要确保图案或图形不是为了加而加的。

最后强调一点，写实底纹和抽象底纹看似对立，但其实可以叠加使用，这样背景显得更有质感、更精致。例如，右侧案例中的背景就运用了肌理和图案叠加的形式，丰富的视觉效果使画面更加饱满，金属质感和三角形图案也凸显了笔记本的硬朗外观和强劲性能。

惠普笔记本活动海报

总结

第2招所讲的简约背景的核心是用单色、渐变色或底纹来呈现整个Banner的背景，通过简单清晰的版面来凸显文案和主体元素，这样能让信息传达更高效。其中单色背景最清爽；底纹背景最丰富；而渐变色背景则最常用，上手简单易出效果。想用好渐变色关键在配色，合适的配色能让简约风格的设计多一些层次和变化。

实战案例

下面以人物为主体元素，用3种背景（单色、渐变、纹理）分别设计3个不同风格的Banner，以呈现3种设计形式的差异。3个Banner共用的文案信息如下所示。

○ **文案信息**：女神驾到，我就是最时尚女王（选用），红包不停、5折封顶，立即抢券

▶ **案例1**

○ 风格定位：大牌、简约、杂志风格　　○ 布局类型：十字布局
○ 表现手法：单色背景　　　　　　　　○ 尺寸比例：9∶16

① 在Photoshop中新建9∶16的画布，导入模特图，根据模特的肤色给背景填充同类色。

② 根据杂志封面的常用版式，使"Queen 女王驾到"这些文字与模特形成十字布局的形式，这样就做好了整体的大框架。

③ 模特图的光影有些平淡，可以通过强化明暗对比凸显立体感，常用的手法有"中性灰修图"和"双曲线修图"，我一般以"双曲线修图"为主。

④ 给模特添加投影，使模特与标题形成前后的空间感，最后将副标题排成方形结构。

① ② ③ ④

▶ **案例2**

○ 风格定位：时尚、促销、动感　　　　○ 布局类型：上下布局
○ 表现手法：渐变背景　　　　　　　　○ 尺寸比例：9∶16

① 将精修后的模特图导入画布中,并给背景填充从玫红色到蓝色的线性渐变,通过鲜明的色彩对比来表现强烈的促销氛围,这样就确定了整体基调。

② 由于渐变色背景的光感强烈,因此要让模特身上也呈现对应的色彩变化。添加一些与环境匹配的有色光,注意左侧偏玫红,右侧偏蓝,这样模特才会融入背景中。

③ 添加标题和按钮,重点突出"女神驾到"这几个字,然后给主标题添加阴影,做出笔画叠压的字效。

④ 模特两侧还是略显单薄,因此需要添加一些女性服饰作为点缀元素,并用色相工具将点缀元素调成与环境匹配的单色,这样Banner就显得饱满很多了。

① ② ③ ④

▶ 案例3

- 风格定位:活泼、可爱、二次元
- 布局类型:上下布局
- 表现手法:纹理背景
- 尺寸比例:9∶16

① 将精修后的模特图导入画布中,然后给背景填充甜美可爱的粉红色。

② 调整模特图的色彩平衡和明暗对比。由于背景是粉红色的,受环境色影响,模特也应该偏粉色。然后给模特添加投影,使模特与背景形成空间关系。

③ 因为想让Banner呈现二次元的像素风格,所以背景采用方格平铺(属于图案底纹的一种),然后添加像素风格的对话框,注意标题也要用像素风格的字体,这样整体才显得统一。

④ 加入副标题,并选择比较中性的字体,确保易读。最后在模特脸上加些腮红,在头顶添加皇冠,使模特看起来更可爱一些,更符合二次元的风格调性。此外,还可以再添加一些像素爱心作为点缀元素。

1　　　　　　　2　　　　　　　3　　　　　　　4

以上3个案例呈现了3种风格，在简约背景下，对主体元素的质感要求更高，需要精选和精修图片。因为上面案例中的模特图精修过，所以画面的效果显得很不错。

5.3　第3招：放大核心点

一个常规的Banner一般由4部分构成：文案、主体元素、点缀元素和背景。可以说大部分的Banner设计都是围绕这几部分在做文章，只是侧重点及复杂程度不同而已。

常规Banner的构成

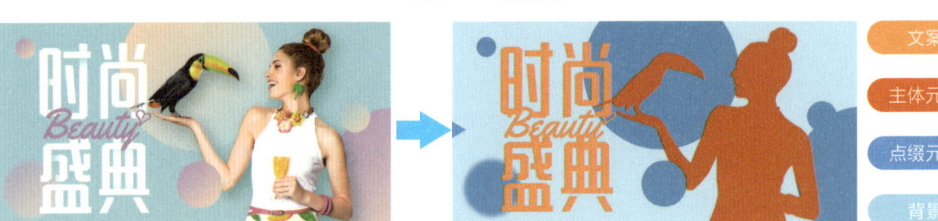

当对主视觉无从下手时，就可以应用放大核心点这一招。<u>放大核心点，就是在文案和主体元素中选择一个核心元素进行放大，使其成为版面的主视觉（也就是视觉重点）</u>。当主视觉敲定后，再围绕该元素布局其他元素。这个方法是不是有些熟悉，其实就是在第4章讲突出重点时讲过的"大小对比"。这里讲的是同一种方法，都是用直接放大的方式让某一元素成为核心点。<u>可被放大的元素有3类：标题、宣传点和主体元素，其中标题和宣传点都属于文案的范畴。</u>

5.3.1　放大标题

放大标题就是将文案中的主标题直接放大，这样核心文字既是文案又是主体元素，<u>这种将文</u>

字作为主视觉的Banner，能让观者第一时间看到核心内容，从而提高了信息的传达效率和观者的理解速度，特别适合标题就是利益点的促销型Banner。当然，放大标题也不只是放大那么简单，当文字变大后，还需要用一些设计手法来增添细节，不然画面会很单薄，不够饱满。常用的手法有文字排版和字效呈现两种，前者侧重版式，后者侧重样式，这两种手法都能将文字图形化，既能增强形式感，又能丰富版面细节。

■ 1.文字排版

　　文字排版并不复杂，是需要设计师掌握的基础能力，主要通过对文字本身的形式编排使画面条理、清晰，并具有设计感。对齐、亲密性（分组）、对比和重复则是在进行文字编排时所要遵循的4个重要原则，也几乎是所有排版都要遵循的基础方法。例如，在下面的案例中，标题都是在这些原则之下进行的版式设计，版面规整，节奏感强，易读、易懂。虽然手法简单，但形式却不单调，图形化的内容能将信息传递最大化。当然，如此重要的4个原则在第10章讲版式设计时还会深入讲解。

每日优鲜推广海报

京东掌柜宝"双十一"活动海报

肯德基2019年活动海报

■ 2.字效呈现

　　字效呈现就是给标题文字添加各种合适的样式。通过字效添加和修饰，标题不再是冰冷的文字，而是变成了一个有温度、观者更愿意接受并理解的图形化元素。如下面的案例所示，尽管画面以文字为主，但给标题添加效果后，画面并不单薄，整体饱满并富有冲击力，标题的形象也更鲜明，更能吸引观者的注意。关于字效，我归纳了4种样式：立体、边框、阴影和质感。在电商设计中，大部分字效都综合运用了这4种样式，相关内容在第9章也会进一步讲解。

截自网易游戏
2018年"China Joy 盛典"活动页

截自百雀羚天猫旗舰店
2018年"6·18"活动首页

截自淘宝聚划算
2019年"吾折天"活动页

除了排版和字效,还有一种手法是"造字",就是从字形和笔画入手,重新创造符合需求的新字体,这也是丰富标题效果的好方法。比起造字,排版和字效都属于讨巧的做法,实现起来更容易。

5.3.2 放大宣传点

宣传点和标题的区别:标题就是文案中的主要文字,通常是一句话;而宣传点则是从文案中挖掘的一个核心点,这个点一般只有1~2个字,更加简短精练、立意更明确。例如,活动日期、折扣力度、倒计时天数、产品卖点等都是常见的宣传点,放大这些宣传点,能让观者更聚焦,印象也更深刻。常见的宣传点可分为6类,其中5类都以数字为主。在电商设计中,数字是最常用也最好用的核心宣传点。因为数字的形状简单、美学特征强,并且易识别。关于数字表现,主要还是字形和字效,尤其是字效,数字的样式效果直接决定了画面的风格和基调,好的效果才能产生冲击力,继而抓住观者的眼球。

■ 1.日期

日期一般多指平台大促的活动日期。将日期作为主视觉,能让观者牢牢记住,也能与大促的主题形成强关联关系,这样活动当天就会本能地激发观者的购物欲,甚至让观者产生一种"买到就是赚到"的消费心理。

截自京东2016年
"6·18"活动页

苏宁易购2019年
"818发烧购物节"活动海报

- ## 2.折扣

不管是线下还是线上,折扣一直都是促销活动的重要手段,而电商圈最广为人知的,莫过于天猫"双十一"活动所强调的5折了,以至于在买家心智中,5折几乎成了实惠便宜的代名词。

光大信用卡推广海报　　截自苏宁易购2017年活动页

- ## 3.金额

金额一直都是消费者非常敏感的信息,如果利益点和金额有关并足够吸引人,那么就可以将其放大作为主视觉。常见的瓜分巨额红包、百亿补贴、超值特价等电商活动都是以金额作为宣传核心的。

 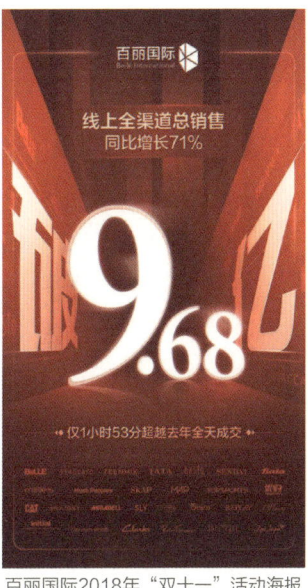

百度2019年春节活动海报　　百丽国际2018年"双十一"活动海报

- ## 4.周年庆

不管是平台还是店铺,周年庆几乎是每年必做的大活动,而在买家的潜意识中也早已将"周年庆"和"促销力度大"画上了等号,这样周年庆相关的数字就自然成了常用的宣传点,既能吸引观者的眼球,又方便观者记忆。

截自QQ空间"黄钻十周年"活动页　　洋码头周年庆活动海报

5.倒计时

对于大型的促销活动而言,设计倒计时海报是活动开始前的常用提醒手段,它能让观者牢记"活动开始时间"这个关键信息,并能提前营造出一种紧迫感,以吸引更多人在活动当天浏览店铺页面并进行消费。

蒙牛2018年活动海报

天猫2017年"6·18"活动海报

6.文字卖点

上述5类都是以数字为核心的,而第6类则以文字卖点为主,主要是将活动或产品的核心卖点展现出来,但字数不能太多,越精简越好,1~2个字即可。如右侧的案例所示,当文字被放大后,就会变成非常突出的图形元素,有很强的装饰性,使得画面个性十足,同时也能给人留下极其深刻的印象。

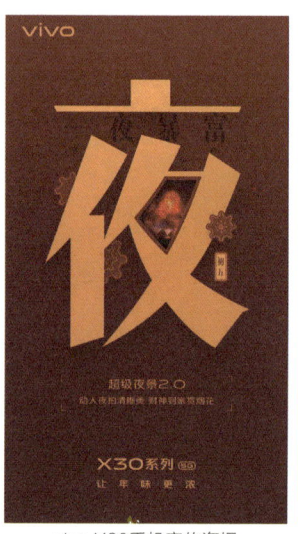
vivo X30手机宣传海报

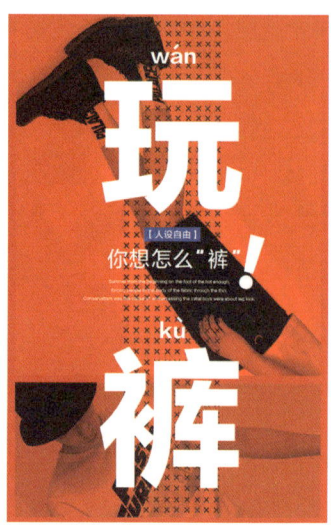
截自GXG天猫官方旗舰店首页

5.3.3 放大主体元素

这里的主体元素特指人物、产品或卡通形象。如果设计时有这些元素并且品质还不错,就可将他们放大,使之成为主视觉,这样既能让观者聚焦主体元素本身,又能将主体元素的质感和细节表现出来。同时,放大后的主体元素也会产生强烈的冲击力,使人记忆深刻。而将主体元素放大的方式,除了用改变大小或提高面积占比直接放大外,还有一种是以量取胜的"数量放大"。

1.直接放大

直接放大最直观,通过扩大后的面积优势使主体元素成为画面的主角,牢牢占据视觉核心位置。至于具体的大小则要视版面的整体构图来定,不要影响文案,也不要因为过大而让版面失衡。

（1）人物

若想将人物放大，那么人物本身一定要有立体感和品质感，这就需要在前期拍摄和后期修图的环节做到精益求精，任何环节出了问题都会影响照片的质量。如果人物形象看上去一般，那么大面积展示只会适得其反，会降低画面的精致度。例如，在下面的案例中，画面中的人物效果都不错，也修得很好，这样放大才能体现出高品质。

截自osa天猫品牌服饰旗舰店
2019年聚划算首页

截自初语天猫旗舰店
2017年"99欢聚盛典"活动首页

截自鸿星尔克天猫官方旗舰店
2017年"6·18"活动首页

（2）产品

产品与人物一样，拍摄和修图都必不可少。如下面的案例所示，只有将高品质的产品放大，画面才会产生微距摄影般的视觉冲击力，同时也能将产品的细节展现得淋漓尽致。

肯德基活动海报

截自良品铺子天猫旗舰店腰果详情页

截自每日优鲜2017年"真心话酒水节"活动页

（3）卡通形象

还有一类是品牌对应的卡通形象，如天猫的"猫头"和QQ的"企鹅"等经过多年的打造和传播，它们早就超出了单纯的卡通形象的范畴，已经成为一个强有力的品牌符号，承载着用户对品牌的所有印象和。现在越来越多的互联网品牌都顺势推出了自家的卡通形象，并将其作为重要的传播元素，因此出现了大量以卡通形象为主的Banner设计。此外，近些年的卡通形象设定越来越萌，如下面的案例所示，放大后的形象都非常可爱，整体都迎合了品牌年轻化的趋势。

天猫2019年"6·18"活动海报

天猫2019年"双十一"活动海报

截自QQ20周年狂欢活动页

■ 2.数量放大

数量放大并不是改变主体大小，而是通过数量增多来达到放大的效果。如右侧和下页的案例所示，虽然单个产品并不大，但当多个产品一起出现时，同样能成为视觉核心。<u>这种方式的设计难点在于对产品数量及排布节奏要有很好的把握</u>，数量要合适、排布要舒适，把握不好就会让画面显得杂乱无章、没有设计感。比起直接放大，数量放大能让Banner更有层次感和节奏感，可以通过多角度摆放形成明确的空间关系，设计出的画面也更立体。

截自每日优鲜酸奶活动页

 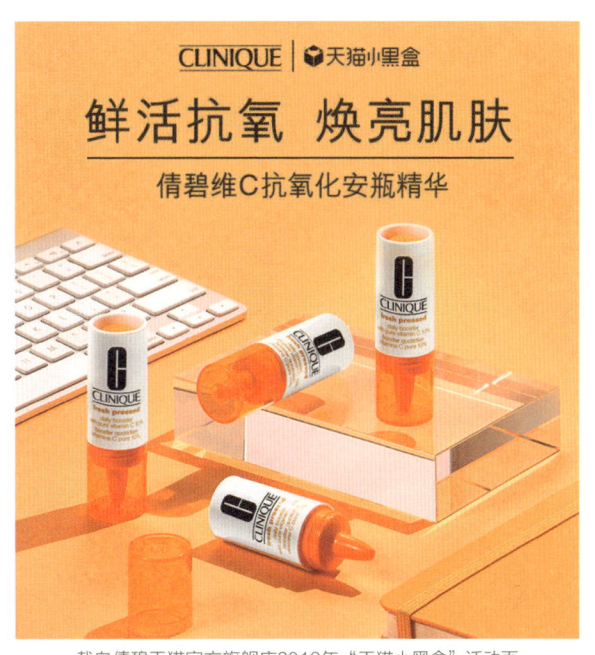

截自良品铺子天猫旗舰店甘栗详情页　　截自倩碧天猫官方旗舰店2019年"天猫小黑盒"活动页

总结

第3招所讲的放大核心点就是将Banner中的标题、宣传点或主体元素放大,使它们成为主视觉。其中,放大标题时要重视排版和字效,放大宣传点时要留意数字的刻画,而放大主体元素则要考虑是采用"大小放大"还是"数量放大"。放大核心点看似简单、直接,但其实要考虑的细节很多,既要让元素大小有度,又得注意放大后的质感刻画。总之,被放大的元素一定要足够精致。

实战案例

根据下面的文案和要求设计一个促销型的Banner,采用前面介绍的手法,分别放大其中的标题、宣传点和主体元素。

- 文案信息:年中送惊喜
  9.9元超值秒
  低价囤不停
  立即抢购
- 宣传点:9.9元
- 主体元素:卡通形象"禾小博"
- 风格定位:促销、卡通、神秘、有趣
- 布局类型:上下布局
- 尺寸比例:9:16

▶ **案例1**

○ 表现手法：放大主体元素（卡通形象）

① 如果只是放大卡通形象会显得有些单薄，根据主标题"年中送惊喜"，可以将主视觉设计成卡通形象从一个打开的礼盒中探出脑袋并手拿一枚金币的形式，以呼应"送惊喜"的主题，根据这一创意画出草图。

② 给背景填充深紫色，然后将周围调暗、将中间提亮，接着将卡通形象放在中间，由于中间比周围更亮，这样观者的视线就能第一时间聚焦到卡通形象上。

③ 用钢笔工具绘制一个打开的紫色礼盒，再加上黄色丝带，若对外形结构没把握，可先参考一些礼盒，注意整体明暗要与光源的方向一致。

④ 这一步比较关键，用Photoshop的相关工具和功能（主要是渐变、图层样式及图层混合模式）刻画礼盒的光影细节，同时添加一些放射光，这样礼盒的立体感会更强。

⑤ 添加标题和按钮，因为画面的空间感较强，所以要给主标题加一些立体字效，这样画面效果才更加自然，最后还可以加一些金币作点缀元素。

▶ **案例2**

○ 表现手法：放大利益点（9.9元）

① 将主视觉换成"9.9元"这个核心利益点，先将放大的"9.9元"几个字放到正中间，填充黄色并对其进行透视变形，再把卡通形象放到旁边，以形成一前一后的空间感。

❷ 由于礼盒的立体感很强，为了使画面整体和谐，给"9.9元"几个字也加上厚度和光影，让观者感觉数字是放在地上的，然后在表面加些亮灯，使数字效果更丰富，同时也能提升设计感。

❸ 添加标题及购买按钮，然后在地面放置两枚金币作为点缀元素，并在背景顶部加入射光，以模拟聚光灯效果。

❶ ❷ ❸

▶ 案例3

○ 表现手法：放大标题（年终送惊喜 9.9元超值秒）

❶ 将标题放大作为主视觉，其中"9.9"用黄色突出表现，再将副标题和按钮排在下面，这样文案就牢牢占据了视觉中心的位置，接着给标题加厚度，做出立体字效。

❷ 将卡通元素缩小并放在文字下方，给礼盒加上射出的光线，使观者感觉标题是从礼盒里弹射出来的，这样文字和主体元素就不再独立，而是形成一个互相呼应的整体。最后添加一些散落的金币作为点缀元素，使画面更有活力感。

❶ ❷

通过前面3个案例可以看出，不管放大哪一类，另外两类就要适当缩小，这样才能形成鲜明的大小对比，观者才会将视线聚焦在被放大的核心点上。

5.4 第4招：使用摄影图片

第4招就是将摄影图片作为Banner的主视觉，虽然有时用合成的手法也能实现摄影图片的一些效果，而且合成还不受现实约束，创意上更能天马行空，但摄影图中那种真实的质感和细腻的光影，是很难通过合成来实现的。尤其是当图片满屏显示后，那种长焦特写的真实效果会产生一种强烈的冲击力，这种感受唯摄影图片所独有。

关于摄影图片的获取，一种方式是在相关的网站中搜寻，但要注意除非图片标明"商用免费"，否则就要明确版权问题，前面介绍的站酷海洛就是一个性价比很高的图库网站。当然，如果没有条件购买版权或需要产品露出时，也可采用第二种方式——自行拍摄。

拍摄的门槛越来越低，现在几乎已是一个全民摄影的时代了，而专业和业余的界限也越来越模糊。在电商设计中，摄影也几乎成了设计师的必备技能之一。但还是有很多设计师会觉得摄影费时费力，所用的器材繁多不说，布景也麻烦。其实不然，手机上展示的Banner对图片的光感和细节要求都不算高，核心还是图片的效果，再加上日常的设计需求多为简单的模特或产品展示，因此搭建一个简易的影棚就可以拍摄，下图便是我所在的公司用于拍摄产品的小影棚。

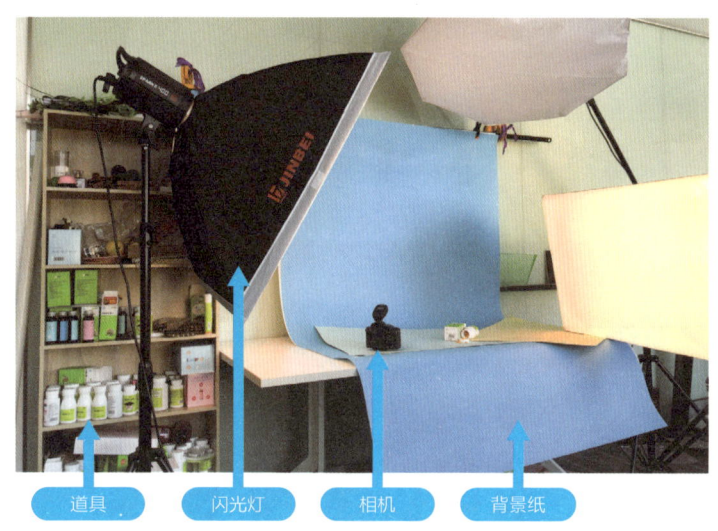

从上图可以看到，所谓的影棚，其实就是在一个小房间内摆放一个小型的摄影台，只要有入门级的单反相机、闪光灯、背景纸和一些小道具就能开拍了。虽然环境简陋，但拍摄出来的效果还不错。

所以摄影并不难,前期准备也不是那么复杂,关键是要多尝试。拍摄出来的图片所具有的真实细腻的光影感是很难通过合成达到的,以前设计产品Banner时都是去合成,消耗时间不说,最终效果也不尽如人意,既缺少细节和品质,又不真实。后来有了影棚后,能实拍的都尽量实拍,发现摄影的确出效果,而且很节省时间。如下面的案例所示,以摄影图为主的Banner(右图)要比以合成图为主的Banner(左图)的品质感高很多,也更符合时下对"品质电商"的视觉定义。

当然有些拍摄效果也并非合成无法实现，但需要很高的技术，包括构图、透视以及对真实光影的处理等，要做好每一项都不是那么容易，而且就算能做好，所花费的时间也比拍摄用的时间多。所以对一些产品展示类的设计，可以优先选用摄影图片，这样出图速度快，而且视觉效果更好。

当有了摄影图片后，接下来就要将其变成所需要的Banner，这个转变过程其实就是一个使图片与文案结合的过程。使用摄影图片做Banner一般有两种方式：一是直接使用，二是后期处理后使用。

5.4.1 直接使用

直接使用很简单，无须处理图片，将摄影图片放入Banner中即可，剩下的就是图文排版的工作。先根据布局对图片进行裁剪和微调，再在版面的合适位置加上文案，这样能将图片的品质呈现得最大化。当然这么做的前提是图片质量要足够好，只有高品质的图片才能撑起整个版面。例如，在下面的案例中，所用图片已有足够的设计感，再配上文字便是非常不错的Banner。

截自西遇天猫旗舰店
2019年"春夏新风尚"活动首页

截自天猫超市活动页

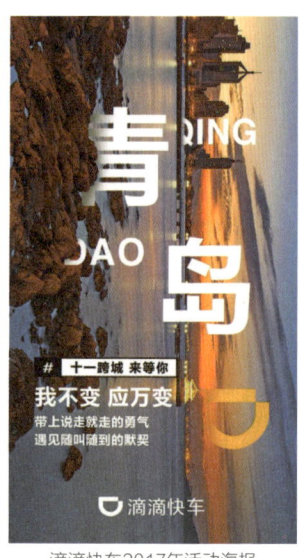
滴滴快车2017年活动海报

5.4.2 后期处理

这里的后期处理并不是指图片精修，而是指幅度较大的艺术调整。精修是对图片的美化，本质仍属直接使用的范畴；而艺术调整则是颠覆，调整前后的图片气质会完全不同。如下面的案例所示，左图叠加了半透明的红色色块，中图叠加了高浓度的橙色，右图则是黑白调的，虽然处理手法并不复杂，但这些调整都赋予了图片新的情感和氛围，同时呈现出了极强的表现力，显得个性十足。正因为摄影图片有着情绪鲜明的视觉特征，所以使用时要慎重，处理前一定要明确自己想要的风格，找到最匹配的处理方式，设计出来的效果才"对味"。

截自GXG天猫官方旗舰店2017年"3·8女王节"活动首页　　截自MECITY女装天猫旗舰店2018年周年庆活动首页　　截自蘑菇街活动页

双色调

在这里要重点讲解的是双色调，调整这种效果既简单又能出奇效。**简单说就是用两种颜色来表现彩色图片**。双色调这种效果最早来自线下印刷的双色套印，但后来在互联网设计中被广泛应用。这种仅靠两种颜色就能创造各种奇特效果的手法，只要配色合适，什么时候用都不过时，特别适合图片衬底及文字前置的排版方式。

图片变成双色调后，图片的气质就发生了颠覆性的变化，原先的纪实感荡然无存，纯粹的双色对比营造出了一种刻意失真的强烈冲击感，这是一种奇特而刺激的视觉效果。如下面右图所示，是不是更有艺术气息了呢？

双色调在电商设计中的常用形式是"满版色彩叠加"，其实就是使双色调图片撑满屏幕，如下页的案例所示。比起局部使用，满屏使用的冲击力更强，同时流露出一种独特的情绪和时尚感。但要注意，虽然图片调性得到了增强，但本身的内容会被弱化，色彩的冲击力会削弱图片内容的传递效果，这时双色调更像是背景，因此图片上方的文字排版就显得格外重要，如果版式杂乱，那画面的设计感就会大打折扣。

截自INMIX音米眼镜天猫官方旗舰店首页

截自Spotify音乐网站

截自伯爵卓尔男装天猫旗舰店
2018年"双十一"活动首页

当然也不是所有的图片都适合双色调，应尽量选择主体清晰、内容简单的图片，这样做出来的双色调效果才更佳，否则画面会很杂乱。使用Photoshop来实现双色调效果的方法很简单，就是在图片上添加一个"渐变映射"的调整图层。虽然还有其他方法，但这个方法适用范围更广，操作灵活，效果也最佳。

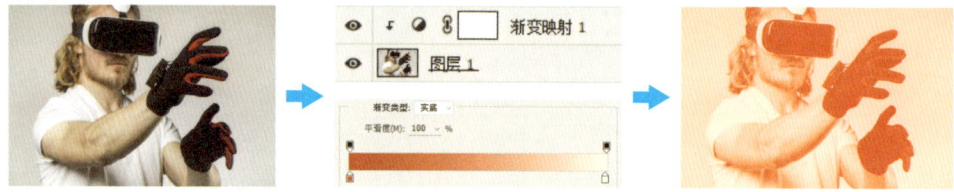

总结

　　第4招所讲的运用摄影图片的核心在于图片本身，图片的质量高低决定了Banner品质的高低，因此前期拍摄至关重要。对于产品拍摄，其实准备工作并不多，往往简单的拍摄就能取得不错的效果。另外，若想让图片呈现出特别的艺术气息和强烈的表现力，也可以将图片调成双色调的效果。

实战案例

下面运用与运动有关的摄影图片,分别以直接使用和采取后期处理为双色调的方式来分别设计两个不同风格的Banner。

○ 文案信息:运动专场

　　　　　百元大额券限量抢

　　　　　点击进入

○ 尺寸比例:9:16

▶ 案例1

○ 表现手法:直接使用　　○ 布局类型:左右布局

① 既然是直接使用摄影图片,那就先将图片导入画布中。

② 摄影图片其实就是Banner的核心主视觉,因此文字设计和排版都要符合图片的风格及构图形式,选用的这张图是运动风格的,那么标题文字可以选择用比较动感的字体,再在笔画的边角处添加一些小尖角,以表现速度感。然后把文案放在人物身后,并将透视角度调成与人物视角一致的,使人感觉文字是跟着图中的人物一起奔跑,这样能提升整个Banner的设计感。

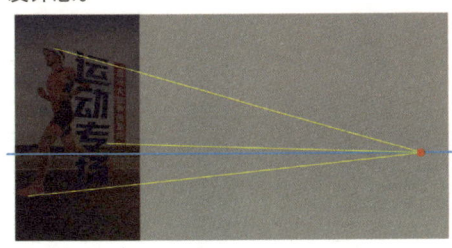

③ 接下来是细节修饰，通过使用蒙版使人物和文字产生穿插关系，这样版面的空间感会更强。最后加上点击按钮，整个Banner就完成了。

人物的手臂和文字有所穿插

③

▶ 案例2

○ 表现手法：后期处理（双色调）　　○ 布局类型：上下布局

① 运用双色调的图片会让Banner更具有艺术性和表现力，同样还是先把图片导入画布中。

② 在Photoshop中给图片添加一个"渐变映射"的调整图层，这样立刻就让纪实图片有了浓浓的艺术气息。需要将"渐变映射"中的两种颜色的明暗反差调大一些，这样图片的层次会更分明。

③ 添加文案，根据整体构图将文案放在图片下方，注意层级关系，还是要重点突出"运动专场"这几个字，再将文字后方的背景色调加深一些，以使文字更清晰。

①

②

③

从前面的实战案例可以看出，直接使用摄影图片能最大限度地利用图片本身的品质感，而用后期处理过的图片则能让Banner更有表现力，两种风格截然不同，核心还是看Banner的具体创意和设计方向。

5.5 第5招：空间陈列

第5招是先构建一个空间，然后将主体元素用合适的形式陈列出来。这是随着手机兴起而真正流行起来的一招，因为PC端都是宽大的横屏设计，适合展现视野开阔的大场面，如沙漠、海边等，而空间陈列作为小场景，在PC端展现就显得不大气了，因此使用得较少。在手机端却刚好相反，瘦长的竖屏就适合表现长焦特写的小场景，像微距下的花鸟鱼虫等，这时空间陈列就能用得恰到好处。如下图所示，同样的产品展示图，在PC端就显得单薄，版面空缺，整体不饱满；而在手机端则刚好，这种长焦特写、微距放大的陈列式小场景就适合手机屏。所以在移动端设计时代，空间陈列图才会呈现井喷式的增长。

PC端的产品展示图缺少气势，画面显得单薄，有种强行放大的不适感

手机端的产品展示图则有放大感，这种长焦特写拉近了观者的心理距离

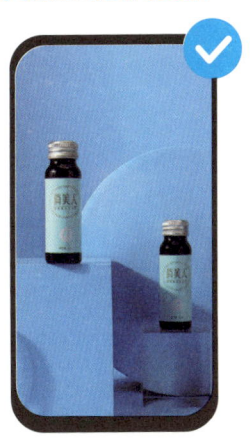

合成、三维和摄影都可以实现空间陈列，但本书还是以合成为主，而合成的难点就在于如何将产品和空间进行自然融合。若想合成天衣无缝，最重要的是做到透视准确，而透视作为构图中的重要知识，可以说无处不在，在前面的章节里也多次提及。只有掌握了透视的变化规律，才能准确地表现出元素的空间关系。如果透视不对，那么空间就会失真，下面就来详细讲解一下这个理性的知识点。

5.5.1 焦点透视

在日常生活中，当我们看周围的事物时，会有远近、高低、长短、宽窄等不同，这是由于距离、方位等差异在视觉中呈现的不同反映，这种现象就是透视。透视学的出现可以帮我们非常科学地表现各种空间感和立体感，它广泛应用于绘画、建筑、视觉设计等诸多领域。常见的透视有3类：空气透视、散点透视和焦点透视，这3类的侧重点各有不同。

空气透视又称色彩透视，由于空气介质的存在（雨、雪、雾、烟等），会出现近处的景物比远处的景物的轮廓更清晰、色彩更饱满的视觉现象。例如，下面的海报中烟雨蒙蒙的效果，这种近实远虚的效果就是典型的空气透视。

电影《面纱》宣传海报

散点透视则是中国画中特有的一种透视形式，下面的《清明上河图》就是运用这类透视的代表作。在这幅画中，很难找出画家的具体观察位置，好似在移动中作画，每到一处画一部分，最后拼接起来。这种视点不断移动的画法就运用了散点透视，散点透视适合表现波澜壮阔的景色，重在写意，可以体现出气势和意境。

《清明上河图》局部

焦点透视是本节要讲的重点内容，它是透视学中的核心理论，也是西方绘画所遵循的透视原则，最早的透视研究就是从焦点透视开始的。如果散点透视是写意，那焦点透视就是写实，一切都以客观还原为准。例如，下面所示的名画《最后的晚餐》，画面中所有视线都汇聚于一点（称为灭点），营造出一种立体空间感，这就像观者身处画面中央所看到的逼真景象。

《最后的晚餐》透视分析

在设计中常说的透视也都是指焦点透视，是需要设计师重点掌握的知识。学习素描时，老师就说画静物要近大远小，其实就是对焦点透视最为形象的描述。如下图所示，草地上的奶牛离我们越近就越大，越远则显得越小，正是这种近大远小的透视变化才使场景有了空间和层次。

观察视角

在介绍焦点透视前，先讲透视中一个很重要的影响因素——观察视角。视角是指人眼（也称为视点）在观察事物时视线之间所形成的夹角，其实就是人眼观看角度的变化。视角一般有3种：当我们平视前方时就是平视视角，仰头看时则是仰视视角，低头看时便是俯视视角。平视时，人眼和物体形成的假想连线称为水平视线，是判断视角高低的参考线。

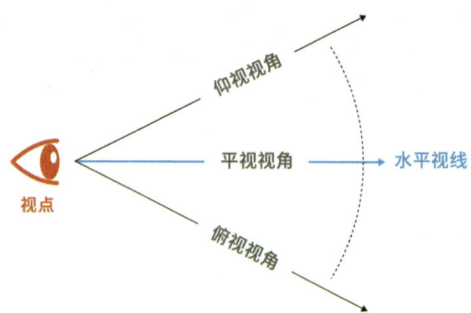

当将产品放入空间时，就要根据陈列形式选择合适的视角，从下面的示意图中可以看到，3种视角给人的感受都不相同：平视视角有种四平八稳的感觉，给人一种非常自然的观察感受，虽然中规中矩，但在视觉上很舒服；仰视视角则能体现产品的高大和气势，有助于烘托价值感；而俯视视角最接近人们日常看桌面小物品的视角，很真实也很亲切，同时还凸显了产品的立体感。

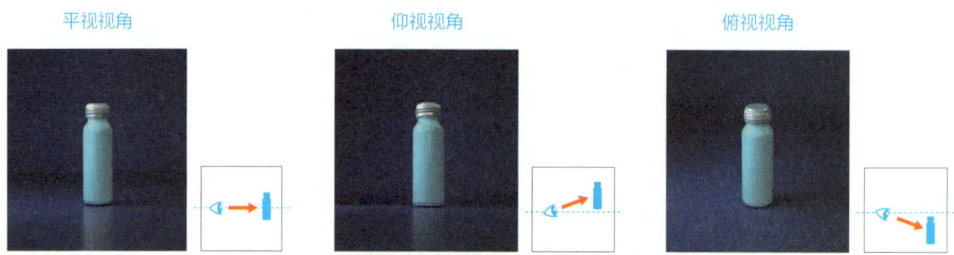

仰视视角和俯视视角都属于小视角，即产品视线和水平视线的夹角较小。大概就是人把头微微抬起或低下时看到的场景，这时看到的画面最自然也最舒服。反之，若视角过大，即人把头抬得很高或压得很低时看到的情况，这时产品的形变就很夸张，显得很刻意，让人感觉不舒服。

对于焦点透视而言，一般根据物体灭点的数量不同，也可把焦点透视分为3种：平行透视（一点透视）、成角透视（两点透视）和斜角透视（三点透视）。3种透视都有各自的透视效果和适用范围，但若铺开讲将会很复杂，因此下面主要结合空间陈列的形式进行介绍。

1.平行透视

用立方体简单说明,平行透视就是有一面与画面平行,这时物体的厚度边线若向内延伸,最后都会汇聚到一个点上,因此又称为一点透视。**平行透视是最简单也最易掌握的一种透视形式**,其中的汇聚点称为灭点,而灭点所在的那条线则是视平线,即与人眼等高的一条水平线。

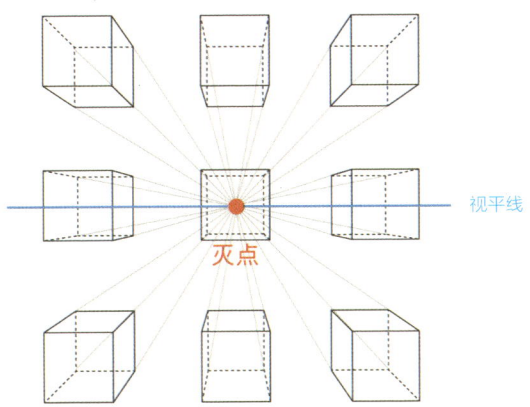

平行透视在生活中比较常见,如下图所示,将各种景物进行前后连线并延伸,最后都是汇聚到一点。平行透视适合表现场景纵深,能给人一种正式感和平和感。

电商设计中的产品展示也一样。例如,在下面的示意图中,不管哪种视角,产品和立方体都是正对着观者,让人觉得摆放角度比较合适。

平行平视

平行仰视

平行俯视

平行透视只有一个灭点，变化并不多，视觉表现形式单一，没有太多的空间变化，基本就是从正面来表现整个场景，因此上手较简单。只要确保前后连线都汇聚到一点即可，这样画面中的各个元素也会显得很整齐。但有时这种正视会让画面缺少层次感，显得很平，因此也可尝试采用俯视视角或强化背景的空间纵深感。下面展示平行透视在3种视角下的应用案例，注意观察不同视角下的产品呈现效果和透视变化，虽然差异很微妙，但每种视角都能给人不一样的视觉感受。

（1）平行平视

当画面为平行透视和平视视角时，呈现的观察位置很正。例如，在右侧的案例中，空间和产品都显得有些平整，虽然场景的立体感较弱，但视觉上很协调，表现起来也相对简单。注意，平视的视平线基本位于主体元素的中心，也就是说人眼正对着前方物体的中心，这样才会产生平视效果。

天猫"全球酒水节"活动海报

 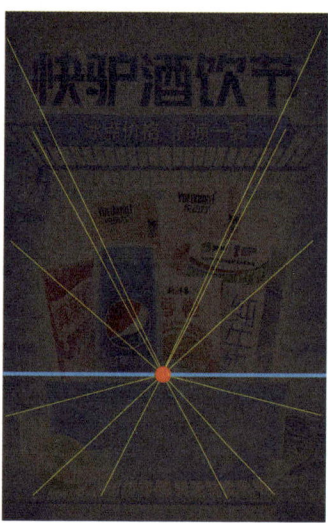

快驴进货2018年"快驴酒饮节"活动海报

（2）平行仰视

当画面为仰视视角时，一般视角都不会太大，微微仰视即可，这样视觉上才舒服。如下面的案例所示，与平视视角相比，小角度仰视的透视变化并不明显，没有夸张的形变，但依然能体现出空间和产品的高大。此时视平线位于主体元素中心靠下的位置，这样人眼明显是从下往上看的。

 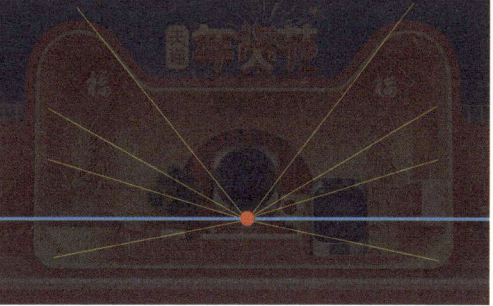

截自daewoo小家电天猫旗舰店2020年"年货节"活动首页

（3）平行俯视

如果觉得画面的层次感和立体感不够，也可以尝试使用俯视视角。例如，在右侧的案例中，因为在俯视视角下能同时看到物体的顶面和正面，这样就能表现出物体的厚度，使物体的立体感更强。而画面中的视平线则位于主体元素中心靠上的位置，这样人眼就是从上往下看，但同样属于小角度俯视。

截自每日优鲜活动页

 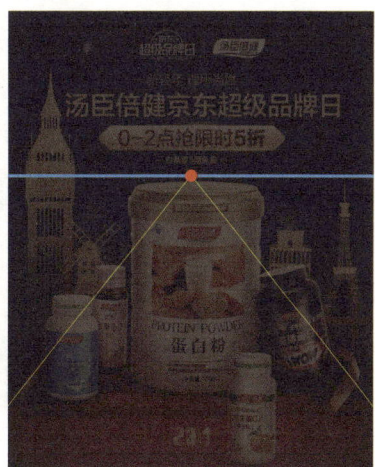

截自汤臣倍健京东自营旗舰店2020年"超级品牌日"活动页

正俯视

平行透视的俯视还有一种特殊情形——正俯视，即视角为90°的俯视，这时我们是从物体的正上方低头往下看。如右图所示，当产品平放在桌面上时，正俯视就能清晰地看到产品的全貌。

正俯视

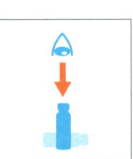

在空间陈列中，正俯视是一种常见的视角，上手简单，展现效果好。例如，在右侧的案例中，俯视下的产品摆放非常灵活，构图可以工整（左图），也可以随意（右图），并且产品多以正面展现为主，画面整体直观、舒服。

截自每日优鲜活动页

截自每日优鲜2018年中秋节活动页

以上都是产品的陈列案例，其实有时也会在场景呈现中应用正俯视。如右侧的案例所示，视点位于场景的正上方，有点类似无人机的俯瞰拍摄效果，这种看似"刁钻"的视角能给画面带来独特的戏剧效果，令人印象深刻。

截自每日优鲜
2018年"双十二"活动页

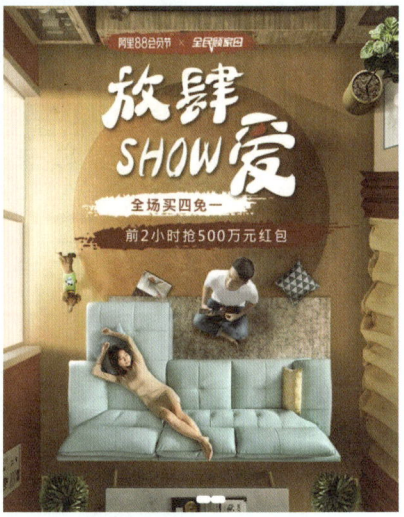
截自顾家家居天猫官方旗舰店
2019年"阿里88会员节"活动首页

（4）空间平行透视

除了以上3种视角，这里还要介绍一种平行透视的常见形式——空间平行透视。在空间平行透视下，画面的正前方有个类似方盒的纵深空间，而人物或产品就放置在空间里。如下图所示，空间平行透视也有3种变化视角，但为了确保视觉上自然舒服，仰视和俯视也都是小角度的上下摆动，所以产品的透视变化并不明显，场景呈现的效果也不至于很夸张。

空间平行平视
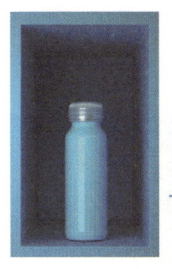
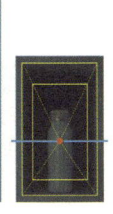

空间平行仰视

空间平行俯视

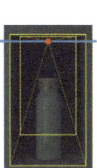

之所以将该形式单独列出，是因为它非常适合手机端的竖屏构图。手机端不像PC端，无法通过宽屏来表现视野开阔的大场面，手机屏更适合长焦特写的小场景，但这样有时就会显得左右拥挤、不透气。空间平行透视可以取长补短，<u>通过"深度"刻画将狭窄空间的纵深感体现出来，最终使观者的视线在前后维度上得以延伸和舒展。</u>该形式正是利用了平行透视的纵深感，最大限度地缓解了手机屏展示的拥挤感。下面通过具体案例分别讲解3种空间平行透视，要注意不管是平视、仰视还是俯视，空间里的所有元素最后都要汇聚于一点，这样透视才合理，纵深效果也最好。

空间平行平视

在3种空间平行透视中，空间平行平视最常见，因为这种方方正正的空间展示形式最适合手机的竖屏构图，上手也简单，易于搭建。在平视下，由于没有视角的高低变化，空间基本位于人眼的正前方，角度非常正，构图给人一种稳定感，元素也没有夸张的形变，显得真实自然。

对于空间平行透视而言，"深度"刻画很关键，设计时要根据版面的构图选择合适的空间深度。例如，在右侧和下面所示的案例中，画面中的空间深度都较浅，空间显得相对封闭一些，给人以温馨感。

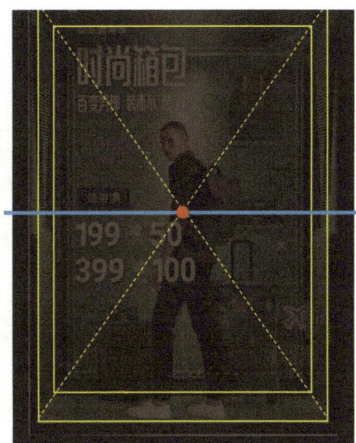

截自京东2019年"京东男神季"活动页

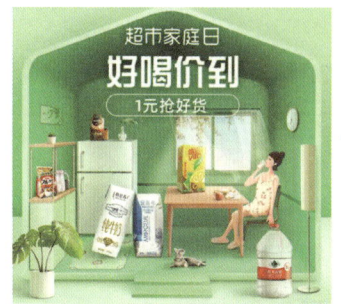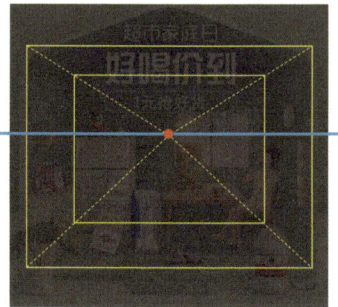

截自天猫超市2019年"家庭超市日"活动页

而在右侧这个案例中,画面的空间深度较深,属于很开阔的大空间,这样能让观者的视线更舒展一些,画面也显得更透气。

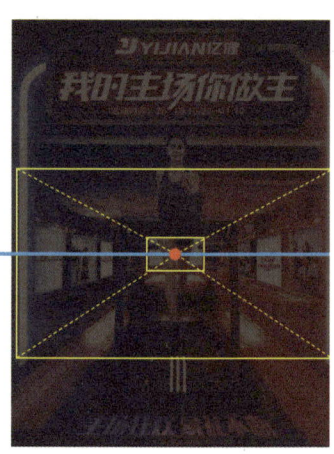

截自亿健运动天猫旗舰店2018年"双十一"活动首页
(设计师"晓Leo"黄晓峰作品)

空间平行仰视

在仰视下,画面呈现的是抬头向上看,这时空间显得宽大,给人一种强烈的气势感。如下面的案例所示,视平线贴近地面,像是我们蹲着向上看,这种仰望视角下的建筑和人物都显得很高大,再加上强烈的纵深感,虽然空间左右依然狭窄,但上下和前后维度却变得非常开阔,画面更通透。空间平行仰视可以渲染氛围,提升场景的戏剧效果,突出视觉冲击力,但要注意仰视视角不能太大,否则夸张的仰视效果反而给人一种压抑感。

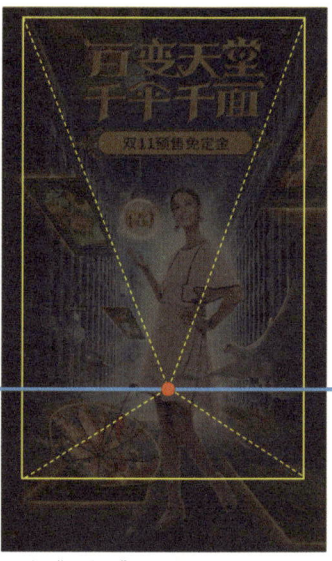

截自天堂伞天猫官方旗舰店2018年"双十一"活动预售页

空间平行俯视

在俯视视角下,视平线处于空间中心的上方,类似人站在高处往下看。如右侧和下面的案例所示,画面中的空间显得很立体,远近的各类元素也能得到清晰地展现,层次很分明。俯视适合展现空间的全貌,也让各物体有较强的体积感。除非有特殊的构图需求,不然俯视视角也不能过大,否则俯视就变成了俯瞰,会使人产生遥远的距离感,空间也压缩得很严重,从而导致形变和失真。

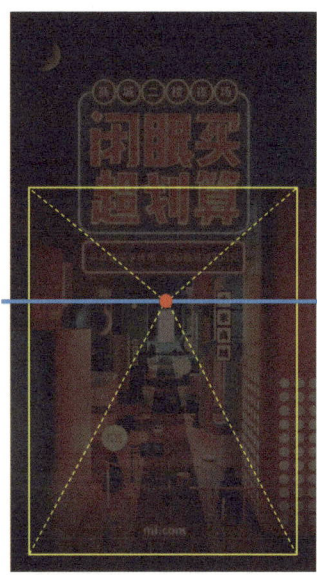

小米商城活动海报

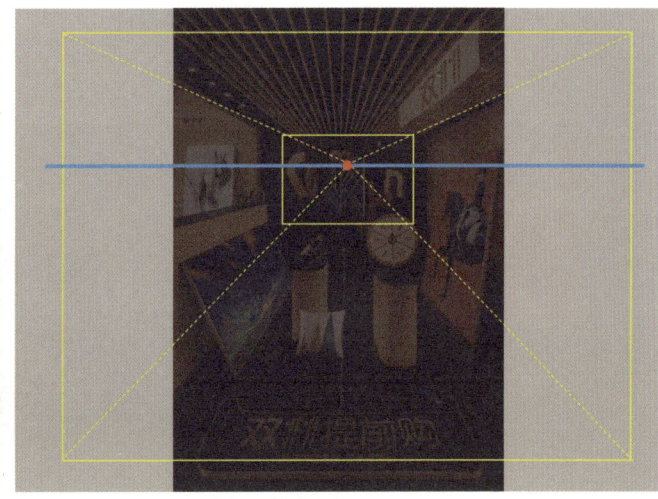

截自罗尚天猫旗舰店2017年"双十一"活动首页
(设计师"睡虫的野望"张家灵作品)

2.成角透视

还是以立方体为例,成角透视就是物体与画面形成一定的夹角,这时物体的所有边线分别向各自的方向进行延伸,最后会在视平线上形成一左一右两个灭点,因此又称为两点透视。<u>成角透视最接近人日常的观察角度</u>,人大多数时候看物体的视角都属于成角透视。

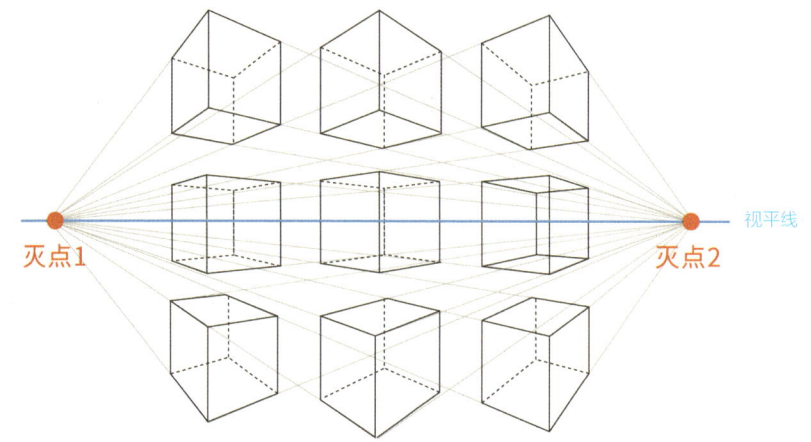

虽然成角透视只比平行透视多了一个灭点，但两个灭点的位置却很灵活，这样空间的透视变化也更加丰富。例如，下图所示是我们经常看到的景象，虽然都是典型的成角透视，但是当两个灭点都在画面外时，建筑给人的感觉是结构平稳、立体感强、侧重写实的。而当一个灭点在画面内，另一个灭点在画面外时，空间右侧的透视变形较大，产生较强的纵深感，整个场景更有张力和冲击力。其实还有第3种情形是两个灭点都在画面内，但由于空间会产生夸张的变形和失真，因此并不多见。

两个灭点都在画面外

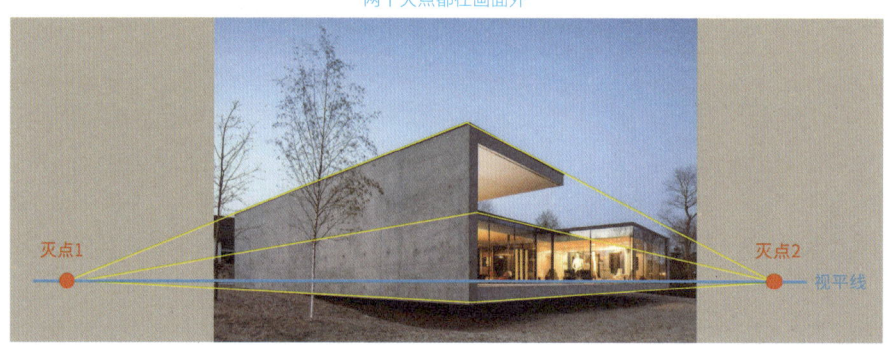

一个灭点在画面内，另一个灭点在画面外

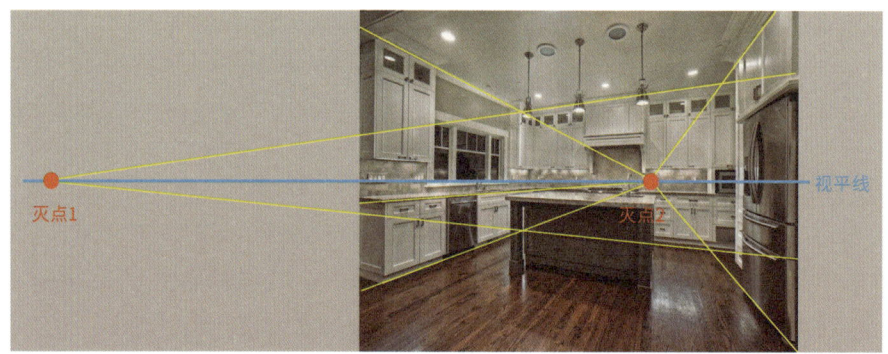

再看成角透视下的产品展示效果，不同于单面展示为主的平行透视，**成角透视则以展示物体的两面为主，这样物体的立体感更强，构图也更稳定。**注意，在成角透视中，画面所有的竖向边线都是平行的，因此不会产生灭点。

成角平视　　　　　　　　　成角仰视　　　　　　　　　成角俯视

相比平行透视，成角透视在表现上更复杂一些，一般都以两个灭点在画面外的情形为主，这时透视效果最佳。注意，要想让画面只产生两个灭点，那画面中的所有元素都要排列整齐，这也是成角透视的常用做法，这样做画面会显得整齐、统一。下面列举3种视角下的电商设计案例，其中以成角仰视和成角俯视最为常见。

（1）成角平视

平视下的成角透视相对少见，因为使用成角透视就是为了凸显物体的立体感，但由于平视视角很正，物体的立体感显得较弱，这样两种效果是矛盾的，会影响场景的协调性。例如，在下面的案例中，画面中的产品看上去有些平整，方形礼盒和立方体稍显冲突，但整体效果还是真实的，没有形变。

截自sum37天猫官方旗舰店2020年"6·18"活动首页

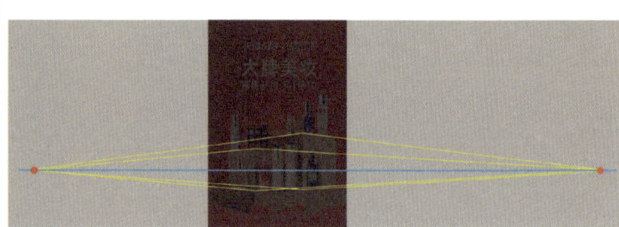

天猫2020年"6·18"活动海报

（2）成角仰视

仰视下的成角透视就显得比较好，如下面的案例所示，所有元素均用两个立面展示，加上透视形变，空间的立体感很强，产品和立方体也都有明显的体积感，视觉平稳、饱满，而且还能体现出产品形象的高大，凸显了价值感。另外，在这两个案例中，视平线上都只有两个灭点，这是因为产品和立方体的排列都很整齐。反之，若无序排列，就会产生多个灭点，那样画面会显得很凌乱。所以在表现成角透视的效果时，尽量确保所有元素都能整齐排列。

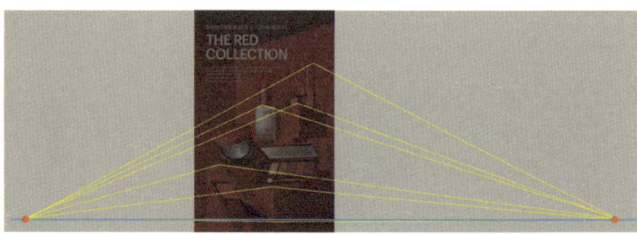

截自韩国VDL官方商城活动页

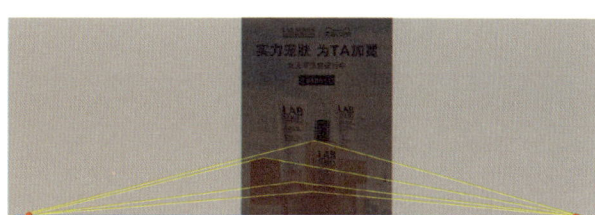

截自LAB SERIES朗仕天猫官方旗舰店2020年"天猫3·8节"活动首页

(3) 成角俯视

在成角透视中，俯视视角的最常见。因为该视角下的物体可以展现3个面，能进一步强化元素的立体感和方位感。如下面的案例所示，画面中物体的空间关系很明确，层次分明，构图也很平稳。成角俯视适合小场景陈列（若是大场景则在垂直方向上会发生严重的形变，这就是后面要讲的斜角透视），比较适合手机屏展示。小空间配上小角度俯视会给人一种亲切感，类似长焦镜头的特写画面，能很好地拉近观者的心理距离，因此属于手机端设计中的常用构图形式。

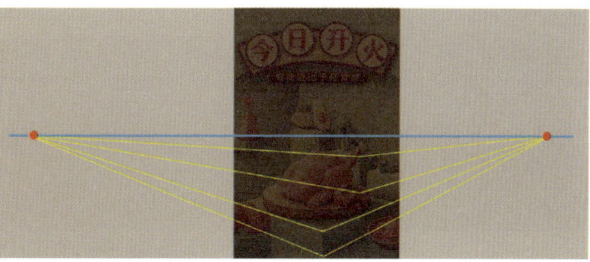

美团外卖活动海报

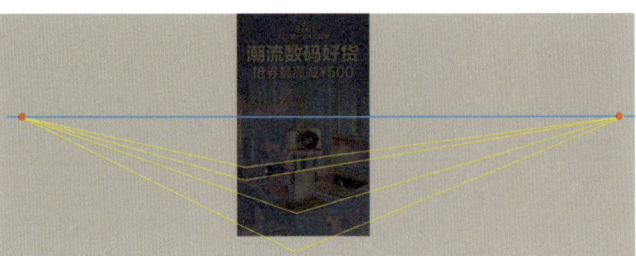

天猫2018年"6·18"活动海报

（4）空间成角透视

成角透视的优势在于画面立体、稳定和写实，这些优势比较适合空间的立体呈现。如下面的案例所示，成角透视既可用于室内塑造，又可用于外形搭建，类似使人站在空间侧面看整体，此时空间立体、饱满，结构有张力。但由于成角透视都是在画面两侧形成灭点，所以该透视下的空间更适合横构图。但手机端的设计一般都是竖构图，对于横向拥挤的竖长屏，成角透视就会有些施展不开，无法像横构图那样展现开阔的空间，也不像平行透视那样规整，因此较少使用。

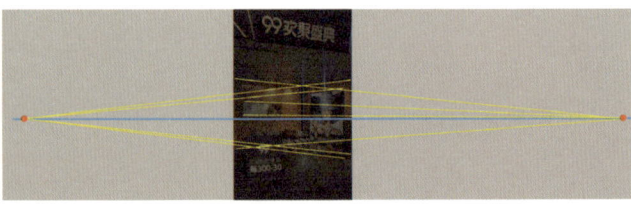

截自罗尚天猫旗舰店2018年"99欢聚盛典"活动首页
（设计师"睡虫的野望"张家灵作品）

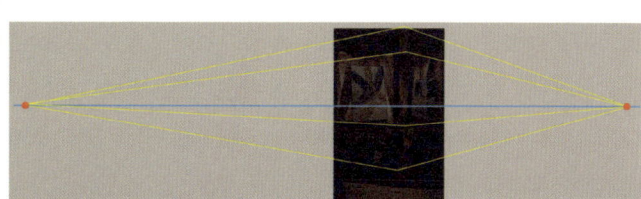

截自罗尚天猫旗舰店2018年"99欢聚盛典"活动首页
（设计师"睡虫的野望"张家灵作品）

■ 3.斜角透视

斜角透视是指物体与画面存在一定的夹角，并且在两点透视的基础上加入了高度的变化，这样垂直方向上的连线会向上或者向下汇聚，画面最终形成3个灭点，又称三点透视。相比成角透视，斜角透视其实就是让本没有交集的竖线有了交集，这样在垂直方向上就有了强烈的汇聚感。

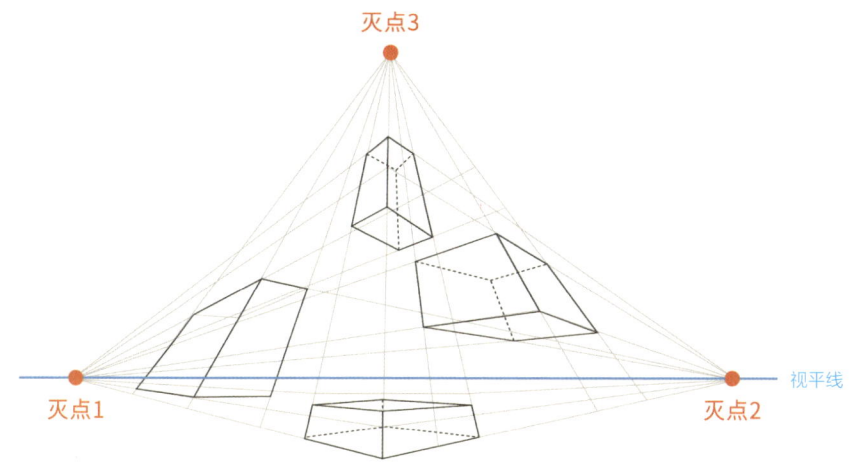

斜角透视的变形比较夸张，常用于表现大型物体的仰视或在高处俯瞰，类似广角拍摄的效果，能表现出建筑或空间的宏大感。画面的夸张构图会使观者显得渺小，给人一种压迫感，但也让场景有着极强的冲击力，能使人产生更刺激的视觉感受。

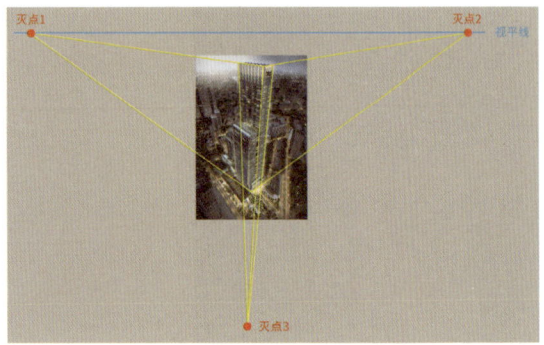

其实只要"观者"在场景中越小,那么看到的画面就越会产生斜角透视的效果。例如,当我们仰望高楼时,相对高楼而言,渺小的我们就会看到斜角透视。但如果展示产品时采用斜角透视,就会有一种强烈的不真实感。因为相对产品来说,人物并不渺小,所以一般不会看到这样的场景,这种场景更像是"昆虫视角"。如下图所示,斜角透视下的画面虽不真实,但呈现出一种特别的戏剧效果。

另外,斜角透视没有平视视角的,因为平视物体的竖向边线依然平行,不会在垂直方向产生第3个灭点,因此仍属于成角透视。总之,只有在大角度仰视或俯视大型物体时,才会产生斜角透视的情况。

斜角透视这种变形强烈的夸张透视虽然在生活中相对少见,但在电商设计中用得还真不少。还记得本书第2章所讲的独特视角吗?其中一个方向就是使用斜角透视,这种透视可以体现物体的巨大感(仰视)或者场景的宏大感(俯视)。正是这样一种不真实也不自然的视觉感受,反倒能给人一种强烈的气势和冲击感,极具张力的画面往往能脱颖而出、引人注意,所以成角透视特别适合大促主题的场景搭建和氛围营造。下面通过案例分别讲解斜角透视的几种视角。

(1)斜角仰视

仰视能让物体显得高大,而斜角仰视则可以让物体显得更"巨大"。如下页的两个案例所示,画面中的产品都十分"巨大",通过这样一种"刁钻"的视角和夸张手法渲染出了产品的气势,使产品显得分量感十足,提升了画面的视觉冲击力。

截自李子柒天猫旗舰店螺蛳粉详情页
（设计师"会设计的龙猫"李尚龙作品）

> **小提示**
>
> 由于版面有限，上面这个案例中有个灭点没有标示出来。

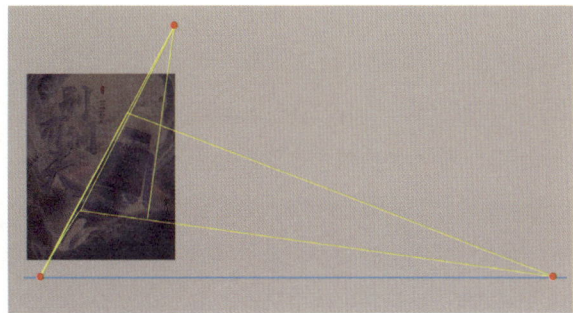

截自卓玛泉天猫旗舰店2018年"6·18"活动首页
（设计师"菜头"作品）

（2）斜角俯视

当我们站在一个很高的地方俯瞰周围，或者用无人机在高空航拍时，看到的景象就是斜角俯视的效果。例如，在右侧的两个案例中，尽管竖构图并不适合展现辽阔的大场面，但在斜角俯视的作用下，这两个案例的画面依然体现出了场景的宏大，视觉冲击力很强，让人感觉很开阔。

截自小米天猫官方旗舰店2017年"双十一"活动首页

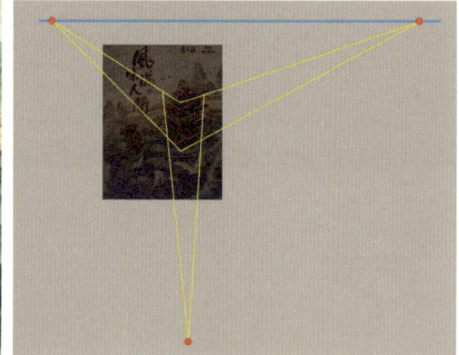

截自李子柒天猫旗舰店2019年"双十一"活动首页
（插画师"画画的香奈"潘翠美作品）

（3）平行斜角透视

斜角透视中还有一种特殊情形——平行斜角透视，就是当空间或产品的一面与画面平行时，此时不管透视多强烈，画面中也只有两个灭点。如右图所示，当立方体的一面正对视点时，侧面便由两个主立面变为一个，这样除了垂直方向的一个灭点外，原本视平线上的两个灭点也就成了一个灭点，虽然只剩两个灭点，但本质仍属于透视强烈的斜角透视。

斜角透视　　　　　平行斜角透视

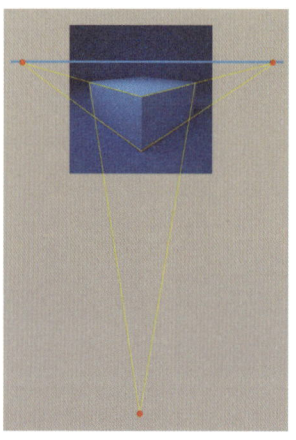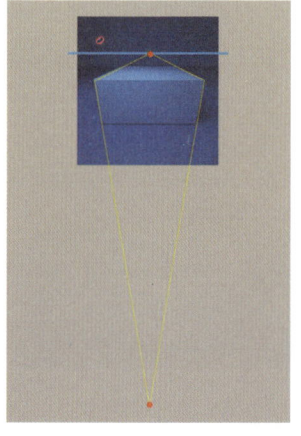

右侧是一组空间对比图，从图中可以看到两图中的变形差异还是相当大：左图为平行透视，像是我们在看一个小方盒，亲切、自然、真实；而右图则是平行斜角透视，更像是我们在仰望一个巨大空间的入口，充满了戏剧性，并且会有压迫感。

平行透视

平行斜角透视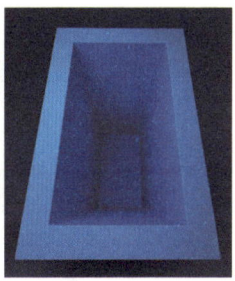

在手机端的设计中，平行斜角透视才是常用的形式。因为它的摆放角度很正，这种视角很适合手机端的竖屏构图，而且前后的纵深刻画也能缓解版面左右的拥挤感。另外，画面纵向的汇聚感还能迅速引起人的注意，产生一种巨大的冲击力和强烈的氛围感。平行斜角透视又分为平行斜角仰视和平行斜角俯视两种形式，其中仰视比俯视更加常见。

平行斜角仰视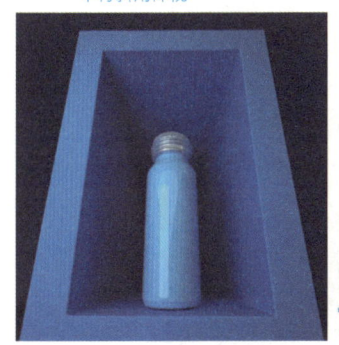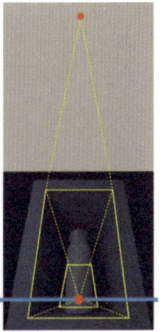

平行斜角俯视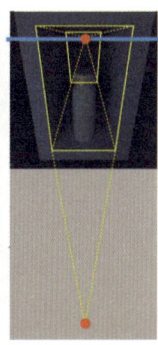

平行斜角仰视

运用平行斜角仰视的画面越来越多，因为它既适合竖构图，又能提升画面的形式感和表现力，非常利于促销主题的氛围打造。如右侧和下页的案例所示，画面就像是我们站在宏大场景的正中央仰望所看到的景象，各元素摆放得都很正，虽有压迫感，但空间和产品都显得非常高大，张力十足，能让观者牢牢聚焦，同时也产生了强烈的冲击力，更易使观者记住。

 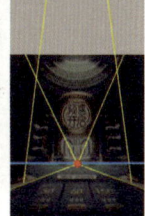

截自九阳天猫华深专卖店2018年"双十一"活动预售页

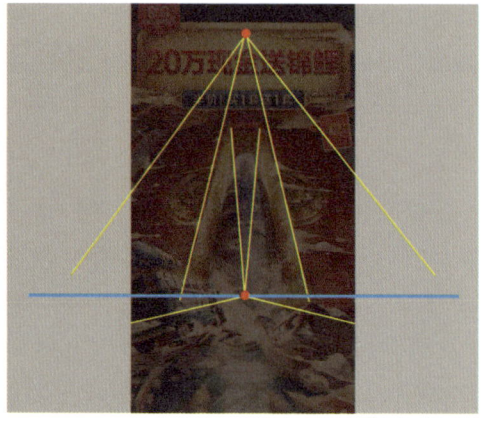

截自水密码天猫旗舰店2018年"双十一"活动首页
（文渊团队作品）

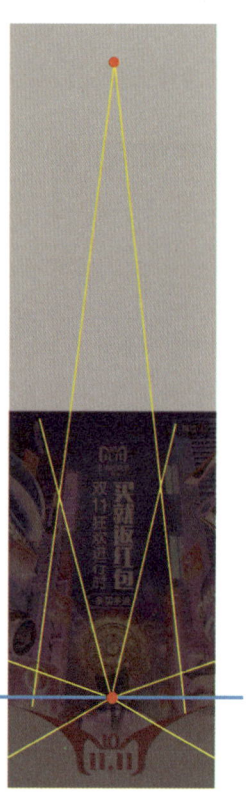

天猫2018年"双十一"活动海报

平行斜角俯视

在这种透视形式下，我们会感觉自己拥有高高在上的"上帝视角"，元素摆放同样很正，视野辽阔、场景宏大。但过大的俯视视角会对场景进行一定的压缩，再加上俯瞰产生的遥远距离感，会使元素显得有些"小气"，无法体现仰视下的高大，画面的刺激感也没那么强烈，所以相对少见。

 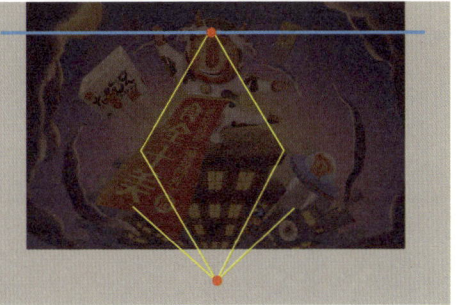

截自粮悦食品天猫旗舰店2018年"6·18"活动首页

总结

以上便是焦点透视的3种类型,下面再来回顾一下具体的使用情形。下图所示为3种透视的转换示意图,都是仰视视角,旁边的人形则是"观察者"的大小示意。

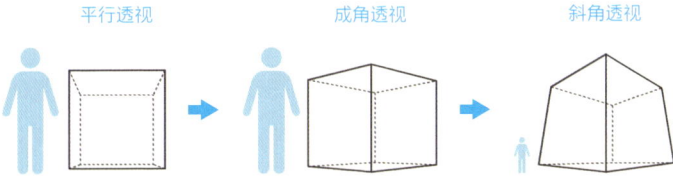

左图:当立方体的一面正对观察者时就是平行透视,除了物体厚度的边线会汇聚于一点,其余边线均无交集。

中图:使立方体旋转一下角度,任何一面都不正对观察者,就是成角透视,这时横向边线会向各自方向汇聚成两点,竖向边线则无交集。

右图:若将立方体变得更大,大到需要仰望,就是斜角透视,这时在两点透视的基础上本无交集的竖向边线将汇聚成一个新点。

希望通过上面的示意图能帮初学者更好地理解什么时候该用哪种透视形式。<u>总之,小场景搭建一般以平行透视和成角透视为主,而搭建恢宏的大场景则以斜角透视为主。</u>

当然,现实中的透视并不止这么单一,根据物体不同的摆放位置及不同的观测距离,很多时候同一画面也会存在多种透视。例如,平行透视和成角透视就经常一起出现。在电商设计中也一样,如下页的案例所示,整个空间虽是平行透视,但里面的盒子是成角透视,这样视平线上会有3个灭点。其实若产品的摆放再凌乱一些,还会出现更多的灭点,但这种无序的组合会让空间塑造变得更复杂,看着也不规整,因此并不推荐。<u>注意,不管透视形式多么复杂,视平线只能有一条,并且无论水平方向上有多少个灭点,最后也都得落在视平线上。</u>

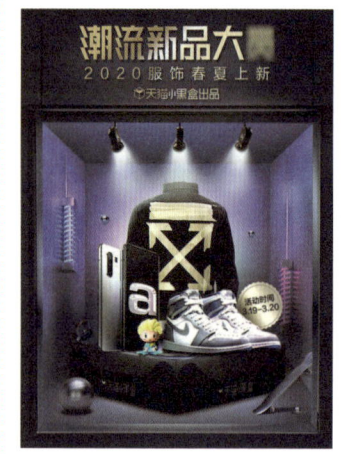
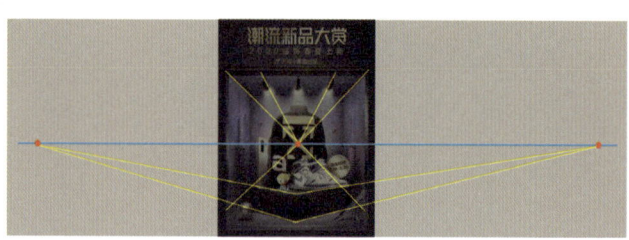

截自天猫小黑盒2020年"潮流新品大赏"活动页

除了以上3种透视外,其实还有四点透视(超广角透视)、五点透视(鱼眼透视)等,但都过于复杂,应用得较少,这里就不展开讲解了。对于电商设计中的空间陈列,前面讲的3种透视形式已经够用了,这3种形式是塑造空间的基础,如果一开始的透视错了,即便配色和光影做得再出彩也没用。有人说透视很难掌握,其实只要在生活中多观察,多留意身边物体的透视变化和规律,及时总结,这种理性还原就不难做到。当然设计终归还是理性与感性的双重表达,所以虽要遵循透视规律,但也不要生搬硬套,视觉协调即可。

了解了焦点透视,掌握了空间塑造的基本原则,下面要讲解的则是陈列场景。

5.5.2 陈列场景

相对PC端而言,手机端受屏幕大小限制,陈列场景其实并没那么复杂,核心是要先构建一个空间,然后让产品以合适的视角及透视形式在空间中呈现出来,而这个空间场景则要与主题氛围、产品气质高度匹配。**手机端常用的陈列场景一般有4类:盒子陈列、台面陈列、自然陈列和舞台陈列**,设计时要看哪类场景对产品的烘托效果最好。

产品组合

当在空间内摆放的产品数量较多时,它们的组合形式就变得尤为重要,稍不注意就会使画面显得杂乱无章,不够协调,而且凌乱的摆放也会降低产品的品质感,缺少吸引力。**产品组合有两个原则:大小合理和三角构图。**

- **大小合理**

　　如果将多个产品摆在一起，则要确保它们之间的相对大小符合现实中的真实差异。现实中尺寸大的产品就要相对大一点，而现实中尺寸小的产品就要相对小一点，这样才会真实并经得起推敲。而有些设计师在组合产品时，也不管产品的真实差异，在版面内很随意地放大或缩小，最后要么大小一样，要么就是比例失真，这样都会使观者产生一种强烈的不协调感和不真实感。再看下面一组对比图，左图中的产品大小一样，缺少层次；而大小对比合理的右图则更有美感，看上去也更舒服。

产品大小一致，比例失真，缺少层次

产品大小对比合理，层次感强

　　其实大小合理的最终目的是希望产品组合的整体结构错落有致，就像上面的右图一样，这种有高有低的组合才能体现韵律感和结构美。因此如果可以选择，那我们就选择一些尺寸差异较大的产品，尽量避免出现大小差不多的情况。如果必须陈列大小一样的产品，那也可以通过透视或者辅助元素来改善，如空间里的近大远小、给立方体加高都能改变高度一样的情形。

- **三角构图**

　　选好不同大小的产品后，就要注意它们的组合形式，千万不能乱堆，不同的摆放形式会形成不同的结构，而每种结构又会给人不同的感受。在图形分割中讲过正三角形具有很强的稳定性，<u>因此当产品采用正三角形构图时，会让人觉得版面平稳、视觉舒服</u>，如下面的案例所示。所谓三角构图，其实就是将尺寸大的产品放中间，将尺寸小的产品放两边，这样不但构图稳定，而且画面也有节奏和变化。三角构图是在空间陈列设计时最常用的构图方式，而本节展示的大部分案例也都是采用了三角构图的形式。

天猫2018年"6·18"活动海报

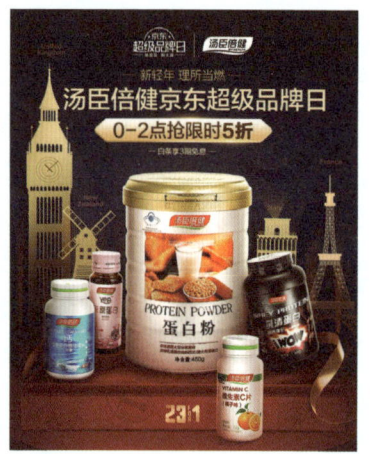
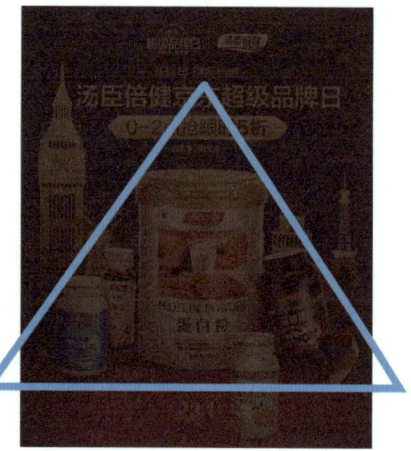

截自汤臣倍健京东自营旗舰店2020年"超级品牌日"活动页

1.盒子陈列

盒子陈列就是在盒子里面放产品,<u>而盒子多以礼盒为主,适用场景和主题相对单一,基本用于送礼相关的专题页设计</u>。创意虽然普通,但却不易出错,是一种相对安全的表现方式。当然,若能在盒子里加些小心思,画面也会很出彩。之前看过一个新年主题的Banner,页面中的礼盒里呈现一个大家庭在吃年夜饭的温馨场景,这样的新组合便能让人眼前一亮。另外,若能提升礼盒的刻画精致度,那么画面也会有不错的设计感。而盒子的外形也不只有方形,常用的还有圆形和异形的。观察视角则以小角度俯视居多,因为这种视角最接近我们日常看礼盒的真实情形,盒内的产品在俯视下能让人看得一清二楚,可以展现得更立体。

盒子陈列的设计难点在于当盒子内要摆放很多产品时,要让产品真实、自然地呈现出来,这既需要注意摆放的合理性,又要能准确地表现透视,还得刻画出产品的明暗变化。总之,只有把握好产品的空间感、立体感和光影效果,画面才会舒服、协调。

(1)方形盒子

方形盒子是最常用的,因为生活中最常见的礼盒外形是方形,方形盒子结构感强且易表现。如下页的案例所示,画面中的礼盒都是成角透视的,且左右灭点都在画面之外,这样的结构最稳定,立体感也最强。注意盒子里的产品呈现,特别是在俯视视角下,产品越多越要注意它们是否协调统一,透视和光影等细节都不可忽视,把控不到位就会使画面显得凌乱、别扭。

平视视角　　　　　　　　　　　俯视视角

截自百雀羚天猫旗舰店2017年"双十一"活动首页　　截自唯品国际联合利华专题页
（壹网壹创团队作品）

俯视视角　　　　　　　　　　　俯视视角

截自每日一淘2019年活动页　　　截自VICHY薇姿天猫官方旗舰店
　　　　　　　　　　　　　　　2019年"双十一"活动首页

（2）圆形盒子

圆形盒子比较少见，因为与立方体比起来，圆柱体的透视没那么强烈，结构感偏弱，但圆润的外形能使画面显得更柔和，能给人一种亲和力和温馨感。如下面的案例所示，由于圆形盒子没有明显的块面，因此不管是透视还是光影，刻画起来都相对简单一些。

平视视角   俯视视角

贝店2019年宣传海报   截自globalgo天猫海外旗舰店
2019年"双十一"活动首页

（3）异形盒子

异形盒子是指外形为不规则形状的盒子，这种也很少见，但易出彩。形状用得好便能打破盒子陈列的常规感，使画面变得新颖、有创意。例如，在下面的案例中，不管是心形、"猫头"轮廓还是圣诞树的形状都能成为画面焦点并引人注意。另外，盒子呈现均采用了正俯视的视角，除了小角度俯视外，这种视角也很常见，因为该视角下的产品陈列更清晰、完整，盒子外形也能直观地显示，最大限度地展现了其外形的特别之处。

正俯视视角   正俯视视角   正俯视视角

禾博士天猫旗舰店   截自东阿阿胶大药房天猫旗舰店   美团打车活动海报
2015年"6·18"活动首页   2018年"双十一"活动首页

2.台面陈列

在空间陈列的4类场景中，**台面陈列用得最多，适用范围也最广**。可以说电商设计中的大部分主题和产品都能使用这类场景，是一种真正百搭的表现方式。台面陈列就是在空间里搭建一个台面，然后在上面放置相关产品。由于该手法还是以放大特写的小场景为主，元素变形不能太大，**因此画面常用平行透视和成角透视，视角很灵活。根据构图需要，3种视角（平视、仰视、俯视）都有**。台面陈列的形式设计起来较简单、场景多变，台面作为关键元素，需要根据主题、场景进行灵活变化。常见的台面陈列形式有两类：桌面和几何体。

（1）桌面

桌面很好理解，就是桌子顶部的陈列面，可将所有的产品都放置其上。由于桌子是很常见的家具之一，因此桌面陈列往往能传递出一种家的温暖和温馨感。可能有人觉得桌面的形式有些单一，其实不然，设计师不要固化思维，要能灵活变化桌子的样式和装饰形式。例如，方桌或圆桌，木桌或大理石桌，光面的或是铺桌布的，这些都是可变的，再加上视角和周围环境变化，总之形式可以很丰富。如下面的案例所示，桌面陈列尤其适合各类美食的组合呈现，场景更贴近生活。

俯视视角

截自饿了么2019年大牌惠活动页

俯视视角

截自饿了么2019年晚餐秒杀活动页

俯视视角

口碑活动海报

正俯视视角

截自小象生鲜2018年活动页

（2）几何体

这种就是将各种几何形体作为陈列产品的台面，几何体相对抽象，表现场景更多元，因此比具象的桌面更加常用。如右图所示，几何体一般都是组合出现，特别适合多产品陈列，简约大方，能烘托出产品的品质感。同时通过高低错落、大小不一的排列形式也能表现出画面的结构美和层次感。总之，用几何体的台面陈列形式是一种上手简单且易出效果的表现方式。

常用的几何体有立方体和圆柱体，它们都适合陈列产品，高度调节方便，应用灵活。如下面的案例所示，画面整体表现都并不复杂，就是将各种产品放在几何体上。但作为画面的核心元素，几何体的形态、排列方式、视角和透视非常重要，要根据创意需求和产品气质选择最合适的展现方式。几何体陈列既能营造出空间关系和简约的气质，又能让观者聚焦产品本身。因为几何体的外形简单，更能突出产品，不像一些复杂元素或场景，虽然视觉丰富但却让产品淹没其中，那样就本末倒置了。

平视视角 仰视视角

每日优鲜2017年夏季活动海报　　截自韩国VDL官方商城活动页

俯视视角　　　　　　　　俯视视角

饿了么活动页　　　　　天猫超市2018年"生活进化论"活动海报

▪ 3.自然陈列

　　自然陈列需要先创建一个合适的自然环境，然后再将产品以合适的方式融入其中。相对其他场景，自然环境搭建起来显然要复杂一些，呈现手法以合成和插画的形式为主。因为产品都是实际拍摄的，为了使风格统一，自然环境会偏写实风格，这样二者结合起来才协调。

　　从下面的案例可以看出，<u>自然陈列适合表现有季节感或产地溯源等相关的主题</u>，画面通过自然场景营造出天然健康的绿色氛围。而场景中的元素繁多，排起来较复杂，需要设计师具备优秀的整合能力。对于"自然"的塑造，<u>视角以平视和小角度俯视为主，但由于画面中没有太多的几何形物体，因此透视没那么严谨</u>。要注意区分近景、中景、远景的层次，确保光影的合理性。如果这些把控不到位，就很可能使画面出现场景杂乱、缺少层次、没有代入感等问题。

平视视角　　　　　俯视视角　　　　　俯视视角

截自两鲜专题页　　截自贝店2019年活动页　　截自百颐年天猫旗舰店葛粉详情页

俯视视角 俯视视角

截自comvita天猫旗舰店
2019年"双十一"活动首页

截自饿了么2020年春季活动页

  以上列举的都是以花草树木为主的自然环境，确实绿色场景在自然陈列中用得比较多，但除了绿色场景外，有时也会用到其他的环境。如下面的案例所示，海底、沙滩、海面、冰山等也都是适合陈列的自然场景，特别是在夏季主题的设计中会经常用到。

平视视角 平视视角

截自汤臣倍健天猫旗舰店产品详情页

快驴进货2019年活动海报

俯视视角 俯视视角

截自露得清天猫官方旗舰店夏季活动首页

每日优鲜2020年活动海报

■ 4.舞台陈列

　　舞台陈列常用于大促主题的气氛营造,这类场景不挑产品类目,任何产品放在"舞台"上,灯光一打,再搭配斑斓的色彩,都能营造出热闹的促销氛围。如下面和下页的案例所示,舞台的外形以圆形居多,因为圆形的透视感较弱,构图灵活,而且也符合人们对舞台的印象。**舞台陈列的视角很灵活,平视、仰视及俯视3种视角均很常见,关键是要与产品的视角保持一致。**

平视视角 　　　平视视角 　　　仰视视角

截自楂美村天猫旗舰店
2018年"6·18"活动首页

天猫2018年"6·18"活动海报

天猫2018年"6·18"活动海报

俯视视角　　　　　　　　　　俯视视角

天猫2018年"6·18"活动海报　　截自天堂伞天猫官方旗舰店2017年"双十一"活动首页

关于舞台的塑造，需要注意以下两点。

第1点，舞台的外形除了最常见的圆形外，还有半圆形、方形和六边形等。舞台的造型也可以很丰富，并不局限于常规的表演舞台，各种造型都可以尝试，如上面展示的天堂伞的活动首页中就是现代感十足的三维舞台。总之，要根据创意和风格塑造与之相匹配的陈列舞台。

第2点，灯光运用。可以说这是舞台陈列与其他场景陈列的最大区别，但灯光也不是越多越好，太多反而会让人眼花缭乱，只要能渲染出气氛即可。而有光就有影，在灯光照射下，产品一定要有准确的光影呼应，这样才不会显得突兀。例如，在上面的案例中，灯光下的产品表面都因为被灯光照射而产生了色彩及明暗等变化，这些细节的刻画能让画面更真实，也会让产品融合得更自然。

总结

第5招所讲的空间陈列涉及的知识点较多，主要分成了焦点透视和陈列场景两大部分进行介绍，其中焦点透视是立体空间的塑造基础；而陈列场景则是产品陈列的具体环境。常用的场景有4类：盒子陈列、台面陈列、自然陈列和舞台陈列，每种陈列形式都有各自适用的主题和氛围：盒子陈列常用于温馨的送礼主题；台面陈列能根据不同主题灵活应变，属于百搭场景；而自然陈列适合季节或者溯源的主题，能体现天然清新的感觉；舞台陈列则可用于氛围浓烈的大促主题。不管哪种场景，都要确保产品和空间的视角、透视一致，这样场景才会真实、协调。另外，进行多产品陈列时，还要注意产品之间的大小比例和摆放结构，其中三角形结构最常用。总之，在设计手机端的页面时，空间陈列是一种真正适合小屏竖构图的表现方式。

实战案例

与第1招图形分割一样，下面还是用胶原蛋白口服液这个产品做主体元素，然后用4类场景（盒子、台面、自然、舞台）设计4张不同视角、不同风格的Banner，看看是如何将产品融入不同场景中的。下面是案例所用到的3种产品视角的素材，案例会根据不同的场景视角选择对应的素材。

平视视角　　仰视视角　　俯视视角

▶ 案例1

- ○ 文案信息：美丽好物，只为寄给你
  专属优惠享不停
  立即拥有
- ○ 风格定位：甜蜜、温馨、浪漫
- ○ 表现手法：盒子陈列（方形盒子）+俯视视角+成角透视
- ○ 布局类型：上下布局
- ○ 尺寸比例：9∶16

① 根据主题将画面设计成一个打开的礼盒，里面放着花瓣和产品，画面整体采用俯视视角，这样会使观者产生一种仿佛是自己打开礼盒的亲切感和代入感。先画出草图，确认方案的可行性。

主色
辅色
点缀色

①

② 给背景填充粉色。根据草图，用钢笔工具画出俯视视角的礼盒及丝带，再放上3支口服液和一个埃菲尔铁塔模型（产品的主要原料为法国进口），其中靠近盒盖的一支呈半立起的状态，所以是俯视视角，而其余两支由于靠近盒子边沿，位置偏低，所以用平视视角即可。这样构图的框架就完成了。再拉透视线看看透视是否正确，如果透视和布局有问题，一定要在这一步调整好。

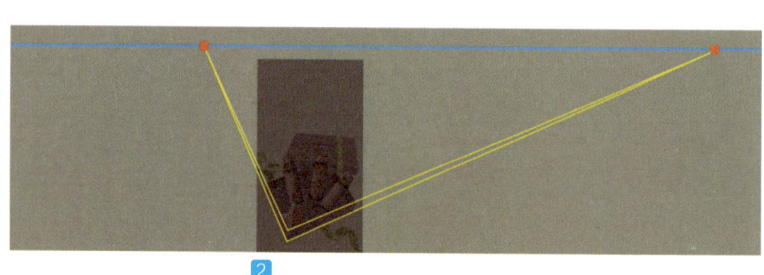

③ 添加花瓣内饰。由于需要的花瓣素材很多，因此每加一片进来，就得将光影调好（主要是添加投影部分），这样就可以避免后期再一片一片地添加投影了。拼接时可在瓶子下方先铺一层花瓣，再在瓶子和铁塔的上方放几片，这样就会有瓶子和铁塔置于花瓣中的效果。

④ 添加光影。需要先设定一个光源的照射方向，而本案例的主光源是从左上角朝下照射，因此所有物体的投影都应在右下方。光影完成后，一个真实、立体的礼盒就呈现出来了。

⑤ 添加文案信息。因为画面风格偏女性和唯美，所以文案的字体选用了笔画纤细的宋体，这样这个案例就完成了。

▶ 案例2

- **文案信息**：女王预购，定金全免
  法国进口胶原蛋白
- **风格定位**：促销、品质、女性
- **表现手法**：台面陈列（几何体）+俯视视角+平行透视
- **布局类型**：上下布局
- **尺寸比例**：9∶16

① 设想画面中有很多几何体台面，除了放置产品外，再放一顶皇冠，与文案呼应；再加一个铁塔模型，与产品的原料信息呼应。因为场景还要有一些促销氛围，所以标题可与"猫头"符号相结合（近几年不管是天猫平台还是店铺大促，猫头轮廓都用得特别多），想法敲定后，还是先画草图、定配色。

② 根据草图，先给画布背景填充深红色，然后画出俯视角度的台面，注意台面一定要高低错落，这样才有节奏感。整个台面分为3个圆柱体和1个立方体，不同的几何体组合能让画面更生动。再把产品、皇冠和铁塔模型分别放置在台面上并调整大小，使构图呈三角形，然后在铁塔模型下方的立方体上加入副标题。

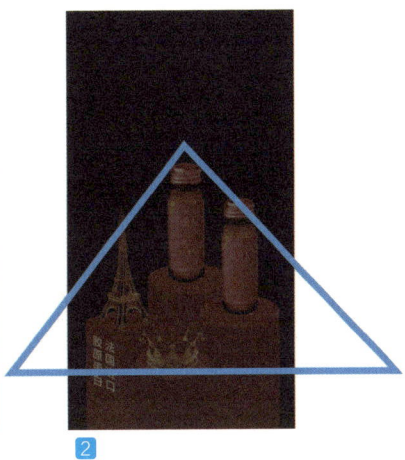

③ 在画面上方画出"猫头"符号（也是俯视角度），然后将标题设计好放入"猫头"符号中，这样就完成了整个画面的框架构图。

④ 绘制光影。设定光源来自左上方，绘制时要有足够的耐心，通过逐步添加让台面和"猫头"符号变得更立体。因为整个空间的明暗对比很强，所以产品的明暗对比度也要加强，并给所有元素都加上投影，这样画面就有了质感和空间感。

⑤ 主视觉完成后,发现背景有些平,与前景不太融合,这时用平行透视给背景添加简单的空间效果,增加纵深感,使画面更透气。最后加上点缀元素:"猫头"两边的亮灯、圆柱上的光圈和顶部的霓虹英文,这样画面就更加饱满和丰富了。

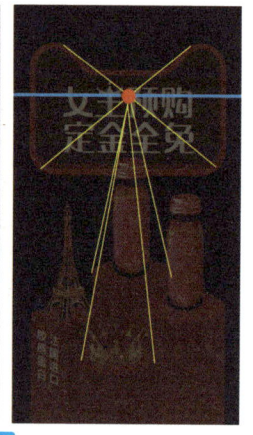
③

④

⑤

▶ 案例3

- 文案信息:美丽好物,只为寄给你专属优惠享不停立即拥有
- 风格定位:清新、自然、唯美
- 表现手法:自然陈列+平视视角+平行透视
- 布局类型:上下布局
- 尺寸比例:9:16

① 这个案例设想的画面有丰富的故事性,一位少女站在不远处的花丛中,近处放着她的旅行箱,箱子上放着一张卡片和产品,即将寄给遥远的那个他,告诉他这里的故事。通过生动的场景来呼应主题"美丽好物,只为寄给你"。据此画出草图,确定配色。

主色
主色
辅色

①

② 草图验证没问题，就开始搭建场景。依次加入天空、远处的青山和郁金香花丛素材，并给青山加上倒影，以表现出湖面的效果。远景搭建好后搭建近景，放上旅行箱、产品、卡片和一些小物品，最后再将人物放入远处的花丛中，这样拼接部分就完成了。

  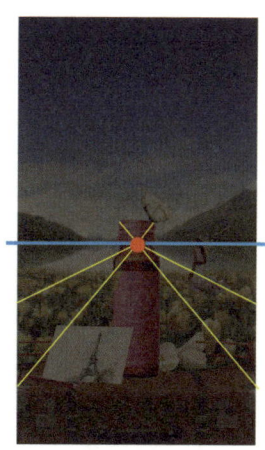

②

③ 场景初稿完成，但融合得有些生硬，这时就要调整整个场景的光影，除了调整物体的明暗和投影，还要统一整体色调，使各元素和谐统一。设定阳光来自远处的青山间，这样远景就要偏亮、偏暖一些；而由于近景背光，会稍微偏暗，这样有了明暗对比，画面才更立体。

④ 调整景深范围，让远景模糊一些，这样更接近用相机拍摄的真实效果，使产品更突出。最后再加上标题文字，Banner设计完成。

③ ④

▶ **案例4**

- **文案信息**：女王预购，定金全免
- **风格定位**：时尚、动感、霓虹风
- **表现手法**：舞台陈列+仰视视角+斜角透视（平行斜角仰视）
- **布局类型**：上下布局
- **尺寸比例**：9：16

① 还是先画框架草图，设定画面是个仰视视角的舞台，产品被放在舞台上，上方则是文案，由于文案所占面积较大，因此要重点设计。根据构图和设定的风格，将文案设计成圆形的霓虹招牌，以呈现出舞台感。前面讲过舞台灯光很重要，因此画面就用玫红色和蓝色这组反差较大的对比色，这也是舞台陈列的常用配色。

② 根据草图和配色方案给背景填充由深蓝色到玫红色的线性渐变，再将四周压暗，突出中心位置，然后画出舞台并放上产品，之后检查一下透视是否正确。

③ 设计文案，这个案例的文字组合较复杂，建议在Illustrator中做好再导入Photoshop（用Illustrator设计文字效率更高），由于是模拟霓虹灯效果，因此字形要圆润一些。

④ 框架完成后添加光影，这时要边做边观察，边观察边调整。注意双色光对舞台及产品的照射影响，常规做法是在物体边缘加一些与光色一致的轮廓光，这样就会真实很多。接着将文字做成霓虹效果，网上有很多用Photoshop制作霓虹灯的教程，可以参考一下。

⑤ 背景还是有些平，空间纵深感也不够，因此用小亮珠排成一个光幕，放在产品后方，注意整体要符合透视的走向，这样就能提升空间的透气感。最后要进行细节修饰：在舞台周围加一些灯光，给文字部分加一些光效。

相比前面的实战案例，这4个案例会稍微复杂一点，因为需要设计师搭建出陈列的空间且要确保透视准确。另外，还需要对光影细节进行深入刻画，让产品融入场景。总之，空间陈列的设计形式需要综合运用多种技能，初学者需要多加练习。

5.6 第6招：创意场景

创意场景可能无法像前5招那样讲得十分具象，它更像是一种设计思路，只要是富有创意的场景表现就都属于这一招。创意就是能通过"旧元素新组合"的形式产生各种有趣的点子，而场景则是把这些好点子用匹配的情景氛围呈现出来。这一招的表现手法也很多，可以用合成拼接，也可以选择绘制插画，甚至是用三维建模或者用相机拍摄。总之，只要能得到有创意的场景，什么方式都可以。但这里还是以合成为主，因为合成的适用范围更广，而且有素材做基础，无须凭空搭建，门槛相对低一些。因此，合成是营造创意场景的核心表现手法。

讲到合成类的创意场景，就不得不提两个设计团队：杰视帮和汤臣杰逊。前者侧重合成培训，而后者侧重商业接单，他们都是在创意合成领域非常具有知名度的设计团队，同时也都发布了大量的教程和文章，想了解的读者可以直接在站酷搜索。下面展示他们的一些设计案例，能看到创意合成所涉及的知识点相当多，是对构图、配色和光影的综合运用。比起常规的合成，创意合成的视觉效果更惊艳，每个案例都像是在讲述一个生动的故事，非常吸引人，能让观者产生联想和代入感，从而有兴趣继续浏览下去。

截自耐威克天猫官方旗舰店
2018年"6·18"活动首页
（杰视帮团队作品）

截自三只松鼠天猫旗舰店
2019年活动首页
（杰视帮团队作品）

截自三只松鼠天猫旗舰店　　　　　截自燕之屋天猫官方旗舰店
2019年"超级星品日"活动首页　　　2019年"双十一"活动首页
（汤臣杰逊团队作品）　　　　　　（汤臣杰逊团队作品）

当然，要想学好创意合成这一招，创意是核心，也是整个场景的表现内核，好的创意能让场景更有深度和内涵。在第2章已详细讲解了创意构思的4个环节，这里就继续介绍一些开阔眼界的方式。平时除了多看电商圈的合成作品外，还要多看影视海报，因为有些影视海报就是顶尖的合成作品。影视海报直接影响前期的市场宣传和大众的观影兴趣，所以往往都是出品方非常重视的，每张海报都力求精雕细琢，在创意构思、设计风格、场景搭建和光影细节表现等方面都努力做到完美，因此常看影视海报对设计师学习创意合成大有帮助。例如，在下面的案例中，设计师将电影海报的创意和构图形式用在了电商Banner设计中，然后根据主题和氛围做了相应的改动，这些其实都是比较讨巧的借鉴手法。

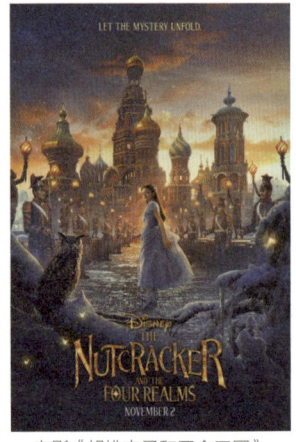 

电影《胡桃夹子和四个王国》　　　截自耐威克天猫官方旗舰店2018年
　　　　宣传海报　　　　　　　　　　　"双十一"活动首页

电影《黄金时代》宣传海报　　　　　　截自百年宝诚天猫旗舰店2017年母亲节活动首页

创意场景的合成主要分为4步,合成作为一门比较综合的设计技术,其实每一步都会涉及非常重要的知识点,下面只对每一步进行大致的串联式介绍,详细内容则在对应的章节进行深入讲解。

5.6.1 确定创意和风格

第1步是要确定画面的创意和风格,这在第2章(创意表现)和第3章(设计风格)的讲解中已做过重点介绍。创意和风格是后期执行的具体方向和指引,而创意是核心,就好比一部好的电影,剧本最关键,不然最多只是追求视觉效果的"爆米花电影"。总之,只要有点子好,场景才会越做越精彩,这就是我们之前反复强调的要先想后做,想得巧才能做得好。

5.6.2 画草图、定配色

确定了创意和风格,第2步就是画草图、定配色。这部分内容在第4章里也讲过,这是快速检验创意效果的好方法。若在草图阶段就发现创意不足,便可及时调整,而不是拖到后期边做边改,画草图能让合成的思路更清晰。如果自己觉得没问题,还可以拿着草图去与需求方沟通,有分歧就继续修改,确认无误再继续设计。例如,右侧和下页所示的分别是杰视帮和汤臣杰逊团队根据创意需求绘制的草图,他们都是在草图阶段就与需求方反复沟通,达成一致才动手。可以想象,若是等到画面成型再讨论,如果要返工将会浪费大量的人力和时间,效率会大大降低。

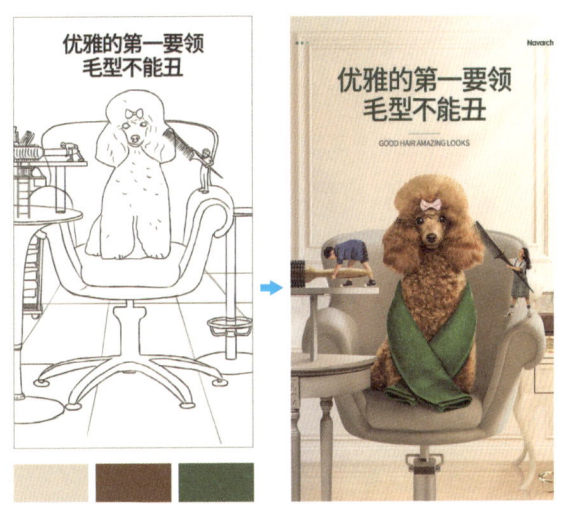

截自耐威克天猫官方旗舰店产品详情页
(杰视帮团队作品)

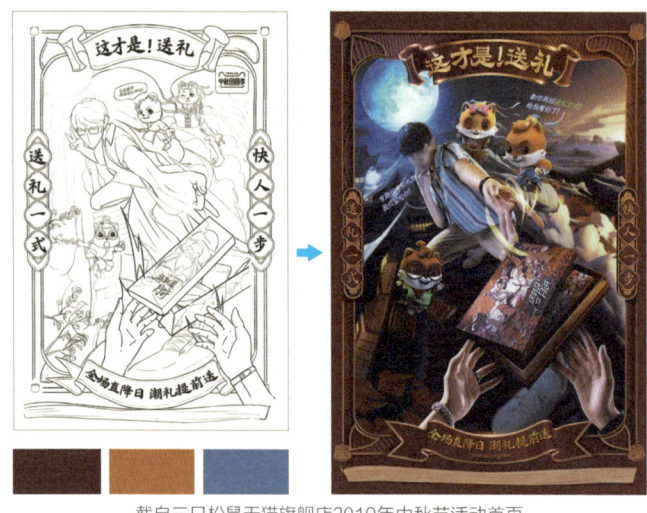

前期除了绘制草图，还要确定一套合适的配色方案，有了草图和配色方案，后期执行时才会更清晰。而配色也是设计知识里一个庞大的体系，本书的第6章和第7章会对色彩相关的内容进行详细讲解。

截自三只松鼠天猫旗舰店2019年中秋节活动首页
（汤臣杰逊团队作品）

5.6.3 场景搭建

有了草图和配色方案，第3步就是收集素材进行场景搭建，这也是最花时间的一步。因为合适的素材并不容易找到，而且就算匹配，在实际搭建中也需要对一些素材进行透视调整或者细节添加，甚至有些所需的素材还需要自己拍摄、手绘，甚至是三维建模。关于找素材，下面强调3点。

第1点，素材风格要统一。所有素材的表现形式、主题氛围都要保持一致。表现形式是指素材的刻画方式，如果都是写实风，那就不要手绘素材；而如果都是插画风，那也不要写实素材，当然混搭风除外。主题氛围是指整个画面的背景设定，这是很容易被忽视的一点。例如，画面设定在唐朝，就不要出现明清才有的元素；而画面若是设定在热带，也不要出现寒带的特有植物。总之，如果画面有着明确的设定，设计师就要事先了解相关的知识，不要犯一些常识性的错误。

第2点，素材透视要合理。前面已讲过透视的重要性，可以说这是找素材的首要原则，如果透视出了问题，那后面的素材拼接就无法继续。例如，画面是俯视的，就不要出现仰视的素材；而如果画面是斜角透视的，就不要出现平行透视的素材。这些虽然并非绝对，但是是一般原则。只有透视合理，素材衔接才显得自然。

第3点，素材的光影逻辑尽量一致。这一点并非强制性的，因为光影关系都可以通过后期来调整，但如果素材自带的光影能符合整体的明暗基调，便能减少合成的难度和后期的工作量。例如，画面是逆光的，那就优先选择合适的逆光素材，如果没有，后期就要对素材进行光效调整。

其实并不用一开始就把素材全部集齐，可以先找主体素材，遵循"先整体再局部"的搭建原则，将场景的大体框架搭建起来，然后根据场景布局再找点缀素材去完善局部。对于场景搭建，核心要看风格是否统一，透视是否准确。例如，下图都是场景搭建后的合成初稿，由于没有添加光影，拼凑感较重，但整体构图却很自然、真实。只要整个场景搭建好了，场景合成的工作就算完成了一大半。

Midas Art Studio作品

关于场景透视，画面除了用到焦点透视外，还会用到空气透视，焦点透视前面已详细介绍过，这里就讲一下空气透视。如果说焦点透视是"近大远小"，那空气透视就是"近实远虚"。受空气中的介质影响，景物离视线越远，轮廓就显得越模糊，色调也越浅。如右图所示，受清晨雾气的影响，近处的物体明显比远处的物体清晰很多，色调也更深一些。

在场景合成中，空气透视所产生的虚实变化和明暗变化可以巧妙地将前、后景物自然地隔开，这样不但强化了空间层次和场景氛围，同时也让近景变得更突出。所以空气透视的强弱有时会对画面的呈现效果起到决定性的作用。

近处的猴子比远处山石的外轮廓更加清晰，整体更突出

杰视帮团队作品

近处的人物比远处树木的色彩更饱满、突出，也更加戏剧化

杰视帮团队作品

5.6.4 添加光影

当场景搭建完成后，最后一步就是添加光影。光影和色彩一样，也是设计中一个非常重要的知识体系。有光就有影，就明就有暗，正是光影才让我们这个世界变得立体和多彩。**而这一步要做的就是确保所有素材的明暗变化都与设定的光源方向保持一致，这样场景融合才真实。**光影虽然听着简单，但真要做的话，细节刻画非常多，本书在第8章对光影相关的知识进行了深入的讲解，这里先简单介绍一下。

几乎所有的素描入门书里都会用球体展现表现光影的"五大调子"。如右图所示，五大调子真实反映了黑白世界里的球体在光源照射下的明暗变化，物体表面最浅的是亮面，而最深的则是明暗交界线。

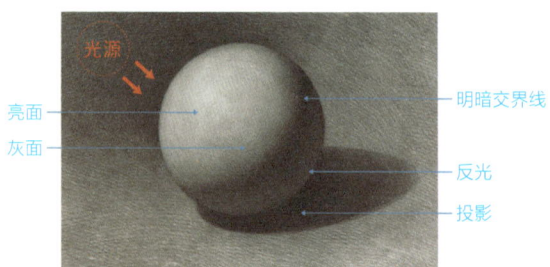

其实在场景合成中，不管物体多复杂，本质依旧是对五大调子的真实刻画，这些地方表现越细腻，光影就越丰富，画面也越精致。下页展示了两组添加光影前后的对比图，能看到光影对画面的影响相当直观，左图还是拼拼凑凑的素材组合，添加光影后的右图则成了夺人眼球的创意海报，这就是光影的神奇魅力。

场景搭建　　　　　　　　　　　添加光影

Midas Art Studio作品

总结

第6招所讲的创意场景更多的是营造一种场景氛围来提升观者的兴趣，虽然效果很酷炫，但想做好却不是一件容易的事。合成是对创意、透视、色彩和光影等能力的综合应用。通过下图再来回顾一下整个流程，其中创意表现是核心，而场景搭建和添加光影则是最为关键的执行环节。注意，酷炫绝不是合成的目的，只是实现商业目的的一种表现手法，千万不要为了设计而设计。

创意表现 / 设计风格 → 画草图 定配色 → 收集素材 → 场景搭建 → 添加光影 → 细节调整

实战案例

下面通过一个完整的Banner设计案例来展示场景合成的各个步骤,Banner所需的基本信息如下所示。

- 主推产品:氨糖(缓解关节痛)
- 文案信息:感恩之心,让爱更近
- 风格定位:温馨、亲情
- 表现手法:创意场景
- 布局类型:上下布局
- 尺寸比例:9:16

① 根据"感恩之心,让爱更近"的文案信息进行创意构思,从中挖掘出设计的诉求点是"关爱父母",再沿着"关爱父母"这个思路进行思维发散,推导出"给父母寄礼物"的核心概念,最后在这个基础上明确画面的创意和风格:整体采用对比手法,左边是寒冷的办公室,右边是温馨的家,办公室这边的"我"拿起一个包裹,而家中的父亲刚好接过包裹,包裹里正是"我"给他买的营养品,通过包裹将两个不同的空间巧妙地连接起来,正好呼应主题"让爱更近"。

了解需求	挖掘诉求点	推导核心概念	创意表现	设计风格
感恩之心 让爱更近	→ 关爱父母	→ 给父母寄礼物	→ 这个季节有点冷,想着父亲总说关节疼,于是买了些氨糖(缓解关节痛)寄给他,虽然不在一个城市,但我们的心从未疏远	+ 拟物写实风+温馨

1

② 有了创意,开始画草图、定配色。这里选择平视视角和平行透视,这样画面左右才好连接。

主色
主色
辅色

2

③ 根据草图收集匹配的素材，注意素材需要风格统一，透视合理，光影也最好一致。当素材差不多备齐后，准备工作就结束了。这时就要用素材进行场景搭建，这一步要有足够的耐心，注意有些地方可以用图片直接拼接，而有些地方则需要用Photoshop的钢笔工具来画，边拼边加上大致的明暗调子，方便观察整体光影是否统一。

3

④ 场景搭建好后，继续添加光影细节，让一切变得真实有层次。当光影刻画完成，主视觉就基本完成了，接着调整几处细节：使办公室和家里的背景模糊一些，突出人物；为前景加一些绿植，丰富空间感；再整体优化一下色调，使两边的冷暖色调保持一致。

⑤ 添加文案。有些设计师在搭建完场景后总会忽视标题设计，其实对于手机端的Banner而言，标题占的面积并不小，所以要认真对待。这个案例中将标题设计成丝带状，正好与下方包裹上的红色丝带产生联系，这样整个Banner就算完成了。

4   5

5.7 本章小结

本章虽然只讲了6招，但其实包含了很多知识点。虽然每一招都从构图切入，但又延伸出了很多内容，因此整体信息量非常丰富，毕竟构图本身就是一个相当庞大的知识体系。作为Banner的基本框架，构图搭得越牢后期才会做得越顺。在很多情况下会结合使用"构图6招"，如在每一招的案例展示中，就有很多Banner除了使用对应的招数外，还会用到其他方法，正是各种构图方法的叠加组合才让版面形式变得更丰富灵活。例如，下面的两个案例就分别综合运用了两招。

第4章和第5章虽然讲了很多关于构图的方法，但设计师得活学活用，不能生搬硬套，包括对后续章节所讲的内容也一样。**这些方法都可为你在没有灵感或者犹豫不定时提供一些思考逻辑和方向，最终还是要培养属于自己的设计感。** 最后通过一个综合案例完整演示一下画面从形式到布局的设计全过程。

○ 主推产品：家用投影仪　　　　　　　○ 表现手法：图形分割（异形分割）＋
○ 文案信息：100寸移动影院　　　　　　　　　　　空间陈列（台面陈列）＋
　　　　　　智能便携投影，立减600元　　　　　　创意场景
　　　　　　立即抢购　　　　　　　　　○ 布局类型：上下布局
○ 风格定位：科技感、品质感　　　　　　○ 尺寸比例：9∶16

① 根据主标题"100寸移动影院"构思创意：将投影仪的一侧改成剖面图，并在内部添加一对情侣看大屏电影的温馨场景。通过这种夸张手法来告诉观者，有了投影仪就能随时享受家庭影院的美妙体验。创意有了，具体该如何表现呢？首先要突出主体元素，将投影仪放在版面的中心位置，这是"空间陈列"。然后根据创意，在机器内部搭建一个家庭影院的场景，这属于"创意场景"。最后还要给背景加上"猫头"元素，强调是天猫旗舰店，这又是"图形分割"。正是这3招的结合使用，才使Banner的构图基本成型，有了思路就要先画草图并确定配色方案。空间上采用了平视视角+平行透视，布局上则采用了有明显对称轴的相对对称均衡的形式。

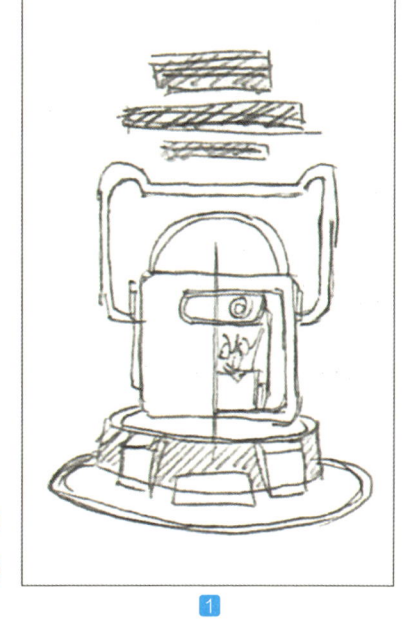

主色
辅色

1

② 开始搭建场景，先用钢笔工具勾勒出科技感的台面及"猫头"，并将产品放在上面。有了基本框架，再继续添加光影和光效，这样一个带有科技感的立体空间就做出来了。

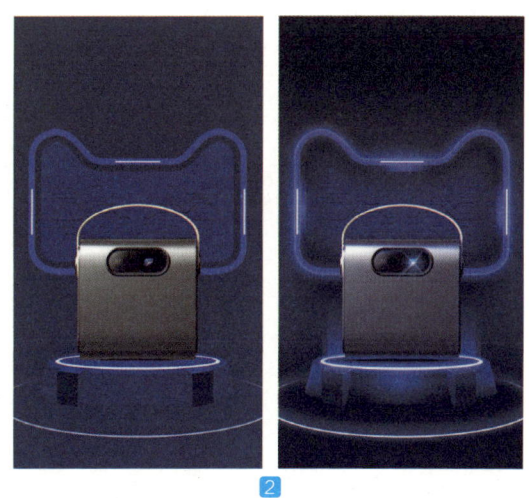

2

③ 继续刻画创意表现部分，将投影仪右侧改成镂空状的，并用收集好的素材拼出家庭影院的场景。注意场景透视需要和画面一致，所有物体的前后连线都要汇聚到中央一点上，这样才合理。场景拼完继续进行光影修饰，使场景变得更立体、真实。

 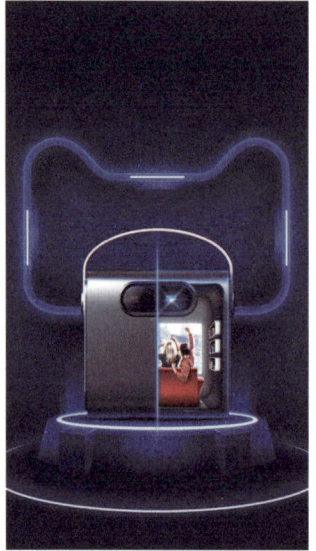 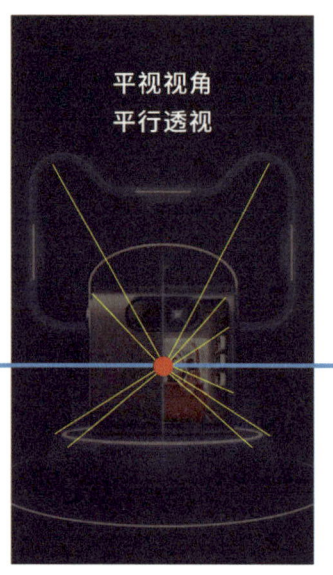

③

④ 主视觉完成后,在合适的位置添加文案。因为Banner采用上下布局的形式,所以将设计好的标题放在画面顶端,而在底端则加上购买按钮。因为想让视觉重点落在投影仪上,所以将标题填充为浅蓝色,这样与背景的反差不会太大。

⑤ 画面基本完成,最后再微调一下细节。先将投影仪作为视觉重点进一步放大,然后根据黄金分割线和黄金螺旋线调整投影仪和小场景的位置。

  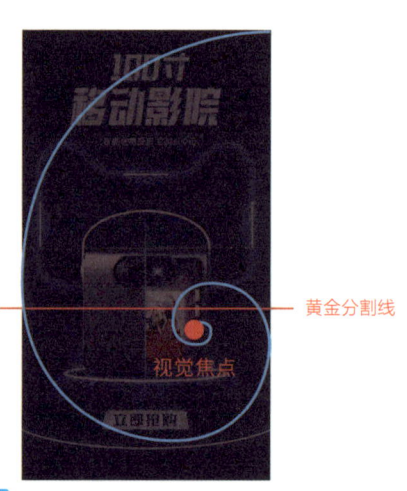

④ ⑤

第 6 章

移动时代，色彩为王

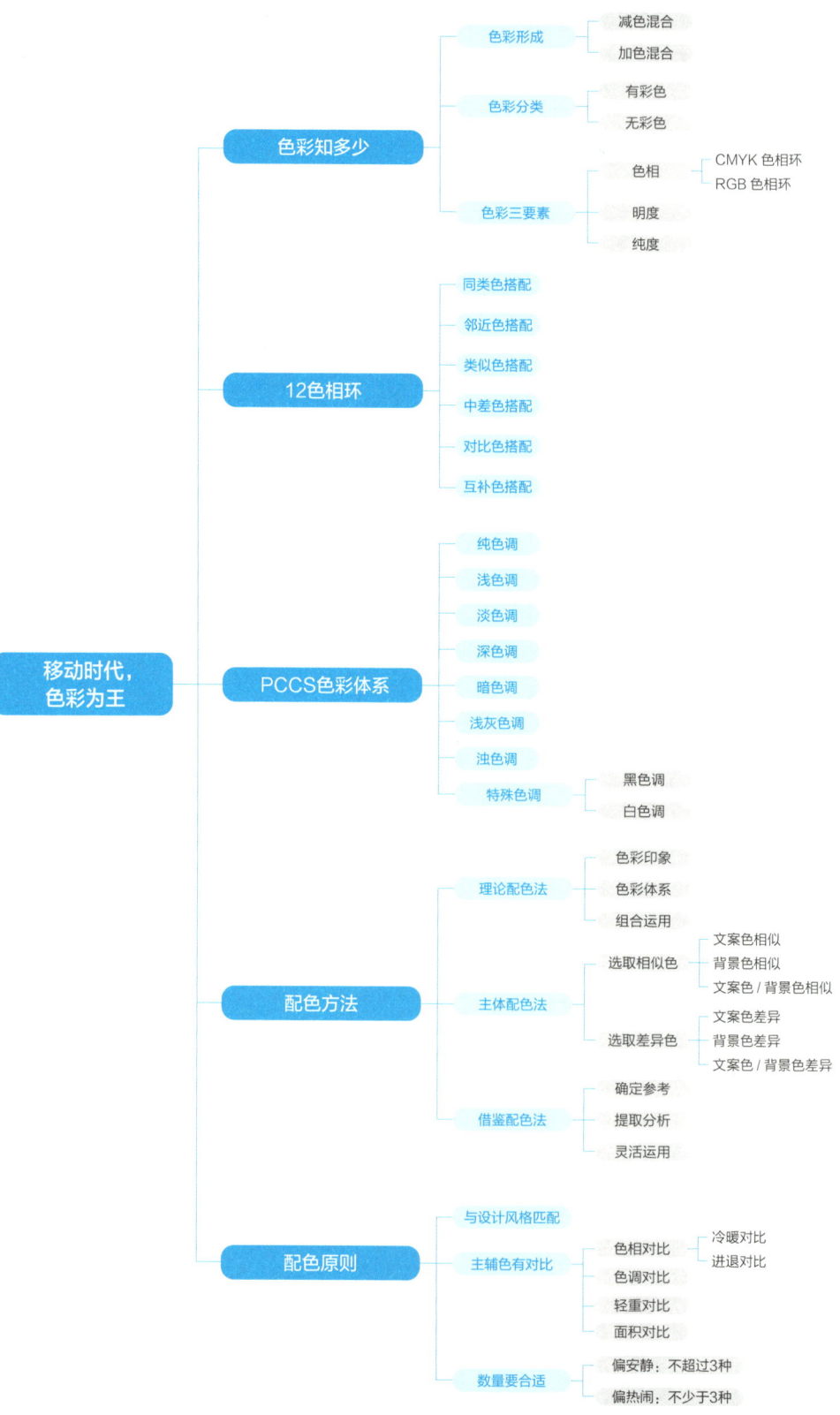

本章导读

我们常用"形形色色"来形容各式各样的事物，其中形是指形式，而色就是指色彩。在第4章和第5章用很长的篇幅介绍了Banner的构图，其实就是在讲设计中的形，接下来同样用两章的篇幅介绍一下设计中的色。色彩是设计中非常重要的基础知识，若对色彩不敏感也就谈不上做设计了。曾有研究表明，人在观察物体最初的20秒内，人眼对色彩的注意力占了80%，而对形态的注意力仅占20%。两分钟后，对形态的注意力可增至40%，但对色彩的注意力仍占60%。5分钟后，对二者各占50%。当然这个数据或许并不具有普遍性，但不可否认，色彩确实是能决定设计成功的关键因素。我们应该都有过这样的经历，有时设计出来的Banner，修改了一天，换了字体、版式，甚至主体元素，但就是没改配色，结果其他人看后都觉得变化不大，还会问改了哪。但有时Banner什么都没改，只将背景色替换成一种反差大的对比色，结果他人看后以为Banner是重新设计过的。可见色彩对视觉的影响非常显著，而且版面越小，色彩的影响就越大。因此，在以小屏为主的移动设备上，色彩往往会先于形式被人们的视觉所感知。

相比PC端的大屏幕，手机屏除了小之外，还有一个重要的特性，那就是色彩更鲜艳。随着屏幕技术的不断进步，手机屏的分辨率早已超过了300dpi，色域也越来越广，对比度越来越高，这就意味着画面会更加亮丽和鲜艳，显示效果也更加细腻。总之，在手机屏幕这块有限的版面上，鲜亮细腻的色彩对视觉的影响会更加明显和强烈。选对了颜色，手机端的页面设计就成功了一半。色彩几乎决定了人们对画面的第一感觉，可以说在移动端设计时代，色彩确实为王。

6.1 色彩知多少

大千世界，万事万物都有颜色，缺少颜色，生活也将黯淡无光。但真正将色彩作为一门学科进行研究，是从19世纪开始的。经过200多年的不断发展和完善，色彩学至今已成为一个完整且庞大的知识体系。色彩学是感性和理性的统一，围绕它的理论和分支有很多，下面主要从电商视觉设计的角度讲解一些常用的色彩理论知识。

6.1.1 色彩形成

其实物体并没有颜色，我们看到的颜色都是物体表面对光的反射，而这些反射光在大脑形成的感觉就是色彩。没有光，就没有色彩。从本质上讲，光是一种电磁波，根据波长不同分为可见光和不可见光。若将可见光的波长从短到长进行排序，依次看到的是紫、蓝、青、绿、黄、橙、红等颜色，如下图所示。当然，这是非常概括的排序方式，其实可见光是一段类似"彩虹色"的光谱，虽然波长范围只占整个光谱的很小一段，但它却集中了人类可识别的所有颜色。

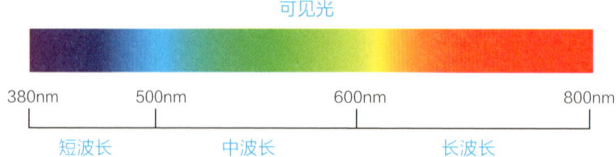

黄色的香蕉之所以是黄色，是因为香蕉的表面吸收了可见光中大部分的颜色，唯独黄色无法吸收而被反射出来，黄色的反射光再被人眼捕捉并反映在大脑中，这样人的大脑就会认为香蕉是黄色的。

这便是我们能看到万物有颜色的本质原因，那么是如何得到各种颜色的呢，这就要说到色彩的形成。其实万千种色彩都是通过原色混合而成的，原色是指不能通过其他颜色混合而成的基本色。根据显示载体的不同，原色混合可分为减色混合和加色混合，减色混合用于印刷，而加色混合用于屏幕显示。

1.减色混合

减色混合是指印刷中油墨和油墨的混合,它的原色是洋红、黄色和青色,这也就是常说的色料三原色,如右图所示。

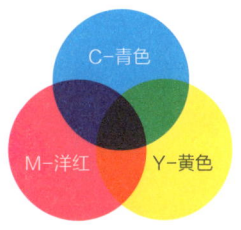

色料三原色

由于油墨是物质性的,具有吸收性,因此它们之间混合得出的颜色会越来越暗。如果将三原色一起混合,理论上会得到黑色,但现实是目前的工艺还无法造出高纯度的油墨,因此三原色混合实际得到的并不是纯粹的黑色,而是灰黑色。所以印刷中单独添加了黑色油墨,这就是我们常说的四色印刷,也是CMYK色彩模式的由来,而大多数的印刷品都是由4种颜色混合得出的。

C 青色

M 洋红

Y 黄色

K 黑色

杂志封面

因此,在设计印刷品(如杂志、画册、包装等)时,设计软件中的色彩模式都必须要调成CMYK的。如右图所示,这是Photoshop中的颜色设置,这样画面才会显示准确的色域,而我们对颜色的判断才能相对准确,这样最终的印刷成品才不会出现色差过大的问题。

但是通常在减色混合下,CMYK四色印刷的画面都偏暗淡一些,这时若想得到更加艳丽的颜色,就得选择专色油墨。而专色油墨是一种事先调好的定制油墨,一种油墨就是一种颜色。专

色油墨的色域广，饱和度高，能得到很多CMYK模式无法呈现的颜色，可以弥补CMYK模式色域较窄、颜色暗淡等不足。另外，专色也能保证成品颜色的准确性，因为它有一套国际通用的对照标准——潘通（Pantone）色彩系统，所以平面设计师最好常备一本潘通色卡。如右图所示，色卡展示了各种专色的印刷效果，这样设计师就能直观选择匹配的专色。

潘通色卡

但专色油墨也有局限性，只能印刷单一颜色，最多只有深浅的明度变化，而不同专色则无法混合。这样对于高饱和的多色渐变，不管是四色还是专色印刷都很难实现，归根结底还是CMYK模式色域不够广。而下面要讲的加色混合（也就是我们常说的RGB色彩模式），才是真正广域的色彩系统。

> **小提示**
>
> 减色混合还有另一种类似绘画颜料的混合方式，它的原色是红色、黄色、蓝色，即美术三原色，但实际并不实用。因为红黄蓝调出的很多中间色都不够纯正，所以实际印刷时还是以洋红、黄色、青色为基色，用这3种颜色才能调配出更加丰富的颜色。

■ 2.加色混合

加色混合是指各类屏幕中色光和色光的混合，这属于非物质性混合，本质是不同光量的叠加。加色混合的原色是红色、绿色和蓝色，也就是色光三原色，如右图所示。

色光三原色

> **小提示**
>
> 本章列举的图示和案例大部分都是针对手机屏幕的 RGB 色彩模式，但图书印刷采用的是 CMYK 色彩模式，所以显示效果上会偏灰偏暗一些。例如，上面的色光三原色，印刷出来的效果就与 RGB 色彩模式显示下的有很大误差，所以本书的一些图示、实战案例的源文件及效果图都会提供下载，读者下载后可在计算机屏幕上查看，通过这种方式来尽量弥补图书显色上的"先天不足"。

当RGB三原色以不同比例混合时，就能得到我们视觉所能感知的所有颜色，而当三原色一起混合时，则呈现白色。如我们平时用的电视、计算机、手机等电子产品，它们的屏幕显示就是典型的RGB加色混合模式。因此在做以屏幕为显示载体的设计（如网站、电商、UI等）时，都得记得将色彩模式调成RGB模式。

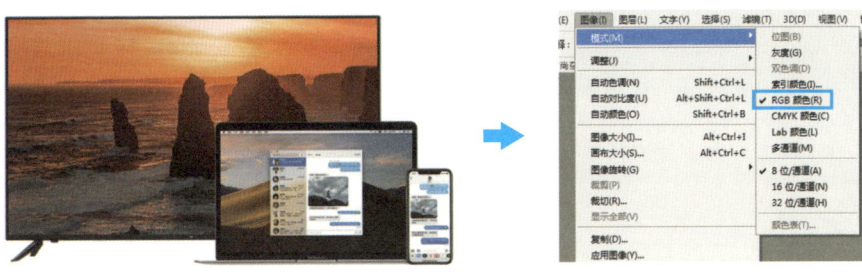

显示屏上是RGB色彩模式

右侧是CIE色度图，它能清晰地显示RGB模式和CMYK模式的色域。通过比较可以发现，RGB模式的色域比CMYK模式的广很多，而CMYK模式不包含的区域恰恰是高饱和的色彩部分，所以RGB模式的色域能呈现更加鲜艳的颜色，并且色彩过渡也更加自然。另外，手机屏幕的显像性能是比较好的，各项数据的表现也更好。因此，对于手机端的视觉设计而言，在色彩使用上会更加自由，也更易出效果。

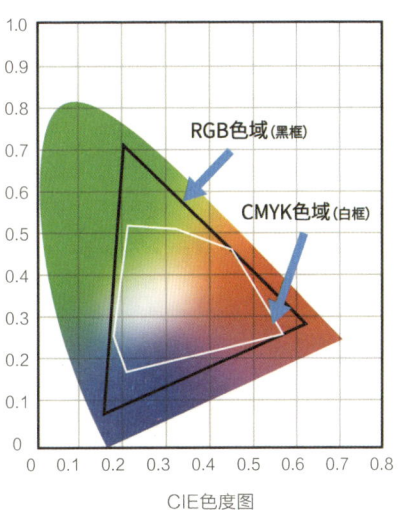

CIE色度图

正因为如今的手机屏能呈现鲜艳、细腻的色彩，因此带来的视觉体验也是非常震撼的，这也是印刷品和早期的PC显示器都不具备的显像特性。所以在移动互联网时代，越来越多的视觉设计利用手机的屏幕优势，采用了饱和度更高的配色。例如，淘宝App的主色系就属于典型的高饱和色系，如下图所示。

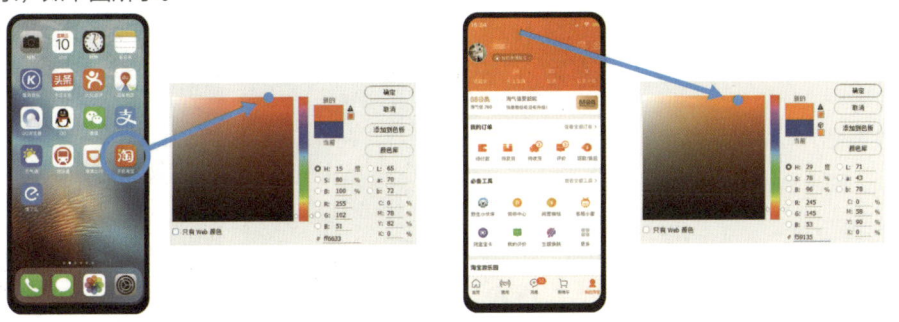

总之，若是印刷品设计就选择CMYK色彩模式（减色混合），若是网页设计则选择RGB色彩模式（加色混合），二者的区别对比如下页表所示。本书主要讲移动电商设计，所以就选择RGB色彩模式，在RGB色彩模式下，颜色的使用没有太多限制，设计师在实际设计时会更得心应手。

色彩模式	混合模式	使用载体	特点
RGB	加色混合	手机、计算机、电视等	色彩鲜亮
CMYK	减色混合	各类印刷品	色彩偏暗淡

6.1.2 色彩分类

虽然颜色的种类数不胜数，但大体可分为两类：有彩色和无彩色。

■ 1.有彩色

凡是带有某种单色光特征的颜色都属于有彩色，光谱上的所有颜色都属于有彩色，如红、橙、黄、绿、青、蓝、紫等。简言之，<u>只要是具备色彩三要素的颜色就是有彩色</u>。有彩色的涵盖范围非常广，而下一小节会重点讲解色彩三要素的相关内容。

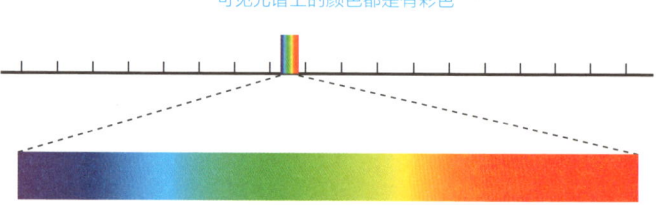
可见光谱上的颜色都是有彩色

■ 2.无彩色

<u>无彩色的种类相对单一，只有黑色、白色和灰色</u>（若是印刷品则还包括金和银等专色），这些颜色只具有色彩三要素中的明度属性，没有色相和纯度属性，其中明度最高的是白色，明度最低的是黑色。无彩色看似单一，但却很常见，"黑白灰"是永不过时的经典配色。例如，右侧作品中的黑白基调使画面的明暗层次更分明，这种鲜明的光影对比突出了轮廓和质感，产生了强烈的冲击力，颇有意境。

电影《影》宣传海报　　　　　　设计师Khoa Ho 作品

6.1.3 色彩三要素

色彩三要素，即色相、明度和纯度。这是色彩最基本也最重要的构成要素，决定了颜色的相貌和气质，也是设计师必须要了解的色彩理论知识。1898年美国艺术家阿尔伯特·孟赛尔（Albert H. Munsell）创立了"孟赛尔颜色系统"（Munsell Color System），首次提出用色相、明度、纯度对色彩进行系统归类，这在色彩学的研究史上具有里程碑式的意义。如下图所示，在这个三维体系中，每种颜色都有对应的排列逻辑和科学描述，这样我们就能快速找到想要的任意颜色。后来包豪斯学院将孟赛尔颜色系统引入设计教学中，在当时极具前瞻性，因为那时人们对色彩的认知都偏感性，但有了孟赛尔颜色系统模型后，就能让色彩推导变得更科学理性、有据可依。所以孟赛尔颜色系统仍是现在使用最广泛的颜色系统。

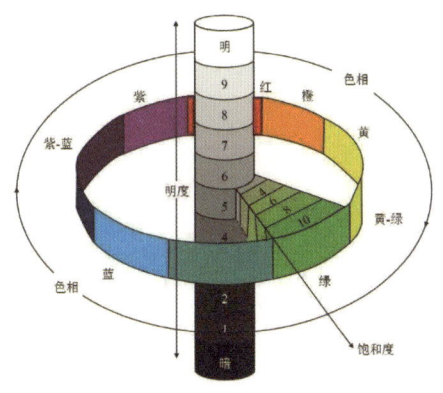
孟赛尔颜色系统

孟赛尔颜色系统立体模型

1.色相

色相即颜色的相貌，一般所说的"红、橙、黄、绿、青、蓝、紫"指的就是色相，这是人对于色彩的第一印象，也是最直观感受到的色彩。**在色彩三要素中，色相对色彩的视觉影响最大**。一般人看颜色时，往往会忽略明度和纯度，只记得色相，色相就是色彩的灵魂，体现着色彩的性格。为了方便观察和使用，人们将色相按照可见光中的"彩虹光谱"排列，形成的环状结构就是色相环，这样便能清晰地呈现出不同色相间的关系。

色相环有很多种，本书主要采用12色相环。而根据混合模式不同，12色相环又分为两种：CMYK色相环和RGB色相环。

（1）CMYK色相环

CMYK是减色混合模式，它的原色是洋红、黄色和青色，以这3种颜色为基础，两两混合得出中间色，然后再以6种中间色为基础，继续两两混合就得到了CMYK模式的12色相环。

三原色　　　　　　　　　中间色　　　　　　　　CMYK模式12色相环

（2）RGB色相环

RGB则是加色混合模式，原色是红色、绿色和蓝色，同样以这3种颜色为基础，用两两混合法即可得出RGB模式的12色相环。

三原色　　　　　　　　　中间色　　　　　　　　RGB模式12色相环

> **小提示**
>
> 依然受印刷的影响，这里展示的 RGB 模式的色相环会显得暗淡一些，实际上比印刷效果鲜艳得多，可下载文件后在屏幕上查看实际的效果。

从上面的示意图可以看到CMYK色相环和RGB色相环大体相似，只是色彩模式不同，RGB色相环鲜亮很多。色相环的用处很大，可以为配色带来极大的便利。

2.明度

明度是指颜色的明暗程度，所有的颜色（有彩色和无彩色）都有明度属性。通常在描述颜色的亮度、明暗或深浅时，就是在说颜色的明度。在任意颜色中添加白色都可提高明度，而添加黑色则会降低颜色的明度。<u>明度最高的颜色是白色，明度最低的颜色则是黑色。</u>

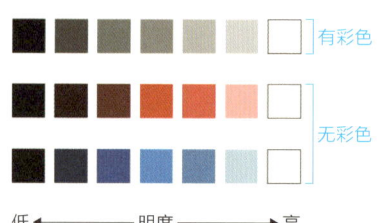

3.纯度

纯度是指颜色的鲜艳程度，又叫饱和度。纯度伴随色相一起出现，如无彩色（黑白灰）没有色相，也就没有纯度。我们常说某种颜色很鲜艳或某种颜色有些脏时，就是在描述颜色的纯度，颜色的纯度越高越鲜艳，<u>当纯度达到最高时称为"纯色"</u>，此时逐步加入同等明度的灰色后，纯度会越来越低，颜色也越来越浑浊，<u>当纯度最低时就是灰色</u>。手机屏幕之所以显像更出色，就是因为能呈现的颜色纯度跨度更大。

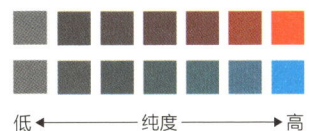

低 ←——— 纯度 ———→ 高

HSB拾色器

虽然分别讲解了色相、明度和纯度，但在实际做设计时，<u>色彩的三要素都不是独立存在的，而是呈一种联动关系</u>，调整任何一项都要考虑另外两项。右侧是Photoshop拾色器中的4种拾色模式，在HSB模式中能看出这种联动关系。

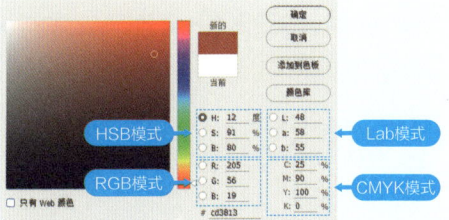

<u>HSB模式按照色彩三要素的逻辑来调色，这是最常用也最好用的色彩模式</u>。因为HSB模式最符合人眼的观看效果，利于理解，其中H代表色相（Hue）、S代表纯度（Saturation）、B代表明度（Brightness）。注意，在Photoshop的HSB拾色界面中，纯度和明度并不能完全依照右侧的参数来调整，最终得出的颜色有出入。下面是一张调整纯度和明度的示意图，虽然与S、B的参数有所差异，但却与"色相/饱和度"工具的调整结果一致，参照该示意图调整颜色更高效。

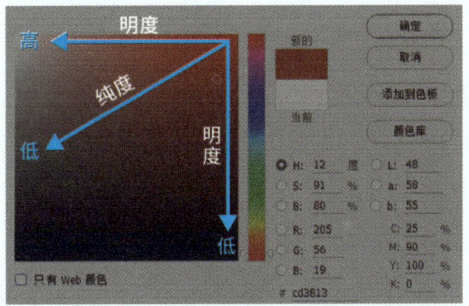

另外，Photoshop CC 2019的版本中新增了色轮拾色器，注意看一下色轮中的三角区域，纯度、明度的调整逻辑与上图所示的基本一致。

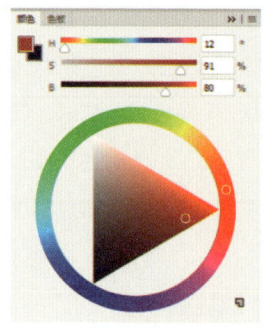 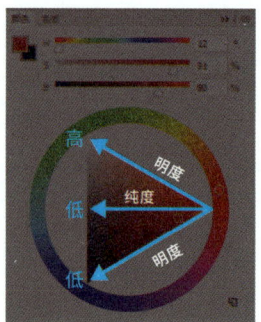

> **总结**
>
> 以上讲到了我们在平时设计时会经常用到的一些色彩术语,当然色彩学的理论知识还有很多。任何理论都要与实践相结合,唯有融会贯通、不断实践,才能将理论真正融入自己的设计工作中,最终形成一套属于自己的知识体系。

6.2 12色相环

在选择配色方案时,会先确定色相,然后再调整对应色相的明度和纯度,而色彩搭配的理论依据通常就是色相环。前面讲了色相环的推导过程,本节就来讲解如何利用色相环进行配色。由于手机屏幕都是RGB色彩模式的,因此会重点分析RGB色彩模式下的12色相环。通过右图所示的这个色相环,能直观地看到不同色相间的关系,这种色相间的视觉差异所产生的对比称为色相对比。<u>而色相对比的强弱程度,取决于色相之间的角度,色相间的角度越大,色相对比就越强,反之则越弱。</u>

例如,互补色就是色相环上两种呈180°角的色相,180°角是色相环上所能形成互补色的最大角度,因此这种互补色的对比程度最强。可见有了色相环,配色时选择颜色就会比较清晰。

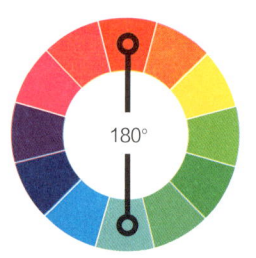

根据色相之间角度的不同，可以将色彩搭配分为6种：0°的同类色、30°的邻近色、60°的类似色、90°的中差色、120°~150°的对比色、180°的互补色。随着角度增大，这6种搭配的对比度逐渐增大，如下图所示。

> **小提示**
>
> 在介绍6种色相搭配之前，有4点需要先说明一下。
>
> 第1点，前面讲到CMYK和RGB两种色相环（其实还有一种是基于红黄蓝的美术色相环），它们的颜色划分并不相同，也就意味着对比关系也不一样。例如，红色的互补色在CMYK和RGB色彩模式下就不一致，而本书则基于RGB色相环展开，请注意区分。
>
> 第2点，色相环上很多色相的中文名称也不统一，如本书中的天蓝，有的地方又称青蓝或湛蓝，其实都是一种直观描述，能明白所说的是哪种颜色即可。
>
> 第3点，后面列出的常用配色都以双色搭配为主，但电商设计作品中常见的是多色搭配，所以会按照色相的使用主次，根据前两种色相进行归类。例如，某个画面按照色相的使用面积从大到小进行排序，依次是红、黄、绿、蓝，那该作品就会被归为"红色+黄色"的搭配案例中。另外，这里说的红色、黄色都泛指红色系（红色系还包括玫红色、橙红色等）和黄色系的颜色。
>
> 第4点，显色问题，受CMYK色彩模式的影响，会频繁出现颜色命名和显示不匹配的情况。例如，青色在这里看上去就像是浅浅的青绿色，所以每个色块上都标明了颜色的参数，可在Photoshop拾色器中查看。另外，列举的案例也会存在明显的色差，若想看真实显示效果，可根据每个案例下面标注的出处名称自行搜索查看。
>
>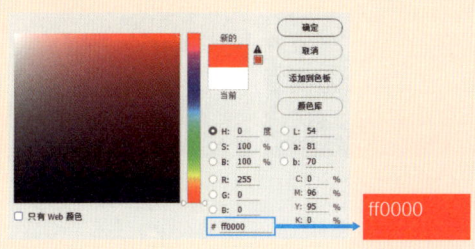

6.2.1 同类色搭配

色相环上呈0°~15°角的颜色即为同类色,如右图所示。由于角度很小,所以这类配色的色相通常相同或差异很小,主要通过明度和纯度变化来表现层次感。同类色搭配的画面非常统一,视觉协调,但缺少层次和变化,容易显得单调乏味,这就需要在构图及元素塑造上下功夫。总之,同类色搭配是一种容易掌握也不易出错的搭配方式。当然,要想出彩也很难,整体中规中矩,下面展示常见的同类色搭配及相应的应用案例。

- **1.红色**

红色属于典型的暖色,是最能刺激人类感情的颜色,容易使人兴奋。红色通常是电商大促主题设计的首选,如在下面所示的案例中,左图将红色用于"6·18"活动的设计恰到好处。红色能极大限度地刺激用户,并让用户感受到强烈的促销氛围。注意红色的明度变化,背景深而主体元素浅,这样的明暗对比才能将前后层次拉开。下面右侧案例中的明暗对比虽没那么大,但红色仍能让观者感到兴奋和有活力,画面中为了避免沉闷和不透气,还用白色进行了调和。

截自百威啤酒天猫官方旗舰店
2018年"6·18"活动首页
(设计师"wheaysky"王蠡海作品)

截自大宝天猫官方旗舰店
2018年"双十一"活动预售页

红色还能刺激人的味觉和食欲。下面左侧案例中的红色车厘子就让人垂涎欲滴，同样白色部分也起到了调和的作用。将红色的明度提高便得到了粉色系的颜色，不同于纯红色的热烈刺激，粉红色给人一种淡雅的柔和感。如下面右侧案例所示，粉色的画面非常舒适，流露出浓浓的少女气息。

京东到家活动海报　　　　　截自汤臣倍健天猫旗舰店2020年"6·18"活动首页

■ 2.橙色

橙色也属于典型的暖色，但没有纯红色那种炙热感。橙色给人温暖的感觉，因为自然界里的阳光、火焰都偏橙色。另外，橙色还代表着年轻与活力，而单色相的画面则让这种活力更加清新、明快。下面左侧案例中的橙色调呼应了活力早餐，而右侧的案例则体现出了"好玩好物"的年轻个性。

饿了么早餐活动海报　　　　　截自京东2018年"双十一"活动会员推广页

295

■ 3.绿色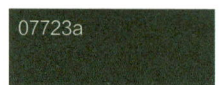

绿色是大自然的代表色,让人感到生机和希望。例如,在下面的案例中,春天主题用绿色呈现再合适不过;而单色绿则让画面显得更为宁静、舒缓,还略带文艺范,正好呼应网易云音乐的品牌调性。

当然,绿色也能表达出产品天然、新鲜和健康的感觉,所以有一个专属名词叫"绿色食品",它已成为食品安全、让人放心的代名词。

截自每日优鲜活动页

网易云音乐轮播图

■ 4.蓝色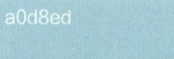

蓝色属于典型的冷色系颜色,是天空和海洋的代表色,让人感到纯净、水润和凉爽。蓝色的单色运用很常见,如右侧的案例所示,左图用蓝色衬托出产品的洁净功效;而右图则直接用蓝色与水元素结合,直观表达"水润"的主题。

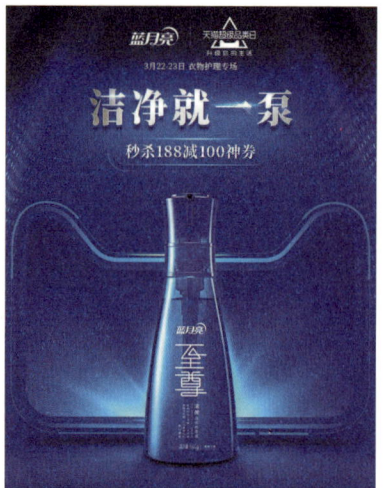

截自蓝月亮天猫官方旗舰店活动页

截自水密码天猫旗舰店补水套装详情页

另外，蓝色也有理性和沉稳的特性。如下图所示，人格测试类主题的设计用蓝色向观者传达出理智、可靠的印象。

京东推广活动H5页面

特殊搭配

前面讲的都是有彩色的单色相运用，其实还有一类搭配很特殊但又很常用，那就是无彩色和有彩色的组合使用，即"黑白灰+单彩色"。其中黑白灰属于无彩色，因此仍属于同类色的搭配范畴。

这种特殊搭配有两种使用情形。**第一种是单彩色的小面积使用**，如右侧的案例所示，整体以大面积的黑白调为主，小面积凸显产品色，这样产品就显得格外出挑，画面流露出特殊的艺术气息。

截自戴森天猫官方旗舰店

截自纪梵希天猫官方旗舰店口红详情页

第二种就是有彩色的大面积使用。如右侧的案例所示，红色（有彩色）不再是点缀色，而与黑色（无彩色）一样，都是大面积使用的主色，"红色+黑色"也是一组非常经典的配色，在黑色的映衬下，红色更显个性与时尚。

肯德基咖啡活动海报

6.2.2 邻近色搭配

色相环上呈30°角左右的颜色为邻近色。邻近色的相距角度依然不大，对比程度依旧偏弱，应用邻近色搭配的画面和谐统一。但毕竟不是单色，有了不同色相的微弱对比后，搭配要比同类色稍显丰富，统一之中会有一些微妙的变化，但色相变化柔和，过渡和谐。为了避免画面单调，往往可通过明暗对比来增加一些变化，以凸显质感和层次。

1.红色+橙色

红色和橙色同属暖色，也是非常明显的前进色，两色搭配很容易营造出热闹的氛围，用于大促主题的设计再合适不过。

如下面的案例所示，红色和橙色搭配显得非常动感，促销氛围浓厚，能让观者兴奋起来，可以提升观者的购物欲。所以在电商大促的设计中，这种配色的设计比比皆是。

截自淘宝聚划算2019年"吾折天"活动页　　　天猫2019年"6·18"活动海报

　　上面列举的是红色和橙色的纯色调搭配，纯色调下的颜色纯度很高，非常鲜艳，而将明度和纯度降低后，就会得到深色调。能看到当红色加深后，就会变得成熟稳重。而橙色加深后，在深红色的衬托下就会变成"金色"。当然要想模拟金色，不能单靠深橙色，而是要将不同深浅的橙色组合起来才行。如下面的案例所示，深红色和金色能很好地凸显品质感，使画面整体少了些热闹和促销氛围，但多了一些高端和优雅的视觉感受。

截自京东2019年"圣诞礼遇季"活动页　　　资生堂2020年天猫"年货节"活动海报

　　从上面的案例中可以看出，虽然都是红色和橙色搭配，但纯色和深色所产生的感受是截然不同的。可见除了色相，明度和纯度对配色的影响也至关重要，而明度和纯度又合称为色调。因此在考虑色相的同时还必须兼顾色调，关于色调的知识会在后面详细讲解。

2.橙色+黄色

ffa400　　f9f900

　　橙色和黄色是一组很温暖的配色，它们都属于非常明亮的颜色，整体给人一种朝气蓬勃的感觉。橙黄色搭配使画面显得轻松明快，充满了活力，高明度的暖色有种积极向上的效果，使人感觉温暖舒服。另外，橙黄色搭配还能体现食物的新鲜与可口，高明度的柔和画面传递出健康与品质。

截自贝店2019年"双十一"活动页　　　　截自每日优鲜活动页

3.蓝色+紫色

0800ff　　a500ff

　　蓝色和紫色搭配一般有深色调和浅色调两种用法，在深色调下，深蓝色代表科技、理性，而深紫色则代表高贵、典雅，当两色搭配时，画面氛围取决于哪种颜色占比更大。例如，在下面的案例中，当深蓝色占比较大时能体现出沉稳的科技感（左图），而当深紫色占比较大时则会有一种神秘的梦幻感，显得更高雅（右图）。

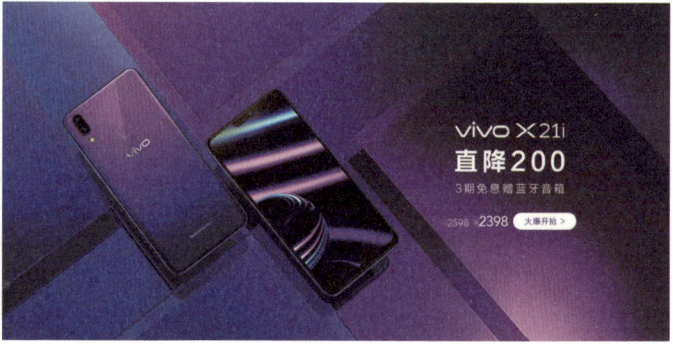

美的天猫官方旗舰店　　　　　vivo X21i手机宣传海报
2018年"双十一"活动预售页

而在浅色调下，则完全没有前面深色调下的神秘与厚重，浅蓝色和浅紫色会给人一种温柔舒缓的感觉。

如右侧的案例所示，明快的蓝色和紫色搭配使画面看上去十分清爽，整体为小清新风格，其中浅紫色还让Banner有一种淡淡的少女气息。

截自同程旅游2018年活动页

vivo 2019年"超级品牌日"活动海报

■ 4.紫色+洋红色

这是一组典型的女性化配色，当两色纯度较高时，能体现女性的成熟、华丽和气质，同时鲜艳的纯色调还能呈现出一种热烈和动感。如下面左侧的案例所示，紫色+洋红色呈现出了女性主题下的大促风格。当两种颜色变为浅色调时，成熟的女性印象就会变成清新的少女风。如下面右侧的案例所示，这种秀气柔美的配色同样适用于儿童产品的宣传设计，能体现出"小公主"般的优雅气质。

截自大众点评活动页

贝贝童装活动海报

6.2.3 类似色搭配

色相环上呈60°角左右的颜色为类似色。两色相距到了这个角度,色相对比更大,能明显感到颜色间的差异和层次。应用类似色搭配的画面色彩活泼、丰富,但又不过于跳跃,总体给人一种和谐却不单调的视觉感受,所以类似色搭配是一组相对均衡的色相搭配方式。

■ 1.红色+黄色

红色和黄色搭配很常见,这是春节主题的代表色,显得热闹、喜庆。但红色和黄色使用不当又会显得有些老气。所以要让色调有丰富的深浅变化,并要增强版面的形式感,通过元素的创意组合来降低红色和黄色搭配所产生的"传统气息"。

截自苏宁易购2018年春节活动页

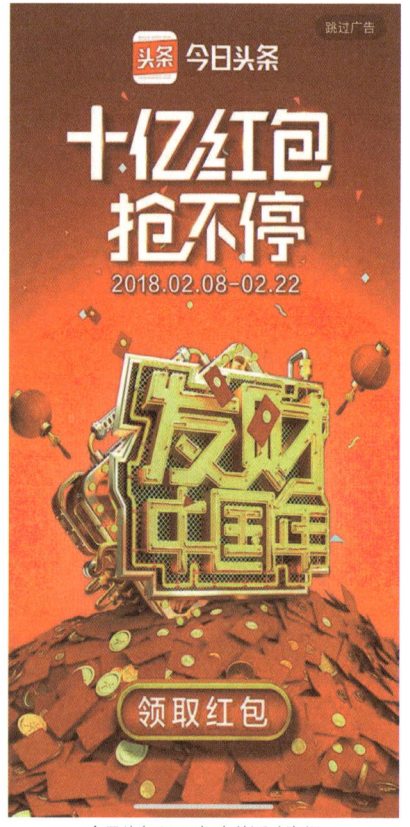

今日头条2018年春节活动海报

除了传统的春节主题的设计之外，红色和黄色也同样适合促销活动的设计。如右侧的案例所示，画面中的红色和黄色都是暖色，并且都是前进色，让人感到热烈和兴奋，与"双十一"活动的狂欢氛围高度契合。

天猫2018年"双十一"活动海报

■ 2.橙色+黄绿色

这是一组阳光、有活力的配色，不管是橙色还是黄绿色，都有明亮的黄色印象融在其中，整体让人感到温暖舒服。如下面的案例所示，橙色+黄绿色适合营造春天或清新自然的视觉感受。

截自饿了么2020年春季活动页

截自心相印天猫旗舰店2019年活动页

橙色+黄绿色若用在美食主题的设计中，还能提升食物的美味感。如右侧的案例所示，黄绿色代表天然和健康，在黄绿色背景的衬托下，橙色的食物显得更加新鲜、可口。

截自良品铺子天猫旗舰店甘栗详情页　　　　截自每日优鲜App启动页

- **3. 橙色+玫红色**

由于橙色和玫红色也同属暖色的范畴，同样显得温暖、热闹，让人兴奋，因此也常用于促销主题的设计中。但比起橙色和红色的组合，因为玫红色有些紫色的印象，所以会让画面偏女性和时尚，也使促销看上去没那么"廉价"，如下面的案例所示。

截自天猫2017年"双十一"活动预售页　　　　截自同程旅游活动页

■ 4.蓝色+青色　　　　　　　　　　　　0800ff　　　　　　00f7ff

蓝色和青色属于冷色，比起暖色的热闹和兴奋，蓝色和青色会让画面多一些清爽和理性，但这并不影响将它们用于促销主题的设计中。相反在电商大促的设计中，冷色用得也不少。因为蓝色和青色与科技、教育、金融、男性等主题都有强关联的关系。在下面的案例中，不管是教育（左图）还是数码（右图），配色都恰到好处。右图还是大促的主题，蓝色和青色也体现出了促销与动感。

截自简书沪江开心词场话题页

截自苏宁易购2018年"双十一"活动数码分会场页面

■ 5.蓝色+洋红色　　　　　　　　　　　0800ff　　　　　　ff00f9

虽然这组配色属于类似色，但蓝色偏冷，而洋红色偏暖，冷暖对比产生的冲突感还是比较强烈的。

如右侧的案例所示，两种高纯度的颜色对撞产生了一种时尚的潮流感，非常适合个性化的主题呈现。

天猫2018年"6·18"活动海报

截自MG小象淘宝店铺"淘抢购"活动页

另外，蓝色+洋红色还是赛博朋克风格的主流配色。近几年赛博朋克风格的作品很常见，充满未来科技感的霓虹光效及故障效果是很多年轻人喜欢的调性。如右侧的案例所示，蓝色和洋红色的冷暖搭配，使画面呈现出未来场景的感觉，个性十足。

饿了么2019年活动海报

蓝色+洋红色的浅色调设计应用也很常见，与大多数的浅色调一样，也能表现出柔和的少女感。如下面的案例所示，洋红的浅色调就是粉红色，传递出可爱和甜蜜；而浅蓝色则刚好中和了这种甜蜜感，通过冷色的加入使画面整体变得清爽、清新，不会显得过于甜腻。

b8c1ff　　ff9eda

天猫2020年"亲子节"活动海报　　截自蒙牛天猫旗舰店奶特牛奶详情页　　截自BANILA CO芭妮兰天猫海外旗舰店2019年"双旦礼遇季"活动首页

6.2.4 中差色搭配

色相环上呈90°角左右的颜色为中差色。呈这个角度的颜色基本处在色相对比的强弱分界点上,小于这个角度的对比度弱,而大于这个角度的则对比度强。因此,中差色搭配出来的画面效果明快、活泼,对比相对突出,但又不会冲突,整体协调。

■ 1.橙色+绿色

橙色+绿色这组配色与橙色+黄绿色的配色印象很相似,区别就在于黄绿色变成了绿色,少了一些春天的清新盎然,多了一些夏天的郁郁葱葱。相比黄绿色,绿色与橙色的对比更强,更显明快。如下面的案例所示,左图展现了清新自然感,而右图则突出了产品的新鲜可口。

淘宝聚划算2020年活动海报

截自每日优鲜脐橙专题页

以上是橙色和绿色的纯色调应用，其实这两种颜色的深色调也经常用到。如下面的案例所示，深绿色能凸显食物的品质感，给人一种取材讲究的心理暗示，同时强调了食材的天然美味，令人放心。

截自饿了么2020年春季活动页

截自饿了么2019年活动专题页

除了美食主题的设计，当把橙色和绿色的深色调用在家居类目的设计中，不仅能表现产品的品质感，还能体现家居材料的自然和原生态。

截自林氏木业天猫家具旗舰店2020年"超级吾折天"活动页

■ 2.紫色+青色

| a500ff | 00f7ff |

使用紫色+青色这组配色时，一般会将紫色作为主色，而将青色作为辅色。如下面和右侧的案例所示，画面中的紫色给人一种浪漫和梦幻的感觉，而青色则为这种浪漫和梦幻增添了动感和活力，使画面更加生动。

截自百度糯米2017年活动页

截自飞猪旅行2017年"双十一"活动页

| e776ff |
| b8fffd |

而紫色和青色的浅色调设计则会呈现出另一种效果，给人一种迷幻感，这便是蒸汽波风格的主流配色。如右侧的案例所示，两种颜色的碰撞使画面显得个性又时尚。

淘宝2017年"新势力周"活动海报

3.天蓝色+洋红色

天蓝色+洋红色搭配的设计给人的印象与蓝色+洋红色的类似,当蓝色变成天蓝色后,对比进一步增强。如下面的案例所示,在天蓝色背景衬托下,洋红色非常突出,画面充满激情和活力,同时又彰显了个性与时尚。

截自饿了么2018年"517饿货节"活动页　　　　截自李医生化妆品天猫旗舰店2017年"双十二"活动首页

当两种颜色的明度提高后,画面的气质就发生了变化,画面显得更加清新时尚了,如下面的案例所示。

截自蘑菇街"超级品牌日"活动页　　　　截自水密码天猫旗舰店首页

4.天蓝色+绿色

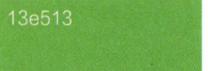

天蓝色+绿色是一组大自然的代表色,天蓝色代表天空和海洋,绿色代表植物,常用于春夏主题的设计,可传递出自然清爽、生机盎然的感觉,如下面的案例所示。

310

截自瓷肌唯品会旗舰店首页
（设计师"白摩鱼水"陈勇杰作品）

截自同程旅游活动页

另外，蓝色和绿色也与美食的天然及健康属性相关联。如下面的案例所示，产品展现在蓝绿色的自然环境中，既能体现出产品的新鲜可口，又能让人觉得健康放心。

截自每日优鲜活动页

截自两鲜专题页

311

5.红色+紫色

该配色效果强烈，抓人眼球，常用于大促主题的设计。如右侧的案例所示，当红色与紫色的纯度较高时，会产生强烈的促销氛围，使画面富有冲击力，可以刺激观者的购物欲。

天猫2018年"6·18"活动海报

口碑2018年"双十一"活动海报

6.2.5 对比色搭配

色相环上呈120°～150°角的颜色为对比色。对比色的选色范围很广，呈这个角度的颜色，基本都是冷、暖两个色系在碰撞，因此色相对比很大。用这种配色设计出的画面醒目、鲜明，具有很强的冲击力和跳跃性，强烈的色相冲突可以使人产生深刻的印象。但有时要通过添加一些中间色来调和画面，以避免过度的刺激让观者产生视觉疲劳感。

1.红色+绿色

当颜色的纯度很高时，红色和绿色的对比较强烈。为了减弱这种配色所产生的刺激感，可让其中一种颜色以点缀色的形式小面积出现，这样画面才和谐。如右侧的案例所示，小面积的绿色平衡了暖色带来的激进感，使画面更透气。

截自360金融活动页

312

红色+绿色还是圣诞节活动设计的主流配色，画面最好也以一种色相为主。例如，右侧和下面的案例就是以红色为主色、以绿色为辅色，这样红绿配才舒服，不会让人觉得太过浓烈和刺激。

截自饿了么2019年活动页

京东到家活动海报

虽然纯色调的红绿色搭配对比强烈、醒目刺激，但浅色调的红色和绿色搭配起来会更和谐。当提高红色和绿色的明度后，就会得到具有不同印象的粉红色和浅绿色。粉红色体现少女、甜蜜，而浅绿色则传达出自然、清新。如下面的案例所示，粉红色和浅绿色搭配使用能让画面变得甜而不腻、文艺清新。

截自瓷肌唯品会旗舰店首页
（设计师"白摩鱼水"陈勇杰作品）

截自每日优鲜活动页

2.红色+蓝色

红色+蓝色是一组非常经典的冷暖配色,因为红色是暖色的代表,而蓝色是冷色的代表,这种鲜明的冷暖对比会产生强烈的视觉冲击力,非常引人注目。红色与蓝色的配比很重要,对画面效果起到决定性作用。

例如,在右侧的案例中,画面中的红色和蓝色基本各占一半,这样冷色和暖色之间会形成明显的冲突和对立。在这种配比下,左图的红包在蓝色背景下非常明显,而右图则强调了两种颜色对决的冲突感。

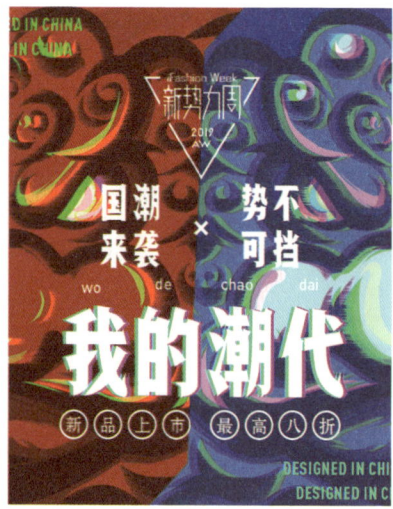

有钱花2018年"MONEY盛典"活动海报　　　　淘宝2019年"新势力周"活动海报

如果画面以某一种颜色为主色,那么视觉感受则会跟着主色走。例如,在右侧的案例中,左图以蓝色为主、红色为辅,给人一种神秘梦幻感;右图以红色为主、蓝色为辅,更能强调成熟女性的定位。

截自TEMPO得宝天猫官方旗舰店　　　　截自瓷肌唯品会旗舰店首页
2017年"双十一"活动首页　　　　　　（设计师"白摩鱼水"陈勇杰作品）

3.青色+黄色

青色和黄色都属于非常明亮的颜色,用这两种颜色搭配的画面视觉醒目,活力四射。如下面的案例所示,青色和黄色对比的画面能让人精神振奋,透出强烈的青春活力感和时尚气息。

麦当劳早餐活动海报

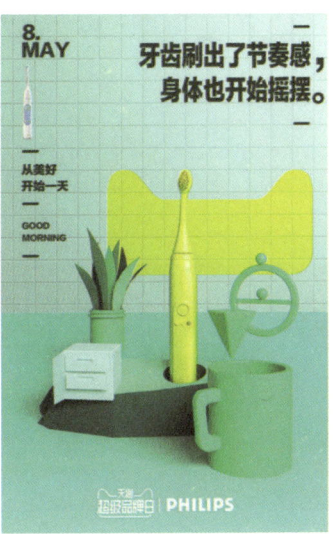
飞利浦"天猫超级品牌日"活动海报

日本阪神老虎棒球队比赛宣传海报

4.天蓝色+黄色

00beff　　f9f900

天蓝色属于冷色和后退色,一般作为背景色使用,而明亮的黄色则用于主体,这样便能打破天蓝色的冷静感。两种颜色形成强烈的对比效果,使画面鲜明生动,更富有层次感和冲击力,如右侧的案例所示。

每日优鲜活动海报

淘宝2016年活动海报

■ 5.紫色+橙色

有了橙色的加入，紫色不再是女性的专属色，两种颜色搭配能体现大促时的活力和促销感。如右侧的案例所示，当橙色为主色时，加入紫色能使画面在视觉上显得不那么轻挑。当紫色为主色时，加入橙色又能使画面更加活泼、灵动，如下面的案例所示。

截自蚂蚁金服2017年活动页　　截自天猫2016年"6·18"活动页

截自飞猪旅行2018年春节活动页

6.2.6 互补色搭配

色相环上呈180°角左右的颜色为互补色。互补色的色相对比程度最强，互补色能让画面具有非常强烈的冲击力和冲突感，大跨度的色彩反差体现出一种气势和活力。但要注意互补色之间的合理搭配，特别是随着手机屏所呈现的色彩愈加鲜艳和亮丽，更需要谨慎地选择互补色，用得不好就会使人产生视觉疲劳和不适感。

例如，高纯度的互补色搭配时，会使人产生晕光现象，看着有些闪烁，如右图所示。因为互补色的效果太过强烈，较难把控，所以电商设计中应用得相对较少。

由于互补色的对比效果强烈，会让人感觉色彩是飘忽闪烁的

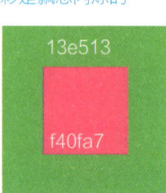

■ 1.蓝色+黄色

| 0800ff | f9f900 |

　　与天蓝色+黄色一样,在蓝色+黄色搭配的画面中,蓝色往往做背景色,在蓝色的映衬下,黄色格外凸显。如右侧的案例所示,穿黄色服装的人物显得尤为突出,这种鲜明的色彩碰撞体现出一种时尚与活力感。

　　在电商设计中,蓝色和黄色搭配也常见于中秋主题的设计。如下面的案例所示,蓝色作为背景表现夜空,而明亮的黄色表现月饼(左图)或月亮(右图),所以蓝色+黄色也是一组具有传统印象的配色。

天猫精灵2019年"6·18"活动海报

截自每日优鲜2018年中秋节活动页

随手记2017年中秋节海报

- 2.天蓝色+橙色

00beff　　ffa400

天蓝色和橙色都属于比较明快的颜色，再加上互补色的强烈对比感，画面会显得非常年轻、有活力。如下面的案例所示，在互补色的影响下，作为视觉重点的主体元素都很突出，能让用户第一时间关注到它，并对其产生极其深刻的印象。

支付宝花呗2019年
"宝呗青年"活动海报

截自支付宝活动页

大众点评2018年"双十二"活动分会场页面

总结

以上列出了12色相环（RGB色彩模式）的6种色相对比和26种常见配色，通过案例可以看出每种配色所传达的视觉感受都是各不相同的，需要根据创意和风格进行配色。另外，很多案例所用的颜色色相虽然一样，但由于改变了颜色的明度和纯度，所以视觉效果截然不同。可见除了色相，其他两个色彩属性对画面的影响也至关重要。接下来要讲的是色彩的明度和纯度，与色相环一样，它们也可以用关系图来表示，那就是PCCS色彩体系图。

6.3　PCCS色彩体系

在讲PCCS色彩体系前，先说什么是色调。色调是指颜色的浓淡和明暗程度，这是由颜色的明度和纯度综合作用的结果。简单来讲，**色调就是颜色明度和纯度的综合体现**。前面讲Photoshop的拾色器时，可以看到对明度和纯度都是在一个界面进行调整，很难将它们分开。这是因为对有彩色来说，明度与纯度的关系太过紧密，一般改变其中一项另一项也会随之改变。

因此，日本色彩研究所基于孟赛尔颜色系统的排列逻辑，在1964年推出了PCCS（Practical Color Coordinate System）色彩体系。虽然两个体系的原理相同，但PCCS首次用色调来综合呈现明度和纯度的变化。如右图所示，PCCS从色调出发，直观展示每种颜色的明度关系和纯度关系。如果说色相决定了视觉的直观感受，那色调则表现出了视觉的整体调性。例如，深红色和粉红色虽然同属红色系，但给人的印象却完全不同，这就是色调在起作用。

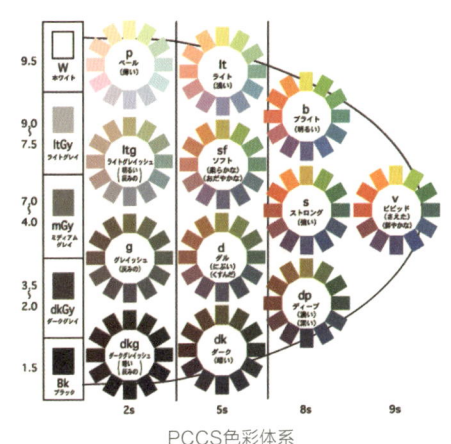

PCCS色彩体系

下面来看PCCS的推导过程。先用一个二维坐标标出明度和纯度的相互关系，如右图所示，其中竖轴表示明度，而横轴表示纯度。若颜色位于竖轴上，那意味着就只有明度变化，而纯度没有变化，明度最高时是白色，明度最低时是黑色。若颜色位于横轴上，那也只有纯度变化，纯度最高时为纯色，纯度最低时为灰色。大多数颜色在实际运用中还是位于上下两个维度上，其实就是明度和纯度综合作用的结果。

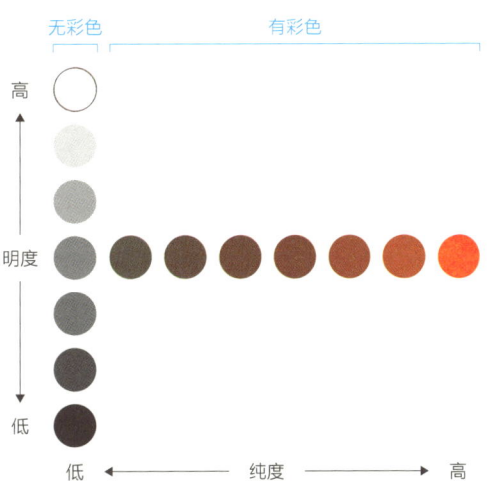

根据上面的坐标系继续延展，能得出某种颜色的全部色调，如右图所示。PCCS将色调分成4类：纯色调、亮色调、中间色调和暗色调。纯色调就是不添加黑白的高饱和色系，亮色调是在纯色中混合了白色，中间色调是在纯色中混合了灰色，暗色调则是在纯色中混合了黑色。

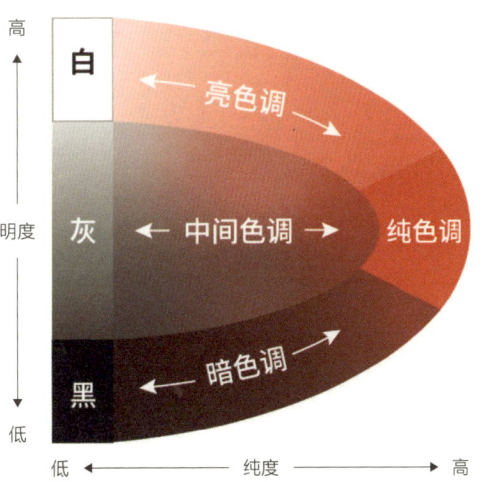

PCCS在前面4类色调的基础上将色调进一步分成了12小类（不含黑白灰），也就是PCCS色彩体系的单色版，又称为PCCS色调体系图，如右图所示。从图中可以看到一个红色竟有如此多的色调变化，而且每种色调给人的感受都有明显的差异。所以一定要根据需求选择匹配的色调，混入白色的色调轻快、活泼、柔和，而混入黑色的色调则偏稳重、深沉、成熟。

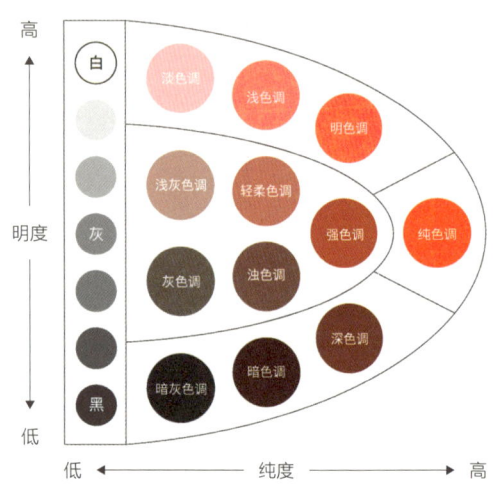

是不是觉得上面右侧这张色调分类图与Photoshop中的色轮拾色器的界面很像呢？Photoshop色轮拾色器中的三角界面的调色逻辑与PCCS色调体系图的如出一辙，同样是以竖轴为明度，以横轴为纯度，因此用色轮拾色器可以快速地选出想要的色调。

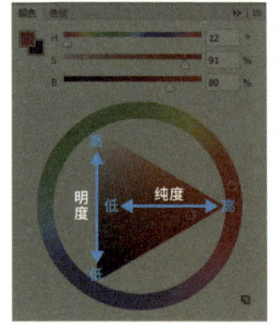

虽然有12小类色调，但本书主要筛选出7类比较有代表性的常用色调来讲解，如下图所示。

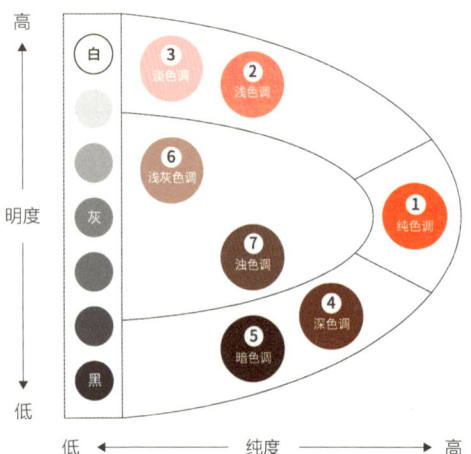

小提示

在此，有两点需要说明一下。

第1点，与12色相环的配色案例一样，若画面有多种色调，将按照色调使用的主次顺序进行排序，并依据主色调进行归类。例如，某个画面同时使用了纯色调和淡色调，但以纯色调为主，那就将其归为纯色调案例。

第2点，由于很多作品的色调都很丰富，而色调间的区分有时也很微妙，如浊色调和深色调、浅色调和淡色调都属于近似色调，很多时候会混合使用。因此，关于色调的归类也不是那么绝对，只要明白不同色调所传递出的不同感受及其应用场景即可。

6.3.1 纯色调

纯色调的颜色的纯度最高，理论上是不夹杂任何其他色相的颜色。在所有的颜色中，纯色调的颜色最为鲜艳，视觉刺激也最强烈，如右图所示。

纯色调的色彩印象：鲜艳、醒目、活力、生动、促销。

纯色调的画面让人感到浓烈、艳丽，作为情感表达最直接的色调，纯色调透出一股强劲的活力，鲜艳的配色更吸引人的眼球，因此常用于大促主题的设计中。

如右侧的案例所示，不管画面是暖色的还是冷色的，只要是纯色调的，就都能通过刺激醒目的画面效果引起用户的注意。但要注意不同色相的颜色间的合理搭配，使用不当反而会显得花哨。

口碑2018年"双十一"活动海报

截自淘宝2017年"双十二"活动页

截自饿了么2019年"饿食记"活动页

321

6.3.2 浅色调

在纯色调颜色中加入少量的白色就会得到浅色调的颜色。相比纯色调，浅色调少了些鲜艳和亮丽，多了些明快与柔和，这样视觉上会更为清爽、舒适。

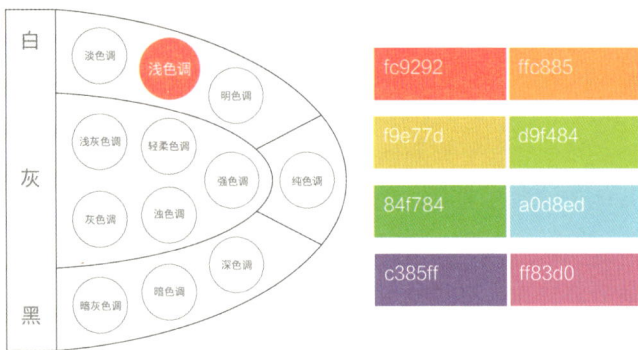

浅色调的色彩印象：清爽、明快、柔和、纯朴、纯净。

浅色调的画面清新明快。在下面的案例中，浅色调用于女性主题的设计能体现清新的少女风（左图）；而用于产品宣传的设计则能体现产品温和、纯净的特性（中图和右图）。浅色调更能拉近用户的心理距离，如果说纯色调能让人兴奋，那浅色调则会使人平静。

截自京东2018年"蝴蝶节"活动页

截自汤臣倍健天猫官方旗舰店胶原蛋白粉详情页

截自植护天猫旗舰店抽纸详情页

6.3.3 淡色调

在浅色调的颜色中加入白色便会得到淡色调的颜色，淡色调非常淡雅，色相的影响会大大减弱。不管淡色调中的哪种颜色都能给人淡雅清新之感，哪怕是互补色也完全没有强烈的冲击力。

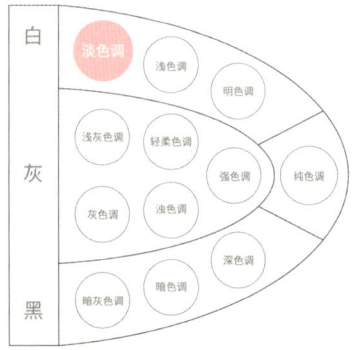

淡色调的色彩印象：清新、淡雅、轻盈、轻柔、梦幻。

由于淡色调的色相影响弱，没有了之前的色彩个性，因此整体给人一种冷淡感，并且作为主色调时，过于清淡的画面会有些不稳定，让人感觉是"轻飘飘的"。这时就需要加入一些深色进行调和，使画面整体稳定、平衡。在下面的案例中，淡色调用于表现场景，画面呈现出淡雅、梦幻、孩子气（左图）；而用于产品时，又能凸显产品的清爽和纯净（中图和右图）。

截自膜法世家天猫官方旗舰店
2017年"3·8女王节"活动首页

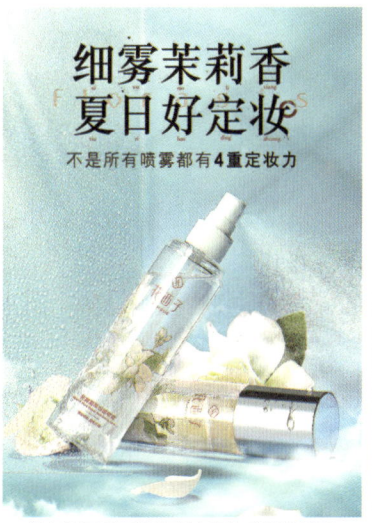

截自花西子天猫旗舰店定妆喷雾详情页

截自每日优鲜专题页

6.3.4 深色调

在纯色调的颜色中加入少量的黑色就会得到深色调的颜色。深色调能让画面暗下来，整体多了些成熟感和厚重感，我们常说的深色系指的就是深色调。

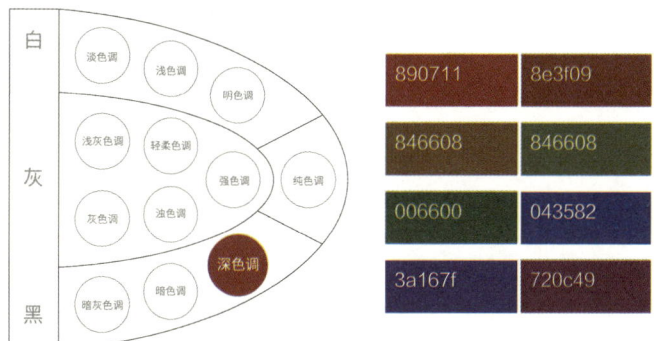

深色调的色彩印象：格调、品质、稳重、成熟、暗淡。

由于色调变深，所以画面由轻变重，呈现出一种成熟和品质感。例如，在下面的案例中，深色场景凸显了产品的品质感，画面看上去更有档次。但要注意明暗对比，如果色调过深且没有亮色调和，就会让人有脏乱和压抑的感觉。

截自优衣库天猫官方旗舰店
2018年"年货节"活动首页

京东到家活动海报

截自林氏木业天猫家具旗舰店
2020年"超级吾折天"活动页

6.3.5 暗色调

继续在深色调的颜色中加入黑色便会得到暗色调的颜色。暗色调会比深色调更深、更暗，甚至有些"发黑"，这会使画面变得非常阴暗。

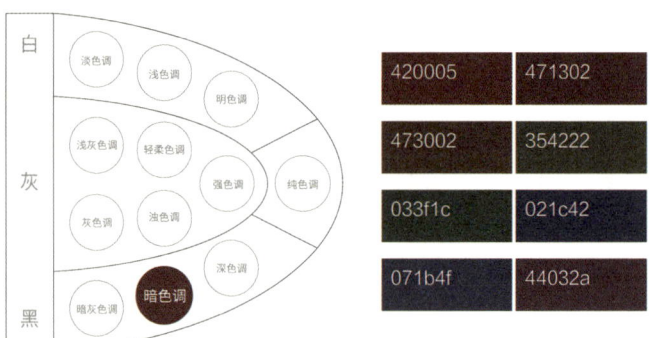

暗色调的色彩印象：品质、高端、神秘、深沉、稳重。

暗色调的画面主要给人一种品质感和神秘感，但由于暗色调很暗，因此一定要用亮色进行调和，使场景有明有暗，这样才能体现光影和质感，否则画面会显得太压抑，缺少细节。如下面的案例所示，在暗色调的影响下，左图营造出了古堡里的神秘感，中图和右图则凸显了产品的品质和高档感。

vivo推广活动H5页面　　网易严选2018年中秋节活动海报　　截自海蓝之谜天猫官方旗舰店
2017年"双十一"活动预售页

6.3.6 浅灰色调

前面讲解的色调都是在纯色调的颜色中添加白色或黑色，如果改成添加浅灰色就会得到浅灰色调的颜色。浅灰色调的画面整体偏灰，颜色的纯度不高、明度接近，色彩柔和，呈现出一种高级感。

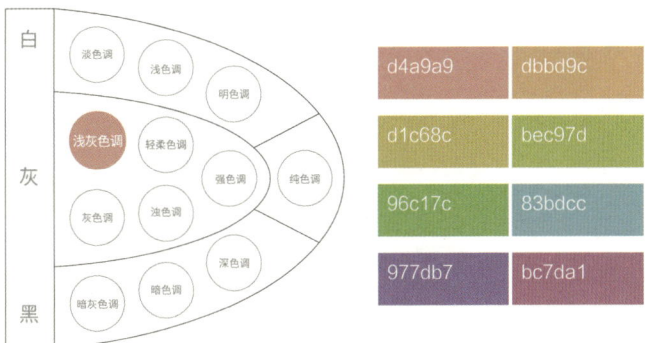

浅灰色调的色彩印象：柔和、文艺、古典、优雅、质朴。

浅灰色调的画面能传递出古典、文艺、优雅的色彩印象，受低纯度的影响，浅灰色调的色彩倾向很弱，配色比较克制，也没有强烈的明暗对比，整体柔和，使人平静。例如，在下面的案例中，左图用浅灰色调体现产品的复古感和文艺感，中图用浅灰色调营造出文艺女生的小清新气质，而右图则用浅灰色调呈现出一种传统的底蕴和古典国风的效果。

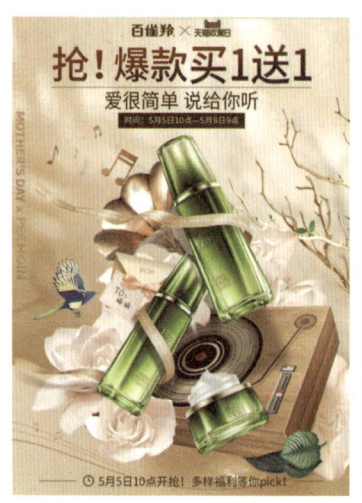
截自百雀羚天猫旗舰店2018年"天猫欢聚日"活动首页

截自茵曼天猫旗舰店2020年春季新品活动专题页

截自颐和园天猫旗舰店2020年"新年狂欢"活动页

6.3.7 浊色调

在纯色调的颜色中添加深灰色就会得到浊色调的颜色,与浅灰色调一样,浊色调的颜色也整体偏灰、纯度偏低,且比浅灰色调的更暗,同样也有一种高级感。运用时要注意明暗搭配,不然画面会显脏。

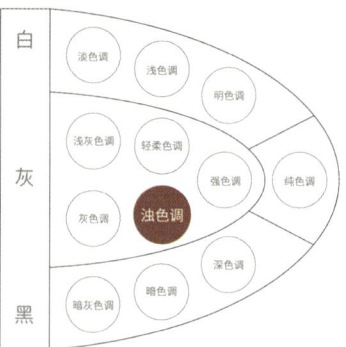

9c5656	935c48
9b8247	79894f
587c4e	4e558b
604a83	884762

浊色调的色彩印象:古典、古朴、格调、稳重、高端。

浊色调可以传递出古典、古朴、成熟、稳重的色彩印象。如右侧的案例所示,这种暗淡质朴的色调比较适合古风设计的效果呈现,画面虽显得内敛、沉稳、有些压抑,但却能给人一种厚重的文化底蕴和氛围感。

截自朵拉朵尚天猫旗舰店"双十一"活动预售页

截自雪花秀天猫官方旗舰店首页

浅灰色调和浊色调的颜色都属于低饱和度的，浅灰色调的亮一些，浊色调的暗一些，但都不鲜亮，不同的色相间也没有冲突。用浅灰色调和浊色调的颜色搭配出的画面和谐统一、不张扬、柔和、稳重，灰灰的调子给人一种低调、内敛的感觉，近几年的一个流行词"高级灰"形容的就是这两类色调。而说到"高级灰"，就不得不提一位意大利画家——乔治·莫兰迪（Giorgio Morandi）。这位西方美术史上的重要画家可以说是"高级灰"的鼻祖，他一生都在研究这种优雅高级的灰色质感。从下面的画作可以看出，莫兰迪在用色上极其克制，用的都是一些低饱和度的中间色调的颜色。这种配色呈现出一种优雅亲切的舒缓格调，所以又被称为莫兰迪色系。

《 Natura Morta 》　　　　　　　　　　　　　　《 Still Life 》

之所以讲"高级灰"，是因为近几年用得越来越多。以前常用于电影中，而现在电视剧中也会经常使用。例如，2019年上映的电视剧《长安十二时辰》，剧中大量运用了"莫兰迪色系"，显得沉稳、高级。在装饰设计中，"莫兰迪色系"也让空间显得典雅温馨，低调又有格调。

电视剧《长安十二时辰》截图　　　　　　　　　设计师Sarah作品

6.3.8 特殊色调

除了7种常用的色调，还有两种特殊色调：黑色调和白色调。它们均处于PCCS色调体系图的最左侧，不过这里的黑、白并非单指无彩色中的"纯黑"或"纯白"。一般来说，纯色中加入95%以上的黑色或白色就可被归为黑色调或白色调，这两种色调都是不会过时的经典色调，常作为氛围基调色出现在画面中。

▪ 1.黑色调

黑色调的色彩印象：格调、高端、稳重、神秘、力量。

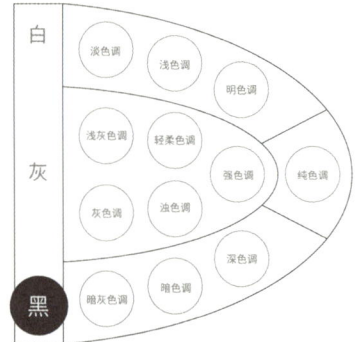

2c0103	1b0000
190e09	002218
001e04	0d1727
1f0728	140311

黑色的色调最深，能让产品显得更高端。如右侧的案例所示，黑色调强调元素的外形轮廓和光影质感，非常"高级"。虽然这样的画面整体很暗，但仍要注意细节的刻画，否则画面就会"乌黑一片"，显得不够精致。

截自苹果官网AirPods详情页

截自纪梵希天猫官方旗舰店口红详情页

▪ 2.白色调

白色调的色彩印象：格调、品质、清新、干净、极简。

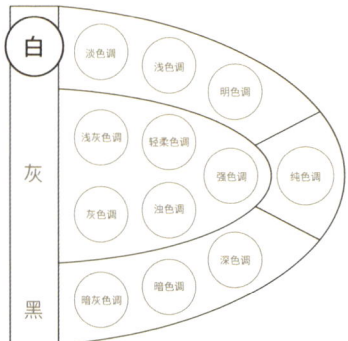

fef4f4	fff7f0
fffcf2	fafbed
f2f8ed	f4fafd
f6f2f8	fdf3f8

白色是色调最浅的颜色，会让画面显得非常干净、清爽。虽然白色调本身没有明显的情感表达，但配合留白的设计手法，反而给人以丰富的想象空间。当然，留白不只是留出白色，也包括留出空间。如右侧的案例所示，白色调常用于极简风格的设计中。

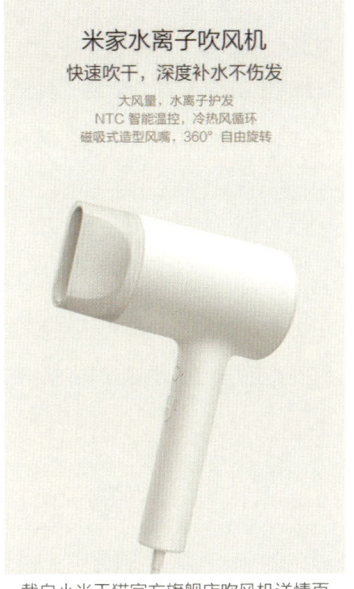

截自小米天猫官方旗舰店吹风机详情页

截自无印良品官方商城专题页

总结

以上介绍了电商设计常用的9种色调，通过对比可以发现，**色调的印象比较稳定，受色相的影响较小**，也就是说色调风格并不会随着色相变化而发生明显的变化。例如，红色和蓝色搭配的淡色调，尽管是对比色搭配，但都给人以清新淡雅的印象。所以无论选择哪种色相，只要色调统一，画面就能展现出和谐统一的效果。当然，有时也要通过色调的大反差来让画面呈现出层次感。总之，**色相反差越大越要让色调统一，而色相反差越小越则越要让色调有对比**，这样画面才会饱满、生动。这只是一般情况，实际设计时要根据创意灵活调整。

色相反差大，则让色调尽量统一，这样能减弱色彩冲突感

色相反差小，则要加强色调对比，使画面富有层次感

6.4 配色方法

虽然单色对视觉的影响很大，但在实际设计时往往还需要多色一起搭配，只有多色结合才能呈现出丰富的色彩印象。可以说学习色彩的关键就是学习配色。前面已经讲过常用的配色方案，下面就介绍3种配色方法：理论配色法、主体配色法和借鉴配色法。

6.4.1 理论配色法

理论配色法，就是用色彩相关的理论知识进行科学配色，其核心就在于对理论知识的掌握和应用。关于色彩理论，主要有两类：色彩印象和色彩体系。这两类并非独立存在，而是相辅相成的。

- **1.色彩印象**

所谓色彩印象，就是从经验和认知出发，看到不同颜色所联想到的不同事物和情感。例如，红色让人兴奋、绿色使人心情平和，这些直观感受都是在长期的认知过程中慢慢形成的，下面列举一些常见单色的色彩印象。

除了单色的印象，还有反应各种感受的配色印象。例如，下面就是能唤起某种印象的配色方案，这些配色方案都是根据人们的共性认知提炼出来的。这只是很小一部分，关于配色方案，网上有非常全面的内容，可多了解一些，对提升色彩敏感度很有帮助。

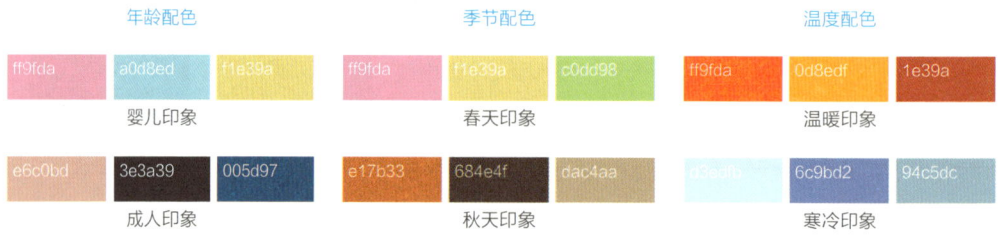

- **2.色彩体系**

如果说色彩印象是对色彩的感性认知，那么色彩体系则属于理性认知。关于色彩体系，前面已介绍过，核心就是色相环和PCCS色调体系图。色相环可辅助选择合适的颜色组合，而PCCS色调体系图则有助于进一步确定颜色的浓淡和明暗，这样就能对配色做出科学的判断与调节了。

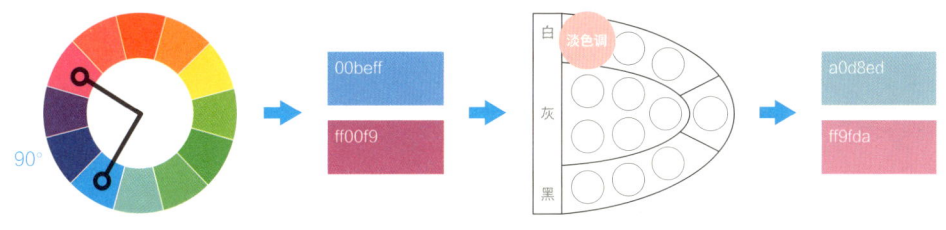

① 通过色相环选出一组中差色（天蓝色+洋红色）

② 再通过分析PCCS色调体系图，将选出的颜色调成淡色调，只有确定好色相和色调，配色才算真正确定了

3.组合运用

了解了色彩的两大理论，那么如何将这些理论用于实践呢？其实很简单，<u>大体分3步：第一步根据主题选择相关印象的代表色，第二步参照色相环确定搭配主色的辅色，第三步根据色调图调整主辅色的色调。</u>

下面看一个案例（非笔者设计作品），主题是与春天相关的"踏青出游季"，由此会想到代表春天印象的黄绿色（主色）；接着希望整体风格清新、对比柔和一些，因此选择差异并不明显的类似色作为辅色，再参照色相环选择橙色；确定好黄绿色+橙色后，根据PCCS色调体系图调节色调。由于是小清新的插画风格，调成明快的浅色调即可，这样整套配色方案基本就敲定了。

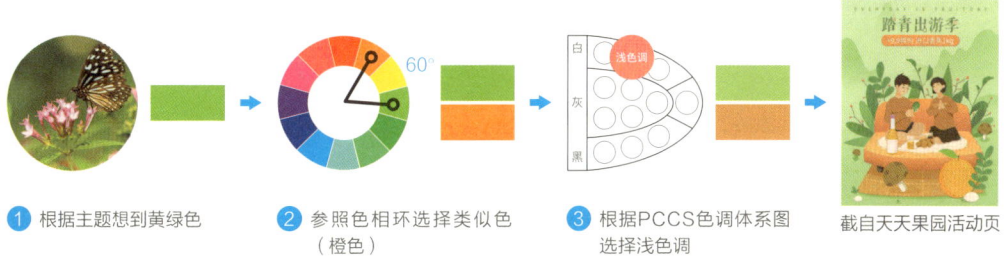

① 根据主题想到黄绿色

② 参照色相环选择类似色（橙色）

③ 根据PCCS色调体系图选择浅色调

截自天天果园活动页

实战案例

下面还是以胶原蛋白口服液为主体元素，用理论配色法设计一个新年主题的产品Banner。

- 文案信息：法国进口胶原蛋白
  新年焕新肌
  立即购买
- 风格定位：古典、中国风、品质
- 表现手法：空间陈列（台面陈列）
- 布局类型：上下布局
- 色彩搭配：红色（深色调）+橙色（纯色调）（邻近色搭配）
- 尺寸比例：9：16

① 先定创意和风格，画出草图。设想画面中有两个立方体台面，分别放置两瓶产品，为了凸显复古中国风，在场景中加入镂空屏风及传统工艺品等元素，注意整体构图要错落有致。

② 草图确定后开始构思合适的配色方案。这个设计采用可以呼应新年主题的复古中国风，而提到新年，红色肯定是大多数人想到的第一颜色，红色热闹、喜庆的印象早已深入人心，因此选择红色作为Banner的主色。

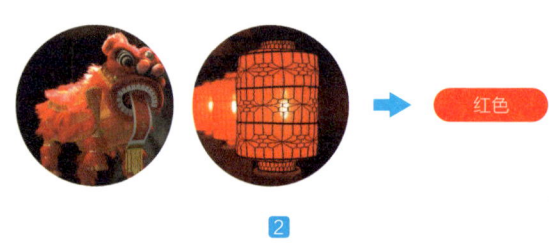

③ 确定辅色。在与新年有关的设计作品中，有很多将红色和各种颜色进行组合的应用案例，如红色+绿色、红色+蓝色等，都有不错的视觉效果。但这里选择了更为和谐、也更加常见的邻近色——橙色。

④ 确定画面配色为红色+橙色后，调节色调。因为要体现产品的品质和高端感，并希望观者的视觉焦点集中在产品身上，因此红色用深色调的。而作为辅色的黄色则用纯色调的，这样在深色中更能凸显出来。总之，只有把色相和色调都敲定了，配色部分的工作才算真正完成。

⑤ 如果设计方案较复杂，那么最好先画出草图并确定配色，这样执行前就能做到胸有成竹，尽量不要边想边做，不然就会很被动。接下来到了真正动手的阶段，根据草图和配色，在画布中搭建一个中式场景，注意场景中所有元素的明暗都要与预设的光源一致。

⑥ 添加光影，这是所有合成类作品设计时都非常关键的一步，主要是让各个元素都能自然地融入场景中，使画面成为一个统一的整体。其中要重点刻画物体的高光、倒角高光、反光和投影等细节，这些都是初学者容易忽视的地方（光影相关的内容会在第8章重点讲解）。

⑦ 最后添加上文字和按钮，图文采用上下布局，这样这个设计案例就完成了。

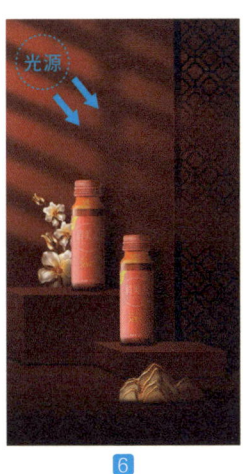
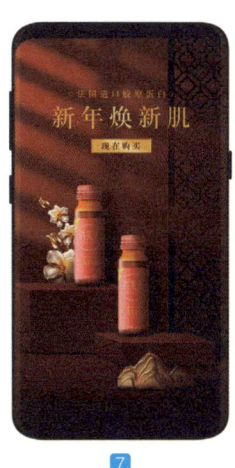

⑤　　　　　　　　　⑥　　　　　　　　　⑦

相比另外两种配色方法，理论配色法的使用门槛相对较高，因为需要设计师对色彩理论有较深入的理解。这种方法往往适用于文案中带有明显色彩印象的需求，如看到与春天相关的文案就能想到黄绿色，而看到与秋天相关的文案就能想到橙色等。

6.4.2 主体配色法

前面讲到常规的Banner是由文案、主体元素、点缀元素和背景4部分构成的，<u>而主体配色法就是根据主体元素的颜色来搭配文案与背景的颜色</u>（非主要的点缀元素则不考虑在内），主体元素可以是人物或产品，也可以是场景。假如主体的颜色很丰富，那主色和辅色都可作为取色的来源，不过还是要参考主色较多一些，核心是看最终的配色效果。主体配色法简单实用，特别适合主体明确的Banner设计。<u>主体配色法取色有3个原则：选取相似色、选取差异色及将二者结合的综合选取。</u>

- **1.选取相似色**

选取相似色，即文案或背景选取与主体相似的颜色。用色相环说明，就是选择同类色或邻近色这类反差很小的色相。由于色相大体统一，所以做出来的画面很和谐，主体呈现得较柔和。为了使主体突出，需注意前后的色调变化，尽量加强色调对比，这样画面才有层次感，主体才更清晰。从图示可以看出，主体配色法也会用到理论配色法所使用的色相环和PCCS色调体系图，不同的方法也是要穿插使用的，下面分情形举例说明。

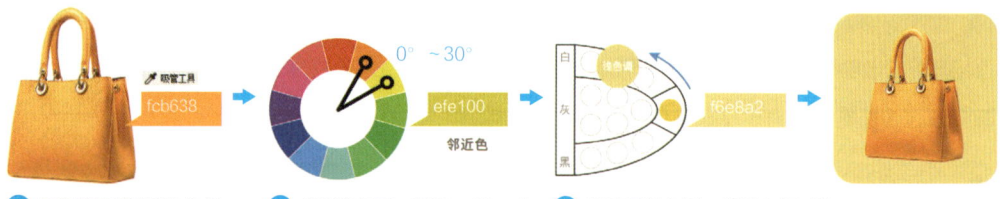

① 用吸管工具吸取女包得到主色
② 参照色相环，在0°~30°夹角的范围内微调色相，不要偏离主色太远
③ 继续调整色调，增强色调对比，突出女包

（1）文案色相似

在右侧的案例中，主体元素是穿着褐色衣服的女生，背景为灰色（无彩色），为了让画面整体协调，标题选择与女生衣服颜色相同的褐色，再将褐色的色调加深，使标题更醒目，这样一个简单的主体配色法的应用设计案例就完成了。

截自Amyy Studios淘宝店铺轮播图

（2）背景色相似

先看下面左侧的案例，主体是橙子，文字为白色（无彩色），而背景选用了与橙子主色相似的橙黄色，为了拉开前后的层次感，背景色调再适当提亮一些，最终确定为浅色调的橙黄色。下面右侧案例中的背景采用了与人物上衣一致的天蓝色，但因为上衣颜色偏浅，因此要将背景的色调加深一些，这同样也是为了强化层次感。

截自每日优鲜活动页

截自蘑菇街穿搭专题页

（3）文案色/背景色相似

前面讲的是文案或背景的单一配色，其实它们同时与主体颜色相似的情形也很常见，但在这种方式下，由于主体元素、文案和背景的色相大体相似，因此需要通过色调的强对比来提升画面的层次感和变化。在右侧的案例中，标题和背景都选择了与产品相似的颜色，但标题却被调成很深的暗色，这样才能凸显文字，画面才不会因为色相相似而单调。

截自每日优鲜活动页

截自每日优鲜
2017年"真心话酒水节"活动页

"文案/背景色相似"与"背景色相似"的区别就在文案配色上，前者的文案与主体色相相似，但会对色调进行深浅调整；而后者的文案则采用百搭的黑白色（无彩色），这两种都是非常常用的方法，做出来的画面都很柔和、协调。

■ 2.选取差异色

选取差异色，即文案或背景选用与主体有差异的颜色。差异可大可小，但不管何种程度，色相之间都要有明显的不同，这样设计出来的画面不再柔和，对比更鲜明。<u>选取差异色的方法适合想突出主体元素的Banner设计</u>。

如下图所示，在色相环上，基本都是中差色、对比色甚至互补色这些差异较大的色相，这时色调需要尽量统一，这样才能减弱色彩冲突，保持视觉平衡。总体来说"差异配色"会比"相似配色"难一些，需要利用色相环、PCCS色调体系图及设计师自身的设计感找到最舒服的差异色。

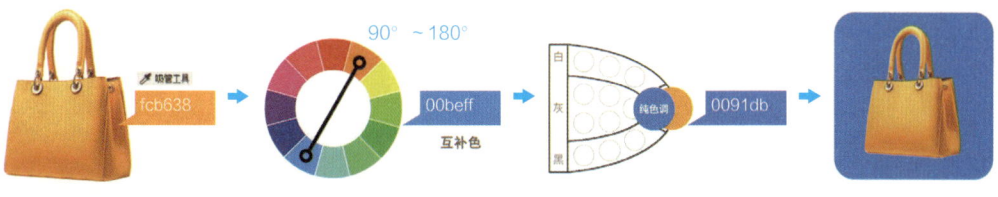

① 用吸管工具吸取女包得到主色
② 参照色相环，在90°~180°夹角范围内选择合适的色相来突出女包
③ 继续微调色调，但要与女包的色调大体一致

（1）文案色差异

如右侧的案例所示，人物的衣服是浅色调的玫红色，背景为灰色（无彩色）。为了突出人物，文案选择玫红色的中差色——蓝色，由于色相反差大，色调保持浅色调，以减轻冲突感。

（2）背景色差异

如右侧的案例所示，两个案例的背景都选择了和人物差异很大的互补色，而文案为白色（无彩色），在互补色的强对比下，人物不但突出，而且画面也显得非常个性和时尚，而色调依旧保持统一，以维持色彩间的平衡性。当然并非所有的Banner都要选择强对比色相来凸显主体，其实弱对比也可以，具体根据主体颜色及设计风格来定。

天猫精灵2019年"6·18"活动海报　　天猫2019年"秋冬新风尚"活动海报

（3）文案色/背景色差异

这里特指文案、背景都与主体颜色有差异，但本身的色相相似的情形。如下面的案例所示，画面想突出产品，背景就不要用相似色，根据色相环选择了有明显差异的天蓝色（左图）和黄绿色（右图），并将色调都调成与主体相似的浅色调，这样就能降低反差色的违和感。而标题颜色则不同于背景色差异中的白色标题，此处文字采用与背景一样的色相，但调成暗色调以保证可读性。左图是差异很大的互补色，右图是差异较小的类似色，也就是说对比并非越强越好，合适即可。

截自每日优鲜活动页　　截自良品铺子天猫旗舰店甘栗详情页

3.综合选取

还有一种思路是综合选取，即在一个Banner中，文案和背景分别使用主体的相似色和差异色，这样画面会显得更生动，层次也更丰富。综合选取主要有以下两种情形。

（1）文案色相似/背景色差异

在该情形下，Banner的文案选择主体的相似颜色，而背景却选择主体的差异颜色。如右侧的案例所示，主标题配合产品选择了同类色——玫红色，而背景却选择了对比色——青色，在这样的背景下，产品和文案都得到了突出，对比鲜明，富有活力。

截自唯品会2017年每日优鲜活动页

（2）文案色差异/背景色相似

这种情形与上面的刚好相反，Banner的文案选择主体的差异颜色，而背景却选择主体的相似颜色。

如右侧的案例所示，主标题是人物主色的中差色——蓝色，但背景是邻近色——粉红色，画面弱化了人物，重点突出了标题，但整体依然生动、醒目。

截自蘑菇街活动页

实战案例

先设计一个运动护膝（可防止膝关节在运动中受伤）的产品Banner，如右图所示。下面分别用主体配色法中提到的3种方式来对文案和背景进行取色，观察不同的取色方式对画面造成的不同影响。

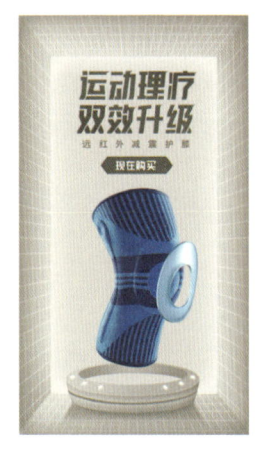

▶ 选取相似色（文案色/背景色相似）

在这种方式下，文案和背景都选择与产品相同的天蓝色，可以体现产品的科技含量。由于色相相同，为了拉开层次，需要提高背景的明度，将其调成浅色调的，这样才能突出产品和文案。

选取相似色的方法上手简单，能让画面整体舒适，协调统一；但由于缺少颜色变化，所以也会显得有些单调，不够生动。

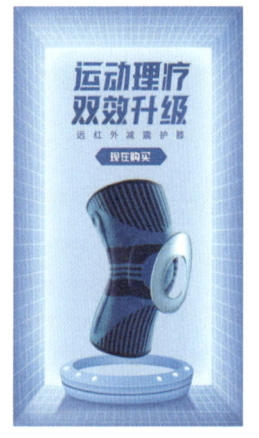

▶ 选取差异色（文案色/背景色差异）

运动护膝是天蓝色，文案和背景则选择天蓝色的对比色——红色，用大反差的色相来凸显产品，并通过红色的氛围让观众感受到运动的力量感，也能与人群定位相呼应。由于色相反差大，所以把色调都统一调成了深色调的，这样视觉上会显得协调一些。当然文案要用浅红色，要保证可读性。

选取差异色的方法上手难度会大一些，主要是需要选择一种对比鲜明但又不显冲突的颜色。若使用得当，画面就会更加生动且更有冲击力。

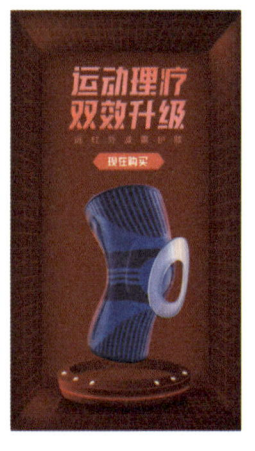

▶ **综合选取（文案色差异/背景色相似）**

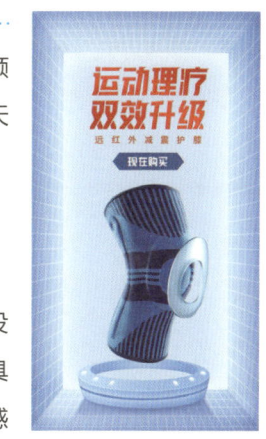

画面中文案和背景的颜色，一个与产品颜色一致，另一个与产品颜色形成差异。例如，在右侧的案例中，背景与护膝的颜色一致，都是天蓝色；而文案却与护膝的颜色不同，用的是红色。这样画面依然和谐，但文案更突出。综合选取法其实是在前面两种方式中寻找一个平衡点，使画面富有变化但又不过于强烈，属于视觉均衡的折中方案。

主体配色法主要适用于有明确主体元素的画面，而大部分的电商设计都有人物或产品露出，所以这种方法很常用。通过案例可以看出，具体选择哪种取色方式，关键是看创意和风格。不同的取色方式给人的感受也不同：希望画面统一的可以用相似色；希望画面生动的就尝试采用差异色；而想在统一和变化之间找到一个平衡点的，那就采取综合选取的方式。

6.4.3 借鉴配色法

借鉴配色法实用且百搭，适用范围广，也是我平时最常用的一种方法。<u>借鉴配色法，就是根据合适的参考图进行配色</u>。核心在于借鉴，借鉴的前提就是要找到匹配的参考素材，而找参考素材的关键在于要有审美和判断能力。审美是要能发现"美图"，如果图片本身一般，那这个方法就无从谈起。而判断则是要能清楚地了解需求，知道想要的创意和风格，这样才能判断出茫茫"图海"中究竟哪些图片适合借鉴。下面通过一个案例来介绍借鉴配色法的3个应用步骤。

■ **1.确定参考**

这是第一步，也是最关键的一步。如果参考找得合适，那就成功了一大半。注意，找参考图时不要局限在同主题或同类目下，最好是不限主题和类目，在全网去找，这样更易打开思路，也能发现更多的优秀作品。

例如，现在需要设计一个孝亲主题的中秋Banner，风格年轻化、女性化，要有别于常规的传统风格，于是就有了右侧这张扁平插画风格的黑白设计稿（因为本节主要讲色彩，所以省略了其他设计环节）。

到了配色阶段，根据创意和风格，先找一些适合借鉴的参考图。因为画面有别于传统风格的，所以要避开搜集那些古典风格的作品，尽量多找现代风格的，如现代中国风或扁平插画风的等。右图是在花瓣网搜集部分参考图的截图。

花瓣网截图

接着是确定参考图，也就是在搜集的作品中找出可以借鉴的参考图。当然，参考图可以是一张图，也可以是多张图，经过分析最终锁定了右侧所示的这张图片。

截自珀莱雅天猫官方旗舰店2016年中秋节活动首页

■ 2.提取分析

虽然明确了参考图，但并非图中的所有颜色都能借鉴。因此要对图片的配色进行观察和分析，从众多颜色中提取合适的配色方案，选用的颜色的数量要根据实际情况来定，一般3~5种即可。

之所以选择这张图，是因为画面中既有深夜的氛围，又通过玫红色提高了画面的对比度，跳跃感更强了，这种冷暖呼应使画面显得更生动、时尚。先提取图中的主要颜色，如右图所示。

选择的这个参考图的画面颜色比较简单，主次也很清晰：蓝色和天蓝色是主色，玫红色是辅色，橙色是点缀色。这套配色方案很完整，配比科学，但由于我们要呈现的产品是黄绿色的，因此只要将点缀色改为黄绿色即可，如下图所示，这样就在原本的配色基础上通过分析得出了想要的配色。

3.灵活运用

当配色方案确定后，就要将各种颜色灵活应用到设计中，这里说的灵活主要包括以下两点。

第1点，要根据使用情况，灵活地加减颜色数量。例如，画面新增了视觉元素，可能就要添加一些调和色，或在实际运用时发现有些颜色不合适，可能也要减去一些颜色。

第2点，对于实际使用的颜色，也要根据画面效果进行色相或色调上的微调，最后得出一个最优的搭配方案。

可见哪怕已确定的配色方案也并非是一成不变的，要灵活运用、及时调整，最终表现到位才行。方案敲定后，将颜色分别填进之前的黑白稿中。如右图所示，蓝色和天蓝色用于背景，玫红色作为服装的颜色，而黄绿色则是产品的颜色。

色彩的整体基调搭配完成后，还有一些细节需要完善，有些颜色缺少层次和变化，需要再根据场景和元素进一步添加几种调和色，使画面丰富起来，如下图所示，这样Banner的配色就全部完成了。

以上就是借鉴配色的3个步骤，这种"借力法"应用范围很广，任何设计都能"合理借力"，比凭空思考要简单得多。当然，要想"站在巨人的肩膀上看得更远"，平时就要多看优秀的作品。

在前面的中秋案例中，因为要单独讲解配色，所以就先展示了构图（黑白稿），之后又往里填的颜色。但在实际设计时，不可能也不应该分得这么清楚。一般构图和配色都是同时进行的，在画草图的阶段就应该确定初步的配色方案，这样准备才充分。

实战案例

根据设计主题找一张合适的参考图，从参考图中提取配色方案并灵活运用到设计中，下面以正常的设计流程来讲解这个案例。

- 文案信息：传递奥运UP力，点击进入
- 风格定位：动感、有趣、插画
- 表现手法：放大核心点（放大标题）
- 布局类型：包围布局
- 色彩搭配：天蓝+黄绿+橙色+黄色（纯色调）
- 尺寸比例：9∶16

① 设计主题与2016年的里约热内卢奥运会有关，将标题放大作为主视觉，为了让画面显得更动感，在标题下方添加螺旋跑道，并将品牌的卡通形象融入其中。创意确定后画出草图，看看是否可行。

② 草图确定了，接着要定配色，这才是这个案例的重点。先搜集一些与奥运或运动相关的参考图，选出合适的图片作为这个设计的配色参考图。

③ 参考图确定后，从中提取主要颜色。如图所示，提取出了"天蓝+黄绿+橙色+黄色"的配色方案，刚好与草图相匹配：背景的天空用天蓝色，草地用黄绿色，而主视觉则用橙色和黄色。

④ 草图和配色敲定后，开始设计画面。还是先搭建整个场景和构图，对于这种多元素结合的设计，要注意透视的微妙变化。靠近画面下方的内容偏俯视，而靠近上方的内容则偏仰视。另外，随着场景搭建将确定的配色方案同步添加进来，只填充大色块即可，主要看看配色方案是否真正可行，能否满足画面的需要。

⑤ 继续添加光影。添加光影就是一个调整配色的过程，给色彩添加明暗色调，并适当加一些调和色，使不同颜色融合得更加自然，这一步完成，画面立刻变得立体有层次了。

⑥ 最后添加一些点缀元素，如购买按钮、彩色圆点和速度线等，这样能进一步丰富画面，使画面整体更精致。

❻

借鉴配色法在3种方法中是适用范围最广的。当然，关键是要找到合适的参考图，所以平时要多看多积累才行。

总结

以上3种配色法虽是分开讲解的，但很多时候都会穿插使用。例如，使用主体配色法时，也要用理论配色法挑选文案色和背景色。要活学活用，方法只能提供思路，关键还得以效果为准。最终要将3种配色思路融入自身的设计感中，提升自我的色彩敏感度，这样才会越做越顺。<u>其实理解的最高境界，就是不管用哪种方法，最后都会合为一种方法：属于自己的"经验配色法"。</u>

例如，在前面的中秋案例中，记住了Banner的配色方案（蓝色+玫红色），在后来的一次专题页设计中，想要营造出蓝色系的时尚舞台感，便继续使用了该配色方案。这样就不用再找参考图了，根据过往经验很快便将配色方案确定了下来，如下图所示。因此，每次设计的配色方案最好都能认真总结并记住，这样"色感"才会越来越好。

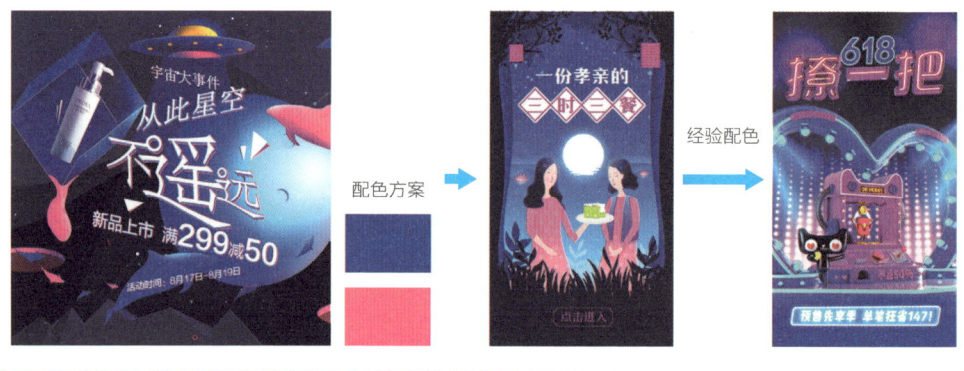

6.5 配色原则

前面讲了配色的3种方法，这一节要讲的是配色的3条原则，只有将方法和原则融会贯通，才能真正提升自己的配色能力。

6.5.1 与设计风格匹配

本书第3章详细介绍了电商的设计风格，<u>与设计风格匹配是说画面中的配色感受需要和画面风格保持一致</u>。这是一条需要牢记的重要原则，本书的后续章节还会反复提及。而设计风格往往由品牌、产品、主题、创意所决定。例如，主题是新年，那常见搭配便是红色+黄色，若改成蓝色+黄色就不合适；如果主题换成中秋，那蓝色+黄色更合适，用红色+黄色反而显得奇怪，可以说配色就是风格表现的基础。

红色+黄色，新年印象　　　　　　　　　　　蓝色+黄色，中秋印象

当然，很多风格对应的配色并不固定，甚至为了让有些风格呈现出新花样，配色上会刻意反其道而行之。但就电商设计而言，一般还是要采用符合用户认知的主流配色，这样才能引起更多用户的共鸣，进而促进他们产生购买。那么如何快速掌握某种风格的主流配色呢，有一种常用的方法就是通过情绪板配色，这一内容在第3章已经介绍过，下面就讲解一下如何用情绪板提取某一种风格的主流配色。

例如，需要设计一个赛博朋克风格的活动海报，可以先找一些赛博朋克风格的相关参考图，再将图片进行"马赛克"处理，并从中提取共性配色（蓝色和洋红色），如下图所示。

赛博朋克风格的电影海报　　　　　　　将海报马赛克，提取配色方案

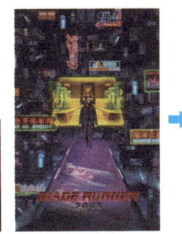

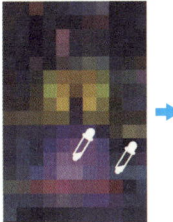

电影《攻壳机动队》宣传海报　电影《银翼杀手2049》宣传海报

然后将提取的配色方案用于Banner设计中即可,这样通过情绪板就能快速找到赛博朋克风格的主流配色,如右图所示。

其实情绪板算是借鉴配色法中的一种具体运用,所以它们有很多相似之处,都是通过参考图来找到对应的配色。情绪板除了用于提取配色外,也可用于设计方案的反向论证。反向论证能帮我们更好地在设计小组或者需求方之间进行沟通,为方案提供依据,提升沟通效率。

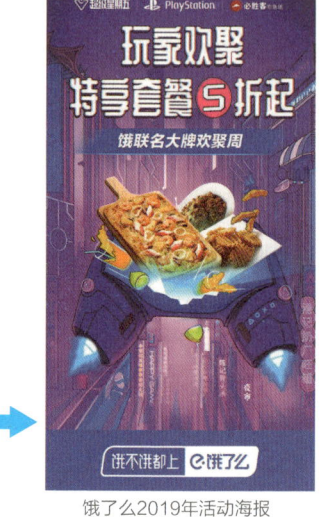

饿了么2019年活动海报

6.5.2 主辅色有对比

这条原则包含两个要求:一是画面要有主色和辅色,二是色彩间要有对比。当然,在设计时一般都要同时满足这两个要求。

主辅色其实是一种概括的说法,严谨一点讲,应该是主色、辅色和点缀色。主色是指画面中最主要也最突出的颜色,它为整体视觉效果奠定了基调;辅色则是能与主色产生呼应的颜色,同时也对设计风格起到烘托和点睛的作用;点缀色主要起点缀及强调某些元素的作用。

截自优酷VIP会员活动页

注意,这里的主色、辅色和点缀色既可以是3种单色,又可以是某一维度下的颜色集合。如下页的案例所示,左图是以色相差异区分了主色、辅色和点缀色,而每种"颜色"其实是某一色相下的深浅集合；右图则是从冷暖色的角度进行区分，这时每种"颜色"就是不同色相的冷、暖集合。总之，并没有绝对的区分标准，都是根据实际配色情况所做的相对区分。

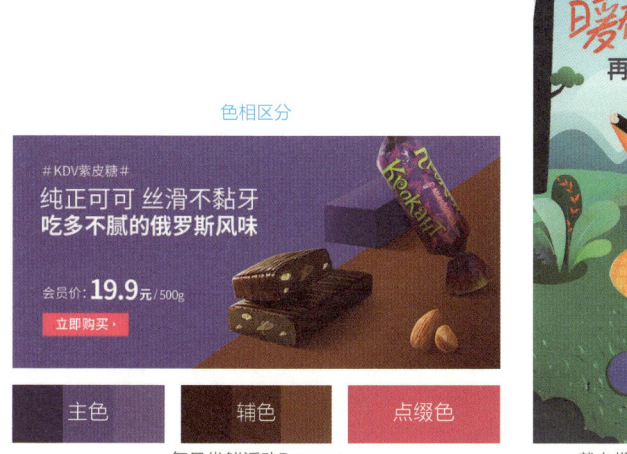

每日优鲜活动Banner　　　　　截自携程"出游季"活动页

在实际设计时，也不是所有Banner都能套用主色、辅色和点缀色，因为色彩的搭配千变万化，这只是其中一种常见的分法。此外，还有更复杂的主色、辅色、点缀色和调和色等，这里就不展开讲解了，其实这些分法的核心思路基本相同。

下面主要从色彩对比的角度讲解配色思路，为了便于理解，所以从最简单的双色搭配（主色和辅色）开始介绍。<u>一般色彩对比有3种：色相对比、色调对比、轻重对比和面积对比</u>。这4种对比的程度可强可弱，并且经常两两结合使用。

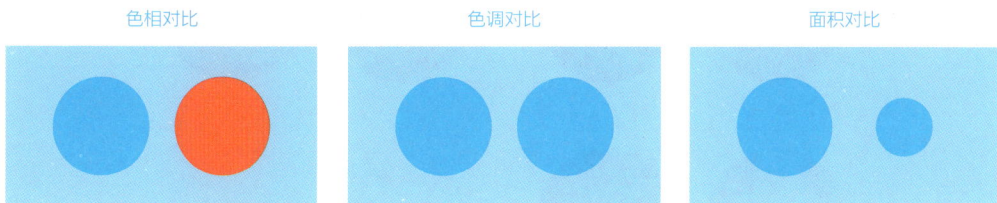

■ 1.色相对比

本章所展示的12色相环就是在讲色相对比，即色相环上不同色相间的差异比较。随着色相环上颜色的夹角逐渐接近180°，色相差异就会越来越明显，对比程度也会逐渐增强。根据对比感受的不同，这里重点讲解色相中的冷暖对比和进退对比。

（1）冷暖对比

其实颜色本身并没有冷暖之分，之所以能感到"色彩的温度"，是因为人们在长期生活中因观察而形成的一种心理映射，并且这种冷暖感受几乎所有人都能达成一致，不受任何文化、传统和地域的影响，下面就是12色相环上的冷暖分布图。

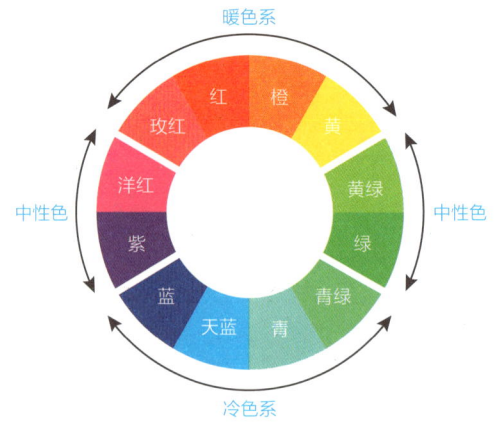

RGB模式的12色相环

从上图可以看出，以红色、橙色为中心的色相属于暖色系，距离它们越近的颜色，让人感觉越暖；以蓝色、青色为中心的色相属于冷色系，距离它们越近的颜色，则让人感觉越冷；而介于冷暖之间的紫色、绿色为中性色，冷暖并不明显。很多对应色系的自然事物给人的心理感受也都是这样的，暖色系的事物给人温暖、温馨、兴奋、热烈等印象，而冷色系的则给人寒冷、清爽、冰凉、安逸等印象。

暖色印象　　　　　　　　　　冷色印象

而冷暖对比就是将冷色和暖色进行互配，属于强对比，这在各个领域的设计中都很常见。因为冷暖对比的配色醒目、鲜明，能让画面充满张力和氛围感，更易形成记忆与传播点（当画面中的冷暖色面积相当时，一般以暖色为主色）。

截自口碑2018年"双十一"活动页　　截自李宁天猫官方网店2017年活动页　　自如租房宣传海报

> **小提示**
>
> 当冷暖色的面积差不多时，很难判断哪种颜色是主色，这里定义暖色为主色，也只是一种分法而已，无须深究。色彩本来就有感性的一面，每个人对色彩都有着不同的感受和理解，关键是能将色彩对比表现到位。而接下来要讲的进退对比和轻重对比也同样如此，对主色的判定也偏主观（两色面积相当时）。

（2）进退对比

在有些画面中，色相带给人冷暖感受的同时，也让人感到有进退感。暖色系的颜色有前进感，较为凸起；而冷色系的颜色则有后退感，显得凹陷。

通过进退对比，能够很好地突出某些视觉元素。如右侧的案例所示，画面中的蓝色有明显的后退感，属于背景色，不"抢"主体，而红包的橙色则有前进感，这一退一进，就使红包显得特别突出、夺人眼球（当画面中前进色和后退色的面积相当时，一般以前进色为主色）。

截自支付宝活动页

除了色相，明度和纯度也会对色彩的冷暖及进退产生影响，但影响程度相对较小。总之，<u>色相还是影响色彩冷暖和进退的最大因素</u>。

■ 2.色调对比

色调对比是指PCCS色调体系图中不同色调的差异比较。如下图所示，色调的距离越近差异越小，对比越弱；反之，距离越远则差异越大，对比也越强。

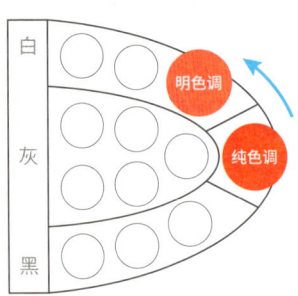
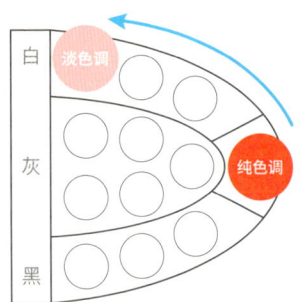

前面讲过，<u>色相对比和色调对比往往是此起彼伏的关系</u>。色相对比越强，则色调对比越弱。尽量保持色调一致或者微小的差异，设计出来的画面才和谐，颜色才不会起冲突。反之，色相对比越弱，则色调对比越强，特别是同类色。当色相相同或相似时，就要通过强烈的色调差异来使画面更鲜明生动，更有层次感，否则画面就显得呆板、没有重点。

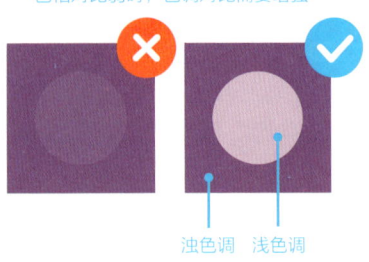

■ 3.轻重对比

这里重点讲讲相同色相下的色调强对比，这种对比方式很常用，其中色调变化也会带来轻重的变化。在相同色相中，色调越淡、越明快则让人感觉越轻；而色调越浓烈、越暗沉则让人感觉越重。例如，有两个大小相同的蓝色箱子，一个深色调一个浅色调，深蓝色的箱子看上去明显更重一些，如右图所示。

例如，在右侧和下面的案例中，画面通过色调的轻重差异，使单色也能呈现出丰富的层次和变化，给人一种简洁、干净的心理感受，很适合表现简约、文艺、清新等风格（当画面中轻重色的面积相当时，一般以重色为主色）。

网易云音乐轮播图

截自网易严选2017年"年货节"活动页

除了色调能对色彩轻重产生影响外，色相同样也可以，只是给人的感受没那么强烈而已。因为并没有一个固定的判断标准，所以要根据画面的整体印象来分析。

■ 4.面积对比

面积对比最直观，广泛存在于各种设计中，它是指不同颜色在画面中所占面积不同而产生的差异比较。面积差异越大对比越强；反之，面积差异越小则对比越弱。由于不同的颜色肯定会有色相或色调上的不同，<u>因此不同颜色的面积对比必须与色相对比或色调对比一起使用</u>。如右侧和下面的案例所示，除了面积对比外，还都用到了色相或色调对比。

色调对比+面积对比

色相对比+面积对比

唯品会周年庆活动海报

换个角度讲，当画面中的色相或色调变化配上明显的面积差异时，画面对比会更鲜明，视觉上也更舒服。无论色相、色调如何变化，若存在面积差异，那么面积最大的是主色，面积较小的是辅色，再小一点就是点缀色，可以说面积差异就是区分主辅色最直观的依据。而关于面积配比，一般建议主色、辅色、点缀色的占比是6∶3∶1，如果只有主色和辅色，那么就是7∶3左右。

上面所讲的比例仅供参考，具体还要根据实际情况来分析，切忌生搬硬套。理解了思考方向和设计思路即可，关键是确保画面中的主辅色面积差异大一些，这样画面更有形式感和节奏感，如右侧和下面的案例所示。

每日优鲜活动Banner

截自QQ浏览器推广活动H5页面

6.5.3 数量要合适

这里的数量是指色相数量，**色相数量要合适意味着任何画面的颜色并非越多或越少就越好，关键是要匹配创意和设计风格。**通常电商视觉设计中会有偏安静和偏热闹两大类，建议偏安静的画面中的色相数量不超过3种，而偏热闹的画面中的色相数量不少于3种。而无彩色（黑白灰）则不包括在内，根据需求灵活添加即可。

- **1.偏安静：不超过3种**

如果希望画面在视觉上偏安静一些，那么建议色相数量不超过3种，而具体用几种则要根据元素和氛围来定。较少的色相种类能让画面更和谐，无论画面形式多复杂，整体也能保持统一。

每种色相可以有丰富的色调变化，如右侧左上角的案例所示，虽然画面中只有一种玫红色，但色调却有深浅变化，这样也能呈现出层次感，不至于单调乏味。

截自天猫2017年"6·18"活动分会场页面　　每日优鲜2018年"双十二"活动海报

■ 2.偏热闹：不少于3种

如果希望画面在视觉上偏热闹一些，那建议使用的色相数量不少于3种，这样丰富的色相种类能让画面显得更生动、更富有冲击力，如下面的案例所示。当然，色相数量也并非越多越好，数量过多反而显得杂乱无章、难以协调。一般以5种为限，超过5种就要考虑是否有必要了。同样，这里说的是色相数量，而每种色相下又都会有多种色调变化。

大众点评2018年"双十二"活动分会场页面　天猫2017年"6·18"活动倒计时海报　截自每日优鲜2017年活动页

当然，也不是说超过5种不行，主要是因为5种以上的色相再加上色调变化后，配色会变得很复杂，对表现形式的要求也更高，整体更难把握。搭配不当就会显得颜色繁杂、变化过多。但若搭配得当，画面反而会五彩纷呈，令人眼前一亮，如右侧的案例所示。

以上所建议的色相数量仅供参考，并非绝对的，在实际设计时需要在此基础上再进行具体分析。例如，有时用2种色相也能做出大促感，而3种以上的色相也可表现出简约的风格，毕竟颜色数量只是一方面，其他的还有颜色面积、对比程度、构图形式、版式结构等影响，关键还是要有自己的设计感。

淘宝2016年"双十二"活动海报

> **总结**
>
> 本节讲了3条配色原则，这些原则分别从色彩的心理感受、对比程度和使用数量入手，让配色过程变得更加科学、严谨。在实际设计时，要遵循这3条原则，任何一条没做到位都可能导致画面出现明显的配色问题。

6.6 本章小结

本章由浅入深、从点到面地讲解了色彩术语、12色相环、PCCS色彩体系、配色方法和配色原则。虽然本章是从移动电商设计切入的，但色彩学其实是很多领域的共性学科，如服装设计和平面设计虽然分属两个完全不同的设计领域，但对色彩及配色的理解却有很多相似之处，可以说色彩学是一门具有通用性的基础学科。因此，只有与具体领域相结合，才能形成清晰明确的方法论。在学习色彩知识时，不能只看色彩相关的内容，还需要将其与相关领域的其他知识融会贯通起来。例如，在做电商设计时，把色彩与构图结合起来，构图和色彩本就是同步进行、相辅相成的，如果脱离构图谈色彩，就会过于理论化和主观。

移动端
卖货式设计

卢维贤 —— 编著

适配手机屏的
电商设计
法则与实战应用

（下册）

人民邮电出版社
北京

目录

第 7 章
电商设计常用色 355

7.1 红色 358
  7.1.1 纯红色 358
  7.1.2 粉红色 362
  7.1.3 深红色 366
  实战案例 369

7.2 黄色 372
  7.2.1 纯黄色 372
  7.2.2 浅黄色 376
  7.2.3 褐色 378
  实战案例 380

7.3 绿色 383
  7.3.1 纯绿色 384
  7.3.2 浅绿色 385
  7.3.3 深绿色 387
  实战案例 390

7.4 蓝色 393
  7.4.1 纯蓝色 394
  7.4.2 浅蓝色 397
  7.4.3 深蓝色 400
  实战案例 402

7.5 紫色 405
  7.5.1 纯紫色 405
  7.5.2 浅紫色 407
  7.5.3 深紫色 409
  实战案例 411

7.6 本章小结 414

第 8 章
设计中的光影视界 415

8.1 光源类型 418
  8.1.1 照射光 418
  8.1.2 环境光 421

8.2 物体明暗 424
  8.2.1 明暗原则 425
  8.2.2 环境色影响 429
  实战案例 432
  8.2.3 照射光影响 434
  8.2.4 其他材质 445

8.3 物体投影 450
  8.3.1 投影方向 451
  8.3.2 投影轮廓 451
  8.3.3 投影颜色 458
  8.3.4 投影深浅 459
  8.3.5 投影虚实 461
  实战案例 464

8.4 戏剧化用光 470
  8.4.1 明暗对比 470
  8.4.2 色相对比 473
  8.4.3 形状划分 476
  实战案例 481

8.5 本章小结 484

第 9 章
字体设计的门与路 485

9.1 字体的类型和气质　　488
    9.1.1 字体类型　　488
    9.1.2 字体气质　　496
    9.1.3 选择合适的字体　　498

9.2 字体设计　　502
    9.2.1 字体设计原则　　502
    9.2.2 改字　　504
    9.2.3 造字　　511
    实战案例　　516

9.3 字效呈现　　519
    9.3.1 立体　　519
    9.3.2 边框　　522
    9.3.3 阴影　　523
    9.3.4 质感　　526
    实战案例　　529

9.4 本章小结　　534

第 10 章
版式设计没那么简单（一）
手机端详情页设计 535

10.1 做前想一想　　538
    10.1.1 整体印象　　538
    10.1.2 梳理文案　　541
    10.1.3 确定风格　　544
    10.1.4 画草图、定配色　　547

10.2 版式设计4原则　　549
    10.2.1 对齐　　549
    10.2.2 亲密性　　552
    10.2.3 对比　　556
    10.2.4 重复　　559

10.3 详情页版式设计　　564
    10.3.1 浏览顺序　　566
    10.3.2 一屏一版块　　571
    10.3.3 版块结构　　573
    10.3.4 前3屏原则　　581
    10.3.5 轻重结合　　582
    10.3.6 留白　　586
    10.3.7 少即是多　　589

10.4 版式设计细节　　592
    10.4.1 几何图形　　592
    10.4.2 具象图形　　600

10.5 本章小结　　606

第 11 章
版式设计没那么简单（二）
手机端专题页设计 607

11.1 专题页设计全局观　　610
    11.1.1 服务对象　　610
    11.1.2 常用版块　　610
    11.1.3 统一与变化　　614
    11.1.4 表现类型　　624
    实战案例　　632

11.2 专题页版式设计　　635
    11.2.1 浏览顺序　　635
    11.2.2 模块大小　　637
    11.2.3 内容区隔　　642
    11.2.4 信息呈现　　648

11.3 本章小结　　656

第 7 章

电商设计常用色

本章导读

第6章主要讲了色彩三要素、配色方法和配色原则，对相关的重要知识点进行了详细介绍。而本章就继续以色相环为参照，从中选出电商设计常用的5种颜色进行综合讲解，5种颜色分别是红色、黄色、绿色、蓝色和紫色。通过剖析每种颜色，来看看它们在不同色调下的色彩印象和具体的设计应用。电商视觉设计作为典型的商业设计，都是以传播正面内容为主的，所以本章介绍的色彩也都以积极的印象为主。而色彩所对应的案例则会根据主色进行归类，如某设计作品中红色占比最大，那就将该案例归为红色的应用案例。选取的5种颜色并非只有单色，而是泛指5个色系，如红色就是红色系，除了正红色外，还包括偏橙的橙红色和偏紫的玫红色等，这样5个色系基本就覆盖了整个色相环。

7.1 红色

红色作为典型的暖色,是一种能让人感到热烈和兴奋的颜色。在电商设计中,红色更易刺激消费者并使其产生购买欲,因此也是促销主题设计的常用色。根据直观印象的不同,可以将红色分为3类:纯红色、粉红色和深红色。

这样划分主要是依据色调的深浅。虽然这3种红色同属红色系,但给人的印象和感受却有很大不同。

7.1.1 纯红色

说起红色,首先想到的应该就是纯红色。纯红色位于 PCCS色调体系图的最右侧,是纯度很高的一类红色,如下图所示。

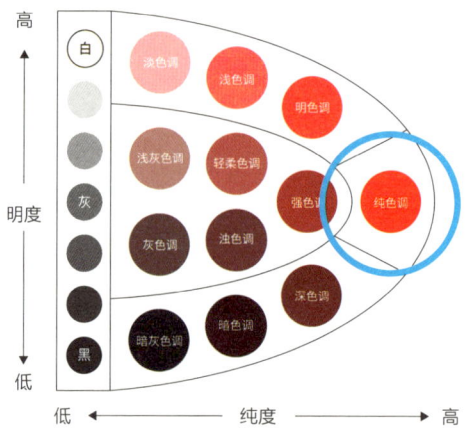

在色相环上,红色的两边分别是紫色和橙色,其中偏紫一些的是玫红色,而偏橙一些的是橙红色。因此,根据色相的差异又可将纯红色分为玫红色、正红色和橙红色,如下图所示。

纯红色系的色彩印象:热情、浪漫、喜庆、活力、激情、炎热、美味。

纯红色也有警告、恐怖等消极印象，但电商设计中这样的设计很少，所以就不展开介绍了（后面提到的颜色及应用也一样）。纯红色是很容易刺激人类情感的一类颜色，下面看看纯红色在不同类目及主题下的设计应用案例。

- **1.美食**

当纯红色用于美食类目的设计中，可以极大地刺激观者的食欲，让观者隔着屏幕都能强烈地感受到食物的美味，容易勾起人们想品尝的冲动，如下面的案例所示。

截自大众点评2019年"火锅节"活动页

截自饿了么2020年"欢聚食刻"活动页

- **2.美妆**

在美妆类目的设计中，纯红色的印象非常多元化。如下面的案例所示，纯红色既能表现大促的热烈氛围，又能传递出成熟女性的优雅，同时又能体现出产品的品质感。

截自御泥坊天猫旗舰店
2017年"99欢聚盛典"活动首页

截自韩束天猫官方旗舰店
2020年"年货节"活动首页

截自梦妆天猫官方旗舰店
2019年"双旦礼遇季"活动首页

3.服装

当纯红色出现在女装类目的设计中时,往往能展现出女性的成熟魅力(左图)。男装相关的设计有时也会用到纯红色,浓烈的纯红色让画面充满了时尚和个性(右图)。

截自伊芙丽天猫旗舰店首页

截自mecity天猫官方旗舰店2019年"年货节"活动首页

4.运动

纯红色用在运动类目的设计中也再合适不过,如右侧的案例所示,纯红色传递出了激情和活力,有种强烈的、积极向上的感觉,让人热血沸腾。

截自特步天猫官方旗舰店2020年"国跑正当潮"活动页

截自wilson天猫官方旗舰店2020年"春季火拼周"活动首页

5.节日

电商每逢节日必促销,因此电商中与各种节日相关的设计页面也是层出不穷,而在设计上以纯红色为主的节日有春节、圣诞节和情人节/七夕节等。

（1）春节

在很多人的心目中，春节的代表色就是纯红色，纯红色的设计呈现出热闹和喜庆的效果。前一章也讲到，春节相关设计的经典配色是红色+黄色，但用得不好会显老气，若改用玫红色或橙红色，或者添加一些绿色和蓝色进行调和都能产生不错的效果。

截自御泥坊天猫旗舰店
2019年"年货节"活动首页

京东2019年"年货节"
活动海报

（2）圣诞节

纯红色也是圣诞节相关设计所采用的主色，准确地讲是以红色和绿色的搭配组合为主，如右侧的案例所示。

截自西有全球好店App活动页

京东到家"暖心圣诞"活动海报

（3）情人节/七夕节

纯红色还代表着浪漫与爱情，非常适合热恋主题的设计。如右侧的案例所示，在纯红色的作用下，画面传递出爱情的热烈和炙热之感。

截自陌森天猫旗舰店
2018年"天猫情人节"活动首页

截自大宝天猫官方旗舰店
2018年"双十一"活动预售页

7.1.2 粉红色

粉红色位于PCCS色调体系图的左上方区域，偏浅色调或淡色调，明度偏高、纯度偏低，是一种非常柔和的浅红色。当纯红色变成粉红色后，气质也发生了改变，这就是色调变化所带来的影响。

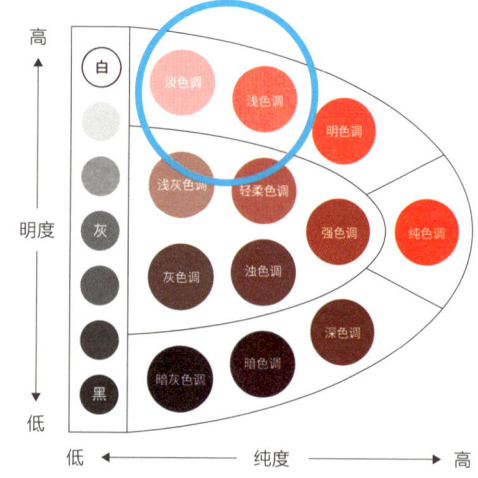

根据色相及色调的略微差异，又可将粉红色分为以下几种。

粉红色系的色彩印象：轻柔、温情、甜蜜、可爱、幸福、少女、儿童。

- 1.美食

　　与粉红色用在与美食相关的设计中能传达出食物香甜的口感。如右侧的案例所示，透过画面中的粉红色，仿佛能感受到食物散发出的甜美味道。

汉堡王2020年"3·8女王节"活动海报

截自饿了么专题页

- 2.美妆

　　而粉红色用在美妆相关的设计中，主要表现的就是少女风。无论是什么产品的设计，画面中有了粉红色，都能让人感受到轻柔、可爱。

截自阿芙唯品会旗舰店活动页

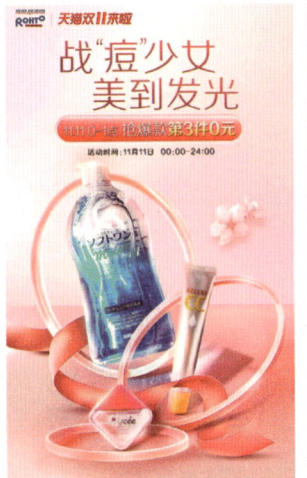

截自rohto乐敦天猫海外旗舰店2019年"双十一"活动首页

截自水密码天猫旗舰店2020年"双旦礼遇季"活动首页

- 3.服装

　　在服装类目相关的设计中，粉红色一般只用在女装有关的设计页面中。与美妆的设计一样，服装相关的粉红色设计页面也会给人一种元气满满的可爱少女感，如下面的案例所示。

蘑菇街2017年"321焕新节"活动海报

截自蘑菇街活动页

4.儿童

不只是粉红色,其实大部分浅色调或淡色调的颜色都适合表现儿童的纯真与可爱,而粉红色更能展现出儿童甜美的一面,常用在与女童有关的产品宣传设计中。

截自红色小象天猫旗舰店
2017年"双十一"活动预售页

截自红色小象天猫旗舰店
婴儿沐浴露详情页

截自hello kitty天猫贝贝帕克专卖店
2020年夏季活动首页

5.节日

（1）情人节/七夕节

粉红色同样也是情人节或七夕节活动设计的主流色，但与纯红色所代表的热恋不同，粉红色重在表达爱情的甜蜜与青涩，如下面的案例所示。

截自京东2019年活动页

截自百度糯米2017年"珍爱七夕"活动页

（2）母亲节

除了甜美和少女气，粉红色还有另一层视觉印象，那就是温情，所以在母亲节的相关主题设计中也经常使用粉红色。如右侧的案例所示，画面在粉红色的氛围渲染下，更能表现出温馨与幸福的感觉。

截自京东生鲜2019年母亲节活动页

截自御泥坊天猫旗舰店
2018年母亲节活动首页

7.1.3 深红色

深红色位于PCCS色调体系图的右下方区域,属于深色调或暗色调,明度和纯度都偏低,如右图所示。深红色是电商设计中很常用的一种深色调颜色。

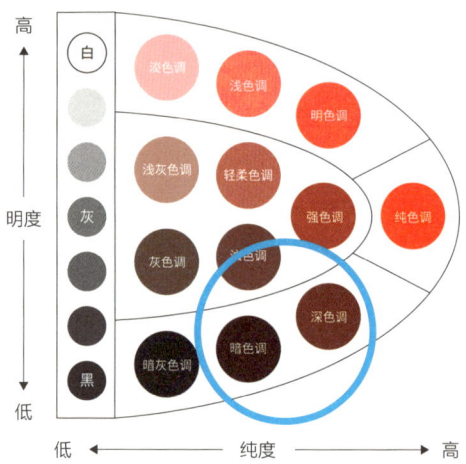

根据色相及色调的略微差异,可将深红色细分为以下几种。

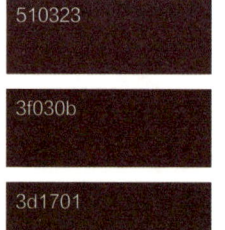

深红色系的色彩印象:品质、奢华、成熟、神秘、力量。

1.美食

深色调给人一种高级感,深色调的深红色同样如此。例如,右侧左图用深红色来体现产品的品质感,而右侧右图则用深红色表现出了神秘感和浓浓的辣味。

京东到家活动海报

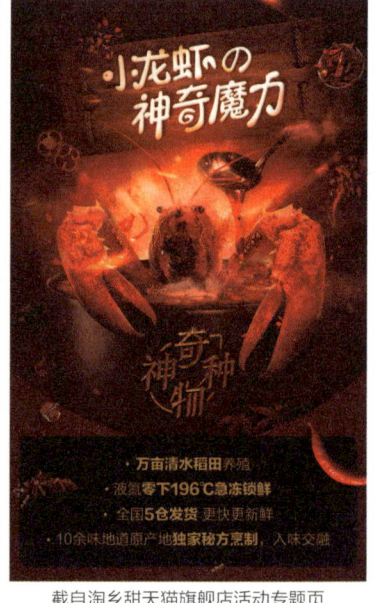

截自淘乡甜天猫旗舰店活动专题页

■ 2.美妆

　　深红色常用来表现女性成熟的一面,如下面的案例所示,画面中虽然没有人物,但透过深红色也能让人联想到成熟女性的优雅感。另外,若大促相关的设计(右图)采用深红色,在营造出热闹的氛围之余还会呈现出一种高级感。

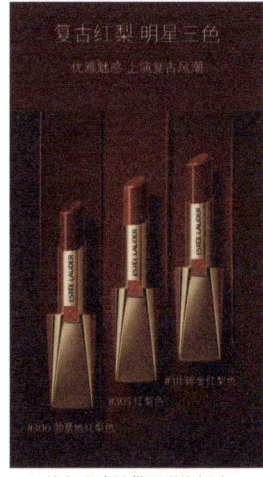
截自雅诗兰黛天猫旗舰店
口红详情页

截自韩束天猫官方旗舰店
产品详情页

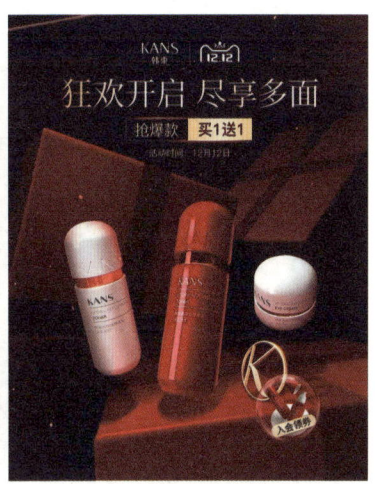
截自韩束天猫官方旗舰店
2019年"双十二"活动首页

■ 3.服装

　　与美妆的页面设计一样,将深红色用在女装相关的设计页面上,也能表现出成熟、魅惑和优雅的感觉,如下面的案例所示。

截自茵曼天猫旗舰店2018年"双十一"活动首页

截自诗篇天猫官方旗舰店2019年"双十一"活动首页

4.运动

将深红色用于运动主题相关的设计时,则会让人感受到一股充沛的力量感。

截自李宁天猫官方网店2017年活动首页

截自iovate天猫海外旗舰店2019年"双旦囤货节"活动首页

5.家电数码

如下面的案例所示,深红色能体现出产品的品质感和高级感,虽然产品都是针对所有人群的,但画面中的深红色却让产品透出一些女性的优雅气质。

截自西屋天猫张罗专卖店厨师机详情页

摄影师"X老师会拍照"作品

实战案例

　　第7章从红色开始,每种颜色都会从一个类目入手,以同类型的模特(运动类、少女类等)或同款产品作为主视觉,分别用3种色调来设计3张不同视觉印象的Banner,以便能直观地展示每种色调的运用方法及它们所带来的不同感受。

红色的实战案例聚焦在运动服饰类目的设计上,用运动模特作为主视觉设计3张Banner,右侧为案例所用的模特素材图。

模特素材图

▶ 案例1——纯红色

- ○ **文案信息**:炼上女子力
    女装系列,粉丝专场
    进入专场
- ○ **风格定位**:个性、简约、活力
- ○ **表现手法**:图形分割(显性三角分割)
- ○ **布局类型**:上下布局
- ○ **色彩搭配**:红色(主色/纯色调)+
    灰色(辅色/无彩色)
    (同类色搭配)
- ○ **尺寸比例**:9:16

① 根据主题和人物素材,决定采用三角分割再加人物的布局方式进行构图,操作起来简单,且形式感强。将人物设定为灰色调,三角为红色,红与灰无疑是一组极具个性和力量感的配色。

② 根据草图新建画布填充灰色,将人物素材导入并调为灰色调,再根据人物的形态勾出纯红色三角形。

③ 给背景的灰底和纯红色的三角形添加明暗效果,再微调人物的光影效果并为其添加投影,以丰富整体的层次感。

④ 加上文字。由于版面是显性三角分割,因此主标题也可以设计成三角形的,使其与整体构图相匹配。

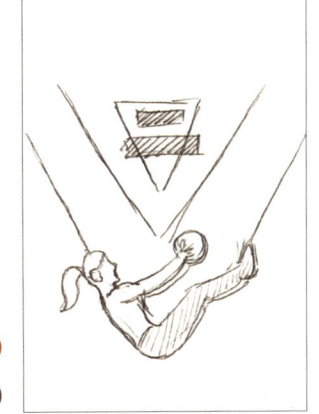

主色
辅色

1

② ③ ④

▶ **案例2——粉红色**

- 文案信息：炼上女子力
  女装系列，粉丝专场
  进入专场
- 风格定位：简约、轻柔、时尚
- 表现手法：图形分割（显性方形分割）
- 布局类型：上下布局
- 色彩搭配：粉红色（主色/浅色调）+
  深蓝色（辅色/深色调）
  （对比色搭配）
- 尺寸比例：9：16

① 整体设计定为简约风格，因此把人物和文案组合起来就行，背景为粉红色，与深蓝色的人物服装形成鲜明的对比，从而使画面透出时尚和活力的效果。

② 将人物置于粉色背景中，再把标题放在人物后方，并添加方形边框，这样文案和人物就形成了前后的空间关系。

③ 给粉色背景添加明暗关系，给人物添加投影，再加上按钮，完成设计。

① ② ③

▶ **案例3——深红色**

- 文案信息：无畏者，无止境
  男装系列，粉丝专场
- 风格定位：男性、力量、品质
- 表现手法：放大核心点（放大主体元素）
- 布局类型：上下布局
- 色彩搭配：深红色（主色/暗色调）+
  黑色（辅色/无彩色）
  （同类色搭配）
- 尺寸比例：9：16

① 先进行创意构思，设想将人物放在版面的核心位置，并添加一些火焰强化人物的力量感，再在人物后方加上红色标题，这样整体构图和配色就基本完成了。

② 根据草图和配色先搭建版面框架。

③ 给标题添加霓虹灯字效，让文字发出红光效果，相当于在人物后面添加了一个红色光源。局部的明亮红光能凸显画面的热血和力量，但要注意调节人物的明暗效果及色彩平衡。受红光影响，人物明显偏红，这样才能融入深红色背景中。

④ 受红色霓虹灯效果的影响，还要在人物边缘添加一层明显的红色轮廓光，最后再为人物的手臂加一些夸张的火焰，完成设计。

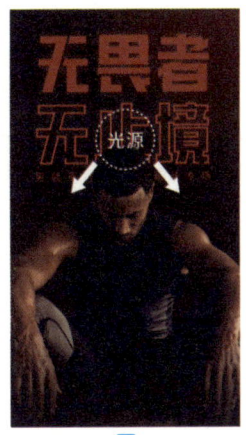

通过以上3个案例可以发现，同样是红色的运动主题的设计，但不同色调给人的感受却完全不同。纯红色的有活力，粉红色的轻柔，深红色的有力量，3种色调呈现出3种风格，每种色调都从不同的视角诠释着主题。因此，在设计前一定要明确Banner所想要表达的概念和风格，这样才能使设计价值最大化。

7.2 黄色

黄色是色相环上最明亮的颜色，透出一种年轻和活力感。黄色也是"百搭"的颜色，色调统一时与其他任意色相的颜色搭配都不会冲突。根据色彩印象的不同，可将黄色分为纯黄色、浅黄色和褐色3类。

7.2.1 纯黄色

纯黄色位于PCCS色调体系图的最右侧，是纯度最高的黄色，非常明亮和醒目。正因为黄色具有明快跳脱的特性，所以常常需要用其他颜色来平衡。

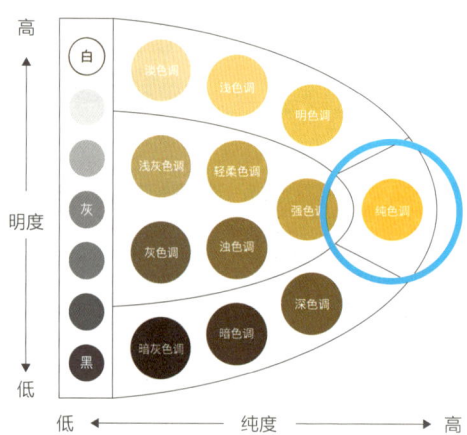

由于橙色和黄色的色彩印象很相似，所以也经常搭配在一起使用。根据色相的不同又可将纯黄色分为正黄色、橙黄色和橙色3种。

纯黄色系的色彩印象：明亮、活力、希望、温暖、新鲜、时尚。

在色相环上,橙色是介于红色和黄色之间的颜色,既没有黄色那么刺眼,又没有红色那么刺激,属于一种柔和的暖色,因此在电商设计中橙色比黄色的适用范围更广。

■ 1.美食

将明亮的纯黄色用于美食类目的设计中时,在高明度色彩的烘托下,观者能感到满满的鲜活感。如下面的案例所示,纯黄色分别凸显了食物的新鲜(左图)、鲜美(中图)和促销活动的活力感(右图)。

截自易果生鲜专题页

易果生鲜活动海报

截自美团外卖"美食狂欢节"活动页

■ 2.美妆

在美妆类目的设计中,纯黄色能体现出产品年轻与活力的定位(下面左图和中图)。另外,纯黄色也与阳光有强关联的关系,因此也常用于防晒产品的宣传设计(下面右图)中。

欧舒丹"2018星品大赏"活动海报

截自悦木之源天猫官方旗舰店
2020年"6·18"活动首页

截自HELIOCARE天猫海外旗舰店
2020年活动页

3.服装

将纯黄色用于女装类目的设计中时,依然会传递出年轻与活力的视觉印象,而且纯黄色与人物结合还能传达出时尚感,如下面的案例所示。

截自妖精的口袋天猫旗舰店聚划算活动页

截自七格格天猫旗舰店周年庆活动首页

4.运动

代表青春活力的纯黄色与运动主题也是高度契合的,与红色带来的激情与力量感不同,纯黄色侧重体现运动的动感和活力,同时也有时尚感,画面显得非常年轻化,如下面的案例所示。

截自初语天猫旗舰店2019年
"春夏新风尚"活动首页

Propel能量水海报
(设计师Julia Galdo作品)

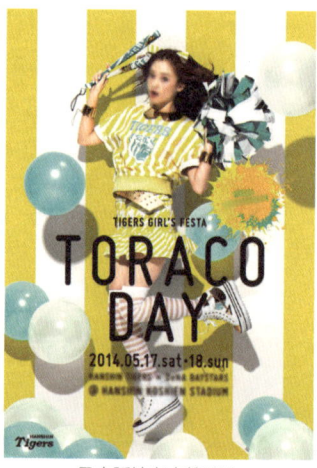
日本阪神老虎棒球队
比赛宣传海报

5.儿童

明快的纯黄色同样也适合儿童主题的相关设计。如下面的案例所示,在黄色的衬托下,画面显得青春洋溢,同时让人感觉非常有趣味性。

截自a21童装天猫旗舰店2020年活动页　　截自disneybaby天猫旗舰店活动页

6.金融

除了鲜美、活力和时尚,由于纯黄色是柔和的暖色,因此也会给人温暖、光明和希望等印象,符合很多金融产品的宣传诉求。例如,在下面的案例中,纯黄色的基调让人感到温暖和放心。

截自京东金融保险专题页　　截自支付宝"全民保定期寿险"详情页

7.2.2 浅黄色

浅黄色位于PCCS色调体系图的左上方区域，属于浅色调或淡色调，比纯黄色的明度高，但饱和度较低，是一种轻柔、舒缓的黄色。

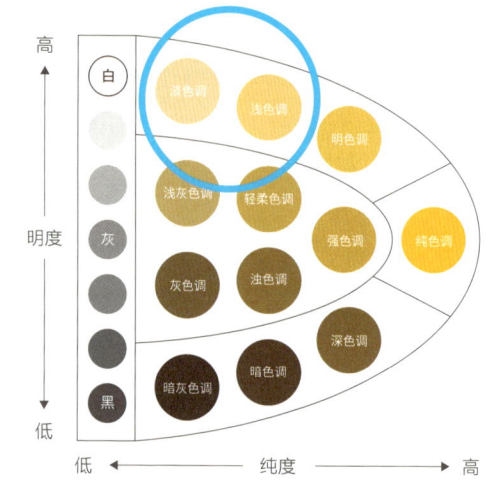

根据橙黄色色相及色调的不同又可将浅黄色分为很多种，如下图所示。

浅黄色系的色彩印象：新鲜、柔和、轻盈、淡雅、清新、朴素。

■ 1.美食

在美食类目的设计中，浅黄色和纯黄色给人的色彩感受类似，都能表现食物的新鲜感。如右侧的案例所示，在浅黄色的渲染下，除了让人感到新鲜，仿佛还能看到一缕清晨的阳光。

截自百果园凤梨专题页

京东到家活动海报

前面案例中的浅黄色都是纯度很高的浅色调颜色,若将浅黄色的纯度降低,便会得到浅灰色调的黄色,这样给人的色彩印象就会发生变化:没有了阳光和活力,多了几分淡雅与质朴。如右侧的案例所示,浅灰色调的黄色结合木纹纹理,能体现出食物的品质感。

麦当劳活动海报

■ 2.美妆

将浅黄色用于美妆类产品的宣传设计中时,基本以低纯度的浅黄色为主,这样淡雅的色彩印象更符合化妆品的调性。如下面的案例所示,在低纯度的浅黄色衬托下,左图突出了产品的温和与天然感;而右图则体现了产品的复古和文艺感。

TONYMOLY产品宣传海报

截自百雀羚天猫旗舰店2018年"天猫欢聚日"活动首页

通过组合不同明度的浅黄色还能模拟出"亮金色"。如右侧的案例所示，明亮的"金色"让画面有一种"轻奢感"。

截自olay天猫官方旗舰店2020年活动页

截自百雀羚天猫旗舰店
2019年"99欢聚盛典"活动首页
（壹网壹创团队作品）

7.2.3 褐色

褐色位于PCCS色调体系图的右下方区域，属于深色调的橙色或暗色调的黄色，如右图所示。

在所有的色相中，橙色和黄色的深暗色调最为特殊，因为它们不像其他颜色的深暗色调那样还保留了相应纯色的部分属性，橙色和黄色的深暗色调基本脱离了颜色本来的色彩印象，完全变为另一种"深黄"，所以将这些颜色称为褐色，如下图所示。

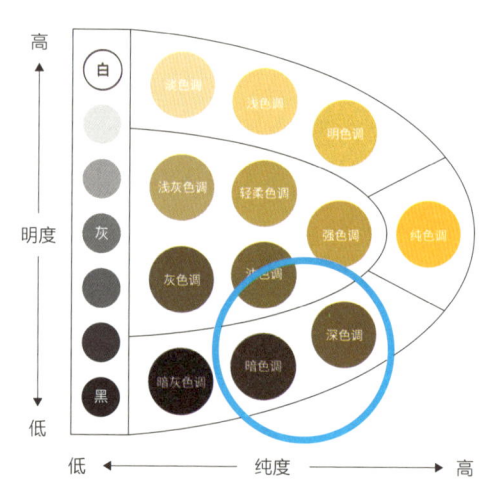

aa7d18	755913	3d331a
ad6d18	6b410b	3f030b
aa4c18	5b250d	351805

褐色的色彩印象：古典、复古、怀旧、质朴、品质。

可以看出，褐色完全没有了橙黄色那种明亮、活跃的色彩印象，变成一种具有古典和怀旧感的颜色。由于咖啡、巧克力等产品也是这种色调，所以也可称褐色为咖啡色。如右侧的案例所示，褐色用于咖啡的宣传设计中，画面会显得非常协调。

汉堡王咖啡活动海报

- **1.美食**

在美食主题的设计中，褐色不会直接勾起人们的食欲，更多的是营造出一种氛围和感受，而不同场景所传达的感受也略有不同。例如，下面左图通过褐色表现出高端与格调，中图体现出了传统的古典氛围，右图则用褐色的厚重感营造出了复古怀旧与岁月感。

截自易果生鲜"会员嘉年华"活动专题页　　截自百颐年天猫旗舰店产品详情页　　截自每日优鲜活动页

- **2.美妆**

在美妆类目的宣传设计中，褐色应用在不同的场景也会传递出不同的视觉感受。如下面的案例所示，左图主要表现古典的宫廷风格，呼应了产品的定位；而右图则通过褐色突出了产品的品质。

截自雪花秀天猫旗舰店2017年活动页

截自娇韵诗天猫官方旗舰店产品详情页

实战案例

在黄色的实战案例中,要做的是食品类目下的一款橙汁产品的Banner,分别用纯黄色、浅黄色和褐色设计3张不同的Banner。当一款产品的宣传设计用了同种颜色的不同色调时,会给人不同的色彩印象。右图所示为设计中用到的素材图片,分为两种视角:平视和俯视。

平视视角　　　俯视视角

橙汁产品素材图

▶ 案例1——纯黄色

- 文案信息:100%橙汁,果然新鲜
  每天C一点,自拍不美颜
- 风格定位:简约、新鲜、自然
- 表现手法:简约背景(线性渐变)+
  空间陈列(自然陈列)
- 布局类型:上下布局
- 色彩搭配:橙色(主色/纯色调)+
  黄绿色(辅色/深色调)
  (类似色搭配)
- 尺寸比例:9:16

① 设计的整体定位为简约风格,设想画面中有一片绿叶飘在水面,将产品放置其上,旁边有几个代表原料的橙子。画面采用正俯视视角,这样展现得更清晰,构图简单,版面也更简约一些。创意有了,接着就是定配色。除了绿叶用黄绿色,其他的用橙色。

② 根据草图和配色组合元素,注意左右两边的布局要均衡。

③ 设定光源来自左上方,根据光源的方向给每个元素都添加明暗和投影。为了突出产品,后面的绿叶需要调成深色调的。

④ 接着让背景呈现出水面感,在元素下方加一些淡淡的水波纹,但不要太过明显,否则会破坏画面整体的简约感,最后加上文案,这样整个Banner就完成了。

①

②

③

④

▶ **案例2——浅黄色**

- 文案信息:100%橙汁,果然新鲜
  每天C一点,自拍不美颜
- 风格定位:新鲜、活力、清新
- 表现手法:空间陈列(台面陈列)+
  创意场景
- 布局类型:上下布局
- 色彩搭配:浅黄(主色/淡色调)+
  橙色(辅色/纯色调)
  (邻近色搭配)
- 尺寸比例:9:16

① 这个案例需要体现产品的活力和动感,所以就想到将橙汁液体与产品结合,这也是很多果味饮料宣传设计时常用的做法。为了强化活力感,可以让产品"悬浮"起来。配色则采用邻近色搭配,这样可以使画面和谐统一,并且整版的黄色系也能凸显产品的新鲜与美味。

② 先给画布填充明亮的浅黄色,然后根据草图框架排布元素,注意产品的视角和方向变化,靠上的是平视视角,而靠下的则是俯视视角。其中的核心元素"螺旋橙汁"并没有单独绘制,而是在素材基础上进行了调整。注意,<u>网上有大量的元素素材可供选择,特别是一些很难刻画的复杂元素,可以在素材之上进行调整</u>,若没有符合需求的再动手设计。而搜集素材的前提是要目标明确,要清楚自己想要什么效果,这样"借力"才会高效,也能减少不必要的工作。前面也讲过,不能过于依赖素材,要把握好度,不然很多能力得不到提升。

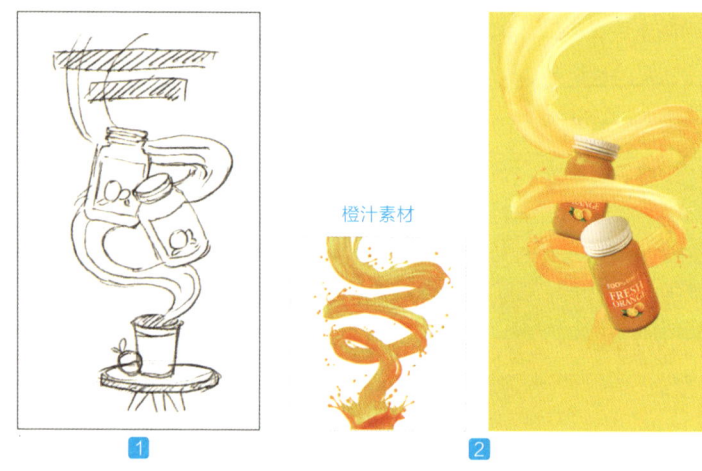

③ 使橙汁素材的一端与玻璃杯结合，并绘制出一个圆桌来陈列，桌上摆放橙子，这样整个场景就搭建出来了。

④ 将光源设定在左上方，由于画面整体都是明亮的黄色，因此元素也要明亮一些，不要太灰暗，在这个基础上调整光影效果。

⑤ 若感觉背景略显单调，可加入一些光斑来丰富细节，最后加上文案，完成设计。

▶ 案例3——褐色

- 文案信息：100%橙汁，果然新鲜
  每天C一点，自拍不美颜
- 风格定位：质朴、怀旧、天然
- 表现手法：空间陈列（台面陈列）
- 布局类型：左右布局
- 色彩搭配：褐色（主色/深色调）+ 橙色（辅色/纯色调）
  （邻近色搭配）
- 尺寸比例：9∶16

① 这个案例相对复杂一些，因为要构建一个完整的空间场景：在一个靠窗的桌面上，放着橙汁和刚摘的橙子，窗外是一片果林，有一缕阳光照进昏暗的房间。设定画面整体为怀旧风，用褐色呈现，因为有阳光射入，所以要注意褐色的色调变化。

② 构思完成，开始搭建场景，整体采用俯视视角和成角透视，营造出近距离的特写画面。表现上力求写实，注意整体明暗效果要与窗口的光源方向相匹配。

③ 根据光源方向继续绘制光影，这是比较烦琐的一步，要有耐心。由于每个物体受光照的影响都不相同，因此要给场景里的所有物体都单独添加光影，这样刻画出来才真实，空间感也更强。注意，室内光线都有衰减性，靠近窗台的物体更亮，而远离窗台的位置则昏暗一些，这种强烈的明暗对比也能体现物体的质感。

④ 场景制作完成，添加文案和光线等细节。因为画面的空间感很强，所以要根据场景结构调整文字的透视，模拟在墙上写字的效果，使文字融入场景。

通过以上3个案例可以看出，纯黄色和浅黄色的画面效果非常相近，都属于明快、有活力的。但褐色的就完全不同了，同样的产品却传递出了怀旧与质朴的感觉。所以，在运用黄色时，一定要根据需求选择合适的色调。

7.3 绿色

绿色属于中性色，人对绿色的感受基本一致，既不太冷又不太热。从色彩印象上看，绿色是代表自然、健康和安全的颜色。绿色系的颜色也可分为纯绿色、浅绿色和深绿色3类，如右图所示。

7.3.1 纯绿色

纯绿色是纯度很高的绿色系颜色，位于PCCS色调体系图的最右侧，如右图所示。人们对绿色的第一印象主要来自于纯绿色。

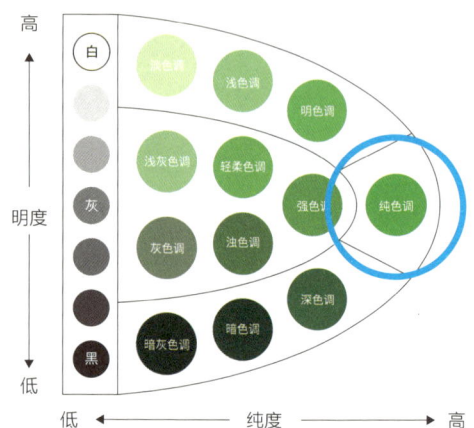

根据色相的不同，纯绿色又可分为黄绿色、正绿色和青绿色3种，如下图所示。正绿色其实很少使用，因为正绿色让人感觉有些刺激和俗气，容易使人产生视觉疲劳。

| 8eea18 | 23ea13 | 15ea89 |

纯绿系的色彩印象：天然、生机、新鲜、健康、安全、环保。

1. 美食

美食类的相关设计一般会强调实食物是健康、安全和无污染的，而纯绿色会让人产生天然、新鲜的印象。如右侧的案例所示，纯绿色用于美食相关的宣传设计中，呈现出的效果就非常好。

京东2019年"双十一"活动海报

截自京东生鲜"周五鲜放价"活动页

2. 节日（端午节）

在端午节，很多地方有吃粽子的习俗，因为粽叶是绿色的，所以将纯绿色应用在与端午节有关的设计中也非常合适，如右侧的案例所示。

滴滴出行端午节活动海报

7.3.2 浅绿色

浅绿色位于PCCS色调体系图的左上方区域，属于浅色调或淡色调的颜色，这类淡淡的绿色给人一种柔和、恬静、清新的视觉感受，非常惬意和舒服。

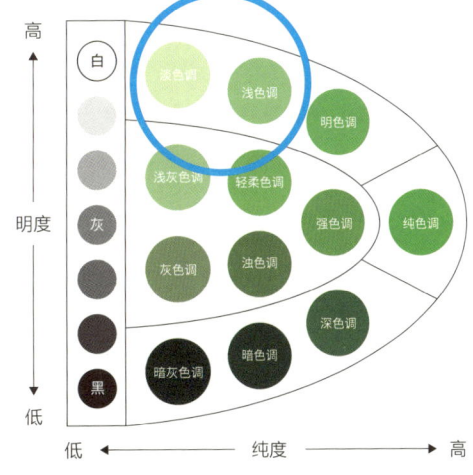

根据色相的不同，浅绿色系的颜色又有很多种，如下图所示。

浅绿色系的色彩印象：自然、柔和、舒缓、清新、新鲜、健康、儿童。

■ 1.美食

将浅绿色用于美食类目的设计中,除了能体现食物的天然、新鲜、可口外,还能营造出一种大自然的清新感(下面左图和中图);而下面右图则用浅绿色凸显了美食的健康和营养。

截自每日优鲜活动页　　　　　截自嘉华食品天猫旗舰店鲜花饼详情页　　　　　截自京东生鲜2020年活动页

■ 2.美妆

在美妆相关的页面设计中,应用浅绿色的不同画面场景也能给人不同的感受。例如,下面左图用浅绿色营造出自然清新感,既强调了产品含有天然植物成分,又表达了产品的功效;而下面右图则体现了产品的品牌调性,传达出一种文艺、小清新的感觉。

截自一叶子天猫旗舰店面霜详情页　　　　　截自百雀羚天猫旗舰店面膜详情页
（壹网壹创团队作品）

- 3.儿童

与其他浅色调和淡色调的颜色一样，浅绿色也适合表现儿童主题的设计。如下面的案例所示，左图体现了儿童的青春与稚嫩，而右图则在纯真的印象上让人感到安全和放心。

截自hellokitty天猫贝贝帕克专卖店
2020年"520告白季"活动首页

截自可优比天猫旗舰店婴儿指甲护理套装详情页

7.3.3 深绿色

深绿色位于PCCS色调体系图的右下方区域，属于深色调或暗色调的颜色，如右图所示。

根据色相的不同，深绿色系的颜色也有很多种。

深绿色系的色彩印象：品质、成熟、神秘、宁静、古典。

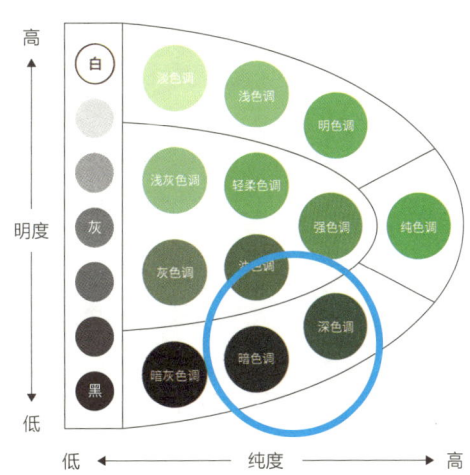

548410	1c5913	243d07
0d8226	045b29	073d0d
097c4d	06593b	003d2d

深绿色在电商设计中用得不是特别多，因为搭配不当就会产生沉闷感或压抑感，甚至还会让人产生消极印象。但若结合巧妙，有时也能呈现出较好的效果。例如，在右侧的案例中，深绿色虽然没有体现出坚果的美味，但却渲染出了时空变幻的奇特氛围。

截自每日优鲜专题页

■ 1.美食

因为深绿色的色调变暗，没有了绿色那种天然、新鲜感，所以美食主题的设计中应用得相对较少，除非产品或场景本身就带有绿色。如下面的案例所示，深绿色的背景显得十分和谐，并能突出产品的品质。

截自美团点评"今夜不打烊"活动页

截自斑马会员 2019年"春野食记"活动页

388

2.美妆

在美妆主题的设计中，深绿色相对常见。如下面的案例所示，深绿色既强调了原料的天然属性，给人一种森林深处的静谧感，又凸显了产品的品质感。

截自百雀羚天猫旗舰店2018年"3·8女王节"活动首页
（壹网壹创团队作品）

截自宝洁天猫官方旗舰店护发套装详情页

截自谜色化妆品天猫旗舰店洗发露详情页

3.家电数码

对于家电数码类目的产品宣传设计而言，往往需要特定的使用场景才可以应用深绿色。

例如，右侧左图用深绿色的森林场景来表现加湿器的加湿效果；而右图则用深绿色来呼应手机外观的颜色，呈现出浓郁的古典韵味。

截自德尔玛天猫旗舰店加湿器详情页

小米MIX 2S手机宣传海报

实战案例

绿色的实战案例将聚焦美妆类目,为一款草本配方的洁面乳设计3个Banner,下图所示为3种视角的产品素材图。

平视视角　　仰视视角　　俯视视角

洁面乳素材图

▶ 案例1——纯绿色

- 文案信息:匠心传承,焕现肌肤
  雪莲醒肤洁面乳
  星品预定
- 风格定位:中国风、草本、天然
- 表现手法:空间陈列(台面陈列)
- 布局类型:上下布局
- 色彩搭配:绿色(主色/纯色调)+
  黄色(辅色/浅色调)
  (类似色搭配)
- 尺寸比例:9∶16

① 整个画面用空间陈列的形式来呈现,将产品放在几何体台面上,并在台面下方添加水面,用水面来呼应产品的功效。由于产品主打草本配方,因此还要添加一些传统元素来体现中国风。而色彩上用产品瓶身的纯绿色做主色,体现一种古典韵味和配方的天然感;辅助色则用调整明度后的橙色,以体现产品品质。调整明度后的橙色模拟出"金色"的效果,与很多颜色都能和谐搭配,并且也能呈现出高端感。注意,"金色"一般作为辅色出现,小面积使用效果更好。

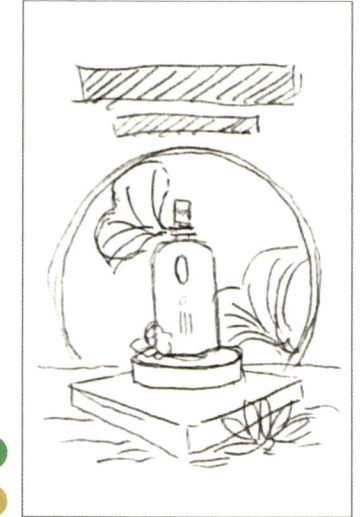

主色
辅色

1

② 根据草图搭建场景，用Photoshop的中形状工具绘制出几何体台面，采用更显立体的成角透视。各元素的透视要合理，另外要再添加上两朵雪莲和圆形的扇面元素作为点缀。

③ 设定光源来自左上方，根据光源方向添加光影。物体的明暗对比度可适当加强，这样显得更有质感。

④ 添加水面和倒影。关于水面的呈现，常规的方法是选一张合适的水纹素材图，再调整素材图的色调并添加倒影。但在这里是用了一款Photoshop的滤镜插件"Flaming Pear Flood"来表现的。"Flaming Pear Flood"是一款专门模拟水波纹及倒影的插件，模拟出的效果非常逼真，操作起来也简单。

⑤ 最后加上文案和按钮。

▶ 案例2——浅绿色

- ○ 文案信息：礼美启程，焕现肌肤
  　　　　　雪莲醒肤洁面乳
- ○ 风格定位：清新、轻柔、送礼
- ○ 表现手法：放大核心点（放大主体元素）
- ○ 布局类型：左右布局
- ○ 色彩搭配：浅绿色（主色/浅色调）+ 黄色（辅色/浊色调）（类似色搭配）
- ○ 尺寸比例：9：16

① 画面配色还是沿用绿色+橙色，只是会把绿色调成浅绿色来体现轻柔感；继续调整橙色模拟金色效果，但会加深色调，以使效果更明显一些。根据设计主题，用增加数量的方式来凸显产品，再用一根金色丝带缠绕其间，最后配上一些气泡，这样创意部分就构思完成了。

② 开始塑造场景。因为产品呈纵向排布，所以要注意透视的微妙变化：最上方是仰视视角的产品图，中间为平视的，下方则是俯视的，这样组合起来才真实。另外，调整产品图的方向，通过方向变化使产品排列显得更灵动。由于未找到合适的丝带素材，所以要用钢笔工具进行绘制，线条要平滑，重点表现出丝带的飘逸感。

③ 添加光影。光源来自左上方，要真实地刻画出丝带的光影效果，上方靠近光源的产品偏亮，远离光源的产品偏暗，这些细节都要表现到位。

④ 添加气泡、雪莲等点缀元素，丰富画面，最后加上文案。

案例3——深绿色

- 文案信息：匠心传承，焕现肌肤
  雪莲醒肤洁面乳
  星品预定
- 风格定位：高端、品质、古典
- 表现手法：空间陈列（台面陈列）+
  图形分割（拟物异形分割）
- 布局类型：上下布局
- 色彩搭配：深绿色（主色/暗色调）+
  黄色（辅色/浊色调）
  （类似色搭配）
- 尺寸比例：9∶16

① 若想体现出绿色外观化妆品的品质感，画面采用暗色调的绿色效果会更好。关于创意构思，这个设计会用中国园林的"洞窗"来搭建场景，再将产品置于"窗台"之上，这样就能表现出产品的古典之美了。

② 搭建场景的核心在于"洞窗"呈现，"洞窗"的形状有很多，这里选择了一个非常女性化的梅花形的。

③ 根据左上方的光源继续添加光影。因为画面色调很暗，所以物体的暗面占比会更大一些，而亮面也不用太亮。

④ 经过光影刻画，整个场景已变得非常立体了，最后添加上点缀元素、背景图案和文案。

从前面设计的3个Banner可以看出，即使是为同样的产品做的设计，当画面的主色为不同色调时，给人的感受也不同。纯绿色体现出天然、草本；浅绿色表现出清新、柔和；而深绿色反差最大，可以呈现出高端的感觉。总之，设计时的色调选择非常关键。

7.4 蓝色

蓝色作为典型的冷色，很多色彩印象都与红色的对立。蓝色会让人觉得清爽、理性和冷静，很多与男性、科技、夏季等主题相关的电商设计作品都会用到蓝色。另外，蓝色也是典型的后退色，适合表现背景，能很好地包容大多数颜色。因此，若画面颜色较多，可以将蓝色作为背景色。蓝色系的颜色也可分为纯蓝色、浅蓝色和深蓝色3类，如下图所示。

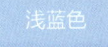

7.4.1 纯蓝色

纯蓝色在电商设计中用得很多，因为它不仅有蓝色本身的理性与凉爽，而且纯色调颜色还具有一些其他蓝色调颜色没有的活跃感，特别是和一些暖色搭配形成鲜明的冷暖对比效果时，也能表现出一种活力十足的促销氛围。可以说纯蓝色是具有"双重性格"的颜色。

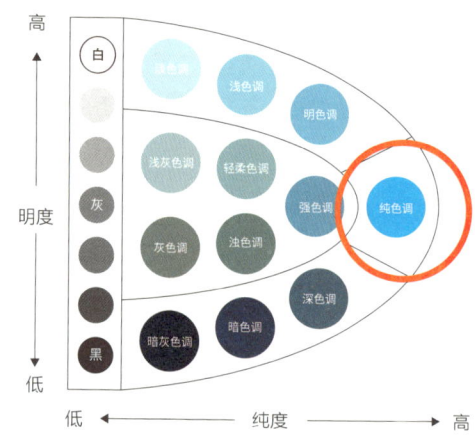

青色介于蓝色和绿色之间，但整体的色彩印象与蓝色的相似，因此将它们放在一起介绍。根据蓝色和青色的色相不同，纯蓝色又可分为正蓝色、天蓝色和青色3种，如下图所示。

纯蓝色系的色彩印象：理性、纯净、冷静、凉爽、科技、男性。

143ff4　　　00a0e9　　　20efef

■ 1.美食

纯蓝色并不像红色和黄色等暖色那样能直接表现出食物的美味与可口，但纯蓝色作为背景色却能很好地衬托出食物（左图），并且纯蓝色的自然与纯净感也能体现出食物原生态、无污染的品质感（中图）。另外，理性的纯蓝色还能让人感到安心与可靠（右图）。

截自饿了么"大牌周末疯狂GO"活动页

截自两鲜专题页

饿了么2020年"安心送"活动海报

■ 2.美妆

当纯蓝色出现在美妆类目的设计中,一般会有两种效果:一种是可以体现产品的可靠、专业与科技感(左图),另一种则是能凸显产品的天然纯净与补水效果(右图)。

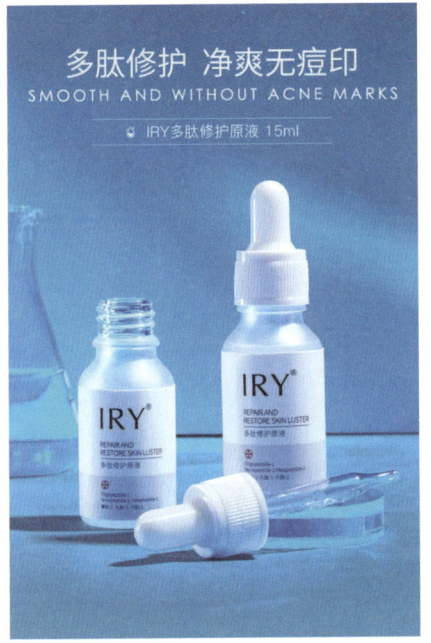

截自IRY天猫旗舰店修护原液详情页　　截自WIS天猫旗舰店爽肤水详情页

■ 3.运动

蓝色虽然理性、沉稳,但纯蓝色的纯度很高,所以也能表现出动感与活力。如下面的案例所示,蓝色调为主的画面中再配一些暖色作为点缀,会产生强烈的冲击力和张力,显得个性十足。

截自鸿星尔克天猫官方旗舰店"325跑步节"活动页　　截自骆驼运动天猫旗舰店
2019年"阿里88会员节"活动首页

4.家电数码

家电数码类目的产品定位为科技、专业和智能等,这些都与纯蓝色的色彩印象相吻合。例如,纯蓝色能很好地营造出炫酷的科技感(下图);若画面中再搭配一些暖色就会显得更活跃,同时还能传递出时尚感(右图)。

截自苏宁易购2018年"双十一"活动数码分会场页面　　天猫2018年"6·18"活动海报

5.金融

金融行业是非常理性的。如下面的案例所示,纯蓝色的画面让人感到可靠与放心,这样颜色的色彩印象与设计的主题定位就高度一致了。

截自支付宝安全中心专题页　　随手记信用卡活动海报

7.4.2 浅蓝色

由于浅蓝色是浅色调或淡色调的，因此没有纯蓝色那么理性和冷静，反而与所有浅色调或淡色调的颜色一样，多了些轻柔、明快与舒缓的感觉。

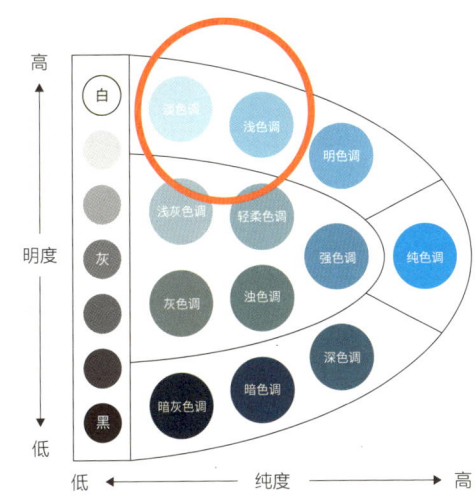

根据色相的不同，浅蓝色系的颜色也有很多种，如下图所示。

cde3f9	aacaf9	8dc5f7
cce6f9	acdaf9	97daf2
cceced	aadde2	97e6e8

浅蓝色系的色彩印象：纯净、清凉、轻柔、清新、儿童、科技。

1.美食

浅蓝色与纯蓝色一样，并不能直接表现出食物的美味，更多的是营造出一种清凉、纯净的氛围来烘托食物。如右侧的案例所示，浅蓝色体现出了食物的天然和健康，也与夏日的主题相呼应。

每日优鲜2017年夏季活动海报

截自京东生鲜"消暑计划"活动页

- 2.美妆

如下面的案例所示,左图中的浅蓝色重点表现了面膜的轻柔及温和配方;中图则用浅蓝色的水面呼应产品的补水保湿效果;而右图中的浅蓝色则体现出了产品的专业性与科技感。

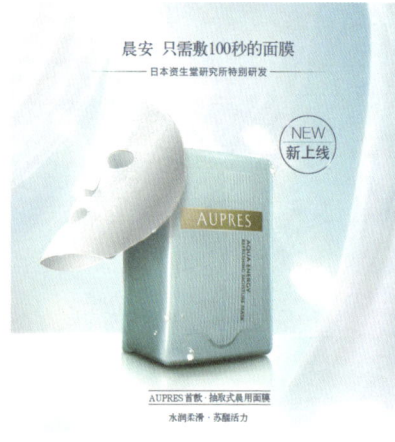

截自欧珀莱天猫官方旗舰店
面膜详情页

截自水密码天猫旗舰店
补水套装详情页

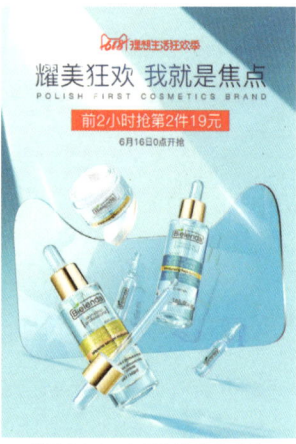

截自Bielenda天猫海外旗舰店
2019年"6·18"活动首页

- 3.服装

服装有很强的季节性,因此浅蓝色常用于表现清新、清凉的夏季主题的服装设计页面,如下面的案例所示。

截自tammytangs天猫旗舰店
2019年"春夏新风尚"活动首页

截自Hcollection京东旗舰店
2018年夏季活动页

4.运动

将浅蓝色用于运动类目的设计中时,给人的第一感觉就是"轻"。如右侧的案例所示,浅蓝色用于跑步鞋的主题画面中,会让人觉得鞋子是非常舒适、轻巧和透气的。

截自李宁天猫官方网店
2019年"春夏新风尚"活动首页

截自李宁天猫官方网店
跑步鞋详情页

5.儿童

与粉红色一样,浅蓝色也是典型的"儿童色"。在儿童主题的设计中,浅蓝色为主的画面(左图)除了有浅色调的纯真与可爱外,还能表现出产品的科技感和可靠性(右图)。

截自hellokitty天猫贝贝帕克专卖店
2020年"出彩·开学季"活动首页

截自aing爱音天猫旗舰店
宝宝椅详情页

7.4.3 深蓝色

深蓝色属于深色调或暗色调的颜色，是电商设计中的常用颜色。因为深蓝色与深夜的印象相似，所以常用深蓝色的基调表现场景的神秘、梦幻或科幻感。

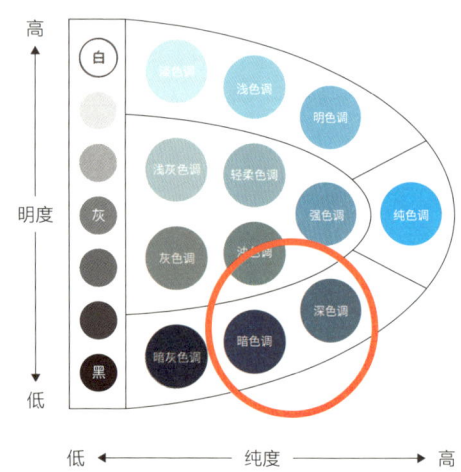

根据色相的不同，深蓝色系的颜色也有很多种，如下图所示。

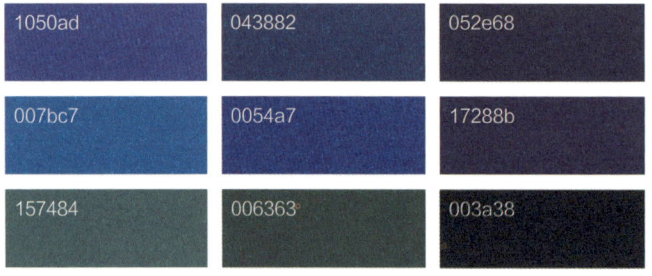

深蓝色系的色彩印象：深邃、神秘、科技、梦幻、静谧、品质。

1.美食

深蓝色常用于营造氛围。如下面的案例所示，左图用深蓝色营造出了科幻场景，中图用深蓝色展现出科技与未来感，右图则用深蓝色构建出一个充满神秘色彩的"魔法世界"。

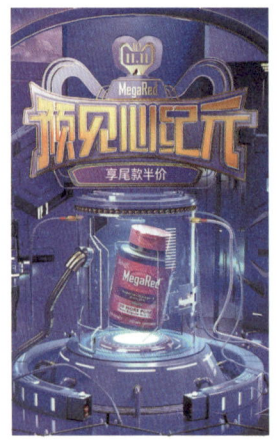

截自MegaRed天猫海外旗舰店
2018年"双十一"活动首页
（设计师"玄月君设"卢宏林作品）

截自饿了么2019年
"超级品牌日"专题页

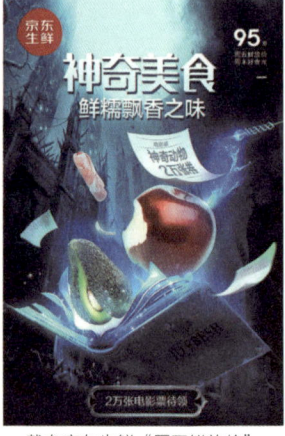

截自京东生鲜"周五鲜放价"
活动页

2.美妆

与其他深色调或暗色调的颜色一样,深蓝色也能体现出美妆产品的高端定位,同时又能带来一些特定的氛围与感受。例如,下面左图有种大海深处的神秘感,中图是深夜星空下的梦幻感,右图则是实验室里的科技感。

截自碧欧泉天猫官方旗舰店
精华液详情页

截自海蓝之谜天猫官方旗舰店
2017年"双十一"活动预售页

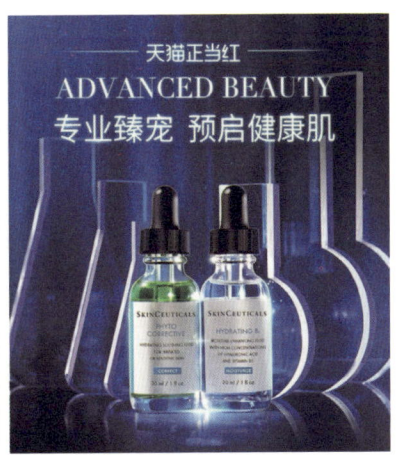

截自修丽可天猫官方旗舰店
新品预售活动页

3.家电数码

因为深蓝色有很强的科技感,所以将其用在家电数码类目产品的页面设计中再合适不过。如下面的案例所示,深蓝色既塑造出了未来感十足的科技氛围,又体现出了手机的品质感。

小米Note3手机宣传海报

OPPO K1手机宣传海报

小米MIX Alpha手机海报

- **4.节日（中秋节）**

如右侧的案例所示，画面中的深蓝色象征深夜，再配上金黄色的圆月，就会让人想到中秋节。

随手记2017年中秋节活动海报

实战案例

蓝色的实战案例要做的是一款儿童补钙产品（牛乳钙）的Banner，下面所示的是产品的3种视角。

平视视角　　　　仰视视角　　　　俯视视角

牛乳钙产品素材图

▶ **案例1——纯蓝色**

- ○ **文案信息**：成长的理想钙
  新西兰进口牛乳钙
  立即抢购
- ○ **风格定位**：卡通、趣味、剪纸
- ○ **表现手法**：空间陈列（台面陈列）
- ○ **布局类型**：上下布局
- ○ **色彩搭配**：天蓝色（主色/纯色调）+
  黄绿色（辅色/纯色调）
  （对比色搭配）
- ○ **尺寸比例**：9：16

① 画面采用空间陈列的形式，将产品的外包装盒放在空间里的一个圆柱体上，与瓶子错开摆放，以增强形式感。另外，为了表现出趣味性，可用剪纸层叠的形式来表现草地和奶牛。配色上运用产品外包装盒的黄绿色和一种纯蓝色。

② 根据草图搭建场景。由于是与儿童有关产品的设计，所以剪纸元素的轮廓要尽量圆润一些。

③ 根据左上方的光源继续添加光影。由于受背景的环境色影响，产品明显偏蓝。将每个剪纸元素的形状都刻画出纸片效果，特别是奶牛的形状，要有"纸雕风"那种层叠感。

④ 加上文案，并添加一些窗外射入的块面光，以丰富场景的层次感和氛围感。

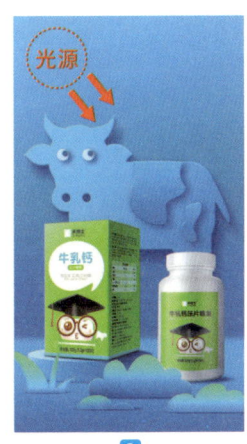

▶ 案例2——浅蓝色

○ 文案信息：成长的理想钙
　　　　　　新西兰进口牛乳钙
　　　　　　立即抢购
○ 风格定位：趣味、儿童、纯净
○ 表现手法：创意场景
○ 布局类型：左右布局
○ 色彩搭配：浅蓝色（主色/浅色调）+
　　　　　　黄绿色（辅色/纯色调）
　　　　　　（对比色搭配）
○ 尺寸比例：9：16

① 该案例以一种趣味的创意方式来呈现。在画面中设计一个跷跷板，一头放产品，另一头放儿童超人的3D形象。配色还是天蓝色+黄绿色，只是天蓝色是浅色调的。儿童超人的3D形象是红色的，可作为点缀色。

② 用钢笔工具和形状工具绘制相关元素。由于画面为俯视视角，所以产品也要设计成俯视效果。

③ 光影刻画。确保所有物体的明暗和投影都与光源保持一致，并且产品受环境色的影响，整体偏蓝。

④ 添加文案，但感觉背景还是略显单调，可以再填充一些方格底纹。

主色　辅色　点缀色
1

2

3

4

▶ **案例3——深蓝色**

○ 文案信息：开启宝宝新钙念
　　　　　　新西兰进口牛乳钙
　　　　　　立即抢购
○ 风格定位：梦幻、静谧、品质
○ 表现手法：空间陈列
　　　　　　（台面陈列+自然陈列）
○ 布局类型：上下布局
○ 色彩搭配：深蓝色（主色/暗色调）+
　　　　　　黄绿色（辅色/深色调）
　　　　　　（对比色搭配）
○ 尺寸比例：9∶16

① 深蓝色是星空的颜色，能表现出梦幻感，因此将背景塑造成一片星空下的森林，而近景则有两个台面，矮的放产品，高的上面站着一位小女孩仰望星空。

② 构建场景。因为画面是仰视视角，所以要注意产品包装和小女孩的视角。

③ 添加光影。这个画面的光源为背景里的星空夜光，不算强烈，因此整个场景会比较暗沉，并且所有元素受深蓝色的星空影响都会偏蓝。

主色　辅色
1

④ 为了突出产品，可以让背景模糊一些，这样景深才更接近真实拍摄的效果，并且视线还能聚焦到前景，最后加上文案。

蓝色的表现力很丰富，既有冷色的凉爽和理性，又可表现天空的深邃和梦幻，甚至还能体现出大促的氛围感。作为典型的"多面色彩"，除了案例中的儿童类产品，其他类目产品的电商页面设计也会经常运用蓝色。

7.5 紫色

紫色与绿色一样，都属于中性色。紫色不是自然界中的常见颜色，所以人们对紫色的感受更多来自它所呈现出的色彩印象。一般人们都认为紫色是代表高贵、浪漫和优雅的颜色，紫色系的颜色也可分为纯紫色、浅紫色和深紫色3类，如右图所示。

7.5.1 纯紫色

纯紫色位于PCCS色调体系图的最右侧，如右图所示。高纯度的紫色与纯蓝色一样，除了有女性和浪漫的色彩印象外，还有纯色调颜色特有的热烈与活力。

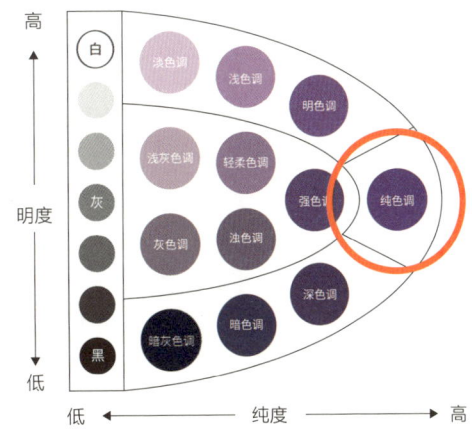

根据色相不同,纯紫色又分为蓝紫色、正紫色和洋红色,如下图所示。如果将正紫色定义为"常温色",那加入蓝色的蓝紫色偏冷,而加入红色的洋红色则偏暖。

5c21ea	a218ea	e711f2

纯紫色系的色彩印象:浪漫、时尚、个性、活力。

1.美妆

如右侧的案例所示,当纯紫色用在美妆主题的设计中时,既能表现出产品的时尚动感(左图),又能呈现出优雅浪漫的氛围(右图)。

韩国APIEU官方商城页

截自肌肤之钥天猫官方旗舰店
2019年"双十一"活动首页

2.服装

纯紫色也可用于女装主题的设计。如右侧的案例所示,左图用纯紫色基调体现了女性的青春活力;而右图则重点表现出女性的张扬与个性,同时又透出强烈的时尚感。

截自Hcollection京东旗舰店首页

截自太平鸟天猫官方旗舰店
2020年聚划算首页

7.5.2 浅紫色

浅紫色依然位于PCCS色调体系图的左上方区域，具有浅色调和淡色调颜色共有的色彩印象（轻柔、淡雅）。浅紫色与浅粉色一样，都是典型的少女色，不过浅粉色更显甜美与可爱，而浅紫色则更偏清秀与优雅，同时也更成熟。

根据色相的不同，浅紫色系的颜色也有很多种，如下图所示。

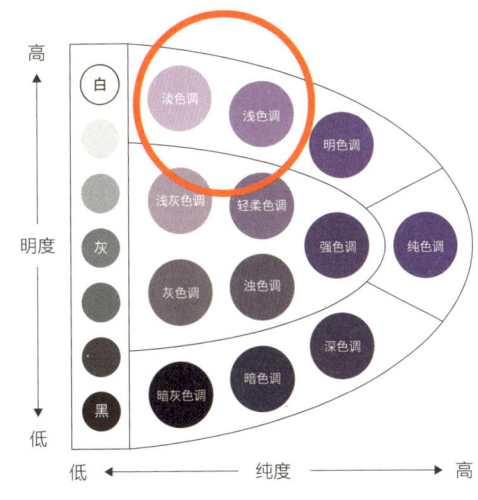

e6caf9	d4b6f2	c2a0d8
edd3f4	e9bef4	e9aaf9
f7bae6	f4abf0	e5b5d8

浅紫色系的色彩印象：梦幻、优雅、柔美、少女、儿童。

- **1.美妆**

设计中应用浅紫色能让美妆产品流露出浓浓的少女气质，画面显得柔美、高雅与梦幻，如下面的案例所示。

截自kerastase卡诗天猫官方旗舰店 2020年"6·18"活动首页

阿芙唯品会旗舰店活动海报

截自韩国HERA官方商城页

2.服装

浅紫色用在女装主题的设计中也同样能体现出模特柔美、优雅、清秀的少女气息,如下面的案例所示。

截自三彩天猫官方旗舰店首页

截自秋水伊人天猫官方旗舰店活动页

3.儿童

几乎所有浅色调的颜色都适合用于儿童主题的设计,浅紫色也不例外。如右侧的案例所示,除了纯真与可爱,浅紫色还能衬托出女孩的优雅感。

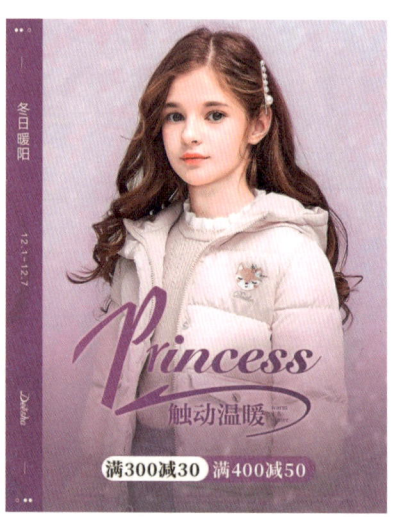

截自笛莎天猫旗舰店活动页

截自巴拉巴拉天猫官方旗舰店2019年活动页

7.5.3 深紫色

其实提到紫色，深紫色才最符合人们对于紫色的第一印象，因为深色调和暗色调的颜色本身就能体现成熟与格调。深紫色可以更好地展现女性的高贵气质，所以常用深紫色来营造神秘的梦幻场景。

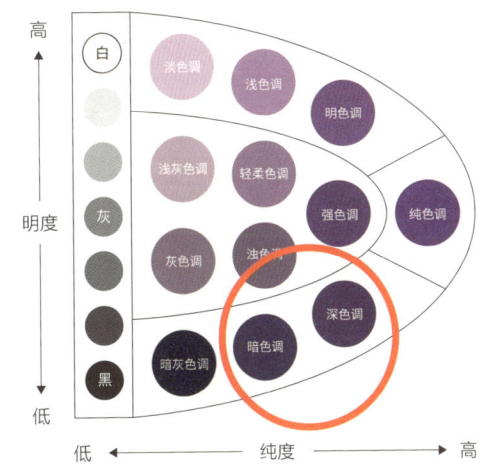

根据色相的不同，深紫色系的颜色也有很多种，如下图所示。

深紫色系的色彩印象：高贵、气质、成熟、神秘、梦幻、品质。

■ 1.美妆

将深紫色用于美妆产品的页面设计中，可让人联想到女性的成熟与高贵，其中还会透出一丝妩媚，而产品在深色调下也显得非常高端。另外，在下面右图中，深紫色还作为背景呈现出了色彩斑斓的霓虹光效，这时画面立刻由静变动，显得缤纷时尚。

截自纪梵希天猫官方旗舰店眼影详情页

联合利华Caress沐浴露宣传海报

截自自然堂天猫旗舰店
2020年"6·18"活动预售页

2.服装

当应用深紫色的画面中有了模特,那么所呈现出的女性魅力就更强了。如下面的案例所示,深紫色将人物高贵、奢华的成熟气质表现得淋漓尽致。

截自蔓珂舒旗舰店礼服详情页

截自京东2018年"双十一"活动服饰分会场页面

3.家电数码

与用深蓝色表现产品的科技感和未来感不同,深紫色会让产品的科技属性中带有一些梦幻感,这样本来略显冰冷的产品就多了几分艺术气息,如右侧的案例所示。

vivo X21手机宣传海报

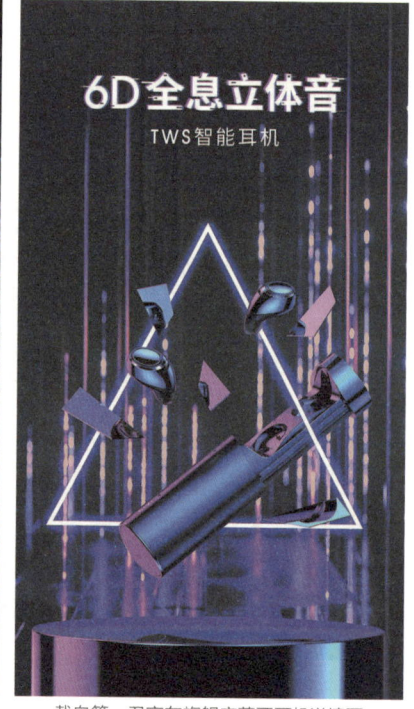

截自第一卫京东旗舰店蓝牙耳机详情页
(第一卫团队作品)

实战案例

紫色的实战案例要做的是女装的Banner，用气质型女模特素材图作为主视觉进行设计，下面是要用到的人物素材图。

人物素材图

▶ 案例1——纯紫色

- 文案信息：女装新风尚
  我就是最时尚女王
- 风格定位：时尚、个性、活力、女性
- 表现手法：创意场景
- 布局类型：上下布局

- 色彩搭配：紫色（主色/纯色调）+
  蓝色（辅色/深色调）
  （邻近色搭配）
- 尺寸比例：9∶16

① 紫色与女性的关联性较强，而高饱和度的纯紫色还能体现活力与时尚。这个案例中除了紫色还加入了少许蓝色，因为紫色与蓝色是非常相近的邻近色，所以结合起来显得更自然。在创意呈现上，画面用玻璃质感的翻页书将人物和服装串联起来，显得个性十足。

主色
辅色

1

② 根据草图将人物素材图导入蓝紫色画布中，用钢笔工具画出翻页书，然后在每页上呈现服装，这样大框架就基本完成了。

③ 添加光影使各元素更加立体，注意光源来自左上方，要保持光影统一。

④ 加上文案。适当加一些英文做装饰元素，可以提升形式感。

②

③

④

▶ 案例2——浅紫色

- 文案信息：女装新风尚
  COLOUR FOR U
- 风格定位：简约、优雅、气质
- 表现手法：几何分割（显性斜线分割+隐性方形分割）
- 布局类型：包围布局
- 色彩搭配：浅紫色（主色/浅色调）+
  浅橙色（辅色/浅色调）
  （对比色搭配）
- 尺寸比例：9∶16

① 设定该作品为简约风格，所以只用模特素材图和文字排版来搭建框架。背景用斜线分割，简约之中会多些动感；而文字可呈方形排布。色彩搭配则以紫色为主，背景为浅色调，文字为深色调，人物浅橙色的肌肤可作点缀色，这样能提升版面的层次感。

主色
辅色

①

❷ 导入模特素材图置于浅紫色画布的中心，然后根据草图进行斜线分割，并把中英文排成方形，文字和人物要有一些重叠，以凸显前后的层次感。

❸ 微调人物色调和明暗关系，并加上投影，加强版面的空间感。最后加上活动时间及装饰性的英文。

案例3——深紫色

- 文案信息：女装新风尚
  红包不停，5折封顶
- 风格定位：成熟、神秘、梦幻
- 表现手法：放大核心点（放大主体元素）
- 布局类型：上下布局
- 色彩搭配：深紫色（主色/暗色调）+黄色（辅色/浅色调）
  （对比色搭配）
- 尺寸比例：9∶16

❶ 该案例采用拼贴风格，用植物和动物营造一种神秘感和梦幻感。元素的颜色要丰富一些，这样才够梦幻。另外加上金色，既能体现高贵、优雅，又能调和暗色调的沉闷感。

主色

辅色

❷ 导入人物素材图并放大,置于画布中心。再选用一些森林元素进行拼贴,整体采用"相对对称均衡"的布局方式,这种左右对称的形式不会让拼贴效果显得过于杂乱。

❸ 调整色调和光影。将森林元素调暗,使其融入深紫色背景中,但依然要有明暗对比,否则会缺少层次和细节。

❹ 加上文案,并用英文进行点缀。

从前面的3个案例中可以看到,不管紫色的色调如何改变,做出来的画面给人的整体印象还是比较统一的。紫色会让人联想到女性、高贵、优雅,色调深浅不同的紫色也让高贵也有着不同的诠释,浅紫色更偏高雅,而深紫色更偏尊贵,所以要根据创意和画面风格选择不同色调的颜色。

7.6 本章小结

本章是对第6章内容的补充,通过对5种常用颜色及应用案例的分析,介绍了每种颜色所代表的不同性格和情感。虽然是从色调属性切入对单色进行的介绍,案例也都以同类色为主,但在实际设计时一定要注意它们之间的搭配,只有代表不同性格的颜色相互碰撞,才会产生无限的可能。构图与配色都是设计中极其重要的内容,所以在构图时会用到配色技巧,而在配色时也会涉及构图知识。当一个Banner的构图和配色完成后,画面就基本定型了,接下来就是对细节的刻画。所以要想设计出优秀的作品,就一定要在构图和色彩搭配环节做到位。

第 8 章

设计中的光影视界

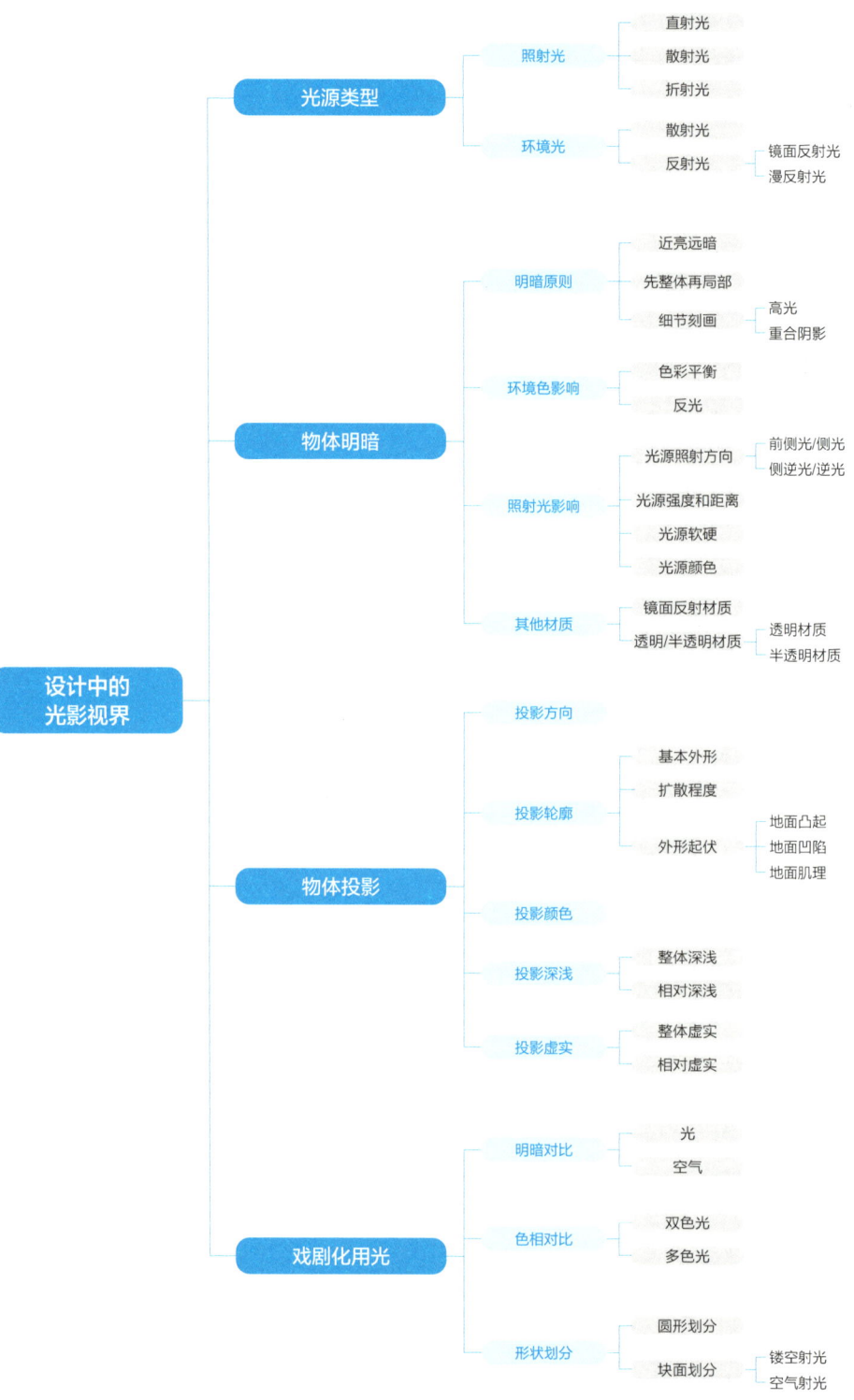

本章导读

如果说构图和色彩是Banner设计的基础，那么光影便是"锦上添花"。通过前面几章的实战案例可以看到，光影都是非常重要的。当各种视觉元素组合在一起后，只有光影统一才能让所有元素都真实地融合在一起，最终形成真实、立体、有层次的画面。光影统一也是本章内容的核心。

设计师对构图和色彩大多是偏感性和主观的，而对光影则是理性的客观判断。因为光影是自然界中真实存在的物理现象，在设计作品中添加光影就是模拟真实世界的光影，所以本章的很多内容都偏理论化。对光影的理性认知是打牢光影基础的第一步。

对于工作多年的设计师而言，设计水平都差不多，那么高手对决，到底如何才能胜出呢？其实关键就是比细节，特别是粗看画面都差不多时，光影便是影响对决的重要细节之一。只有掌握光影细节，才能将设计做到极致。

8.1 光源类型

前面讲到万物的色彩都是因为物体表面反射光而产生的,是光创造了色彩,同时光也创造了影。只有经过光照才会出现明暗,才有所谓的光影。

发光的地方就是光源。在给画面添加光影时,一定要先留意光源的位置,所以本书在所有实战案例中都会把主光源位置明确标出。只有掌握了光源的位置,使光影统一,画面才有依据。常见的光源有两大类:照射光和环境光。这两类光源往往是同时存在、相互影响的,塑造场景时必须同时考虑这两方面。

8.1.1 照射光

照射光就是画面中的主要照明光,是影响整体光影的核心光源。根据光线照射路径的不同,又可将照射光分为直射光、散射光和折射光。

■ 1.直射光

光源直接照射出来的就是直射光,光线方向为明确的直线,整体集中、聚焦,如下面左图所示。

直射光能在物体表面形成强烈的明暗对比,并且过渡较生硬,能形成清晰的轮廓边缘。**最常见的直射光就是晴天的阳光**。如右图所示,阳光直射形成强烈的明暗对比,能更好地呈现桥梁和建筑的轮廓,凸显立体感。

摄影师Tommaso Gualtieri作品

与自然光相对应的是人造光。例如，摄影棚里常用的闪光灯和常亮灯（不带柔光罩）都算人造光，照射效果与晴天的阳光类似。如下面中图和右图所示，投影的边缘都很生硬、清晰。

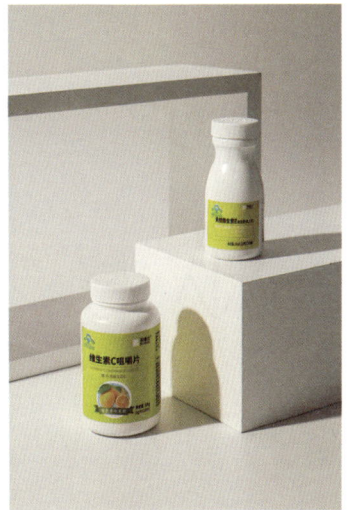

MRP Studio作品

2.散射光

当光束穿过某一介质（云层或柔光布等），能被介质表面分散传播的光便是散射光。散射光的光线路径呈多方向发散状，整体分散、无明确方向，如右图所示。

在自然光中，阴天、雨天及雾天的光照都属于散射光。当阳光穿过大气层时，大气层能让光线朝不同方向发散，发散后的光线柔和，在物体上形成明暗对比较弱、过渡较柔和的效果。

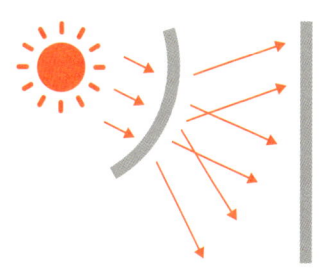

如右图所示，不管是人物还是景物，都无明显的阴影轮廓，整体层次丰富而细腻，影调柔和，特别是暗部的细节都被展现出来了。

摄影师Garrett Byrum作品　　　　摄影师Katarina Riopel作品

在人造光中,如果给闪光灯和常亮灯装上柔光罩,这样发出的光就会变成散射光。如下面中图和右图所示,人物和产品都显得特别柔和、舒服。

摄影师KRISTINA VARAKSINA作品

3.折射光

当光束从一种介质射入另一种介质时,传播方向发生偏折的光就是折射光,如下图所示。常见的介质有水或玻璃等,它们的折射角度也各不相同。

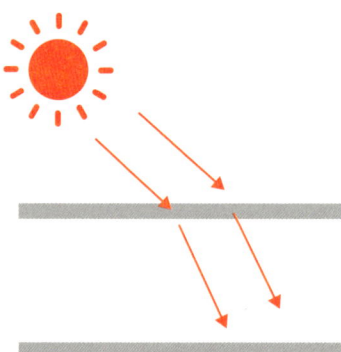

在日常生活中,像泳池里的水波光影和玻璃杯投射的光线图案等都是与折射相关的自然现象,如下图所示。

摄影师Richard Young作品

在设计Banner时，若将光线的折射效果都表现出来，就会给画面增添很多细节，同时画面的真实感也会更强。水波光影效果在电商设计中较为常见，如下面的案例所示。

截自每日一淘2019年夏季活动页

每日优鲜"口腔节"活动海报

8.1.2 环境光

很多设计师做设计时往往只注意照射光（主光源）对物体的影响，而忽略环境光，导致画面总是不够真实。简单来说，<u>画面中除了主光源以外的所有光线都算是环境光</u>。环境光的亮度一般很低，且没有明确的方向性。常见的环境光有两种：散射光和反射光。

- **1.散射光**

与照射光一样，环境光中也有散射光，但有所不同。<u>照射光中的散射光虽然光线柔和，但属于强光，能让物体产生较大的明暗反差。而环境光中的散射光属于弱光，往往只在主光源照射不到的地方（物体的暗面）才会产生影响。</u>

例如，夕阳西下时，当红色的太阳光（照射光）减弱，建筑的暗部便会显现为蓝色的天空光（环境光），这时红光和蓝光会形成鲜明的对比，极具冲击力和美感，这样的画面在摄影及设计中都非常常见，如右图所示。这个时间段也是摄影界公认的"黄金一小时"，这时的天空光就属于环境光中的散射光。

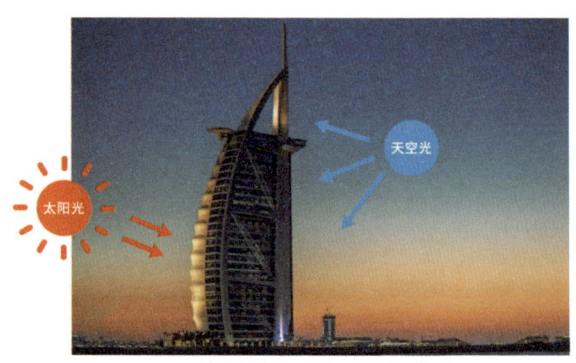

摄影师Suseendran Maha作品

生活中还有一种常见现象也能看到散射光的影响：走在户外观察自己的影子，特别是当影子较长时（清晨或傍晚），离自己越远的区域颜色越浅，如右图所示。这是因为越远的影子所处区域越开阔，受周围散射光的影响就越明显，因而颜色会更浅。

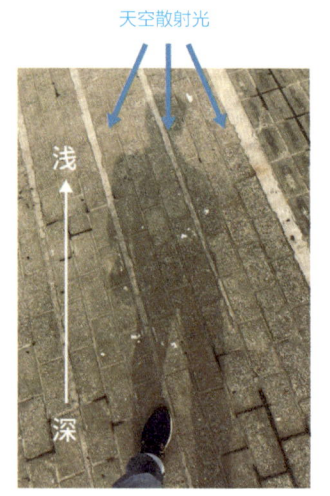

■ 2.反射光

环境光中还有一类非常重要的光是反射光。当光束照射到介质表面时，介质表面会射回一部分光，这就是反射光。可以毫不夸张地讲，世间万物之所以出现明暗就是因为反射光的存在。<u>反射光一般有两种：镜面反射光和漫反射光。</u>

（1）镜面反射光

当反射面非常光滑时，平行射入的光线仍会向一个方向平行反射出来，这就是镜面反射光，如右图所示。镜面反射光的效果如同照镜子一样，虽然这样物体本身的明暗效果会非常弱，但人们透过反射面仍能看到周围的环境信息。

在日常生活中，平静的水面、镜子及抛光的金属等都会产生镜面反射光。在刻画金属材质的元素时，常常会在表面加一些近乎白色的高光，以表现镜面反射的效果，如下页的案例所示。

截自百雀羚天猫旗舰店2018年"6·18"活动首页
（壹网壹创团队作品）

截自百雀羚天猫旗舰店
2019年"99欢聚盛典"活动首页

另外，在晴空万里的天气条件下，海面也常出现"波光粼粼"的闪光效果，这同样也是因阳光射入水面而产生的镜面反射光，如下图所示。

摄影师FlaviaZhou作品

（2）漫反射光

当反射面凹凸不平时，平行射入的光线就会向各个方向反射出去，这便是漫反射光（后面简称漫射光），如右图所示。注意，这里所讲的凹凸不平也包括微观结构上的，如有些墙壁看着很光滑，但仔细看表面也有粗糙的颗粒感，这样的墙壁反射出来的光线也是漫射光。

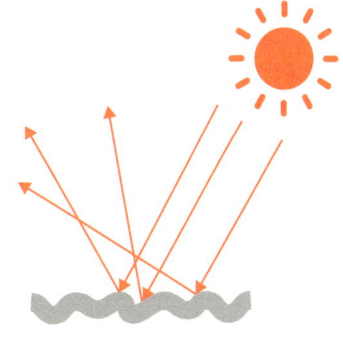

漫反射无处不在,也是我们对物体形态及色彩产生明确认知的基础。因为有漫反射的存在,物体才会有清晰的明暗关系,我们才能看清物体。漫反射赋予了物体纵深感和体积感,不管是产品还是环境皆是如此。右图所示为设计中常见的漫反射现象:在一个绿色的盒子里放置一个白色茶杯,打上一束光,这样茶杯整体都会呈绿色调。这是因为盒子表面产生了大量的绿色漫射光,这些光束照射在茶杯上,进而发生偏色现象。

可见环境色对物体的视觉影响还是相当明显的。再如右图,当模特处于一个红色空间时,受到环境中红色漫射光的影响,模特整体也明显偏红,这时我们就说环境光影响了模特的色彩平衡(关于色彩平衡的具体内容在后面会详细讲解)。

当然,现实世界是复杂的,还有大量物体会同时存在镜面反射光和漫射光。例如,起风时的水面上就不全是镜面反射光,还有漫射光。

摄影师Zahar Bakutin作品

总结

以上提到的照射光和环境光是设计中常用的两大光源类型,这两类光往往也是同时存在的。**一般的照射光会直接影响物体的明暗结构,而环境光则会影响物体的色彩平衡和反光。**只有把这些光影都表现清楚,画面才更有代入感。其中对于照射光的理解,绝不仅是考虑直射或散射那么简单,还需分析照射方向、照射角度、照射形状、光源距离、光源强度、光源软硬、光源大小和光源颜色等因素,后面会针对这些因素展开讲解。

8.2 物体明暗

前面介绍了光源类型,对光有了整体上的认知。这一节主要讲的是影,内容更侧重于实战运用,展示如何在设计中准确地表现光影效果。

本书所讲的影涵盖两部分内容：物体的明暗和投影。这里的物体是泛指的，包含电商设计中常用的两大元素：人物和产品。

当光源发出的光线射向物体时，由于光的反射，物体会产生相应的明暗变化。在第5章讲创意场景时就曾提过光影的五大调子，这正是人们对物体明暗关系的理论化总结，如右图所示。

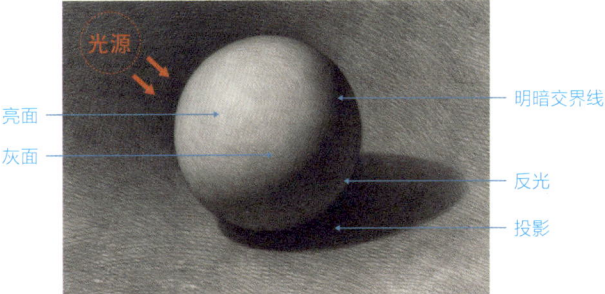

但现实世界的光影却要复杂得多，因为物体的光影还与材质密切相关，不同材质的物体的明暗关系是截然不同的，所以决不能撇开材质谈明暗。设计中常见的材质有3类——漫反射材质、镜面反射材质和透明材质，如右图所示。

漫反射材质是很常见的，因为这类材质的光影最有规律性，也最有代表性，明暗关系也很简单。素描上所讲的五大调子就是针对漫反射材质的，下面也将从这类材质入手，详细讲解漫反射的光影到底该如何呈现。

8.2.1 明暗原则

漫反射材质是指表面能产生漫反射光的材质。在日常生活中，漫反射材质（后面简称漫射材质）的物体较多，如棉布、哑光纸、哑光塑料，甚至人的肌肤等都属于漫射材质，如下图所示。

在刻画漫射材质物体的明暗时,要遵循3个原则:近亮远暗、先整体再局部及刻画细节。

■ **1.近亮远暗**

对于画面中的漫射材质的物体而言,以主光源(照射光)为圆心,物体距离光源越近会越亮,越远则越暗。对单个物体来说,距离主光源近的就是亮面(受光面),而距离主光源远的就是暗面(背光面),如右图所示。

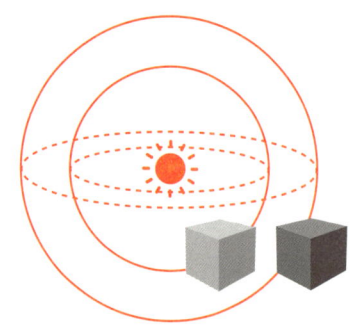

在很多摄影或设计作品中都能看到,不管是人物还是产品,都会遵循近亮远暗这一原则,且距离主光源越远越暗,如右侧的案例所示。

 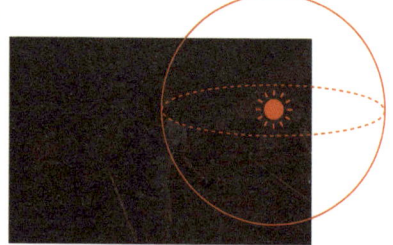

摄影师Florian-Bison作品

截自小象生鲜活动页

■ **2.先整体再局部**

在近亮远暗的大原则下,先确定物体的整体光影,表现三大面(亮面、灰面、暗面),在固有色(物体在白色光下所呈现的色彩)的基础上进行深浅色调的调整。再为物体添加局部光影,这里主要针对有块面的物体(立方体),局部光影的亮面和灰面也要分别遵循近亮远暗的原则

（因为暗面背光，不受主光源影响，所以可不遵循这一原则），这样光影才会更有层次。而对没有明显块面的曲面物体（球体），把握好整体光影即可，如下图所示。

块面物体　　　　　　　　　　　　　　　　　曲面物体

■ 3.刻画细节

刻画光影细节主要包括两处：高光和重合阴影。这两处细节虽不影响整体明暗效果，但会让物体的光影更加细腻和真实。

（1）高光

物体表面最亮的地方就是高光。高光其实不是光，而是直接反射主光源的地方，如果要给漫射材质的球体添加高光，就在亮面添加一个羽化的圆斑即可，如右图所示。

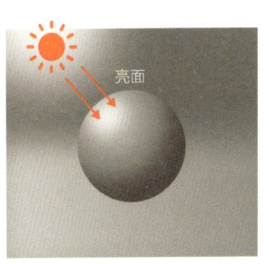

往往越光滑的物体的高光越清晰。但对漫射材质而言，高光不会很清晰，模糊程度要看物体的固有色及粗糙度。越粗糙的物体，高光越模糊，如右侧的案例所示。另外，高光的外形还与物体本身的结构有关。

产品粗糙度小
高光边缘比较清晰

产品粗糙度大
高光边缘比较模糊

截自极男天猫旗舰店眼霜详情页　　截自极男天猫旗舰店走珠香体露详情页

在表现高光时，还有一块高光区也需要刻画出来，那就是块面物体的倒角高光。很多块面物体的棱角通常会做一些圆滑过渡，这种过渡结构就是倒角。有了倒角，转折才不会"锋利"，若有光线照射到倒角的表面便会形成高光线，如下图所示。一般亮面和灰面转折处的倒角高光最亮，而灰面和暗面的转折处的倒角最暗，主要还是遵循近亮远暗的原则。

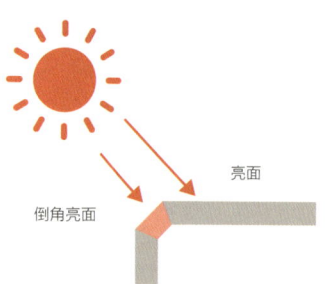
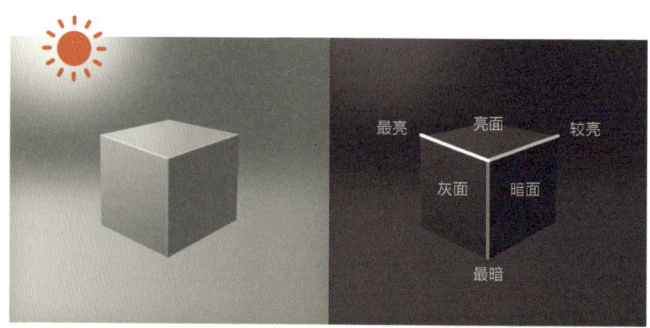

在电商设计中，若给块面物体加上倒角高光，细节会更丰富，也更耐看。如右侧的案例所示，在块面转折处都用明显的亮线进行了勾勒，虽然不是很起眼，但这就是常说的设计细节。

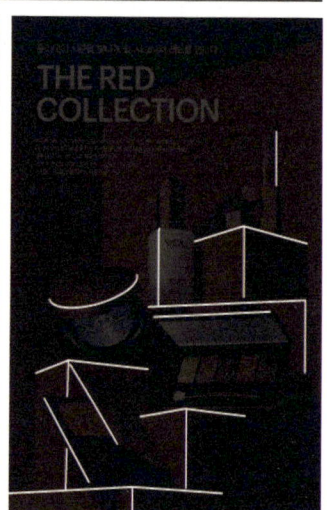

截自韩国VDL官方商城活动页

每日优鲜轮播图

（2）重合阴影

当两个物体相邻时，相邻面会形成重合阴影区，并且物体离得越近，阴影会越重，如右图所示。这是因为随着相邻物体间距越小，接受的环境光也会越来越少。

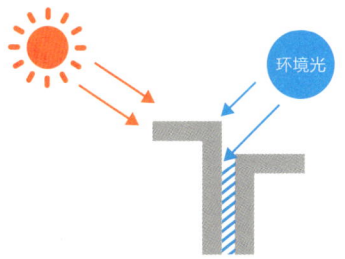

重合阴影是一个非常容易被忽略的设计细节，但若表现得当，就能提升作品的精细度，也能让场景呈现得更加合理，如右侧的案例所示。

截自京东到家2019年周年庆活动页　　　美团外卖活动海报

8.2.2 环境色影响

环境中除了主光源以外的一切光线都是环境光，而环境色则是环境光中的一种情形。当周围的环境有明确的色彩倾向时，所产生的环境光会给物体带来两方面的影响：一是物体的色彩平衡，二是反光。在设计表现时，也要从这两方面入手。

■ 1.色彩平衡

色彩平衡是Photoshop中的一个调色工具，主要用于调节画面的整体色彩。通过调整色彩平衡既可以校正画面的偏色，使色彩舒适、平衡，又可以根据场景和需求使画面偏向某一种颜色。

例如，右图中的人物受环境色影响会明显偏黄。

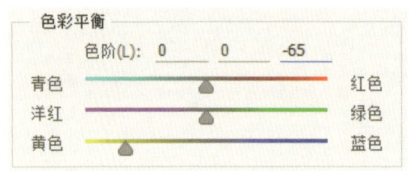

所以当物体处在有明确色彩倾向的环境时，受环境四周漫射光的影响，整个物体都会偏向环境色。由于物体的暗面受到的影响更大，因此暗面的偏色现象更明显。总之，物体的偏色程度都与其固有色、材质及漫射光的强度有关。

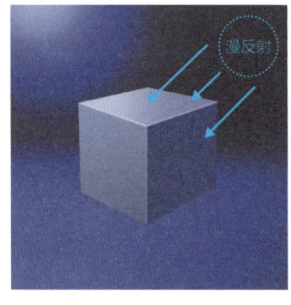 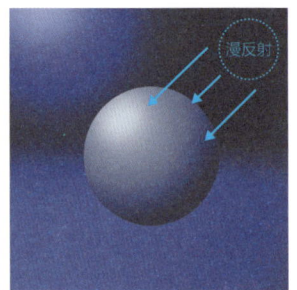

2.反光

一般都是将物体放置在地面上，而地面作为环境的一部分也会产生漫射光，这部分光线照射到物体上就会形成一层微弱的亮面，也就是反光。

物体表面离地面越近的地方的反光越强。一般物体的反光最强处就是物体暗面最靠近地面的地方，但不管在什么情况下，反光都不宜过亮，更不能超过物体亮面的亮度。

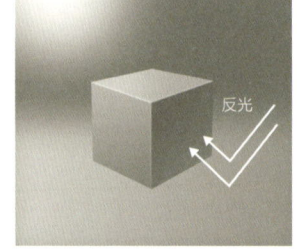 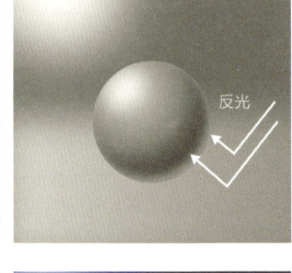

上面右图是环境为白色的情形，而当环境有明确的色彩倾向时，反光面就应呈现环境色。如右图所示，物体的反光都呈浅蓝色。

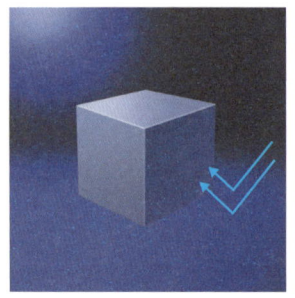 

另外，能产生反光的不只是地面，<u>只要离物体较近且能反射光线的面都能让物体产生反光</u>。例如，从右图中能明显看到白色瓶子的右侧有一片绿色的反光，这是因为旁边的绿色外包装盒反射出的绿色光线投射到了瓶身表面。

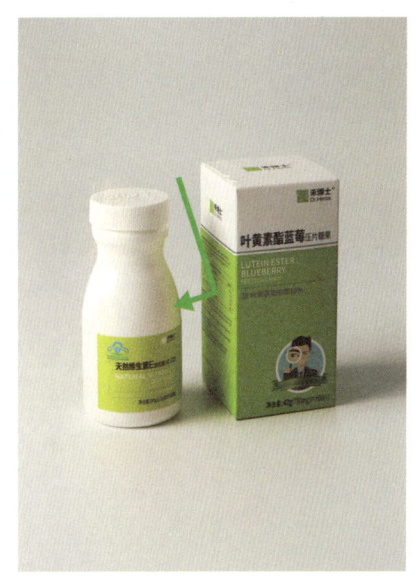

再如在户外拍摄人像时，为了不让人物的暗部过暗，往往会在旁边添加一块反光板，这个反光板所起的作用就是让人物脸部的背光面产生反光，以达到提亮暗部的目的。

截自westcott摄影灯官网

总结

综上所述，周围环境的漫射光影响着物体的色彩平衡；而地面（也可以是离物体较近的面）的漫射光则为物体的暗面添加了反光。之所以要单独讲解环境色的影响，是因为在设计Banner时大部分都是在一个有色背景中添加人物或产品，其实就可以理解成是将物体放入一个环境色中，这时若想让物体与背景自然融合，就需要将它们的色彩平衡及反光都调整得偏向背景色，不然整体就会失真，如下页的对比图所示。

人物偏黄，与背景融合得生硬　　　　人物偏红，与背景融合得自然

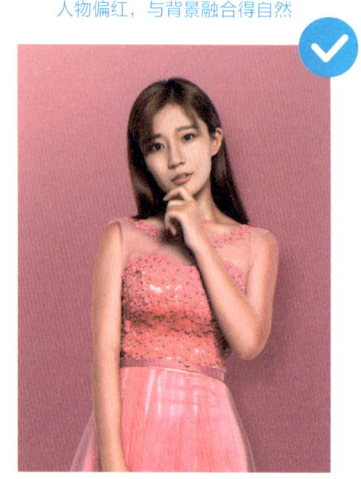

总之，调节色彩平衡能让物体融入有色背景中；而添加反光则可使物体更加通透，立体感更强，下面就是两个融合得较好的案例。

反光
产品暗面的边缘有橙色的反光

色彩平衡
产品整体（尤其是暗面）偏向背景的橙色

截自每日优鲜活动页

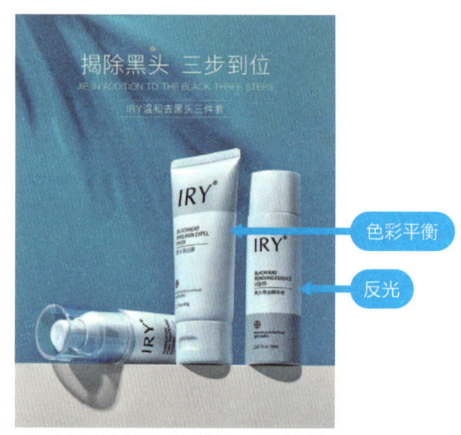

色彩平衡

反光

截自佰魅伊人天猫旗舰店牙膏详情页

实战案例

在实战案例中，给两款产品分别添加蓝色背景，然后用前面两小节中所讲的方法给产品添加光影，并使它们融进背景中。因为在后面章节才会具体讲到投影，所以当前为保持画面的完整性，先添加投影，但不展开讲解。由于物体的明暗、投影和光源属性密切相关，因此这里先设定主光源来自画面左上方，强度为中等，软硬适中，呈白光，下面看具体如何呈现。

▶ 牛乳钙（块面物体）

① 将产品置入蓝色背景中

② 根据主光源的位置调整整体明暗关系，刻画三大面

③ 根据近亮远暗的原则调整亮面和灰面的局部明暗关系

④ 在结构转角处添加倒角高光，注意亮面与灰面的转角处最亮

⑤ 调整产品的色彩平衡，整体偏蓝色，暗面的偏色情况更明显

⑥ 在暗面靠近底面的地方添加淡蓝色的反光

⑦ 添加投影，完成

▶ 雪凝霜（曲面物体）

① 将产品置入蓝色背景中

② 根据主光源的位置先刻画产品的整体明暗关系

③ 再根据近亮远暗的原则调整产品每个面的局部明暗关系

④ 在结构转角处添加倒角高光

⑤ 调整产品的色彩平衡，整体偏蓝色，注意暗面的偏色情况更明显

⑥ 继续在暗面靠近底面的地方添加反光

⑦ 添加投影，完成

8.2.3 照射光影响

在上述案例中，事先都给主光源做了一个设定，是因为主光源直接决定了物体会呈现怎样的光影效果，特别是当画面有多个物体时，只有确定了光源位置才能使它们的光影统一。例如，通过左上角的主光源能判断画面属于侧光，那么产品也是对应的侧光影，如果主光源的位置改变，光影也将发生改变。下面来看光源的众多不同因素会对物体产生的不同影响。

■ 1.光源照射方向

光源的照射方向会影响物体的明暗配比。光源的照射方向不同，物体的明暗也会发生微妙的变化，同时还会影响画面的情感表达，如下图所示，所以要先确定光源的照射方向。

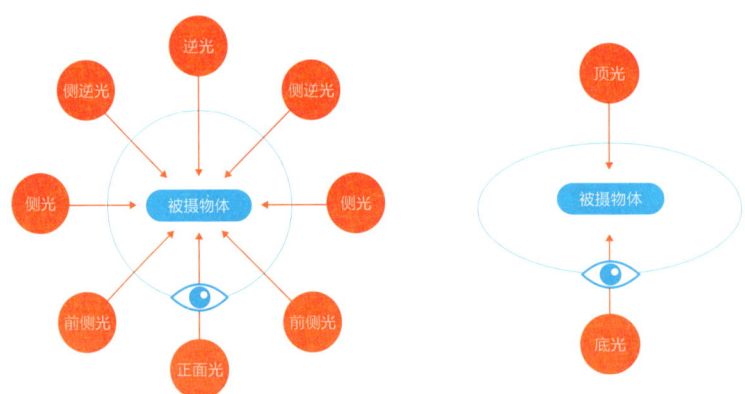

光源的照射方向一般有7种，如下页图所示。在实际设计时，常用的照射方向有4种：前侧光、侧光、侧逆光和逆光，后面将这4种方向分成两组进行具体讲解（其他方向由于使用较少，所以就不展开讲解了）。

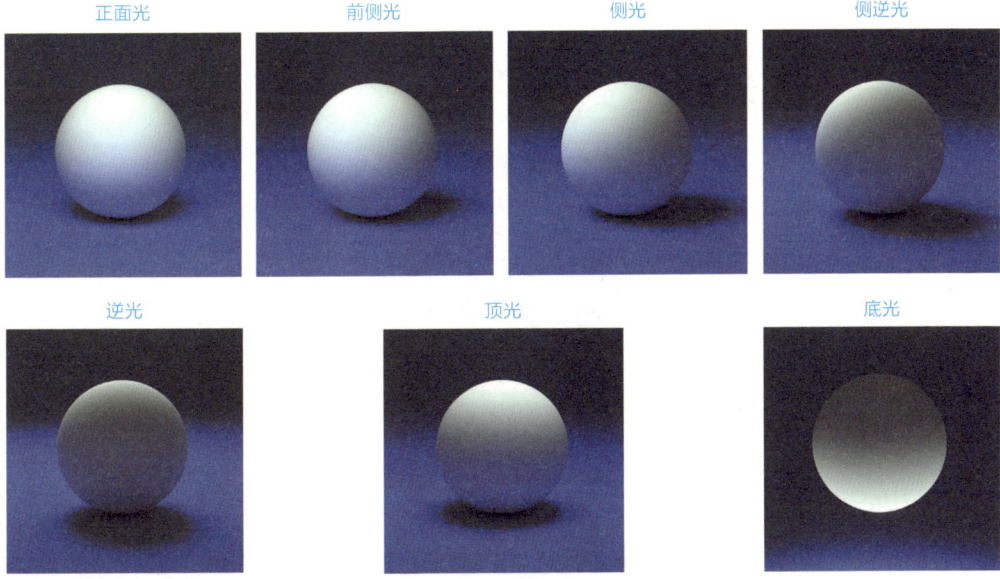

（1）前侧光/侧光

当光源的照射方向与视线方向呈30°～60°夹角时称为前侧光；而当夹角呈90°时则为侧光。如下图所示，前侧光的画面中的物体一般是明多暗少，侧光中的则是明暗相当。

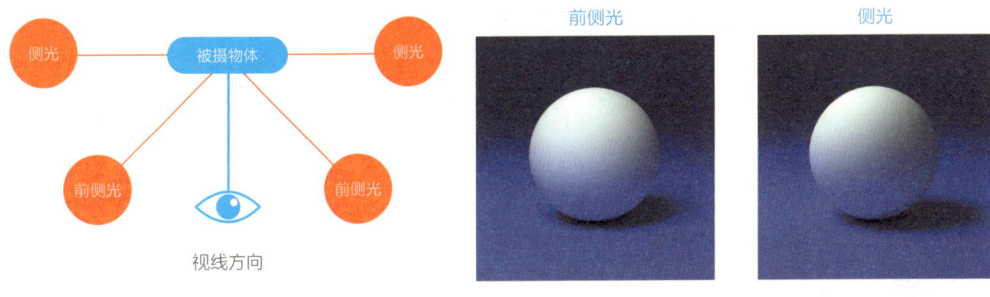

再看产品在前侧光及侧光下的光影呈现，主要区别在于明暗比例的变化，但变化很微妙，没有那么明显。这里使用Photoshop对产品进行光影调整，如右图所示。在日常设计中，经常需要用Photoshop来处理光影。

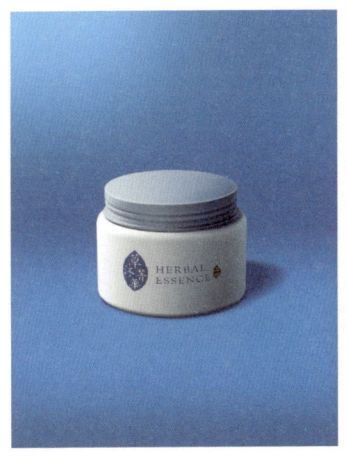

前侧光和侧光是电商设计中最常用的布光方式，这样不管是人物还是产品，明暗比例都比较适中，既能保证物体的亮度，又能很好地凸显物体的形态和质感。很多Banner的主体展示都会采用前侧光或侧光的布光方式，如右侧和下面的案例所示。

前侧光

截自优衣库天猫官方旗舰店
2018年"年货节"活动首页

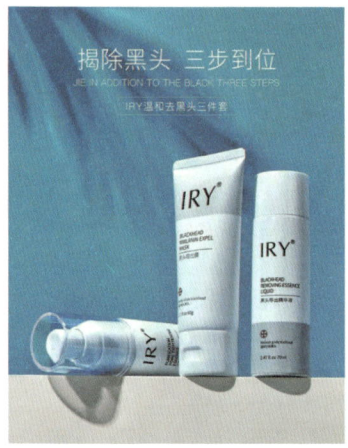

截自IRY天猫旗舰店首页

每日优鲜活动Banner

侧光

截自初语天猫旗舰店2017年
"99欢聚盛典"活动首页

美团外卖App启动页

截自海蓝之谜天猫官方旗舰店
精华乳液详情页

（2）侧逆光/逆光

当光源的照射方向与视线方向呈120°~150°夹角时称为侧逆光，而当夹角呈180°时则为逆光。如下图所示，侧逆光的画面与前侧光的相反，物体明少暗多；而逆光画面中的物体则几乎全是暗面。总之，不管是侧逆光还是逆光，画面中的物体都以暗调为主。

再看产品在侧逆光及逆光下的光影该如何处理，虽然产品看着有些灰暗，但场景却颇有氛围和调性，如右图所示。

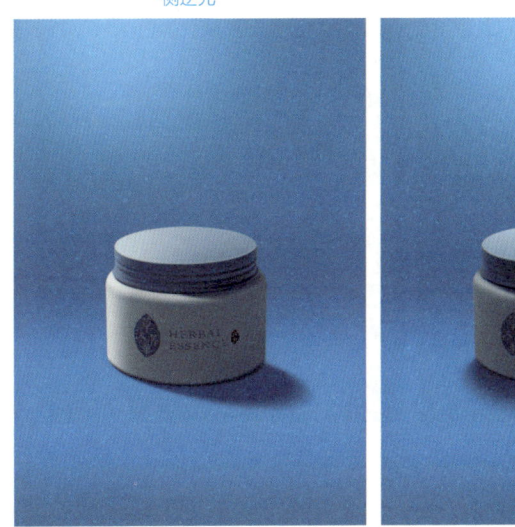
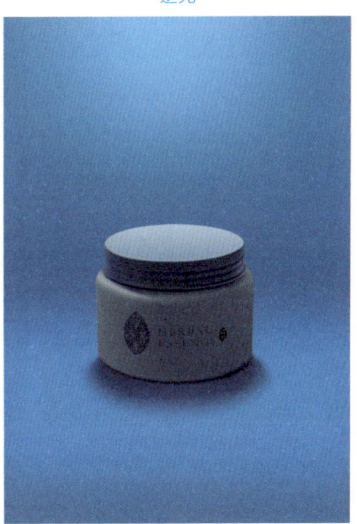

侧逆光和逆光也是一组常见的布光方式，与前侧光和侧光主要凸显物体的立体感不同，侧逆光和逆光主要用于营造独特的场景氛围。注意物体背光面的明暗程度，要根据需求提亮或压暗，但一般都不会调得太暗，还是会保留物体该有的一切细节，以避免色调过深而减少了暗部层次。如下页的案例所示，画面中元素的背光面依然都清晰可见。

侧逆光

网易严选2018年中秋活动海报

截自黑鲸天猫旗舰店活动首页

截自健力多天猫官方旗舰店2020年"亲子节"活动首页

逆光

肯德基活动海报

截自每日优鲜活动页

美团外卖2019年周年庆活动海报

逆光其实很有趣,当光照强烈、光质偏硬时,物体边缘就会出现一圈非常明显的高光,高光的颜色与光源的颜色一致,也就是轮廓光,如右图所示。<u>光照越强,光质越硬,轮廓光就越明显。</u>

侧逆光　　逆光

逆光一直都是摄影师的最爱，它能勾勒出人物轮廓，进而分离人物与背景，让影调富有变化，能提升画面的层次和细节，如下图所示。

摄影师Peter Clarkson作品　　　　　　　　摄影师Matt Hawthorne作品

轮廓光在电商设计中应用得也很多。如下面的案例所示，人物和产品的部分边缘处都有非常亮的轮廓光，这些光影细节使画面更具有形式感和设计感。

截自圣希梵天猫旗舰店　　　　　　　　　截自达尔肤天猫官方旗舰店
2019年"3·8女王节"活动首页　　　　　2018年"双十一"活动首页

还有一种情形也颇有艺术感，如果物体完全背光，且背景偏亮、物体正面又无光时，就会形成剪影效果。在摄影中这是一种很有趣的拍摄方式，如下图所示，人物剪影会让人产生丰富的想象空间。

摄影师Hassan Pasha作品　　　　　　　　摄影师Florian Bison作品

在电商设计中，剪影效果同样以表现人物或产品轮廓为主，突出整体造型，剪影式构图会更强调画面形式感的传达，如下面的案例所示。

虾米音乐活动海报

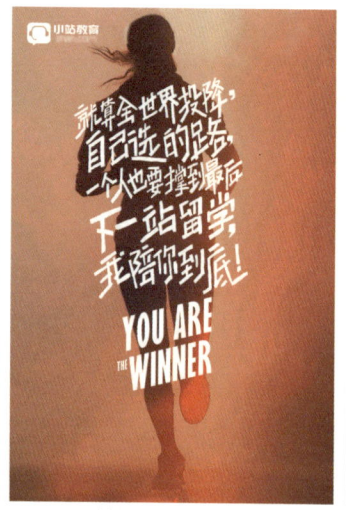
小站教育网宣传海报

截自Lancome兰蔻天猫官方旗舰店产品预告页

■ 2.光源强度和距离

光源强度和距离会影响物体的明暗反差大小。强度越弱或距离越远则物体的明暗反差越小，而强度越强或距离越近则明暗反差越大。原因很好理解，当光源增强时，周围环境和物体的受光面会变亮，因此亮面和暗面的反差也会更大。光源距离同样如此，所有人造光源的光照都有衰减性，而光源强度随着距离拉近而变强，因而距离越近的光源，照射强度越强，如下图所示。

光源强度越弱或距离越远，物体的明暗反差越小

光源强度越强或距离越近，物体的明暗反差越大

还有一类比较特殊的光源是自然光。如果是在室外环境下，任何时候的光照（晴天、阴天等）都不会有衰减现象，因为作为光源的太阳太强，距离太远，衰减可忽略不计；但若是在阴天的室内，从窗外射入的自然光则会有衰减性，因为这时的光线以散射光为主，而这类光照要弱得多，再加上窗外射到室内的辐射范围有限，所以衰减性便会显现出来，如右图所示。

光照的衰减性弱　　　　　光照的衰减性强

光源强度和距离对产品的明暗影响也同样如此，右侧左图设定的光源强度弱、距离远，因而产品的明暗反差较小；而右侧右图设定的光源强度强、距离近，因而产品的明暗反差大。

明暗反差小　　　　　明暗反差大

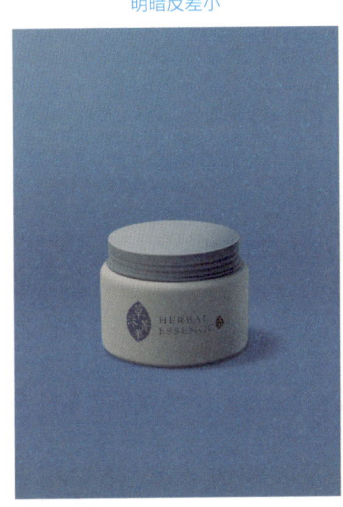

如果明暗反差较弱，为避免画面灰暗，可以通过提高画面曝光值的方式来整体调亮画面，如右图所示。

曝光值 +1.00

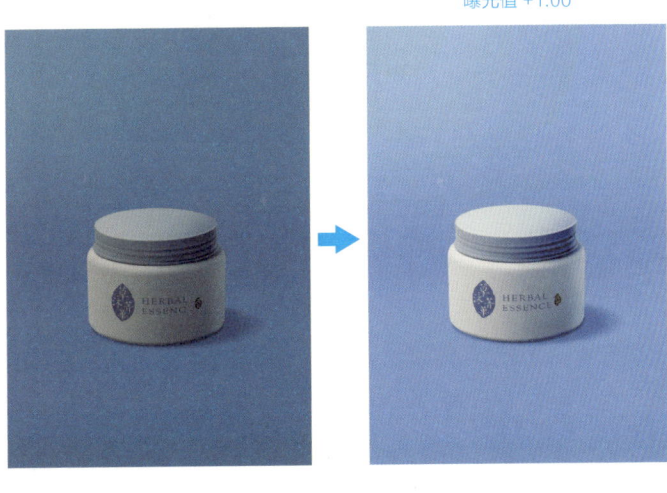

在实际运用时,明暗反差弱的画面中的人物或产品都没有很重的阴影,画面整体清晰、柔和,同时人物或产品的结构和立体感也被弱化了,如右侧的案例所示。

截自one more天猫官方旗舰店
2018年"天猫情人节"活动首页

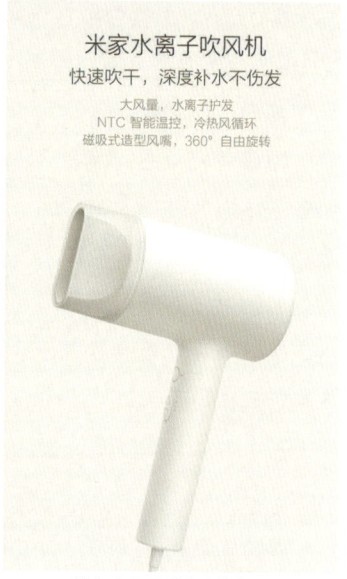

截自小米天猫官方旗舰店
吹风机详情页

而明暗反差强的画面则让人物或产品的明暗对比更强烈,阴影明显,质感更凸显,画面更强调结构和立体感,如右侧的案例所示。

截自太平鸟男装天猫旗舰店
2018年"双十一"活动预售页

截自极男天猫旗舰店洗面奶详情页

3.光源软硬

光源软硬是指光的性质(简称光质)的变化,主要分为硬光和软光。一般直射光属于硬光,而散射光和漫射光则属于软光。光源软硬会影响物体的明暗过渡,硬光的光照更直接,会让物体的明暗过渡更生硬,有明显的阴影轮廓,更突出表面结构和质感;而软光的光照柔和,能让物体的明暗过渡更为自然，无明显的阴影轮廓，更突出表面层次和细节。另外，在同等的光照强度下，因为软光的光线呈分散状，所以相比硬光的明暗反差较小，如右图所示。

硬光的光照直接
物体明暗过渡生硬

软光的光照分散
物体明暗过渡柔和

右侧所示为产品在硬光和软光环境下的光影效果，通过对比可以看出右侧左图的影调更为硬朗。

硬光

软光

在设计时，硬光常用来表现人物的强劲、硬朗和力量感，能凸显产品的结构和造型，提升质感和立体感，适合男性、运动、健身等类目的设计，如下面的案例所示。

截自wilson天猫官方旗舰店
2020年"春季火拼周"活动首页

截自iovate天猫海外旗舰店
2019年"双旦礼遇季"活动首页

截自sesderma天猫海外旗舰店
2019年"6·18"活动首页

软光侧重表现人物的柔美、清新和娇嫩感，常用于少女、儿童等类目的设计；而用软光表现产品则会使画面的层次更细腻、丰富，效果更接近生活里的真实状态。

蘑菇街2017年"321焕新节"
活动海报

截自hellokitty天猫贝贝帕克专卖店
2020年"520告白季"活动首页

截自cosmetic love商城
产品详情页

4.光源颜色

光的颜色简称光色，光色变化会影响物体的表面颜色。因为人们对色彩的敏感度很高，所以众多因素中，光色带来的影响最为直观。一般来说，不管物体的固有色如何变化，表面呈现的都是光线颜色，只是明暗程度不同。如下图所示，当红光照射在球体上时，亮面会呈红色；而当绿光照射在球体上时，亮面则会呈绿色。

若产品被有色光照射时，受光面同样会出现对应的光色，这样画面会更生动，同时也强化了观者的视觉印象，如右图所示。

在日常设计中，使用有色光算是戏剧化用光的一种手法。如下面的案例所示，当画面出现光色变化和鲜明的对比时，画面会更有冲击力和氛围感，也让场景带有强烈的情绪感，而关于戏剧化用光在后面会详细讲解。

截自骆驼官方商城冲锋衣详情页

自如租房宣传海报

截自每日优鲜活动页

总结

前面介绍了影响物体明暗的4个光源因素：照射方向、光源强度和距离、光源软硬以及光源颜色。通过相关的案例可以发现，当照射光的光源因素发生改变时，不仅物体表面的明暗会有变化，投影也明显不同。物体的明暗和投影是紧密相关的，因为投影相关的知识非常重要，所以在下一节单独讲解。

8.2.4 其他材质

前面从3个维度（明暗原则、环境色影响、照射光影响）讲解了漫射材质的光影呈现，接下来要讲的是镜面反射材质和透明/半透明材质。相比漫射材质，这两类材质的明暗关系更复杂，整体较难呈现。当然，在电商设计中，这些材质也不常见，并且很多时候产品材质的精细刻画属于修图师的工作，做合成设计时能把握整体光影和大效果即可。

1.镜面反射材质

表面能产生镜面反射光的材质就是镜面反射材质，像抛光金属、镀铬金属、亮光塑料等都属于镜面反射材质。

抛光金属

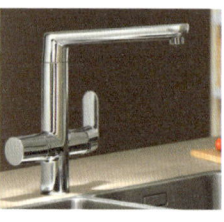
镀铬金属

亮光塑料

这类材质的形态特征都是表面光滑且有很强的反光性，能反射周围的环境信息，而反射强度则与物体的工艺、固有色及光源强度等有关。当环境较复杂时，因为物体映射了周围环境，所以明暗关系是比较混乱的，并且随着观察位置的改变，物体上的光影也会随之变化。不过摄影或设计中的产品往往呈现的是简单的环境，镜面反射出的光影具有规律和美感。

光滑金属算是镜面反射材质中最具代表性的一类，它同样有亮面、灰面和暗面，只是不太明显，与漫射材质有以下3点不同。

第1点，明暗反差大，过渡偏硬。

第2点，高光明显（包括倒角高光），部分高光处会出现近乎是白色的刺目强光。

第3点，反光强烈，与周围环境及环境色相关。

在设计时，对大部分金属材质都会着重表现上面这3点，如下面的案例所示。简单环境下的金属光影相对简单，关键在于对亮面、高光和反光的刻画，要注意物体的明暗会交替出现且过渡更生硬。

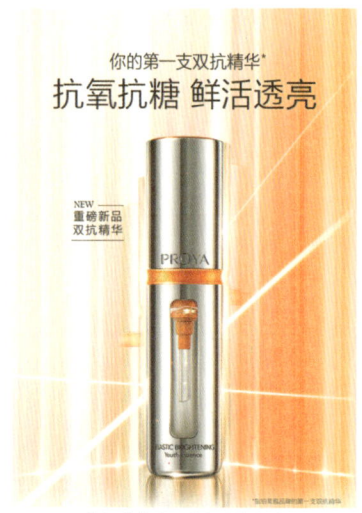
截自珀莱雅天猫官方旗舰店
双抗精华详情页

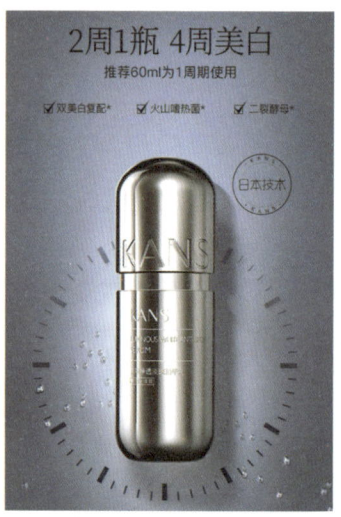
截自韩束天猫官方旗舰店
美白精华液详情页

Lancome兰蔻天猫官方旗舰店
2018年"天猫超级品牌日"活动海报

▪ 2.透明/半透明材质

光线照射到漫反射和镜面反射材质都会产生反射现象，而透明和半透明材质则不同。当光线照射到透明和半透明材质的物体表面后，除了小部分光线会被反射，大部分会直接穿过物体产生折射。光线在穿过时未发生散射的便是透明材质；穿过时还伴有散射的则是半透明材质。水、水晶、透明玻璃等都属于透明材质，而硅胶、玉石、磨砂玻璃等则属于半透明材质，如下图所示。

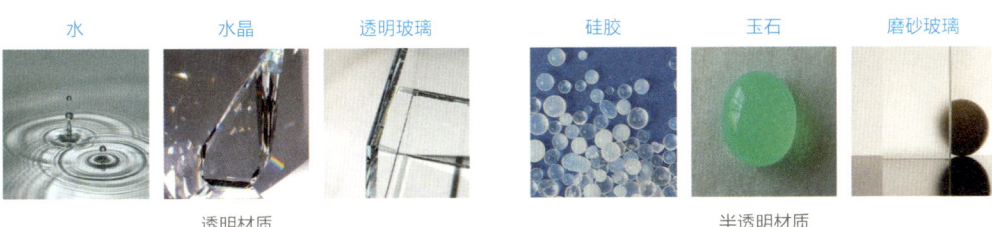

水　　　　水晶　　　　透明玻璃　　　　硅胶　　　　玉石　　　　磨砂玻璃

透明材质　　　　　　　　　　　　　　半透明材质

（1）透明材质

透明玻璃和透明塑料都是常见的透明材质，它们最大的特点是穿透性强，物体很大一部分会直接显示背后的环境信息。当光线射向透明物体后，小部分光线会发生反射，使物体产生高光并具有一定的反光性。所以光滑的玻璃和塑料往往能反射一些周围的环境信息，受菲涅耳效应的影响，反射强度随着视线与物体表面的夹角增大而减弱。但大部分光线还是在穿过后发生折射，正是折射光让物体具有了通透感。

刻画透明物体时需要注意4个关键点：一是透明物体会显示内部结构；二是透明物体明暗过渡柔和，亮面较亮；三是透明物体的高光明显（包括倒角高光），边缘清晰，并且背光面也可能出现高光；四是透明物体的反光较弱，与周围环境及环境色有关。

观察右侧两个Banner中的透明玻璃材质的产品投影，就会发现透明物体的投影非常特殊。由于光的折射，光线会穿过物体后投在地面上，结果就是地面投影处会显示部分照射光，这被称为透光投影。如果透明物体的表面不平整或有弧度，射入光线的方向会发生不平行改变，就会出现漫折射，光线有的聚拢有的扩散，最终投影处形成有明显光斑且强度不均匀的区域，这就是焦散投影。

截自Bielenda天猫海外旗舰店2019年"6·18"活动首页

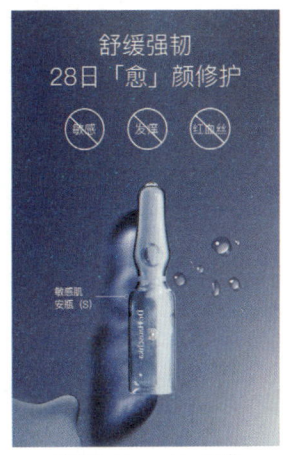

截自Dr Hauschka天猫海外旗舰店产品详情页

如下面左图和中图所示,之所以会出现两种不同形式的投影(透光投影和焦散投影),主要是因为物体表面的结构不同。焦散投影形成的图案非常丰富,有很强的装饰性。如右侧的案例所示,地面的焦散投影让本来简单的画面透出了美感和层次,视觉效果也更精致。

透明物体表面平整
会产生透光投影

透明物体表面不平整
会产生焦散投影

截自欧珀莱天猫官方旗舰店眼霜详情页

不管是透光投影还是焦散投影,阴影处的射光颜色都与环境色、光源色、产品固有色有关。如下面的案例所示,当一束白光射向蓝色玻璃瓶时,投影将出现蓝光(左图);而黄色玻璃瓶的投影则呈黄光(右图),这就是产品固有色所产生的影响。在很多合成设计中,对于透明材质,要特别留意投影的透光性。

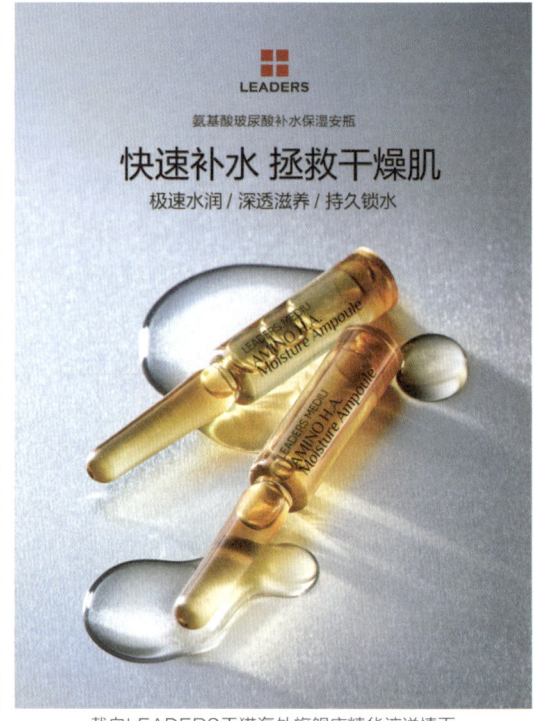

截自露得清天猫官方旗舰店2018年活动页　　　　截自LEADERS天猫海外旗舰店精华液详情页

（2）半透明材质

半透明材质是很特殊的一类材质，介于透明和不透明之间，质感呈现受光线影响较大。如下图所示的玉镯，当光源位于玉镯正后方时，整体显得非常通透；但把光源移到玉镯侧面时，玉镯又会变成不太透明的暗沉状。

光源位于正后方   光源位于左侧

 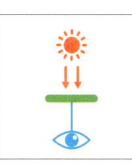  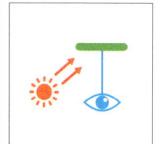

磨砂玻璃和磨砂透明塑料都是常见的半透明材质。当光线射向半透明材质的物体后，部分光线会产生漫反射，物体上会形成高光和明暗面。还有部分光线会在物体介质中产生折射和散射，受折射影响，会出现透光投影，但因为还有从不同方向射出的散射光线，所以透光投影的边缘会显得非常柔和，而半透明材质的反光性也较弱。如下面的案例所示，包装为磨砂玻璃和磨砂透明塑料材质的产品Banner中均有透光投影。

截自三生花天猫旗舰店补水套装详情页   截自极男天猫旗舰店洁面膏详情页

由于半透明材质会产生强烈的漫反射，这种反射会破坏本来的折射现象，**所以半透明的物体材质只有透光投影，而不会产生图案丰富的焦散投影**。另外，除了磨砂透明材料（磨砂玻璃、磨砂透明塑料等）外，还有一种半透明材料，两类材料的半透明性质并不一样。磨砂透明材料表面是磨砂效果而内部透明，这样散射只发生在物体的半透明表面；而半透明材料则从内到外都是半透明的，这样整个物体都会产生散射，硅胶、玉石和蜡等都属于半透明材料。一般半透明材料的透光性不如磨砂透明材料，所以透光投影也较弱。如果某种材料的不透明度非常高，就会出现无法透光的黑色投影。

8.3 物体投影

上一节讲了3类材质的明暗，其实这3类材质的投影是略有不同的（但没有材质表面的明暗区分大），因此本节主要以最具代表性的漫射材质为主来讲解材质的投影。

简单讲，投影就是光线照射不到的地方。投影在光影表现中非常重要，有了投影，环境中的物体才有真实感，并能与环境产生呼应关系。设计师在做设计时，要能根据各类场景准确地表现出让人看着舒服的物体投影，而物体投影又分为表面投影和地面投影。投在物体表面的是表面投影，投在地面上的就是地面投影，如下图所示。

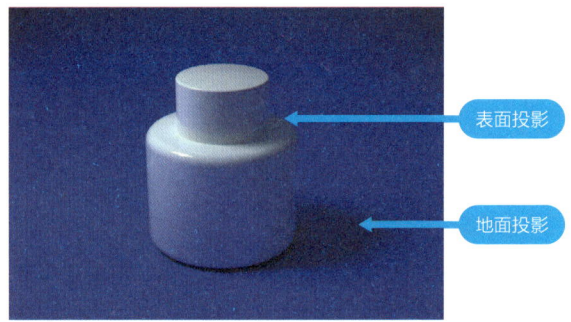

当光源的强度和软硬等因素改变时，物体的投影也会发生变化，下面就来看看物体的投影到底受哪些因素影响？又会有哪些不同？刻画投影时需要考虑的因素有哪些？相信学习完这部分内容，你会对投影有更全面的认识，会发现原来看似简单的投影竟藏有这么多细节！

> **小提示**
>
> 以下的内容主要针对画面只有一个主光源且物体只产生一个地面投影的情况，其实表面投影也同样适用，学习的时候要举一反三，灵活变通。

8.3.1 投影方向

刻画投影时首先要考虑的就是投影的方向。投影的方向与光源位置密切相关，投影永远在光源相对的一面，属于光源发出光线的延伸。

如右图所示，当画面中有多个物体时，要确保所有物体的投影都与光源的光线方向保持一致，若不一致画面就有违和感。

物体的投影方向均与光源的光线方向一致

如下面的案例所示，画面中的光源位置并不明确，光源可能在画面之外，这就需要先设定一个光源位置，然后确保所有物体的投影都处在光源光线的延伸线上，这样才合情合理。

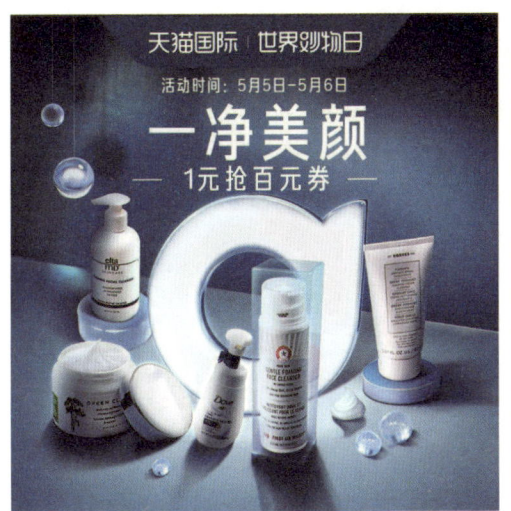 

截自天猫国际2019年"世界妙物日"活动页

8.3.2 投影轮廓

确认投影方向后就要开始绘制投影的轮廓，这是投影表现中最难的一步，很多画面的投影看着很"假"，往往就是因为投影的轮廓出了问题。优秀的设计师要能准确地呈现出物体投在地面的真实形状，而不是所有投影都用一个圆形或矩形表现。要想准确地呈现出投影的轮廓需要从轮廓的基本外形、扩散程度和外形起伏这3点来表现。

1.基本外形

投影的基本外形是指物体在光源照射下投在平面上的基础形状。关于形状绘制是有章可循的，需要用到立体几何的相关知识。

先把光源的位置点和物体的各个顶点连成直线，再把每条直线延长至所在的平面，这样就能得到多个交点，最后把平面投影外围的所有交点连接起来便会得到准确的轮廓，如右侧右图所示。像单个长方体这样简单的物体的投影还比较好呈现，其实上述的方法对表现复杂物体的投影也同样适用。如右侧左图所示，先用上述方法将两个长方体的投影轮廓分别呈现出来，再将它们合并即可。只是这种有组合物体的画面空间结构更为复杂，顶点也更多。

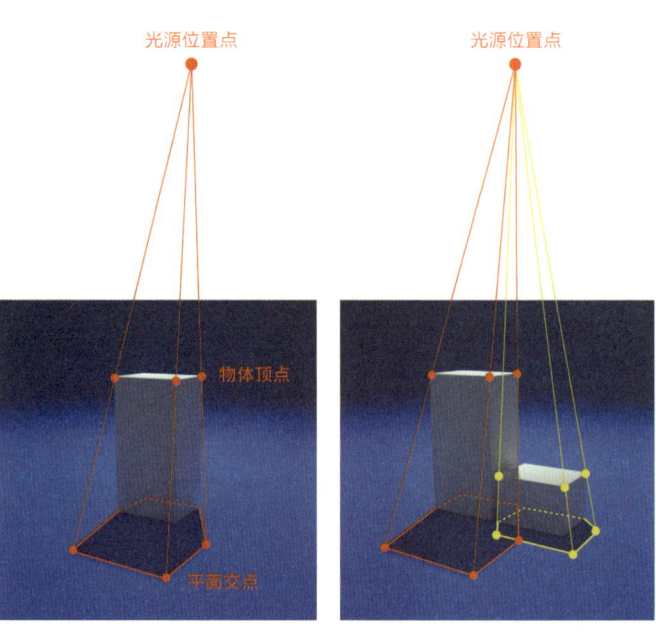

在单一光源下，当画面中有多个物体组合出现时，所有物体的投影都是"相加关系"。也就是说当多个投影产生交集时，这些交集的区域并不会产生更深的叠加投影，如右图所示。

在单一光源下，两个物体的投影是"相加关系"，交集处不会有更深投影

但以上只针对单一光源产生单一投影时的情况，若画面有多个光源并让物体产生了多个方向的投影时，投影便会是叠加关系。

如右侧的示意图和案例所示，画面中都有两个主光源，因此产生了两个相交的投影，投影的交集区域颜色最深，而非交集区域由于光源的相互影响则会变浅。

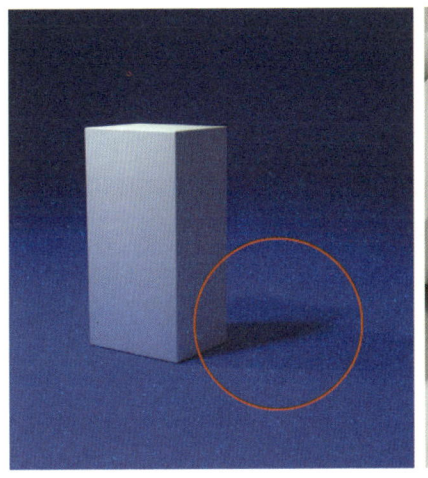

最后通过投影基本形的绘制方法还能得出一个结论：<u>投影长短与光源光线的入射角有关</u>。入射光线和垂直地面的法线所形成的夹角就是入射角，入射角越大投影越长，入射角越小则投影越短，如右图所示。

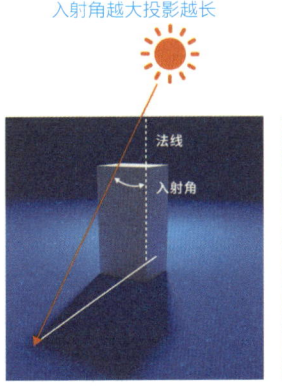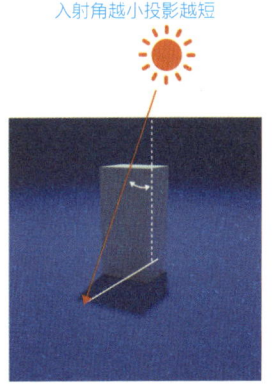

准确的投影轮廓能让产品呈现得更真实，也更有美感，如右侧的案例所示。当然，前提是光源为硬光，只有硬光才能使物体产生清晰的投影轮廓。

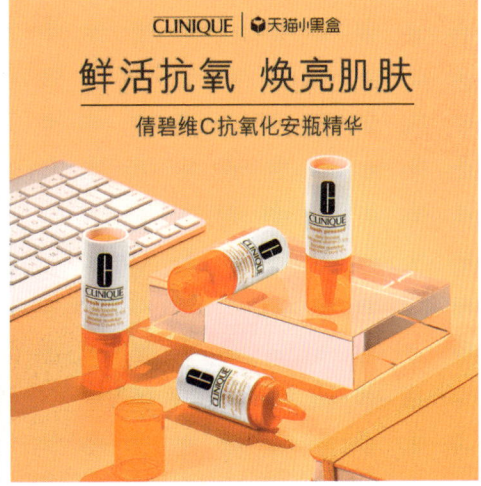

截自珀莱雅天猫官方旗舰店洁面慕斯详情页　截自倩碧天猫官方旗舰店2019年"天猫小黑盒"活动页

2.扩散程度

接下来要考虑投影外形的扩散程度，扩散是指投影轮廓的开口大小。

所有物体的投影都有扩散现象，只是程度不同，这与光源的面积及光源距离有关。光源面积越大则投影外形的扩散程度越小，而光源面积越小则扩散程度越大，如右图所示。

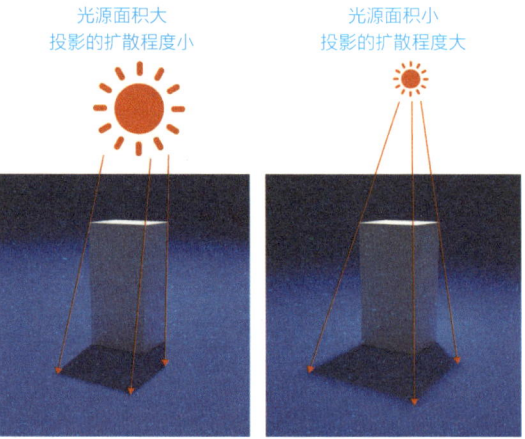

光源距离物体越远则投影外形的扩散程度越小，而光源距离越近则扩散程度越大，如下面的左图和中图所示。太阳距离地球就非常遥远，因此室外物体的投影扩散程度会非常小，如下面右图中的树木的投影都接近于平行状态。光源的距离远近是非常重要的，所产生的影响因素也很多，不仅影响投影外形的扩散，还会影响投影的深浅和虚实。

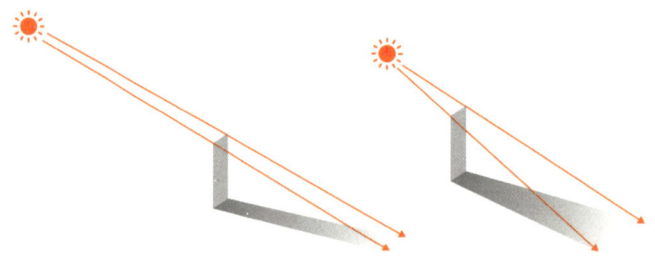

摄影师Ciocan Ciprian作品

外形扩散程度较小的投影在生活中更加常见，呈现出来的投影效果更自然、真实，所以在电商设计中比较常用，如右侧的案例所示。

截自御泥坊天猫旗舰店气垫详情页

截自Bielenda天猫海外旗舰店
2019年"6·18"活动首页

外形扩散程度较大的投影虽然用得不多，但若使用恰当也会让画面充满张力和氛围，使人眼前一亮，如右侧的案例所示。

截自Lancome兰蔻天猫官方旗舰店产品预告页　　截自网易云音乐活动页

■ 3. 外形起伏

绘制投影的轮廓时还需要考虑外形的起伏，起伏是指投影不仅要有二维平面的形状变化，还要根据地面凹凸起伏进行纵向的调整。地面凸起主要指"墙面"，而地面凹陷则是指"阶梯"，此外还有地面凹凸不平的"肌理"效果。

（1）地面凸起

当地面凸起形成类似"墙面"的结构时，如果物体的影子长度大于墙面间距，就会出现"投影上墙"的现象，这是因为墙面上也有一块光线照射不到的区域，如右图所示。

如果投影出现在产品与墙面的中间区域，就可以设计成"投影上墙"的布光效果，这样两个元素（产品和墙面）就会产生呼应和联动关系，可以提升画面的整体感，如右侧的案例所示。

Foodography食摄集摄影工作室作品　　截自韩国APIEU官方商城页

（2）地面凹陷

当地面凹陷出现类似"阶梯"结构时，如果物体的影子长度大于阶梯转角的间距时，就会出现"投影下沉"，如下图所示。

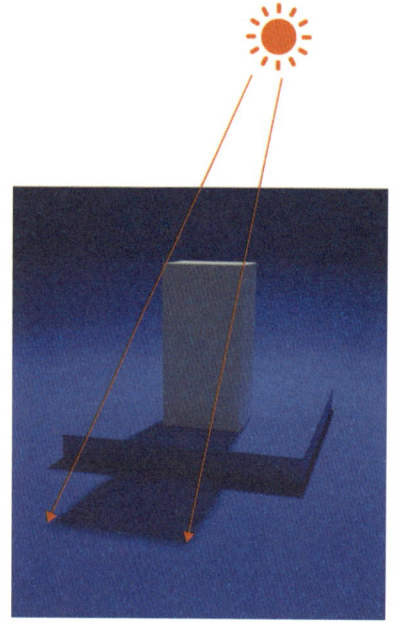

注意，左图中的主光源出现在物体的背面，属于侧逆光，"阶梯结构"受光照影响也会出现暗面。"阶梯结构"的暗面与投影一样，都是光线照不到的区域。因此，在阶梯转角的背光面，不会出现物体投影。有时设计师会顺手将物体投影叠加在转角的暗面上，这其实是错误的表现方式，如下面的对比图所示。

阶梯转角的背光面不会出现物体投影

再来观察生活中的真实投影，右图是随手拍的一张屋顶照片，拍摄时间是上午9点。图中的栏杆在屋顶投下了长长的影子，可以清晰地看到，圈中挡板的背光面并没有栏杆的投影，就像被断开了一样，这是因为该区域都是背光面，没有出现投影叠加的反常现象。

因此，在设计时要格外注意，千万不要犯这种"投影叠加"的常识性错误。如下页的案例所示，图中转角的背光面都没有出现产品投影叠加的现象。

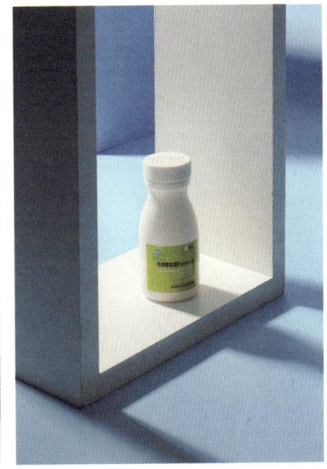

Foodography食摄集摄影工作室作品

(3) 地面肌理

有的地面还会以"肌理"的方式呈现,像常见的草地、水面和沙滩等。如下面的案例所示,画面中的"地面"都是凹凸不平的,因此投影的外形也要根据肌理起伏产生形态变化,这样投影才不会显得"太假"。

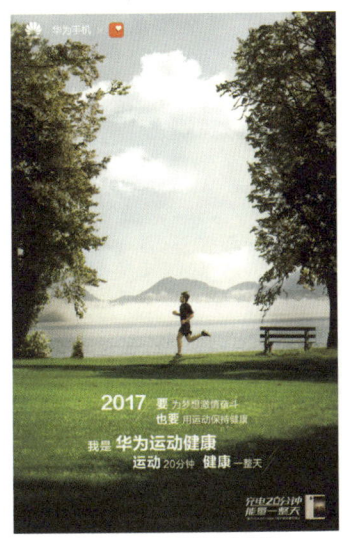

华为Mate 9手机宣传海报　　截自WIS天猫旗舰店爽肤水详情页　　快驴进货2019年"酒饮节"活动海报

虽然投影的轮廓绘制是从3个方面分别讲解的,但实际设计时要综合处理。根据画面的光源确定投影的外形、发散程度和起伏,最终是为了营造出物体在环境里的真实存在感。

8.3.3 投影颜色

　　有了投影的形,就需要确定投影的色。很多设计师在添加投影时不管周围的环境色是什么,都会直接将投影填充为黑色,最后导致投影在画面中格格不入,像是多余的。其实投影为黑色的情况非常少见,由于受到周围漫射光的影响,大部分投影的颜色都与地面的颜色一致,如下图所示。具体做法是先给投影填充地面色,并将图层的混合模式改为"正片叠底",再将图层的透明度调至合适的数值即可。

投影呈暗蓝色

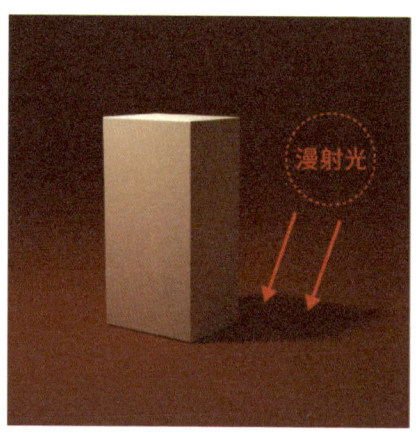
投影呈暗红色

　　仔细观察下面的案例,画面中的投影并不是黑色的,都是深色调的地面色,这样的投影才不会显得突兀。

截自ETUDE HOUSE官方商城产品页

8.3.4 投影深浅

既然投影都是深色调的地面色,那到底刻画"多深"才合适呢?这就需要在设计时调整投影的深浅。关于投影的深浅,可从两个维度进行调整,即整体深浅和相对深浅。

■ 1.整体深浅

整体深浅是指投影的整体明暗,与前面所讲的物体明暗一样,都会受光源强度和距离的影响。深浅是指环境的明暗反差大小,因此所谓的"投影深"其实是由于环境的明暗反差大所造成的;反之,"投影浅"是由于环境的明暗反差小所造成的。

如右图所示,光源强度越强则投影的明暗反差越大(投影深),而光源强度越弱则投影的明暗反差越小(投影浅)。因此,投影的整体深浅是相对周围环境而言的。

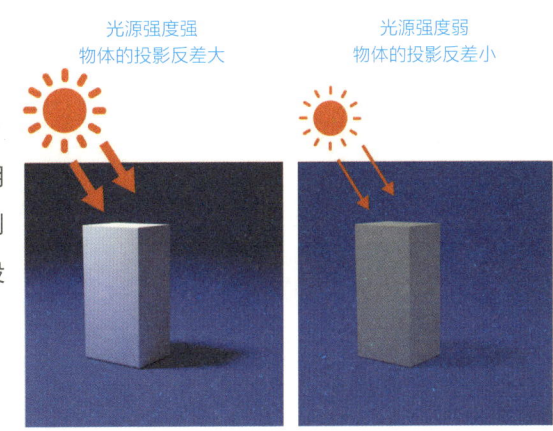

另外,投影的整体深浅还会受光源的距离影响。由于光线有衰减性,光源距离越近则投影的明暗反差越大,而光源距离越远则投影的明暗反差越小。例如,在下面的案例中,左图的明暗对比明显更强,投影也更深。

每日优鲜轮播图

截自京东生鲜"周五鲜放价"活动页

2.相对深浅

相对深浅是指投影自身的明暗变化，也就是说投影本身的明暗分布并不一致，哪怕整体很深的投影，但本身还是会有相对的深浅变化。具体要看投影所处区域的开阔程度：<u>开阔程度越小投影越深，而开阔程度越大则投影越浅</u>。一般情况下，靠近物体底部的区域开阔程度最小，接收的环境光（散射光/反射光）也最少，所以投影最深；而离物体最远的区域开阔程度最大，能接收的环境光也最多，所以投影最浅，如右图所示。

综上所述，投影是遵循着近深远浅的原则。投影靠近物体的区域较深，而远离物体的区域较浅，如右图所示。

若要表现投影的相对深浅，需要重点呈现3个区域：①区的开阔程度最小，几乎没有光照，因此色调也最深，这是投影中最暗的区域，称为暗角区；②区的开阔程度一般，接受的光照较少，因此色调偏深，为本影区；③区的开阔程度最大，接受的光照也最多，因此色调最浅，为半影区，这3个区域会沿着投影轮廓呈直线分布。

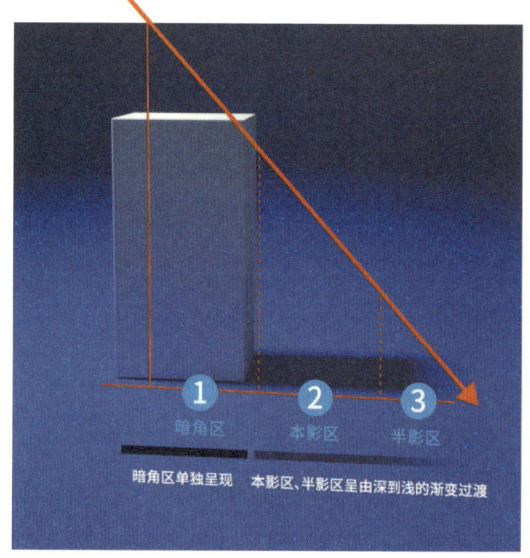

在实际设计时，投影的暗角区往往是单独的一个图层（作为点缀，面积不能太大），而本影区和半影区则会合并成另一个图层（色调由深到浅的渐变层）。这样刻画产品投影时就是用这两个图层来呈现的，如下图所示。

再来看电商设计作品，右侧两个案例中物体的投影刻画也是分两层呈现的，物体底部的暗角区域的色调是最深的。

截自每日优鲜活动页

美团外卖"本地美食节"活动海报

8.3.5 投影虚实

表现投影的最后一步是调整投影的虚实。虚是指投影的边缘是模糊的，而实是指投影的边缘是清晰的。与投影深浅一样，投影的虚实也分整体虚实和相对虚实。

■ 1.整体虚实

投影的整体虚实与光源软硬及距离有关。光源的软硬会影响物体的明暗过渡，同时也影响着物体的投影虚实。当光源为硬光时，光照比较直接，所产生的投影比较实、边缘清晰、过渡生硬；而当光源为软光时，光照柔和，光线分散，所产生的投影整体偏虚、边缘模糊、过渡柔和，如右图所示。

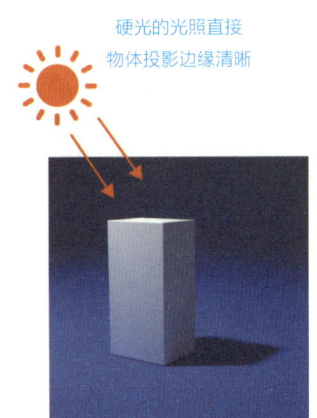
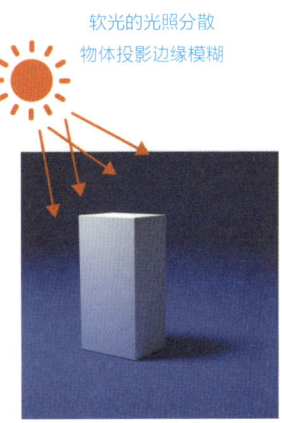

除了光源软硬，还有光源距离的影响。光源距离越近投影越虚，光源距离越远投影越实。这是因为光源的距离越近，相交的光线就越多，光线的相交区域也越大，如下图所示。

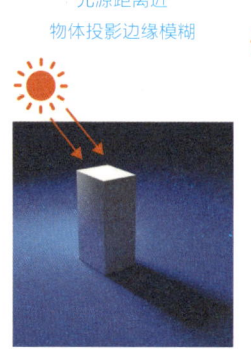
光源距离近
物体投影边缘模糊
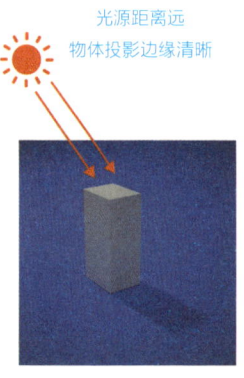
光源距离远
物体投影边缘清晰

从上图可以看出，光源的距离变化对物体的光影影响很大，不仅影响了投影的虚实，同时还决定了投影的扩散程度和整体深浅。总之，<u>光源的距离越近，投影的扩散程度越大，明暗反差也越大，边缘则越模糊；而光源的距离越远，投影的扩散程度越小，明暗反差也越小，边缘则越清晰。</u>

在实际运用时，"实影"会让元素的明暗过渡生硬，暗部细节缺失，因此使用得相对较少。但"实影"却有着更强的表现力和冲击力，形式更加鲜明，更富有张力，如下面的案例所示。

截自gukoo天猫旗舰店2019年夏季活动页　　肯德基活动海报　　截自高姿天猫旗舰店补水套装详情页

而"虚影"则用得较多，"虚影"让物体呈现得更加细腻和自然。因为投影的边缘模糊，所以对轮廓的要求也低，不需要非常精准，哪怕是对结构复杂的物体，也无须勾勒出具体形状，因此若对投影表现没有把握，可以优先绘制"虚影"。例如，在下页的案例中，不管是什么样的物体，在软光的照射下所产生的投影都是"模糊一片"，就算轮廓不准确也没影响。

实战案例

阿芙唯品会旗舰店活动海报

截自京东生鲜2019年母亲节活动页

■ 2.相对虚实

投影除了具有整体上的虚实变化,也会有相应的虚实过渡,这与投影的相对深浅类似,都遵循近实远虚的原则。投影离物体越近,边缘越清晰;若投影离物体越远,边缘则越模糊。虚实过渡其实是一个非常柔和的变化过程,之所以出现越远越虚的情况,是因为越远的区域受环境光(散射光/反射光)的影响越大,如右图所示。

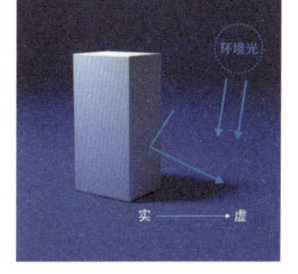

在设计有些画面时,若光源为软光,也可忽视近实远虚的原则,将投影直接处理成整体模糊的效果也不太违和。因为近实远虚的过渡效果是一个非常微妙的细节,不会影响整体效果,但若能将细节刻画到位,那么画面的层次将更加细腻丰富,如右侧的案例所示。

截自纪梵希天猫官方旗舰店气泡水详情页

截自每日一淘代餐奶昔详情页

> **总结**
>
> 以上就是关于投影表现的5个要素：投影方向、轮廓、颜色、深浅和虚实。设计时要灵活应用，不必一味地还原现实，很多时候可以不用"太较真"。例如，有些画面中的光源并没有那么明确，有些地方的投影刻画并不需要太精细，出现一点失真的情况也没关系，关键是不要让人觉得画面别扭就行。

实战案例

下面用上述的知识来为立方和球体及对应的产品添加投影。物体只有同时具有明暗和投影，才能真正融入环境。先设定光源情况，光源来自画面的左上方，强度中等，软硬适中，光源为白光。

▶ 立方体

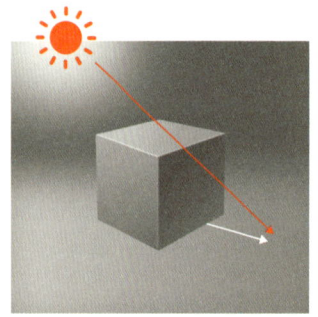

① 根据光源的照射方向确定投影方向

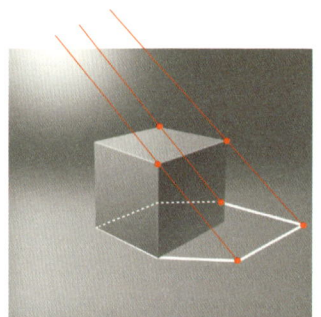

② 用前面所讲的方法找到地面交点，以此确定投影轮廓

③ 根据地面颜色及光源强度，给投影轮廓填充颜色并调整色调

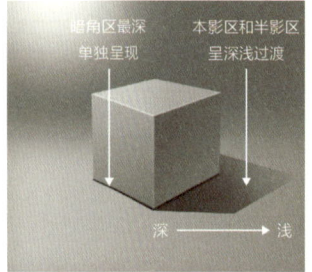

④ 根据近深远浅的原则调整投影的深浅变化，物体底部的最深区域是单独的一层

⑤ 最后根据近实远虚的原则调整投影的虚实变化

▶ 球体

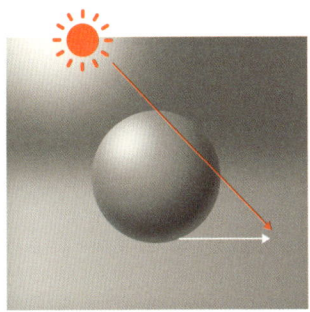  

① 根据光源的照射方向确定投影方向

② 由于是球体，所以投影的轮廓比较容易确定

③ 根据地面颜色及光源强度，给投影轮廓填充颜色并调整色调

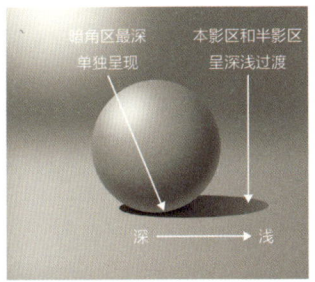 

④ 根据近深远浅的原则调整投影的深浅变化

⑤ 最后根据近实远虚的原则调整投影的虚实变化

在上一节的实战案例中，给两款产品添加了物体明暗和投影，但对投影并未展开讲解。下面逐步剖析一下产品的投影刻画步骤，与立方体和球体的投影刻画如出一辙。也是先设定好光源，光源来自画面左上方，强度较大，软硬适中，光源为白光。

▶ 牛乳钙

 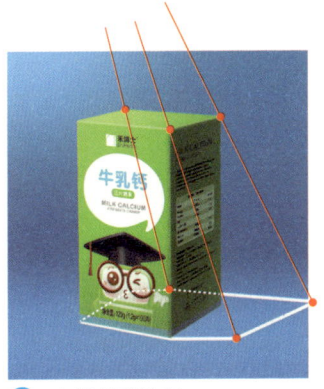 

① 明确投影方向

② 勾勒投影轮廓

③ 填充投影颜色

465

④ 调整投影深浅　　　　　⑤ 调整投影虚实

▶ 雪凝霜

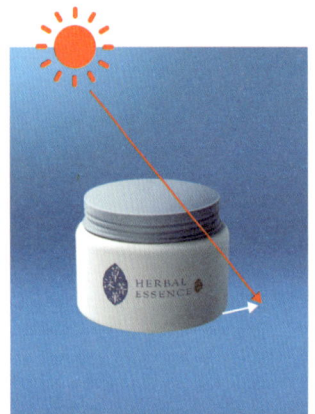

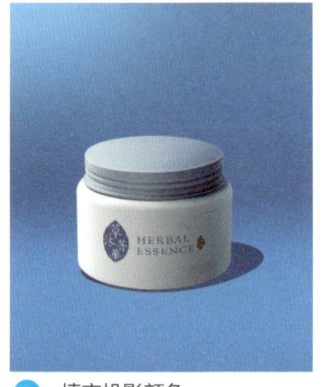

① 明确投影方向　　　　　② 勾勒投影轮廓　　　　　③ 填充投影颜色

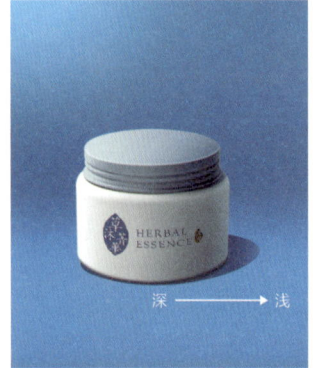

④ 调整投影深浅　　　　　⑤ 调整投影虚实

　　前面展示的这些都是相对简单一些的案例，下面将分别用侧光和逆光来设计两张不同风格的产品Banner，通过完整的综合案例来展现两种布光方式的差异，以及刻画光影的方法与步骤。

▶ 综合案例1

- 主推产品：咖啡
- 文案信息：能量供应站，拯救没精神 精选咖啡，新鲜现磨 立即购买
- 风格定位：活力、动感、有趣
- 表现手法：空间陈列（台面陈列）
- 布局类型：上下布局
- 色彩搭配：橙色（主色/纯色调）+ 褐色（辅色/深色调） （同类色搭配）
- 光源信息：侧光、强度一般、软硬适中、白光
- 尺寸比例：9∶16

① 先构思创意并画出草图、确定配色。根据"能量供应站"这一文案信息，在画面中用立方体构建一个"能量站"，并添加汇聚能量的管道，再将咖啡和咖啡豆都放在"能量站"上，通过这样一个有趣的设定来吸引人的注意。因为这个Banner要用满满的活力感来凸显咖啡的提神功效，所以橙色比较合适。另外，画面的元素较多，采用同类色搭配可以使画面更加统一。

② 搭建场景。先用钢笔工具勾出"能量站"的外形，注意光源来自左上方，是侧光，所以绘制外形时要根据近亮远暗的原则先表现出能量站的整体明暗（亮面、灰面、暗面）。整体结构看似复杂，但可拆成几个立方体，这样在确定明暗面时会清晰很多。另外，由于设定的光源强度不是太强，所以明暗色调也不要差别过大。接着添加圆柱体组成的管道，同样也是先确定明暗面。最后放上咖啡和咖啡豆，其中咖啡豆是用的图片素材。找素材时尽量选择与设定的光源相匹配的，这样做出来的画面会更真实，并且能减少后期进行光影刻画的工作量。

③ 刻画光影。前面确定了"能量站"的整体明暗关系，现在再给亮面和灰面分别添加局部明暗细节，并在倒角处添加倒角高光，给暗面也加上环境里的反射光。有了这些细节后，"能量站"就有了很强的立体感。咖啡杯类似圆柱体，偏冷色调，所以在这样的橙色环境中，咖啡杯要偏暖一些，暗面同样也会有反光。

调整亮面和灰面的局部明暗

为物体添加倒角高光和暗面反光并调节色彩平衡

③

④ 绘制投影，这是让元素之间产生关联的关键一步。根据光源方向和高度、物体结构、地面凹凸和颜色勾勒出投影的基本外形及色彩，再根据光源的强度和软硬调整投影的深浅及虚实。注意近深远浅、近实远虚的细节变化，并且每个物体的底部接触面（暗角区）都会单独添加一层很深的阴影，因为这是开阔程度最小的区域。

⑤ 图中所示为刻画投影时容易忽视的几处细节。一是两处蓝框圈出的①区，这是"能量站"的表面投影，当物体结构比较复杂时，除了添加地面投影外，还要观察其表面会不会产生表面投影。二是两处蓝框圈出的②区，当咖啡的投影延伸至"阶梯"的暗面时，暗面的咖啡投影会"消失"，也就是说暗面区域不会有任何投影。三是蓝框圈出的③区，当管道投影完全处在"能量站"的投影中时，它们是"相加关系"，投影会合并，管道投影会"消失"。

⑥ 添加文案和购买按钮。为了符合整个空间的透视感，可以在标题后方添加立体闪电元素。而按钮则可设计成"能量站"上的立体按钮，因为有部分按钮处于表面投影中，所以按钮表面也会出现"能量站"的表面投影，这就是细节刻画。

④

⑤

⑥

468

▶ 综合案例2

- 主推产品：手机
- 文案信息：全速运行，畅快体验
  人工智能芯片，强劲续航
  立即购买
- 风格定位：未来、科技、动感
- 表现手法：创意场景
- 布局类型：上下布局
- 色彩搭配：深蓝色（主色/深色调）+
  浅蓝色（辅色/浅色调）
  （同类色搭配）
- 光源信息：逆光、强度较强、
  光质偏硬、淡蓝光
- 尺寸比例：9∶16

① 对于手机产品的Banner设计而言，常规的设计思路是要体现出手机的科技感和未来感，所以深蓝色是最常用也最符合设计定位的颜色。设想画面构建出一个充满科技感的纵深空间，中间有个人双手举起，前面就是人工智能芯片，有拥抱未来之意，并且手机屏幕中飞出两架战斗机，以呼应"全速运行"的文案。根据创意画出草图，确定配色。

② 根据创意和草图进行场景搭建。光源来自正前方的手机屏幕，因此所有元素都是逆光或侧逆光，在此基础上给各个元素添加明暗面。由于光源强度大，元素的明暗反差也较大。

③ 继续给每个元素添加局部光影和细节，如给两侧立柱加上倒角高光和反光，给人物添上蓝色的轮廓光等。

④ 刻画投影。因为光质偏硬，所以投影的边缘比较清晰，但仍要注意近深远浅、近实远虚的细节呈现变化。

⑤ 最后添加文案和点缀元素。将标题文字设计成是写在空间顶部的效果，这种大角度透视更能体现速度感，同时也更有代入感。

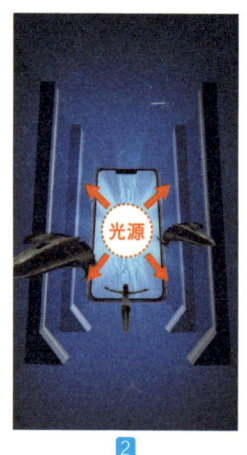   

通过两个综合案例可以看出，不同光源所带来的视觉感受也是不同的。侧光使物体呈现得更加真实和立体，而逆光则营造出了一种独特的场景氛围。因此，设计时要根据需求选择合适的布光方式。另外，刻画投影时需要考虑的因素也有很多，如影子的轮廓、深浅及虚实等，但不用生搬硬套所讲的理论，只要做到不让人觉得别扭与违和即可。

8.4 戏剧化用光

　　认识了光，知道如何去呈现光，这些都属于客观还原，但设计并非陈述事实，而是要通过艺术化的表现来呼应创意和设计风格。下面就来讲解如何用光去主观制造一些戏剧化场景。戏剧化是指通过巧妙甚至有些刻意的布光方式来渲染场景氛围并制造出视觉焦点。影视海报的设计在这方面就做得非常好，很多海报的用光都非常戏剧化，值得借鉴。通过分析大量的影视海报，可以从中总结出3种用光手法：明暗对比、色相对比和形状划分。在大多数的设计中，会穿插使用这3种手法，这3种手法也同样适用于电商设计。

8.4.1 明暗对比

　　明暗对比是3种手法中最常见也是最基础的一种。有光照就会有明暗，而明暗对比就是要进一步增大画面反差，并通过明暗区域的划分来制造焦点和故事性。在视觉表现中，常用来表现明暗的物质是光和大气，很多时候它们会同时存在。

1.光

　　这里的光是泛指的，主要是指照射光。用光来制造画面的明暗层次，这种明暗层次往往强烈、清晰、分明，整体给人以强烈的视觉冲击力。先来看看在下面所示的影视海报中，光的明暗对比是如何呈现的。

将海报转成黑白色调后，能看到黑白分明的明暗对比效果

电影《大鱼》宣传海报

电影《星球大战8》预告海报

电视剧《闪电侠》宣传海报

　　上面海报中的光源都很强烈，明暗反差大，主要强化了物体的轮廓形态，凸显了立体感，这样就会产生强有力的视觉冲击力。

很多电商设计作品也会借鉴影视海报的做法。如右侧的左图所示，画面的构图、配色和光影借鉴了电视剧《闪电侠》的海报，整体的明暗强对比能让观众感到狂奔的"速度感"；而在右侧的右图中，明暗强对比则强化了油烟机的"吸力"。

截自美团跑腿活动页　　　　　截自杰诺天猫旗舰店2018年活动页

2.空气

这里的空气就是我们常说的空气透视（详见"5.6.3 场景搭建"），其原理是空气中的水汽、尘埃等物质让光线产生了分散传播。产生的散射光会让远处的景物出现细节减少、色相趋同、色调变亮、对比减弱等变化。正是这些明显的变化使场景产生了明暗对比，所以从光影的角度讲，空气也是散射光的一种。

右侧和下页展示的是一些运用空气透视制作的影视海报，相较于光，空气产生的明暗对比更柔和，中间有过渡，对比也没那么生硬，并且空气透视主要是制造了远近明暗效果，整体给人一种近实远虚、近深远浅、朦胧的空间感。

从右图中可以看到，海报黑白过渡自然，明暗对比柔和

电影《面纱》宣传海报

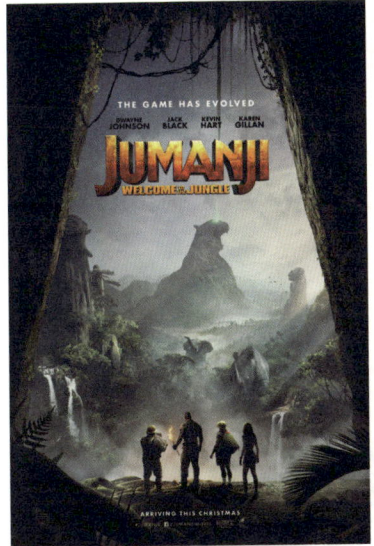

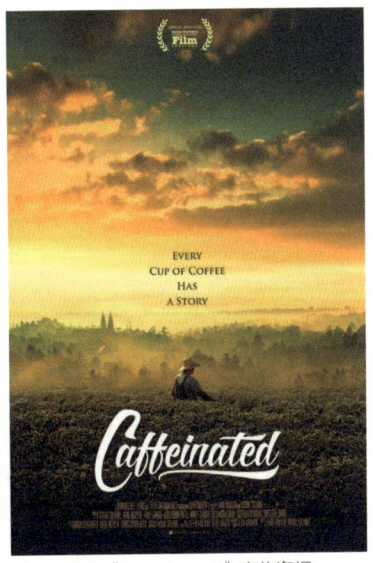

电影《勇敢者游戏》宣传海报　　　　电影《Caffeinated》宣传海报

在电商设计中,空气透视同样能营造出朦胧的虚实场景,如右侧的案例所示。

截自卓玛泉天猫旗舰店2018年"双十一"活动预售页　　截自daewoo小家电天猫旗舰店
（设计师"菜头"作品）　　　　　　　　　　　电风扇详情页

8.4.2 色相对比

这里的色相是指光的颜色,**色相对比其实是在明暗对比的基础上加入了光色的变化**。当画面中存在两种以上的光色时,就有了色相对比和呼应。由于人们天生就对色彩敏感,因此这种光色对比带来的冲击会让画面充满张力和故事性，并给人留下深刻的印象。根据光色数量的多少可分为双色光和多色光。

1.双色光

双色光是指画面中有两种不同色相的光源在相互影响。要想设计成双色光的效果，最好采用强对比的色彩（如对比色或互补色等），只有大反差才易出效果，最常见的当属冷暖对比的双色光。注意，所有元素在被双色光照射时也会产生色彩和明暗等变化，这些变化一定要仔细刻画出来。仔细观察下面所示的影视海报，主体元素的表面都与各色光源产生了呼应。

电影《阿丽塔》宣传海报　　　　电影《X战警：黑凤凰》宣传海报

再看电商设计的作品，双色光很适合表现某些故事性的场景和情感，可以营造出符合主题的氛围，如下面的案例所示。

  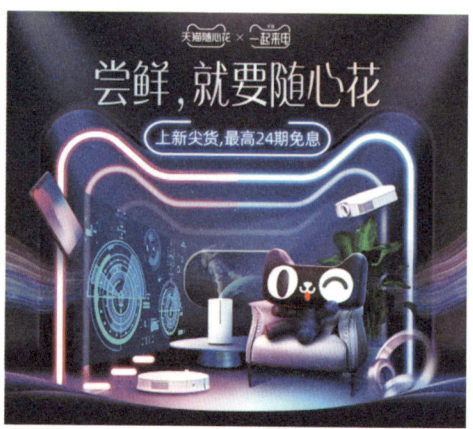

截自李宁天猫官方网店　　自如租房宣传海报　　截自天猫2020年
2017年活动页　　　　　　　　　　　　　　　　"天猫随心花"活动页

2.多色光

多色光较难掌握，因为光源较多，场景中的物体明暗就会变得更复杂，再加上多种光色的交相辉映，元素还要产生对应的色彩呼应，若表现不当，场景就会显得很乱、很假。但很多影视海报在这方面就做得很好，如下图所示。在多色光的影响下，颜色仍多而不乱，画面依然和谐、自然。

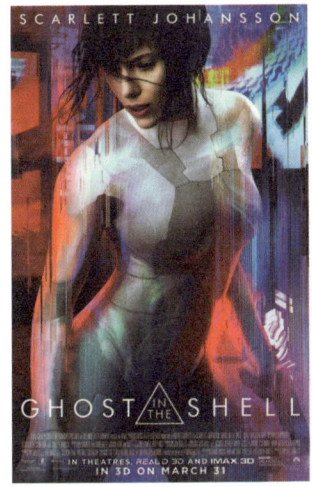
电影《攻壳机动队》宣传海报

电影《给我点赞》宣传海报

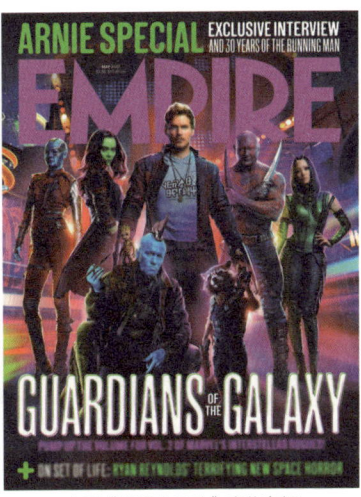
电影《银河护卫队》宣传海报

而电商设计中的Banner则不用像影视海报那么精细，做出大致的效果即可。例如，电商设计中常用的"霓虹风"就属于典型的多色光运用（详见"3.3.8 霓虹风"）。如下面的案例所示，画面在视觉上能体现出色彩斑斓的氛围即可。另外，在配色上也最好采用冷暖色搭配，这样画面才生动，且富有冲击力。

天猫超市2018年"夏日狂欢节"活动海报

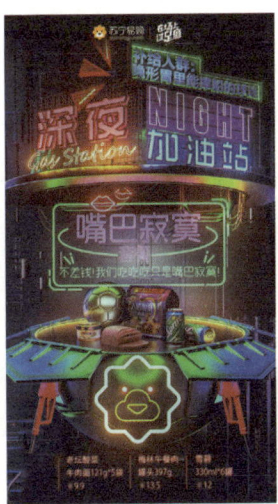
苏宁易购活动海报

截自美团活动页

8.4.3 形状划分

形状划分是指光射向某一介质所呈现的形状。常见的介质有墙面、地面，甚至是大气或水面等。光本来是没有形状的，只是通过某些方式在表面或空间形成了明暗分界，如果明暗分界清晰就会形成光的形状，所以光源一般以硬光和强光居多，如下面左图所示。像平时我们常见的"树影光斑"就是光线透过树叶缝隙照射到地面所形成的形状，如下面右图所示。

摄影师Hung Tran作品

而上述的这种光影变化也常用于设计中。如右侧的案例所示，画面虽然没有表现出光斑，只是呈现出了树影，但有了树影的点缀后，便提升了画面的层次和形式感，借助树影也让人们对画面以外的空间多了一份遐想。

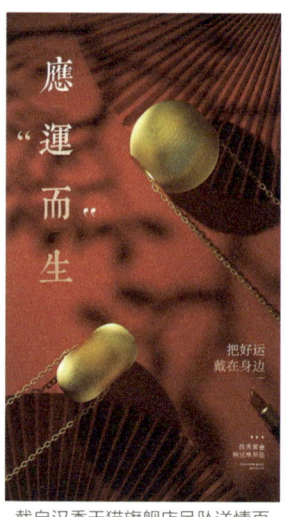

截自碧欧泉天猫官方旗舰店首页　　截自汉秀天猫旗舰店吊坠详情页
（茄子电商团队出品）

在戏剧化用光的3种手法中，形状划分是很特别的。明暗对比和色相对比主要侧重表现光和物体的呼应；而形状划分则偏重光形与画面的分割，使构图更有形式感。**注意物体的光影需要与光线的形状和走向保持一致。**根据划分的形状不同又分为圆形划分和块面划分，很多画面会同时运用这两种划分形式。

1.圆形划分

形成圆形的方式有很多,如右图中的聚光灯或圆形孔洞都能让光线在表面形成一个明显的圆形。

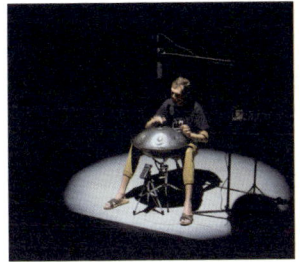
摄影师Vincent Chan作品

摄影师Elisa Biagi作品

影视海报常用这种方式来制造视觉焦点和重点,因为现实中大部分镂空都不会是标准的圆形,所以圆形光往往有一种人为的聚焦感,类似舞台聚光灯聚焦照射的效果,如右图所示。

电影《保罗》宣传海报

电影《龙虾刑警》宣传海报

电商设计也一样,大多数画面类似圆形分割构图。圆形以内是亮部,位于圆形中的物体偏亮,呈现清晰;而圆形以外的则是暗部,处于这个区域的物体偏暗。因此,要根据创意进行元素排布。如下面的案例所示,将核心元素放在圆形光中,这样通过光线聚焦可以使人注意到它们。注意观察中图和右图,圆形光除了用圆形呈现外,也可以用空间透视的方来呈现。

截自AHC天猫官方旗舰店
2018年"双十一"活动预售页

截自阿芙天猫官方旗舰店
2020年"阿里88会员节"活动首页

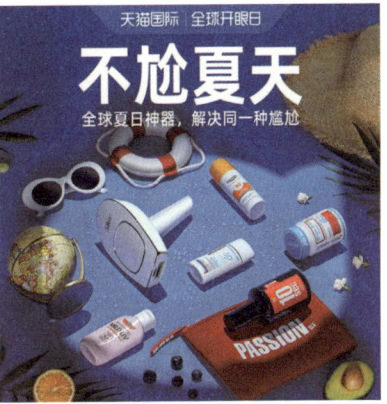
截自天猫国际
2019年"全球开眼日"活动页

2.块面划分

块面划分是指光线照射出的形状是块面形式的。要形成块面形式的光,一般有镂空射光和空气射光两种情形。

(1)镂空射光

镂空射光是指光透过了某些镂空结构的物体(如窗户、门或天井等),这样光的形状主要是呈现在墙面或地面上,如下图所示。

摄影师Serhat Beyazkay作品

摄影师Stuart Miller作品

块面光比圆形光更为常见。因为在生活中,块面镂空的结构非常多,所以块面分割也更加自然。透过各式各样的窗户射进来的阳光大都属于块面光,随着镂空形状的不同,光所呈现的块面也会千变万化。在影视海报中,就常用巧妙的块面光来增强场景的戏剧性,提升了海报的创意和内涵,如右图所示。

电影《阴影之下》宣传海报

电影《X档案:我要相信》宣传海报

在电商设计中,块面光也很常见。特别是现在手机屏普遍不太大,块面分割能巧妙地进行场景明暗划分,引导视线并制造焦点,能增强版面的形式感。如下页的案例所示,通过块面光制造的场景凸显了产品(左图、中图)和标题(右图)。同时,要注意能形成块面分割的光线一般都是强光,光质偏硬,因此投影也多为"实影"。

| 截自小米有品料理机详情页 | 截自雪花秀天猫官方旗舰店首页 | 易果生鲜活动海报 |

以上的画面都具有明显的明暗区分,模拟出了昏暗空间射进了一道强光的效果。但有时也不需要如此强烈的块面分割,也可以将块面光当成点缀元素使用。如下面的案例所示,画面整体明亮,窗外射进的光线起点缀作用,块面光丰富了版面的细节和层次,并增强了空间感和场景氛围,也让背景看上去不那么单调。

| 极米无屏电视宣传海报 | 截自资生堂天猫官方旗舰店2018年"天猫超级品牌日"活动首页 | 截自亲润天猫旗舰店防晒霜详情页 |

其实这些看似是从窗外射入的块面光还能让观者对周围的环境产生联想。如下页图所示,借助简单的光形,观者会觉得旁边有一扇窗户。画面中虽然只有一块墙面背景,但却通过块面光虚拟出了一个完整的空间。

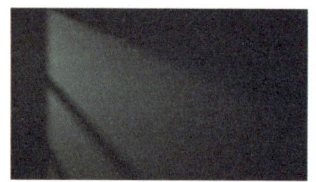 

（2）空气射光

空气射光是指强光穿过带有悬浮颗粒的空中（云、雾、烟尘等），由于颗粒会让光线散射，就会在空中形成一条明显的光带，又称为丁达尔效应。例如，舞台上的射灯光束（左图），茂密森林中的一道道光柱（中图），以及云层间隙射出的一缕阳光（右图），这都属于典型的丁达尔效应。

摄影师Eric Smart作品　　摄影师Timothy Meinberg作品　　摄影师Davide Cantelli作品

当影视海报添加了空气射光后，光束会引导观者的视线，浏览起来更加流畅，同时也营造出了丰富的场景氛围，增强了画面的冲击力，如下图所示。

电影《泽西男孩》预告海报　　电影《亚马逊萌猴奇遇记》宣传海报　　电影《大圣归来》预告海报

与边缘清晰的镂空射光不同，由于空气射光是光线散射，因此整体较虚，边缘相对模糊。最重要的是画面中的块面光其实是由一道道光线集合而成的，因此光线的分割感较弱，更适合氛围的呈现。如下页的电商设计案例所示，空气射光极大地丰富了场景的层次和氛围。

截自森太天猫旗舰店消毒柜详情页

截自水密码天猫旗舰店产品详情页

华为Mate 9手机宣传海报

总结

戏剧化用光主要是从明暗、色相和形状3方面展开的，通过不同手法的用光组合来增强画面的层次感和代入感，最终使画面传递出对应的氛围和情绪。注意，3种手法往往是相辅相成的，常常一起使用。另外，有光就有影，场景中所有元素的明暗、投影都要与光保持一致，这样整体才会真实、自然。

实战案例

下面分别用色相对比和形状划分两种手法设计两张不同主题且不同风格的Banner，进一步展示如何用光来制造戏剧性，以及如何刻画才能让画面显得更真实。

▶ 案例1

- 聚焦类目：食品
- 文案信息：今夜狂欢
  美食专场，领券嗨翻天
- 风格定位：有趣、温馨、场景
- 表现手法：创意场景
- 布局类型：上下布局
- 色彩搭配：橙色（主色/纯色调）+
  深蓝色（辅色/暗色调）（对比色搭配）
- 用光手法：色相对比（双色光）
- 尺寸比例：9：16

481

① 之前看过一张海报，画面是一包薯片在海边弹吉他，让人觉得很有趣，所以在这个案例中构思一个类似的创意来呼应主题：夜晚，在户外草地的篝火旁，汉堡弹着吉他，薯条唱着歌，可乐和橙汁围在旁边聆听，篝火发出的暖光与夜空的冷光形成冷暖对比的效果。

② 构思完成，接下来就是找素材进行场景搭建。对于这种相对复杂的场景，可优先选择透视上匹配的素材，以确保画面和谐，但这种戏剧化的光影很大程度上要靠后期调整。搭建场景时要注意透视的合理性，场景的近景属于小角度俯视，远景接近视平线，属于平视。另外，草地上的物体一定要表现得真实一些。

③ 根据光源位置给各个元素添加光影。本案例的光影比较复杂，画面的蓝色星空会让整个环境偏蓝色，而篝火发出的暖光又会让附近的元素偏黄色。由于篝火的光源强度有限，光照衰减严重，因此在给每个元素添加明暗前都要仔细分析，区别表现。受光照影响，需要将篝火附近的食物表现出色彩和明暗上的微妙变化。

④ 场景搭建完成后，为了能让观者聚焦于近景上，可以将远景适当模糊一些，这样更符合真实的镜头对焦效果。最后添加文案，为了匹配氛围，可以将文字处理成霓虹效果。

根据光照的衰减性确定篝火的照射范围　　调整远景的光影　　调整近景的光影

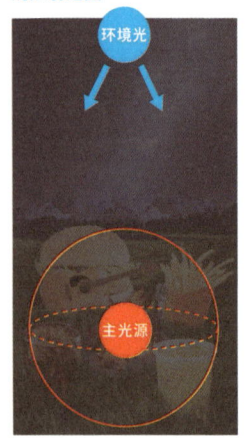

▶ 案例2

- 聚焦类目：运动
- 文案信息：运动爆燃，狂欢不止 全场折上折满199减20
- 风格定位：男性、力量、动感
- 表现手法：创意场景
- 布局类型：上下布局
- 色彩搭配：深红色（主色/深色调）+ 暗红色（辅色/暗色调）（同类色搭配）
- 用光手法：形状划分（块面划分）
- 尺寸比例：9∶16

① 设想画面用投篮的场景营造出"运动爆燃"的氛围，为了避免画面平淡，需要用一个特别视角来增强画面的记忆点，所以用大角度俯视来创建场景。配色上为了体现力量感，选择了深红色作为主色。

② 选素材搭建场景。这个场景并不复杂，需要的元素也不多，难点在于要使各个元素的透视统一，并且整体的视角要一致。

③ 添加光影。先设定球场的右上方射出一道红色光线，把画面分割成明暗两块，并将篮筐、人物等元素放在画面的亮处，这样便营造出了氛围感。

④ 调整篮筐和人物的光影，让它们与射出的红光产生呼应。这一步其实要刻画的细节很多：明暗、高光、色彩平衡和投影形态等，只有将这些都刻画到位，画面整体才会真实并能产生冲击力。

⑤ 添加文案，标题文字采用符合整体氛围的纯红色渐变。

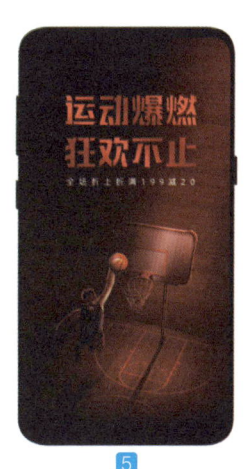

总之，色相对比会让画面更有场景感和故事性，而形状划分则增强了画面的形式感和氛围。所以比起常规的用光方式，戏剧化用光会大大增强画面的设计感。下面再展示一下常规用光与戏剧化用光的区别，从对比图中可以看到，虽然常规用光的画面效果也很舒服，但缺少戏剧化用光那种特有的记忆点和冲击力。因此，当画面表现需要用光时，可优先采用戏剧化用光的方式。

常规用光　　　　　　戏剧化用光

8.5 本章小结

本章围绕光影依次讲解了光源的类型、物体的明暗、物体的投影及戏剧化用光，正如本章开头所讲的，光影统一是核心原则，有什么样的光就会得到什么样的影，这虽然听着简单，但要表现的细节其实很多。

光影与前面所讲的构图和色彩不同，它是现实中客观存在的一种现象，若表现得过于感性就会导致画面违和、不真实，所以本章的大部分内容都是在理性推导后得出的结论。<u>总之，理性学习是培养正确设计感的必经之路</u>。如果一开始就抱着"差不多"的心态，那越到后面就越迷茫，提升速度也慢。只有先通过系统学习将知识架构掌握牢固，再通过实战运用加深理解，这样到后面思路才会越清晰，并且到了一定阶段就不再是机械式的逐步操作了，也就自然而然地能刻画出准确、舒服的光影，这也是我们所需要的设计感。

虽然光影在设计中是属于"锦上添花"的内容，但重要性丝毫不亚于构图和色彩。构图、色彩和光影是Banner设计中的3个关键点，只有这3点做到位了，主视觉才算基本完成。

第 9 章

字体设计的门与路

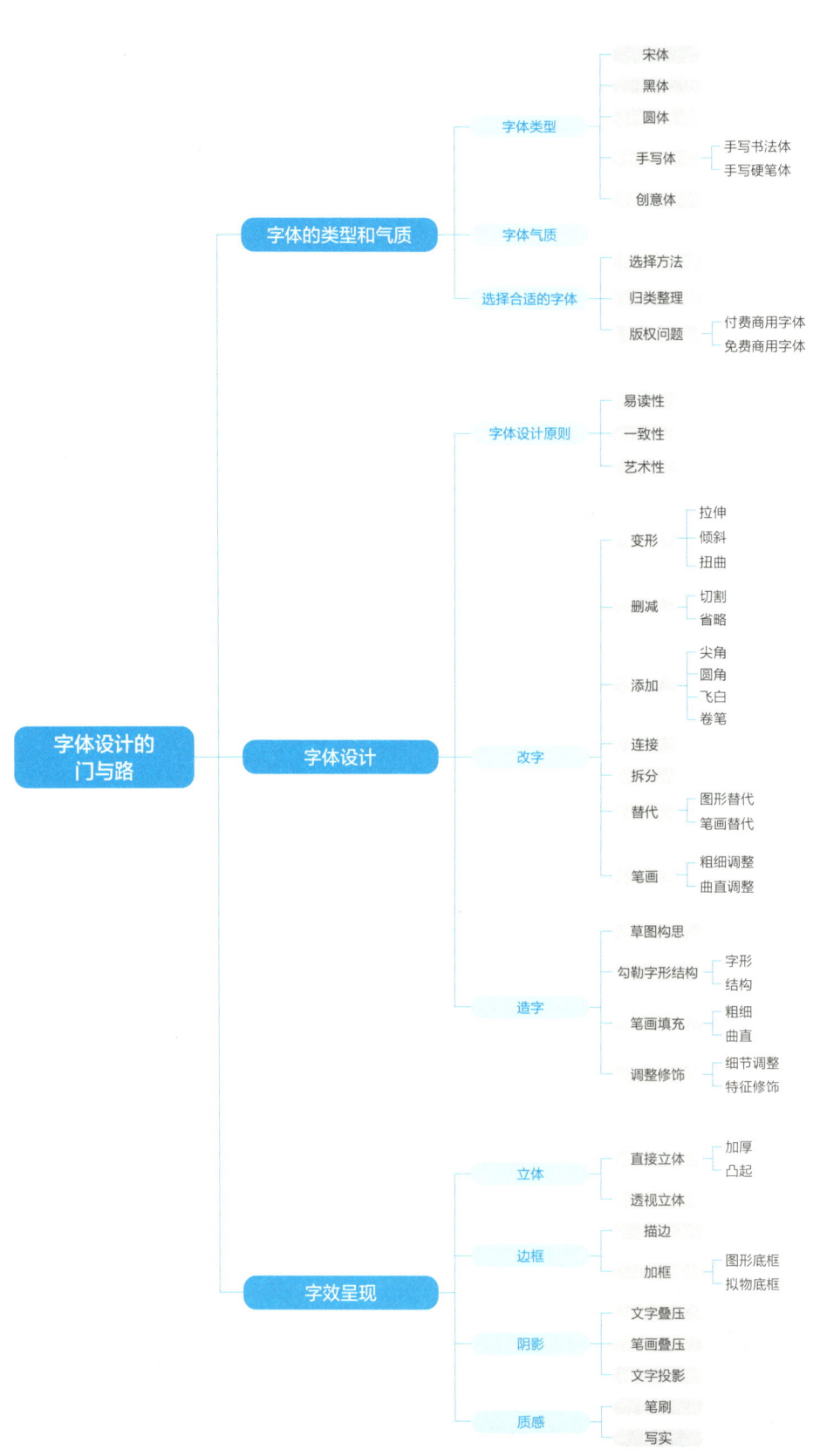

本章导读

在设计Banner时，添加文案是相对独立的环节，它不像前5章的内容（构图、色彩、光影）那样环环相扣，所以在前面的实战案例中，添加文案都放在了最后一步。主视觉全部完成后，再将文案添加到版面中预留的合适位置。添加文案时除了要理清信息的主次逻辑，还有就是要注重视觉表现，而视觉表现的核心便是文案的字体设计。

字体设计涉及的知识面很广。在电商设计中，如果说光影表现是细节之一，那字体设计便是细节之二。很多设计师会忽视字体设计，认为字体设计就是选个字体而已，其实若想成为优秀的设计师，字体设计是必备的关键技能。好的字体能让画面更具有美感，也能更清晰地传达信息。本章就以汉字为主，讲解到底该如何设计字体。在这之前要强调一点，电商设计中有个重要的原则就是字体类型和气质要与画面的风格保持一致。这个原则也将贯穿接下来的每个版块。

9.1 字体的类型和气质

字体，是对文字形态特征的一种概括。在讲字体设计前，先介绍两个关于字体的基本常识：字体类型和字体气质。这也是描述字体特征非常重要的两个维度，只有先明确了想要的字体类型和气质，设计出来的字体才不会与画面冲突。

9.1.1 字体类型

字体类型是指对具有某些相同特征的文字进行的归纳和总结。在电商设计中，常用的字体类型有5种。

1.宋体

宋体起源于宋代，是为了适应当时的印刷术而创造的字体，但其字形直到明代才最终成型，由于那时宋体被传到了日本，所以日本把宋体称为明朝体。西文字体主要分为衬线体和无衬线体两类，而中文的衬线体代表就是宋体。下面列举的思源宋体就是一款可免费商用的"标准宋体"，思源宋体有7种字重（字体笔画的粗细），适用于绝大多数场景。宋体的笔画横细竖粗，且在笔画末端有明显的修饰细节。

Light　　　　SemiBold　　　Heavy

全球狂欢节　全球狂欢节　全球狂欢节

思源宋体
（免费）

宋体的特征使得其气质也很明显，定位比较清晰。电商设计中往往用宋体字体现古典和传统，同时用宋体字还能表现出品质感，如下面的案例所示。

截自百雀羚天猫旗舰店
2019年中秋节活动首页

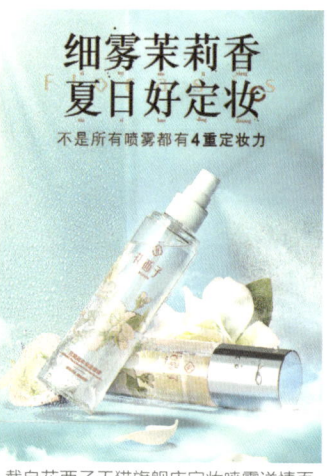
截自花西子天猫旗舰店定妆喷雾详情页

截自京东生鲜"周五鲜放价"活动页

现在随着字体需求的日益增长以及字体设计师的不断创新，出现了大量气质各异的艺术宋体。它们基于宋体的特征做了不同程度的变化和调整，下面列举几款常用的艺术宋体。

全球狂欢节　　全球狂欢节　　全球狂欢节　　全球狂欢节

　造字工房朗宋　　造字工房黄金时代-Light　　方正清刻本悦宋　　方正趣宋
　　（付费）　　　　　（付费）　　　　　　　（付费）　　　　　（付费）

虽然这些艺术宋体的应用场景更加丰富，但由于宋体的形态特征太过明显，所以整体气质与标准宋体的差异不大，均能体现文艺、清新、品质和高级感，如下面的案例所示。

　截自两鲜专题页　　　截自易果生鲜周年庆活动页　　截自美团外卖2018年"白色情人节"活动页

■ 2.黑体

中文字体中的无衬线体代表是黑体。黑体远没有宋体的历史那么悠久，它是在现代印刷术传入中国之后，受西文无衬线体的影响而被创造出来的字体。黑体的出现时间大概在20世纪初，在当时可以说是造成了颠覆式的改变，它与宋体的字形背道而驰。黑体字形简单，笔画粗细一致，且没有额外的修饰。如今黑体却成了主流字体，特别是在各类屏显载体（计算机、电视和手机等）中，由于黑体的笔画简洁明了，所以很多设备上的默认字体就是黑体。下面是目前电商设计中常用的两款标准黑体，且均可免费商用。

　　　　Light　　　　　　Medium　　　　　　Heavy
　　　全球狂欢节　　　全球狂欢节　　　**全球狂欢节**
　　　　　　　　　　　阿里巴巴普惠体
　　　　　　　　　　　　（免费）

　　　　Light　　　　　　Medium　　　　　　Heavy
　　　全球狂欢节　　　全球狂欢节　　　**全球狂欢节**
　　　　　　　　　　　　思源黑体
　　　　　　　　　　　　（免费）

阿里巴巴普惠体（以下简称普惠体）比思源黑体少两种字重，但日常设计时也够用。粗看两款字体的区别并不大，但仔细对比下来发现普惠体更适合手机端的电商设计（普惠体的开发初衷也是针对电商设计的），原因有以下3点。

第1点，普惠体整体字面收窄，重心略高，排版更为紧凑，意味着同样版面能承载更多的字数和信息，更适合手机小屏幕展示。

阿里巴巴普惠体-Regular

整体字面收窄，重心略高，排版更为紧凑，意味着同样版面能承载更多的字数和信息，更适合手机小屏幕展示。整体字面收窄，重心略高，排版更为紧凑，意味着同样版面能承载更多的字数和信息，更适合手机小屏幕展示。

思源黑体-Regular

整体字面收窄，重心略高，排版更为紧凑，意味着同样版面能承载更多的字数和信息，更适合手机小屏幕展示。整体字面收窄，重心略高，排版更为紧凑，意味着同样版面能承载更多的字数和信息，更适合手机小屏幕展示。

第2点，中西文各具特色，拉丁字符和数字都基于单独的造字逻辑而设计。特别是数字，专门针对电商设计中常见的价格展示进行了适配，数字醒目、饱满。

¥58 vs ¥58

阿里巴巴普惠体-Heavy　　思源黑体-Heavy

第3点，普惠体的特粗（Heavy）比思源黑体的更粗，显得更有力量和激情，更适合电商促销时的标题呈现。

全球狂欢节 vs 全球狂欢节

阿里巴巴普惠体-Heavy　　思源黑体-Heavy

两款字体都是常用的标准黑体，普惠体比思源黑体出现得晚了近5年，实际应用方面还有待进一步检验。

总体而言，标准黑体都没有明显的气质导向，整体简明有力、现代感强，符合当下的主流审美，因此适用于大部分类目的电商设计。当然，不同的字重还是会让人有不同的感受。如右侧和下面的案例所示，细体更显女性、轻盈、高级，粗体则更为醒目、有力。

截自Lancome兰蔻天猫官方旗舰店产品预告页

截自海蓝之谜天猫官方旗舰店 2017年"双十一"活动预售页　　截自森太天猫旗舰店消毒柜详情页　　每日优鲜活动海报

除了标准黑体外，字体设计师还基于黑体的特征开发了许多如下所示的艺术黑体，这些形形色色的黑体的应用场景更加广泛。

全球狂欢节　　**全球狂欢节**　　**全球狂欢节**
造字工房版黑　　　　站酷酷黑　　　　造字工房明黑
（付费）　　　　　　（免费）　　　　　（付费）

全球狂欢节　　**全球狂欢节**　　**全球狂欢节**
汉仪雅酷黑　　　　文悦新青年体　　　汉仪铸字木头人
（付费）　　　　　（付费）　　　　　　（付费）

可见当黑体的字形和笔画发生改变后，气质也会产生相应的变化。如右侧和下面的案例所示，虽然都用了黑体，但气质各不相同，或力量，或动感，或活泼，或有趣。总之，黑体具有很强的可塑性，能适配很多设计风格，应用极为广泛。<u>黑体是目前电商设计中最常用的字体</u>。

饿了么2018年"双十一"活动海报　　"天猫活力营"活动海报

小米父亲节宣传海报　　　　　蒙牛宣传海报

- 3.圆体

　　圆体是由黑体演变而来的，主要基于黑体的字形结构将笔画折角及两侧端点都处理成了圆角，这样既保留了黑体现代简约的特性，又有了圆润、柔和的气质。

全球狂欢节　　全球狂欢节　　全球狂欢节

华康圆体-W7　　　　造字工房悦圆　　　　字魂21号-不齐素圆体
（付费）　　　　　　（付费）　　　　　　（付费）

　　由于圆体字笔画圆润，定位也比较清晰，常用于少女、儿童、甜蜜等主题的设计中，如下面的案例所示。

截自蘑菇街活动页　　　截自贝贝2017年"5.18母婴节"　　截自百度糯米2017年活动页
　　　　　　　　　　　　　　　活动页

- 4.手写体

　　从狭义上来讲，手写体是指用毛笔或硬笔等工具书写而成的文字字体，这类字体往往是在纸上先全部写完再录入计算机进行调整，因此每款字体都带有强烈的个人风格，是有情绪、有温度的字体。手写体在字库中是一个大的类别，根据手写工具的不同，又可分为手写书法体和手写硬笔体。

（1）手写书法体

书法，是指用毛笔书写汉字的方法和规律。传统书法体有5大类，按出现的时间先后顺序分别是篆书体、隶书体、草书体、楷书体和行书体。每类书法体在字库中都有很多字体，下面分别列举了一种。

方正小篆体
（付费）

方正字迹-顾建平隶书
（付费）

方正黄草简体
（付费）

方正字迹-曾正国楷体
（付费）

方正龙开胜行书
（付费）

除了篆书体使用较少，其他4类都常见于古典国风或一些传统节日主题的设计中。每类书法体的每款字体都在传承的笔法和章法之上融入了设计师自身的理解和书写风格，正是这样积极求变才使得传统书法也能呈现出不同的新花样，如下面的案例所示。

截自百年宝诚天猫旗舰店
2018年"3·8女王节"活动首页
（重塑创意团队作品）

截自老金魔方天猫旗舰店
2019年中秋节活动首页

天猫2019年新年活动海报

虽然传统书法体的字体已非常丰富，但使用场景依然有限，如在一些时尚、潮流或活力等主题的设计中，传统书法体的文字就显得不那么合适了。因此，现在又出现了一类创意书法体，这类字体虽是用毛笔书写的，但笔法却不受传统书法体的限制，算是个人的自由发挥。下面列举的几款字体，整体造型都打破了传统，显得现代、新潮、活力、多变。

汉仪天宇风行体
（付费）

汉仪尚巍手书
（付费）

字魂24号-镇魂手书
（付费）

全球狂欢节	全球狂欢节	全球狂欢节
汉仪尚巍清茶体（付费）	沐瑶软笔手写体（免费）	字魂101号-小确幸（付费）

创意书法体应用在电商设计中通常可表现出两种气质：一是张扬洒脱，二是活泼有趣。因为书法字体本来就有张力，而创意书法体则通过进一步放大笔法和笔触的形式使文字的张力更强。如下面的案例所示，这种狂放不羁的字体往往用在大气、活力等风格的设计中。

截自百年宝诚2018年"双十一"活动首页（重塑创意团队作品）　　截自圣希梵天猫旗舰店2018年"双十二"活动首页　　截自大众点评2019年活动页

能呈现出活泼有趣等气质的传统书法体较少，但创意书法体的笔法更自由、随意，所以常用在趣味、轻松、可爱等风格的设计中，如下面的案例所示。

截自美团2018年"青春美食季"活动页　　截自每日优鲜活动页　　天猫形象宣传海报

（2）手写硬笔体

硬笔是相对软笔（毛笔）而言的，是指笔尖为硬质材料的书写工具。硬笔的种类很多，但常见的还是钢笔。硬笔字体粗细变化不大，更注重字形结构和线条的走势。从气质上区分，手写硬笔体可分为文艺的和活泼的两大类。

文艺应该是人们对硬笔字体的第一印象,因为硬笔字体现代书信的手写风格,天生自带文艺范,如下面的字体所示。

全球狂欢节　　全球狂欢节　　全球狂欢节
方正硬笔楷书　　杨任东竹石体-Light　　方正手迹-时光里的小美好
（付费）　　　　（免费）　　　　　　（付费）

在电商设计中,具有文艺气质的手写硬笔字体更适合与表现清新、文艺等风格的画面搭配,如右侧的案例所示。

截自携程出游季活动页

另外,具有活泼气质的手写硬笔字体也很常见。如下面的字体所示,这类字体的线条走势更为平滑,显得更随意、有趣。

全球狂欢节　　全球狂欢节　　全球狂欢节
方正字迹-童体硬笔字体　字体管家甜甜圈　　方正喵呜体
（付费）　　　　　　　（付费）　　　　　（付费）

相应地,这类具有活泼气质的手写硬笔字体也常用在促销、轻松、有趣等风格的画面中,如右侧的案例所示。

截自淘嘟嘟母婴天猫旗舰店
2019年"3·8女王节"活动首页

麦当劳活动海报

■ 5.创意体

创意体不仅是指某一类型的字体,而是所有特色字体的统称,这些字体往往是根据某些创意进行的个性化设计,有些设计甚至刻意打破造字原则,不拘一格。下面展示的是几款创意字体。

浓浓的欧式复古风,造型华丽

全球狂欢节

华康饰艺体
(付费)

用卷曲的藤条元素凸显出万圣节的惊悚搞怪感,也具有一些魔幻风格

全球狂欢节

汉仪万圣节体
(付费)

用像素颗粒营造出个性、趣味等视觉感受,适合蒸汽波、复古游戏等风格的设计

全球狂欢节

方正像素12
(付费)

典型的反传统字体,有种强烈的失衡感,风格大胆、前卫,形式感极强

全球狂欢节

汉仪六字黑
(付费)

这些创意设计让字体的形象更加生动,有些造型甚至能让人直接联想出画面,这样当字体创意与画面情境高度匹配时,所传递出的情感更丰富,画面也更有代入感,如下面的案例所示。

截自天猫2019年"3·8女王节"活动页

肯德基活动海报

截自携程旅行2019年活动页

以上是电商设计中常见的5种类型的字体,当然还有其他类型的,如仿宋体、楷体等,因为应用得较少就不展开讲解了。另外,关于类型划分和字体归类也并不是绝对的,字库中就有很多字体同时具有多种类型特征,只要了解每种类型的字体适合表现怎样的主题和风格即可。

9.1.2 字体气质

字体气质也可说是字体的性格,是指字体通过外在的形态呈现给人的不同感受。

当字形结构、笔画或细节修饰发生改变时，字体的气质也会改变，并且字体的三要素变化越大，字体的气质差异也就越大。例如，同样是黑体，字形扁平、笔画粗壮的会更显男性和力量；而字形瘦高、笔画纤细的则更显女性和轻盈。因此，只有选择气质匹配的字体才能传达出相应的情感，如下面的两款字体所示。

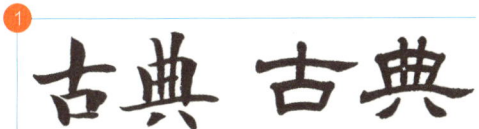

黑体
（免费）

上面是两款标准黑体，是不是感觉字形与字义没有呼应起来呢？这就属于典型的字体使用不当，呈现出的气质和要表达的风格缺少直接关联，影响观者的阅读和理解。下面换两种字体来呈现。

方正字迹-曾正国楷体
（付费）

汉仪铸字木头人
（付费）

换了字体后，字形与字义产生了呼应，字体气质与风格也高度吻合，这样便能让人理解词语并留下深刻的印象。下面列出了11种电商设计常用的主题和风格，并配上相应气质的字体，以清晰地展示每种气质的适配字体及其应用场景。

① 古典
方正字迹-曾正国楷体（付费）
方正字迹-顾建平隶书（付费）

② 文艺
方正清刻本悦宋（付费）
方正硬笔楷书（付费）

③ 轻盈
造字工房形黑-Light（付费）
方正俊丽体-Regular（付费）

④ 简约
阿里巴巴普惠体-Normal（免费）
造字工房悦黑-Regular（付费）

⑤ 圆润
方正水云体（付费）
造字工房悦圆（付费）

⑥ 柔美
汉仪晓波美妍体（付费）
方正本墨悦亦体（付费）

⑦ 活泼
汉仪铸字木头人（付费）
字体管家甜甜圈（付费）

⑧ 动感
胡晓波男人帮体（付费）
方正手迹-悟空体（付费）

⑨ 力量 力量
站酷酷黑（免费）　汉仪力量黑（付费）

⑩ 张扬 张扬
汉仪天宇风行体（付费）　汉仪尚巍手书（付费）

⑪ 个性 个性
汉仪万圣节体（付费）　汉仪六字黑（付费）

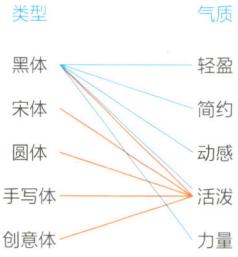

字体的类型与气质的关系，相当于是为字体进行归类的两个思考方向。类型是从外在特征去思考，而气质则是从内在性格来分析。类型与气质是"一对多"的关系，也就是说一种字体类型会包含多种气质，而一种字体的气质也会匹配多种字体类型，如右图所示。

例如，在字库中有各式各样的黑体，且分别呈现出不同的气质；而各种类型的字体也都有偏活泼一些的，如下所示。因此，要先明确需要的字体类型和气质，再判断该选用什么样的字体。

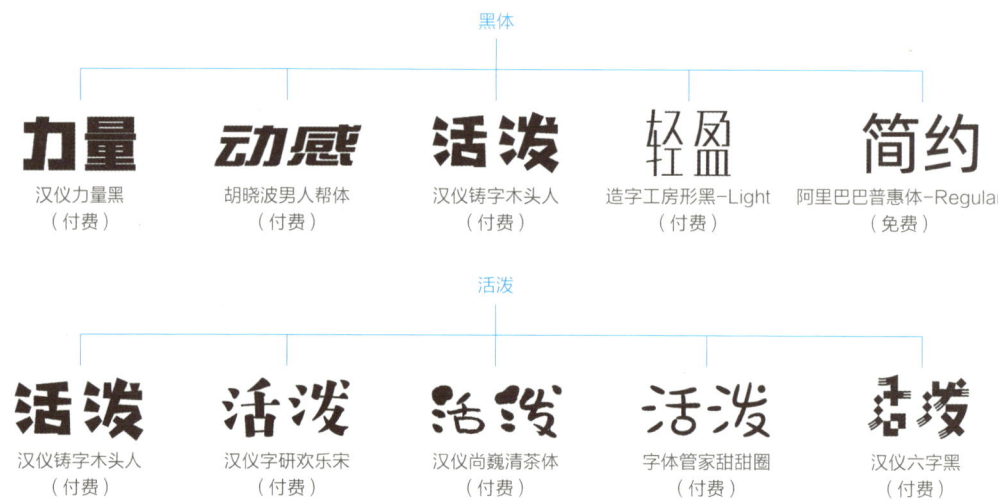

9.1.3 选择合适的字体

字体设计有两个方向：改字和造字。改字是以字库字体为原型，在字库字体的基础上进行改造、调整并加以修饰；而造字则是通过一笔一画的形式去创造全新的字体，但前期也常用字库字体作参照。无论是改字还是造字，往往第一步都是选择一款合适的字库字体。

1.选择方法

选择字体分为3步,核心原则是要确保字体的类型和呈现的气质与画面风格保持一致。

第1步,先了解画面的主题并判断主视觉是哪种风格(详见"第3章 设计风格和视觉元素")。

第2步,根据主视觉的风格得出想要的字体类型和气质,要根据字体的呈现效果逐一分析并排除,最终找到最适合的字体。

第3步,当字体的类型和气质确定后,也就清晰地知道想要怎样的字体了,这时再去字库找到匹配的字体即可。

下面用两个案例(非笔者设计作品)进行说明。例如,现在要给一个"双十二"活动的Banner加上标题。画面的风格偏热闹、促销,整个场景也有大促氛围和冲击力,因此选择标题字体的方向为"黑体+力量",然后从字库中找出几款匹配的字体,通过分析最终敲定使用"造字工房明黑"这款字体,这样标题与画面就非常融合、统一。

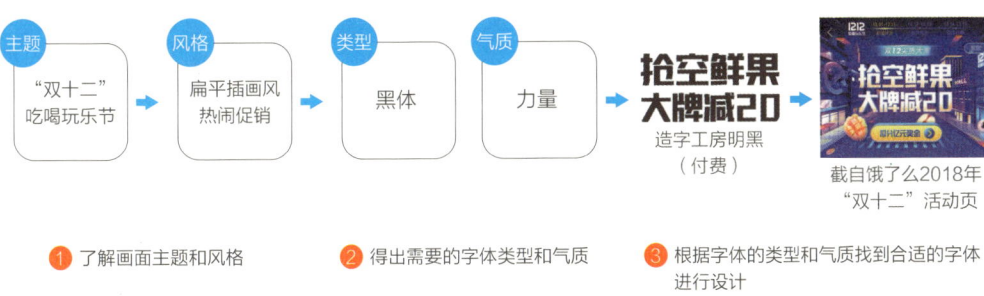

下面是一个年货节主题的Banner,画面偏现代中国风,呈现的是热闹的大促氛围。因此字体类型就选择符合传统印象的手写书法体,且字体需要呈现出张扬的气质,标题最终使用了"潮字社小石"这款字体,这种书法字体的气质与Banner的画面风格高度一致。

2.归类整理

因为电商的活动频次高、信息更新快,所以电商设计往往讲究高效。在掌握了选择字体的方法后，就要考虑如何提高选择的效率。在前面所讲的3步中，最花时间的是第3步。因为现在的中文字库字体非常多，当字体过多时，对其字形的记忆就会变得困难，哪怕需求很明确，但想在字库中快速找到匹配的字体，也并非易事。有些新手为了找字体，每次都是一个一个地切换着看效果，这种做法实属下策。

那到底有没有提高效率的方法呢？答案是肯定的，但没有最优解，每种方法都因人而异，关键是要根据自身的情况和习惯总结出一套适合自己的方法。有些设计师就习惯在专门检索字体的综合网站按网站预设的分类寻找字体，只是有些网站的字体分类后依然很难选择，每一类都有几十页，这样一页页地翻找还是很麻烦。下面分享一套笔者常用的方法：Illustrator分类展示法。

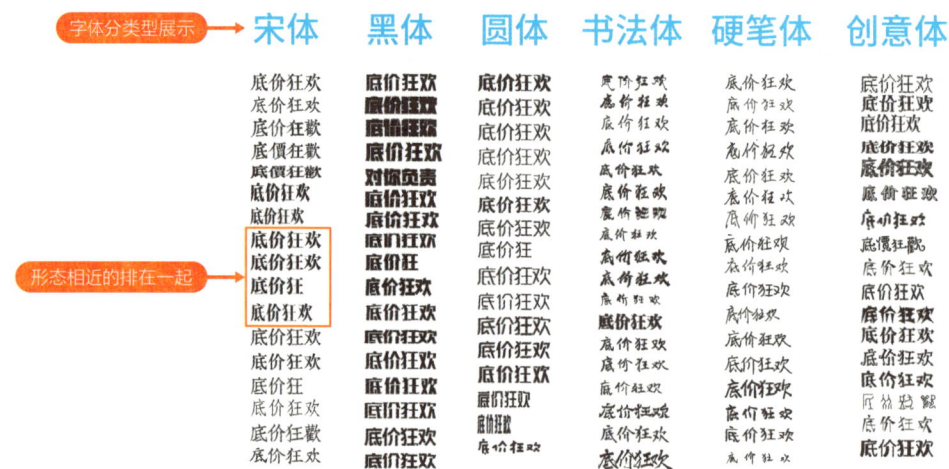

如上图所示，在Illustrator中把常用的或好用的字体按6种类型分栏展示，把形态相近的排在一起，平时发现效果不错的新字体一定要及时添加上。这套方法的最大优点是浏览起来更直观，也方便记忆，具体原因有以下4点。

第1点，由于字体已分好类型，并且相近的字体都排在一起了，这样通过快速浏览可以提高选择的效率。

第2点，每种类型下的字体都经过了筛选和排序，展示的都是比较优秀的，这样通过主动思考就能记住那些特别出彩的字体。

第3点，在 Illustrator中的一个画布上将所有字体展示出来，并且想看字体名称也非常方便，这样通过定期浏览便可加深对字体的印象和记忆。

第4点，在浏览过程中若觉得哪款字体不错，可直接应用看效果，还能通过软件的工具对字体进行快速调整，借此进一步判断该字体是否适合后期改字或再进行造字。

■ 3.版权问题

提到字库字体，有个绕不开的话题，那就是字体的版权问题。虽然本章主讲字体设计（只将字库字体作为改造的原型或参照），但很多时候还是需要直接使用的，所以就需要通过相关版权条款了解使用要求。如今有关字库版权保护的法律法规日趋完善，相关企业的版权意识也越来越强，在这样的大环境下，作为设计师对于字体版权必须要有足够的重视，这样字库行业才能获得更好的发展，下面先看一张表。

字库字体 / 授权场景	个人非商用	商业使用
付费商用字体	免费使用	付费使用
免费商用字体	免费使用	免费使用

从上表可以看出，<u>一般字库字体的授权场景有两种：个人非商用和商业使用</u>。个人非商用是指个人以学习、研究或欣赏为目的，用非商业运作的方式使用相关字体完成作品设计。其实这种授权范围非常窄，基本就是自己设计出来给自己看，所以几乎所有的版权字体都可免费授权个人非商用。

而商业使用则是指企业或产品以商业运营为目的，将相关字体用于各类媒介的行为。简单来说就是除了个人非商用之外的情形都算商业使用。根据使用场景，字库字体又分为付费商用字体和免费商用字体。

（1）付费商用字体

付费商用字体就是需要付费才可取得这类字体的商用授权。目前字库中的绝大部分字体都属于付费商用字体（以下简称付费字体），对于这类字体，一定不能随便使用，更不要抱有侥幸心理，如果想用就要向相关字库公司购买商业授权，不然便属于侵权行为。具体费用要看每家公司的定价，可能有人主观觉得买字体肯定很贵，因为网上常有因为字体侵权就赔付十几万元甚至几十万元的相关报道。但其实没那么夸张，不可否认早期的字库价格的确偏高，但随着字库行业的竞争越来越激烈以及市场运作的日渐规范化，现在整体的价格都已趋于合理且透明，甚至还出现了一些非常低价的字体。

（2）免费商用字体

免费商用字体是指不用付费便可取得这类字体的商用授权。由于开发这类字体纯属公益行为，因此相对数量繁多的付费字体，免费字体则少得多，但字体类型还算丰富，基本每种类型都有几款字体，而且近几年还呈逐渐增多的趋势。如果无法购买付费字体但又想直接使用，那么免费可商用的字库字体倒也能满足基本的需求。至于有哪些免费字体，很多网站都进行了详细介绍，本书不再列举。本章展示的所有字体都标注了付费或免费，也是为了方便读者了解一些常用的免费字体。

除了全渠道均可免费商用的字体之外，还有一些字体属于部分平台可免费商用的。例如，华康字库的45款字体就永久授权给了在阿里巴巴旗下平台开店的商家免费使用。当然，若是在规定之外的范畴使用，仍需购买版权。总之，要想不侵权，就需要选择购买字体的商用授权，或者使用免费字体，要么就是按照接下来要讲的方法对字体进行重新设计。

9.2 字体设计

字体设计，是指在一定的设计原则下用各种表现手法将文字按照视觉规律塑造出来的过程，目的是通过设计将信息更清晰、更生动地传递出去。而字体设计的方向主要有两个：改字和造字。改字相对简单讨巧一些，造字则复杂很多，更考验设计能力。

9.2.1 字体设计原则

无论是改字还是造字，虽然都讲究不拘一格的创意表现，但还是要遵循一些必要的设计原则，而这些原则并不是束缚创意的枷锁，而是给天马行空的思维设定一个边界，以免"误入歧途"。

■ 1.易读性

易读性是字体设计的基本原则。进行字体设计时要确保观者能轻松地读懂文字信息，不能为了追求创新和变化而让文字不易识别，影响阅读体验，否则就使文字失去了最基本的功能，也就是我们常说的文字设计过度。右侧这个案例很有代表性，为了使文字整体变成三角形而对字形和笔画进行了刻意改造，特别是"畏"字，已到了无法识别的程度，这就是典型的形式大于内容。这样就算字体的视觉效果再好，应用上也是有缺陷的。

■ 2.一致性

　　一致性是字体设计的前提。本章反复提到的一个重要原则就是字体的类型和呈现气质要与画面的风格保持一致，这一点在电商设计中尤为重要。因为字体只是画面的一部分，如果类型和气质与整体风格不符，那画面就显得非常奇怪，让观者感到不适。如下面的对比图所示，右图用了思源宋体，不但与古典风格的画面匹配，还与女包的质感相呼应；再看左图，当古典高雅风格的Banner配上活泼的手写体文字时，标题就破坏了整体氛围，让Banner显得非常奇怪。

字体气质与画面风格不一致，标题突兀，画面别扭

字体气质与画面风格一致，画面显得古典、高级

■ 3.艺术性

　　艺术性是字体设计的目的。这一点很好理解，在不违背易读性、一致性的原则下，字体设计肯定是以追求美为目的的，提升视觉美感和气质，同时赋予字形某种独特性。如右侧的对比图所示，左图的标题用了字库字体，虽然易读并与画面风格一致，但整体太过普通和单调，缺少独特性；而右图中的字体进行了艺术化改造，视觉上更具美感，画面更有张力。

直接使用字库字体，缺少独特性，有些单调

设计后的字体更具美感和张力

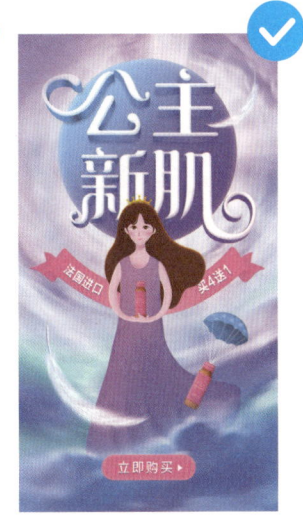

> **总结**
>
> 　　关于字体设计的3个原则，其中艺术性最难做到，因为这一原则的范畴太大，标准也很抽象，无法进行具象描述，但每次体现艺术性时都要把握好度：<u>让字体造型在易读性和艺术性之间找到一个平衡点</u>。既不能让文字不易识别，又不能让字形缺少设计感。总之，要想做出优秀的字体设计就需要设计师不断地积累经验并加深对美的理解和感悟。

电商设计师毕竟不是专业的字体设计师，在设计字体时倒也不用那么极致地追求严谨、细致和创新。因为在日常工作中，往往时间紧迫，况且文字也只是画面的组成部分之一，所以核心是要把握字体设计的大致效果。当然，若想成为优秀的电商设计师，在字体设计上还是要朝着专业的方向去努力。

9.2.2 改字

改字，就是改造字体，以字库字体为原型，在此基础上进行改造、调整并加以修饰。很多专业的字体设计师只把改字作为众多设计方法中的一种，且不太提倡经常使用这一方法，但在本书中笔者把改字作为非常重要的设计方法。因为本书是针对电商设计的，而电商设计往往要求时间短、效率高，在这种情况下，合理改字能快速做出所需要的字体。另外，改字属于借力，操作起来比较简单，对于很多并不擅长字体设计的电商设计师而言，算是易上手也易出效果的好方法。

之所以采用改字的方法，是因为现在的字库字体足够多，可选择的类型也足够丰富。早期由于字体的需求不大且字体设计师稀缺等原因，那时的中文字库远没有西文字库庞大。当时能用作大促标题的字体就那么几款，用多了就变得非常普通了，根本无法满足创意需求。但现在随着字体需求的多元化和大众版权意识的提高，越来越多的设计师参与到字库字体设计中来。据不完全统计，目前字库中的中文字体已超过5000种，并且还在不断增加。过去很多需要重新创造的字形现在都有了成型的字体，所以才让改字的方法在电商设计中有了广泛应用的可能。

可能有人要问，既然字库字体足够多，为何不直接使用呢？原因有两点：一是直接使用实在太过"偷懒"，字体缺少艺术性、没有特点；二是前面提到的版权问题，对于付费字体，不获得授权直接使用是属于侵权的。

关于改字，下面总结出了"改字7招"。注意，如果原型字体是免费的，那只用其中一招倒也还好（所以后面举例都是基于免费字体）；但若原型字体是付费字体，由于有些招数对字体的改动偏小，因此只用一招进行修改构成侵权的风险依然很大，所以在实战中必须结合使用多个招数，将调整幅度尽量最大化。改过的字体要完全去除原有字体的特征和造型，使其成为一款新字体。总之，免费字体可小改，而付费字体则需要大改。

变形　删减　添加　连接　拆分　替代　笔画

1.变形

变形主要是指使字体整体变形。这种方法相对简单,但效果也最为直观,简单操作就能使字体的整体形态发生变化,常用的变形方式有3种。

(1)拉伸

拉伸就是将字体沿水平或垂直方向直接拉伸。如下图所示,水平拉伸会让字体更显稳定和稳重,而垂直拉伸则让字体更为醒目和活跃。

直接拉伸会让笔画产生一定的变形,如果拉伸幅度很大,使笔画产生了令人不适的夸张变形时,一定要及时调整,尽量维持笔画的原有结构。

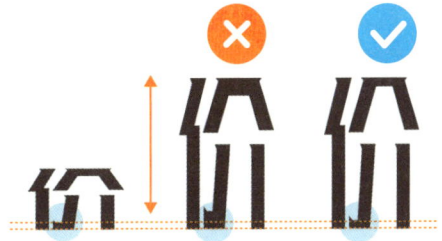

(2)倾斜

倾斜是指将字体沿水平或垂直方向进行一定角度的倾斜。如下图所示,不管哪种倾斜方式,都会让人感到动感、速度和活力,这种字体用于促销主题的设计中更能烘托出画面的促销氛围。

(3)扭曲

扭曲是指使字体整体变形以符合某种图形样式。比起拉伸和倾斜,扭曲的形式种类更丰富,如弧形扭曲、挤压扭曲、波浪扭曲等,如下图所示。

无论采用哪种字体扭曲形式，最终都要使文字融入画面，因此要尽量避免使用一些夸张的扭曲样式。有些样式可能单看挺有设计感，但放在画面中就可能显得格格不入，毕竟电商设计是商业设计而非艺术设计，关键还是要传达信息和情感。

> **总结**
>
> 相比其他几招，大部分的变形都并未从根本上改变字体的结构及笔画的既有形状，如拉伸、倾斜只能算幅度很小的调整。因此，若原型字体是付费字体，只用变形的方式改字是很容易构成侵权的，因此还需要结合其他几招。

2.删减

删减是指对字体笔画进行不同程度的减少。一般删减有两种情形：切割和省略。

（1）切割

切割是对字体的相连笔画进行分割，这样会打破现有笔画的走势，同时也让空间更为透气。一般切割的位置常在两个笔画的相交处，这样字体断得更加自然，也更有美感。但要注意单个字体的切割处不能太多，一般1~2处即可，否则会让字体的结构变得很零散。

切割主要有两种切口：规则切口和不规则切口。其中规则切口更为常见，但不规则切口会使字体的个性更强，如下图所示。

（2）省略

省略是指在不影响文字识别的前提下，对字体的笔画进行较大幅度的删减。比起切割，省略减少的部分更多，通过这种方式可以让文字更简单，能制造出更多的想象空间，如下图所示。

省略的难点在于选择省哪些部分，但原则还是要保证文字的易读性，基于这个原则，要尽量保留撑起字形结构的主笔画，而省去影响较小的副笔画。当然，在实际运用时还需要根据文字的具体结构进行合理的省略。

■ 3.添加

添加与删减相反，主要是在笔画的边角处添加某些修饰元素，以丰富字体的细节并强化字体的气质。边角是指笔画的折角及两侧的端点，如右图所示。

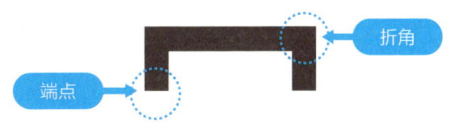

这一招运用很广泛，很多造字方法的最后一步都是添加修饰元素，以丰富笔画形态的设计感。修饰元素有很多种，如宋体字笔画末端的三角修饰等，下面再列举4种比较常用的修饰元素。

（1）尖角

在电商设计中，尖角是最常用的一类修饰元素，操作简单还易出效果。尖角的形式也很丰富，关键是要符合字体的整体形态和气质。如下图所示，纵向添加尖角可以让字体更显气势，而横向添加尖角则可以让字体显得更动感。

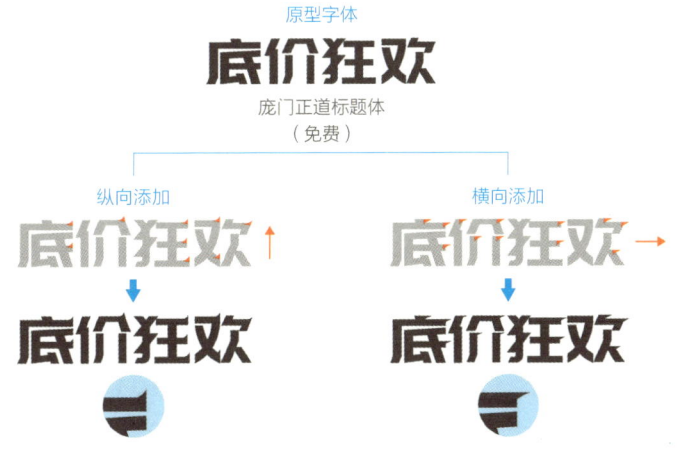

（2）圆角

添加圆角可以塑造出类似圆体字的效果，只是圆体字的所有笔画都是圆角的，但这里却可选择对部分边角添加圆角，方式更灵活，如下图所示。

原型字体
亲子节 → 亲子节 → 亲子节
站酷快乐体
（免费）

（3）飞白

飞白是书法中的一种特殊笔法，如右图所示。在书写时，笔画中露出丝丝点点的白痕，给人以飞动感，故称飞白。如今习惯把所有书法字中的干枯笔触部分都统称为飞白。

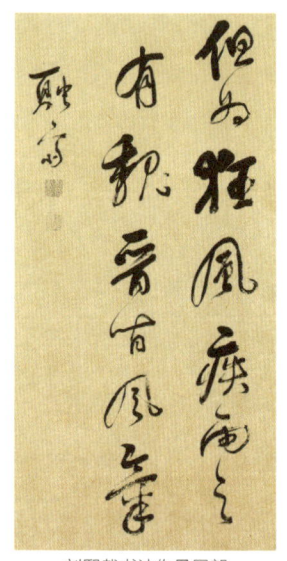

刘熙载书法作品局部

有飞白笔触的字体往往张扬洒脱，透着力度和劲道，有着很强的视觉冲击力，能让画面充满张力和气势，因此设计师常常会在一些书法体文字中添加飞白。如下图所示，根据笔法走势，可以在笔画中部和尾部添加飞白，尤其是尾部更适合。

庞门正道粗书体
（免费）

（4）卷笔

卷笔是指将笔画卷成螺旋状。卷笔的形式有很多，如下图用的卷笔形式就是魔幻风格的。

原型字体

底价狂欢 → 底价狂欢 → 底价狂欢

庞门正道标题体
（免费）

4.连接

连接是指将字与字之间的笔画进行合理连接，通过互连使文字成为一个整体，以提升形式感，如下图所示。而连接的方式也很多，关键是要找到或创造出最自然顺畅的连接方式。

原型字体

底价狂欢 → 底价狂欢 → 底价狂欢

站酷高端黑
（免费）

如果有的字不太适合连接，也可以试着将文字错位排布，看看有无更多可能性。总之，不能太刻意，不要为了连接而连接，如果有些文字确实不适合，那么宁可不连接。

■ 5.拆分

拆分是指对字的笔画进行拆解分离，通过拆分来提高文字的装饰性和设计感。注意，笔画既不要拆得太碎也不要离得太远，要确保文字的易读性，不要为了表现形式而使文字变得难以识别。这一招平时用得相对较少，主要是风格受限，对宋体字进行拆分效果会更好，如下图所示。

原型字体

春上新 ▶ 春上新

思源宋体-Medium
（免费）

■ 6.替代

替代是指用图形或笔画替换字体的某些部分。先设计出适合替换的图形或笔画，再考虑如何将它们放进文字中才不违和也不影响识别，这很考验设计师对字体结构的洞察能力和创意能力。

（1）图形替代

可替代笔画的图形又分几何图形和具象图形。

几何图形

常用于替代笔画的几何图形有方形、圆形和三角形。要替换的笔画需要与图形的轮廓类似，这样才能最大限度地保留文字既有的结构和识别性。如下图所示，几何图形的加入能大大增强字体的设计感和趣味性。

原型字体　　　图形轮廓与笔画形态大体相似

底价狂欢 ▶ 底价狂欢 ▶ 底价狂欢

站酷高端黑
（免费）

具象图形

具象图形就是有具体形象和含义的图形，这类图形要根据字义、风格和场景来设计，有了具象图形的加入，字体会更生动，也更有记忆点，如下图所示。注意，图形要简洁精炼并能清晰地传达含义。另外，图形的风格还要与笔画特征一致。

原型字体

底价狂欢 ▶ 底价狂欢

站酷高端黑
（免费）

（2）笔画替代

用新设计的笔画替代字体现有的部分笔画，替代的可以是一个笔画或多个笔画，还可以是某些笔画的合集。通过新笔画的加入能让字体更有特色和气质，如下图所示，用新设计的弧形和螺旋笔画替代了横、撇、捺，字体显得更轻松、俏皮。

原型字体
思源柔黑-Bold
（免费）

■ 7.笔画

第7招所讲的笔画是指对字体的部分笔画进行粗细或曲直调整。这一招能改变字体原有笔画的粗细比例及形态关系，若对大部分笔画都进行调整，往往就能去掉字体的原有特征和造型，让原字体产生新感觉，因此若改造付费字体，这一招特别合适。

（1）粗细调整

改变原有字体笔画间的粗细关系会影响字体的气质，因此要根据需求来确定使哪些笔画变粗，使哪些变细，以及粗细的程度。如下图所示，若要拉大横竖笔画的对比，最好遵循横细竖粗的原则，并将粗细反差加大，这样改过之后的字体更显稳重和有力量。

原型字体　　　在横细竖粗的原则上继续加大粗细反差　　　调整后的字体

庞门正道标题体
（免费）

（2）曲直调整

曲直调整就是改变字体原有笔画间的曲直关系，思路与粗细调整一样，也是要根据需求来判断笔画中哪些可以改曲、哪些可以改直。如下图所示，原字体经过曲直调整后，之前的硬朗气质收敛了一些。

原型字体

庞门正道标题体
（免费）

总结

以上所讲的"改字7招"虽是分别讲解的，但在设计中却常常数招并用，这样才能产生更佳的视觉效果。对于付费字体，也必须通过组合使用多招来达到大改的目的。下面以一款付费字体为原型，看看如何通过4招将原字体改为新字体。

造字工房版黑
（付费）

① 字义是想表达促销活动，经分析决定用"造字工房版黑"作为原型字体

② 用第7招调整字体笔画的粗细和曲直，这一步非常重要，能直接打破原型字体的形态

③ 再用第2招对部分相连的笔画进行切割，使整体更透气

④ 用第3招给部分笔画的折角和末端加上尖角修饰，体现速度感和紧迫感

⑤ 最后用第1招使字体水平倾斜，进一步强化字体的冲劲和动感

从长远发展的角度考虑，改字的方法虽然好用，但由于是在成熟的字库字体上所做的修改，因此很难对字形、结构、重心、笔画等基础知识进行深入学习，久而久之，会对字库字体形成依赖性，之后若想再学造字就更难了。所以要想在字体设计的道路上走得更远，还是要尝试一笔一划地去创造新字体。

9.2.3 造字

造字，就是创造字体，通过一笔一划组合的形式去创造全新的字体。关于造字方法，有很多非常优秀的字体设计师都深入讲解过，特别是胡晓波、刘兵克和刘柏坤3位老师，他们都是被广泛认可的专业字体设计师，网上有很多他们发表的文章，都是很实用的"干货"。另外，再推荐两本图书：刘兵克老师编著的《自由"字"在：字体设计与创意》和刘柏坤老师编著的《字体设计进化论》，这两本书介绍了很多关于造字的思考方法和设计技巧。

本章提到的很多知识和方法也是深受他们的启发，因此关于造字部分，就不进行太深入的讲解了，因为我远不如他们专业，不敢班门弄斧。在他们的方法论上结合笔者自身的设计经验做一些简单的梳理。关于造字方法，按常规思路一般有以下4步。

草图构思 ➡ 勾勒字形结构 ➡ 笔画填充 ➡ 调整修饰

■ 1.草图构思

前面讲构图时就提到要先思考并画草图，造字也一样，动手前也要进行创意构思，根据画面风格考虑该用哪种类型和气质的字体。即使是造字，也要创造出与画面相匹配的字体。

敲定了字体的类型和气质后，再看怎样的创意能让字体设计更出彩。为了更好地观察字形结构和笔画，常常会选择一款合适的字库字体做参考，这样方便我们找准一个创意切入点。有了想法后，再画出草图检验创意的可行性，若效果不佳就要重画，这种方式更灵活、高效。

■ 2.勾勒字形结构

绘制出草图后，根据草图将字体的字形结构用软件中的钢笔工具勾勒出来。

（1）字形

字形就是字体的外在形态，是给人的第一印象，字形决定了字体气质的大方向。勾勒字形需同时考虑字形的高低和松紧。

高低

字形越高越瘦长，越低越扁平。一般瘦长的字会让人觉得文艺、女性，而扁平的字则让人觉得稳定、稳重，如右图所示。

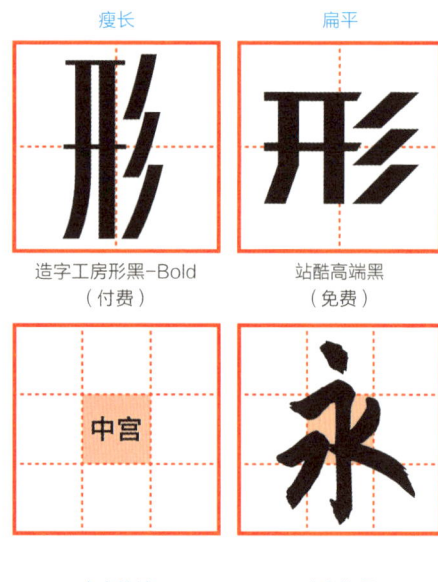

松紧

松紧这个概念有些抽象，在介绍之前先讲一下什么是中宫，中宫一词源于中国书法，练习书法时常会用到九宫格。如右图所示，中间一格即为中宫。

以中宫为参照观察字体的笔画布局及架构，进而就能判断字形的松紧。如右侧的两个"形"字所示，左边的文字笔画扩张并远离中宫，属于中宫外扩，一般字形越外扩则越松散，字体会显得规整，让人感到舒缓、透气；而右边的文字笔画明显聚拢并靠近中宫，属于中宫收紧，字形越收紧则越紧凑，字体会显得更有劲、有气势。

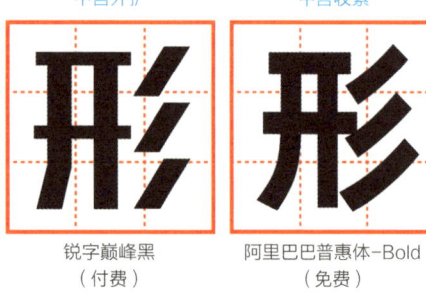

（2）结构

字体的结构是指字体的组成架构，结构决定了字体的整体空间排布。字体结构包含空间结构、字面大小和重心3方面的内容。

空间结构

按照空间结构可将汉字分成两大类：独体字和合体字。

独体字是以笔画为基本单位构成的汉字，它们的占比很小但十分重要。例如，下面所示的几个独体字都是一个整体且无法拆分。

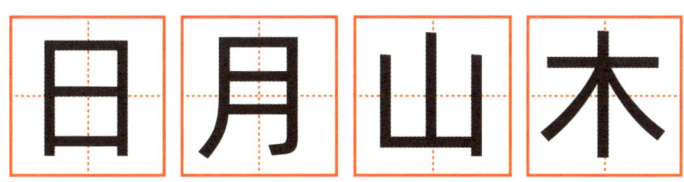

合体字则是由两个或两个以上的部首组成的汉字。根据组合方式的不同共有12种组合结构，常见的有以下6种，从中可以发现很多独体字其实都是合体字的部首。

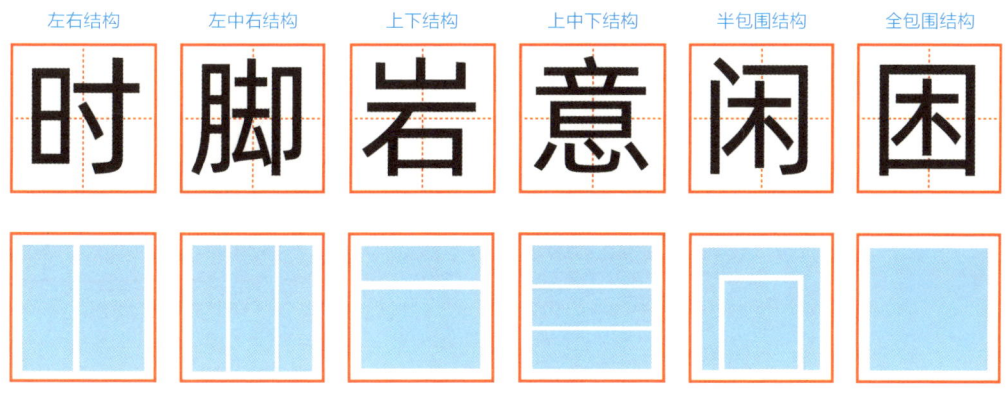

字面大小

文字所占面积的大小就是字面大小。除了要分析文字的结构组成外，还应考虑文字的轮廓形状和字面大小。一般汉字的常见轮廓形状有4种：菱形、方形、三角形和圆形。如下图所示，当这4种形状都撑满方框时，它们的面积大小给人的感受并不一致，方形的最大，菱形的最小。

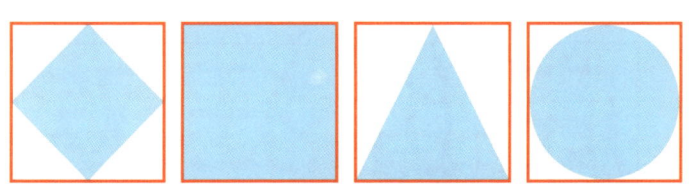

如果文字都照这样的满框来设计，那字面大小会有明显的差异。所以为了保证字面大小的视觉匀称，需要微调它们之间的字面关系。如右图所示，调整过后，这些文字的视觉大小才会均衡一致。

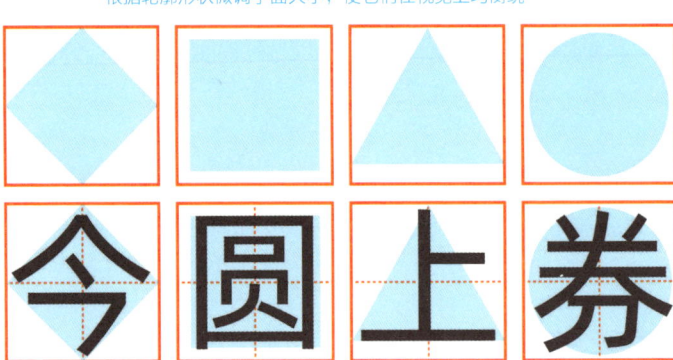

根据轮廓形状微调字面大小，使它们在视觉上均衡统一

重心

塑造字形和结构其实就是一个搭建字体骨架的过程，在搭建过程中，有一点不能忽视，那就是字体重心。每个字都有重心，重心是文字的视觉中心。视觉中心不同于几何中心，如右图所示，汉字的视觉中心一般比几何中心略高一些，这样字体显得上紧下松，比例更舒适。

当然不是说重心只能偏高，其实是应该根据字体的创意和形态进行调整。一般重心偏高的字体更显秀气、文艺，而重心偏低的字体则显稳重。但不管字体的重心高低如何变化，重心在水平方向上都最好是居中的。

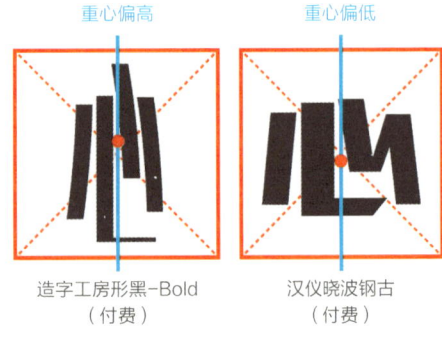

造字工房形黑-Bold（付费）　　汉仪晓波钢古（付费）

另外，当多字排列时，务必保持重心一致。也就是要让所有字体的视觉中心都在同一条水平线上，不要有的高有的低，否则整体会显得很不稳定，如下面的对比图所示。

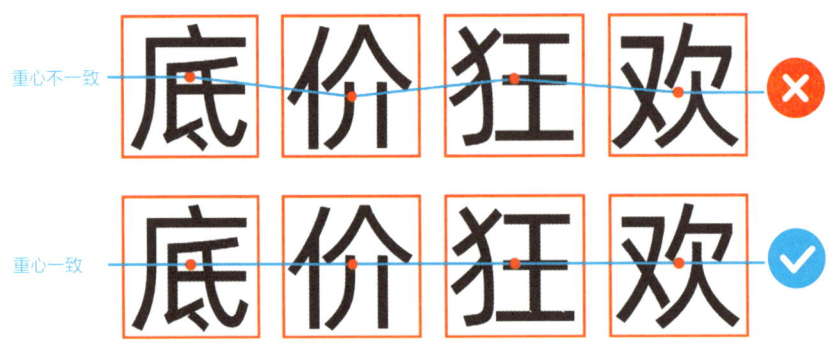

■ 3.笔画填充

用钢笔工具勾勒出字形结构后,再用设定好的笔画对结构进行逐笔填充。经过这一步,字体就算基本定型了,可以说笔画是字体气质最直观的体现。那么什么是笔画?笔画是构成汉字的最小单位,常说的"横竖撇捺"指的就是具体笔画,设计笔画时可从粗细和曲直两方面入手。

(1)粗细

笔画粗细也就是常说的字重,不同的字重给人的感受也不同。如右图所示,字体的笔画越粗越有力量,越细则越轻盈。有些字体会有多种字重可供选择,因此设计时要根据应用场景灵活选择字体的字重。

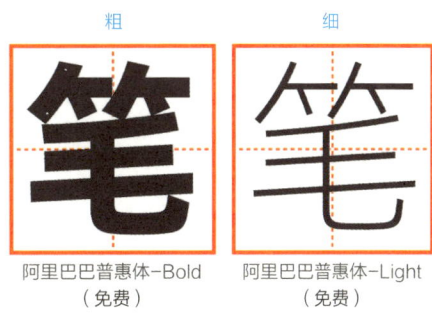

阿里巴巴普惠体-Bold　　阿里巴巴普惠体-Light
　　（免费）　　　　　　　　　（免费）

除了考虑笔画的整体粗细外,还要根据字体的类型和气质来调整笔画间的粗细关系。主粗副细、外粗内细、横细竖粗、交叉减细、疏粗密细等都是调整笔画的基本原则,关键是要保证字体更加匀称。

(2)曲直

曲,是指字体笔画弯曲灵活;直,则是指笔画笔直刚硬。<u>曲直代表了笔画走势的两种形态</u>。如右图所示,弯曲笔画的字体让人感到活泼、柔美,而笔直笔画的字体则让人觉得硬朗、充满力量。

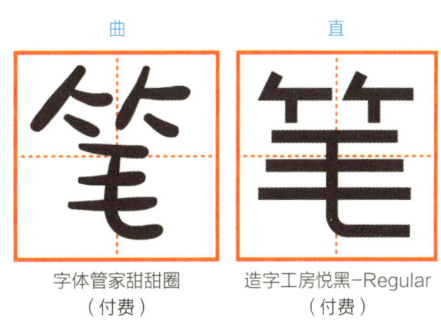

字体管家甜甜圈　　　造字工房悦黑-Regular
　（付费）　　　　　　　（付费）

虽然上面列举的字体不是曲的就是直的,但日常设计中却不会这么极端,笔画往往都是曲直兼具的,关键是要观察笔画的位置和走势,看哪一种更适合。

■ 4.调整修饰

经过字形结构的搭建和笔画填充后,字体的基础形象就确定了,接下来便是最后的调整修饰,主要包括两步:细节调整和特征修饰。

（1）细节调整

这一步主要是对字体的整体造型进行最后调整，比如看字体的字形高低是否整齐、结构比例合不合理、重心是否平稳一致、笔画是否匀称美观等。总之，就是对前面的字形结构和笔画进行一次"复盘"，注意要重点观察多个文字的整体形态和细节。因为造字都是从单字入手的，所以很容易忽视字与字之间的和谐统一。

（2）特征修饰

特征修饰就是在设计好的字体基础上，继续用一些修饰手法让字体更有特点和个性。这一步类似前面讲过的改字，很多手法是一样的，比如前面讲过的删减、添加、连接、替代等也是特征修饰的常用手法。

总结

再来总结一下造字的4个步骤。

第1步，根据画面风格选择一款字库字体作为参照，边观察边进行创意构思，画出草图。

第2步，用软件的钢笔工具勾勒出字形结构，勾勒时要考虑字形的高低、松紧，以及结构的严谨度和均衡性，另外还要确保字体的重心平稳一致。

第3步，设定笔画的粗细和曲直形态，并用软件的画笔工具对字体骨架进行逐笔填充，注意笔画要匀称统一、间隙适中。

第4步，对字体的整体和局部进行细节调整，并做个性化的特征修饰。

以上4步只是一般的设计流程，更多的是提供了一种造字的思路，在实际设计时往往需要根据创意及实际情况进行调整，有些步骤可以调整甚至省略。例如，在造字时可能会省略第2步，在草图确认后便直接用钢笔工具勾描笔画。总之，不要固化思维，灵活变通才能真正学会创造字体。

实战案例

造字这种方法可能不那么好理解，下面用"全球好物"作为设计对象，用前面讲到的方法和步骤来设计两种不同气质的字体。

▶ 案例1

○ 文字内容：全球好物　　○ 字体类型：黑体　　○ 字体气质：动感、力量

① 根据设定的类型和气质先选一款适合的字库字体作为参照，这里选择的是"阿里巴巴普惠体-Heavy"，在此字体基础上水平拉伸文字，可用较粗且笔直的笔画来凸显力量感。"球"字和"物"字相对复杂一些，所以可用简化笔画的方法来提升设计感和文字的动势，有了思路后绘制出草图。

阿里巴巴普惠体-Heavy
（免费）

② 根据草图用钢笔工具勾勒出字体的骨架结构，要确定骨架的高低松紧是否合适，同时还要保证重心一致。

③ 用矩形工具设定好笔画粗细，并对骨架进行逐笔填充，笔画粗细并非是绝对一样的，要根据每个字的结构和笔画多少进行微调，关键的是要保证笔画的视觉统一。

④ 继续调整文字的结构和笔画细节。

⑤ 进行个性化修饰。在边角处添加尖角，并用三角形替代"好"字的局部笔画，再使文字整体水平倾斜。经过修饰，字体的气质和设计感大大增强。

在笔画边角处添加尖角修饰　　用三角形替代"好"字的笔画　　使文字整体水平倾斜

▶ 案例2

○ 文字内容：全球好物　　　○ 字体类型：圆体　　　○ 字体气质：圆润、亲和

① 根据需求选择"华康圆体-W7"作为参照字体并将文字垂直拉伸，仔细观察基础字体的笔画结构及走势，再结合字体的类型和气质进行创意构思。对文字的笔画进行简化处理，使文字的结构更为圆润顺畅，再用斜线代替一些笔画，这样可提升设计感并让字体形象更统一，想法确定后绘制出草图。

华康圆体-W7
（付费）

② 在草图基础上用钢笔工具勾勒出文字结构，勾勒时要注意调整细节，确保结构舒适严谨，这样文字的骨架便搭建出来了。

③ 对骨架进行笔画填充，这一步比较简单，不用像案例1那样一笔一笔地去填充，将路径直接加粗即可，注意加粗并无固定数值，需要根据需求和感受而定。最后还要把笔画的折角及两侧的端点都改为圆角，这样才能使文字凸显圆润的气质。

④ 微调文字的高度和笔画的粗细。

⑤ 最后用圆形替代"好"字的局部笔画，给文字添加修饰元素，突出字体的个性。

以上两个案例做起来都不算难，在造字方法论的基础上，案例1偏向矩形造字，案例2则偏向线条造字，这两种都是比较基础和常规的造字方法，但设计出的两种类型的字体却能广泛应用于电商设计。当然还有更为复杂的方法，如曲线造字法等，本书不再细讲，感兴趣的读者可通过阅读一些专门讲解字体设计的图书来继续深入学习。

9.3 字效呈现

如果说字体设计是创造，那字效呈现就是美化。通过添加合适的效果使文字更具美感和吸引力，同时也更利于信息和情感的传达，是一种锦上添花的重要手段。字效呈现与字体设计一样，也要遵循一致性的原则：字效呈现的气质要与整体风格一致。只有这样，才能发挥字效的真正作用，不然就会适得其反，使画面显得不伦不类。

字效广泛应用于各类电商活动页的设计中，因为字效的样式丰富，所以对画面整体及氛围的影响都非常明显，有时甚至超过了字体本身。关于字效的呈现，下面归纳出了4种常用的手法。

立体　　边框　　阴影　　质感

9.3.1 立体

通过立体效果来赋予文字三维属性，使之具备空间感，这样会让文字更有分量和冲击力。常见的使文字变立体的方法有两种：直接立体和透视立体。而要实现立体效果又有合成和三维两种方式。

直接立体　　透视立体

■ **1.直接立体**

如上图所示，直接立体又分为加厚和凸起两种做法。

（1）加厚

直接将文字设计成有厚度的立体字，使文字饱满、突出，形成强有力的冲击感，特别适合大促主题的设计。这种处理方式上手有难度，若是表现写实风格的会更难。但立体字也易出效果，在强调信息的同时，也能使画面更具有设计感。

另外，在第5章讲过6种构图方法，加厚的字效形式常用于是简约背景或放大核心点的设计中（详见"5.2 第2招：简约背景"和"5.3 第3招：放大核心点"）。因为立体字本身就有很强的装饰性，放大便能成为主视觉。如下面的案例所示，立体效果的标题文字都是画面的核心，再在其周围加一些点缀元素，这样画面的视觉效果就更丰富了。

同程旅游活动海报

截自网易游戏2018"China Joy盛典"活动页

截自丰趣海淘2016年"520吃货节"活动页

（2）凸起

凸起是指将文字调成微微凸起的样式，有点类似浮雕效果。凸起的字效不如加厚字效那么明显，主要是让文字多一些细节。但总体而言，凸起效果的文字还是稍显平庸，只在一些个别的设计中出现，如下面的案例所示。

截自有道精品课2019年活动页

截自天堂伞天猫官方旗舰店2019年"双十一"活动首页

2.透视立体

透视立体是一种很有意思的立体形式。直接立体是根据文字自身的结构和排布直接使文字立体化;而透视立体则是使文字在立体化的同时还要与空间透视保持一致,这样就能融入场景,让画面更有代入感。当然,前提是要有相应场景塑造的画面。透视立体的字效形式更适合空间陈列或创意场景类型的设计(详见"5.5 第5招:空间陈列"和"5.6 第6招:创意场景"),如右侧和下面的案例所示。

第一卫天猫旗舰店2019年活动页
(第一卫团队作品)

截自转转2018年"双十二"活动页

截自苏宁易购2017年活动页

另外,有时也可以不给文字增加厚度,直接使文字透视变形即可,如下面的案例所示。

截自Kryolan天猫海外旗舰店2018年"双十一"活动预售页
(设计师"阿泰 ATAI"徐文泰作品)

有货"双十一"活动海报

天猫2018年"双十一"
活动海报

9.3.2 边框

在文字周围加上边框，使文字更为突出、更有活力，给文字加边框有描边和加框两种形式。

描边　　　　　加框

■ 1.描边

描边是非常经典的处理手法，能丰富文字的细节，提升信息关注度，但用得不好也会显得俗气，关键是要把握好描边的粗细及配色。如下面的案例所示，图中文字的描边不管是粗细还是配色，都与画面的主视觉协调统一，没有违和感。当然，描边可以不只是一层，有时可用多层描边来强化字效（左图）。

  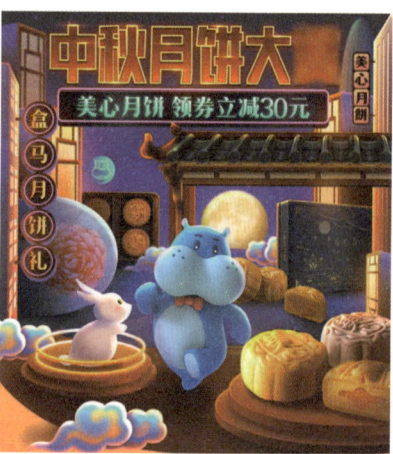

截自粒上皇天猫旗舰店　　　　截自微博2019年活动页　　　截自盒马2019年中秋节活动页
2019年"6·18"活动首页
（设计师"猴哥哥"侯宗龙作品）

■ 2.加框

通过加底框让文字多一层"面"，这层"面"将文字图形化，使文字成为画面中一个相对独立的视觉元素，更利于凸显内容。但加框会遮住画面的部分内容，也使空间显得没那么透气，因此要注意元素的分布，尽量不与底框冲突。根据表现形式的不同，底框又分为图形底框和拟物底框两类。

（1）图形底框

如下面的案例所示，图形类的底框能使文字排布得更加规整。而关于图形的外观，既可以是几何状的规则图形（左图），又可以是围绕文字的不规则图形（中图和右图）。

截自淘宝2017年"年货节"活动主会场页面　　截自植美村天猫旗舰店2018年"6·18"活动首页　　截自自然堂天猫旗舰店聚划算活动页

（2）拟物底框

拟物底框适用于有场景塑造的画面。<u>注意，拟物后的底框一定要与场景氛围相呼应。</u>如下面的案例所示，文字加了拟物底框后都能合理地存在于各个场景中。

截自饿了么2019年教师节活动页　　截自每日优鲜活动页　　截自盒马云超活动页

9.3.3 阴影

通过添加阴影使文字呈现出前后的层次感，根据添加位置的不同，阴影又分为文字叠压、笔画叠压和文字投影3种形式。因为文字叠压和笔画叠压具有设计简单、形式感强、不挑风格等优势，所以常被用于各类主题的设计中。

文字叠压　　　　　笔画叠压　　　　　文字投影

字效 字效 字效

■ 1.文字叠压

文字叠压一般是在文字的衔接处添加阴影，使文字呈现出前后的层叠感。如下面的案例所示，文字叠压适用于各种风格的设计，产生的微妙空间感能让标题变得更生动、有趣。

　　截自天猫2016年"双十一"活动页　　　　　截自每日优鲜活动页　　　截自京东生鲜活动页

采用文字叠压需注意两点：一是标题的每个文字都要互相靠近一些，这样前后叠压效果才明显；二是因为阴影是深色调的，所以标题尽量选择浅色调的颜色，只有明暗对比强烈了，叠压效果才更真实，如下面的对比图所示。

文字间距大，色调深，叠压效果不明显　　　文字间距小，色调浅，叠压效果明显

■ 2.笔画叠压

同样是叠压，只是这种形式是在笔画上添加阴影，使笔画呈现出前后的层叠感，笔画像是交织在一起一样，类似折纸效果。如下面的案例所示，笔画叠压这种方式能让标题更引人注目，细节更丰富，但又不显得过于浮夸。

截自三只松鼠天猫旗舰店
2018年"双十一"活动首页

截自芝麻信用
"6·6信用日"活动页

截自百度糯米
2017年活动页

使用笔画叠压的字效形式要注意两点：一是不一定要给字体的每一个笔画都添加阴影，而是有选择地添加，一般给每个字添加2~3处即可；二是标题尽量用浅色调的颜色，如右侧的对比图所示。

笔画阴影多，色调深，叠压效果过于复杂、不明显

笔画阴影合适，色调浅，叠压效果舒服、明显

■ 3.文字投影

　　文字投影的形式操作起来就更加简单了，直接给文字添加投影样式即可，这样文字与背景形成一前一后的空间关系。但要注意投影的虚实程度：投影越实则文字离背景越近，投影越虚则文字离背景越远。文字投影的字效形式一般适合搭配背景简单的画面，这样文字才突出，如下面的案例所示。

截自大众点评活动页

截自小度天猫旗舰店
2018年"6·18"活动首页

截自蘑菇街2016年
"女装焕新"活动分会场页面

9.3.4 质感

通过赋予文字某种肌理或形态，使文字更有质感。根据质感的属性不同又可分为笔刷和写实两大类。

- 1.笔刷

用肌理笔刷刻画文字，最终模拟出各类笔触在各种材质上手写时的效果。如右侧的案例所示，左图模拟了斑驳字效果，右图模拟了涂鸦字效果，这些肌理和笔触让文字显得个性十足，同时还促进了字义的情感传达。

截自京东推广活动H5页面

全家湃客咖啡推广活动H5页面

一般来讲，模拟材质的斑驳字效果相对简单一些，只需要用笔刷对文字直接刷涂即可；而模拟笔触的涂鸦字效果则有一定的难度，要求笔触与字体笔法的走向完全吻合，以表现自然流畅的手写感，如右侧的案例所示。

广东双喜文化创意大赛宣传海报

截自egou男装天猫旗舰店2018年"6·18"活动首页

2.写实

给文字添加现实中的真实肌理,同时模拟出这类肌理应有的形态。例如,要表现金属字,需要先刻画出金属的材质和光影,然后将文字设计成金属常见的刚硬形态,这样塑造出来的效果才真实,如下面的案例所示。

截自科勒天猫官方旗舰店2018年"99欢聚盛典"活动首页

写实的质感种类非常多,选择哪一种主要根据页面的主题和风格来定,但不管采用哪一种质感都需要与场景氛围高度统一,如下面的案例所示。

霓虹灯　　　　　　　　　　气球　　　　　　　　　　冰块

截自两鲜专题页　　　　　截自小象生鲜活动页　　　来自酷狗音乐启动页

总结

字效表现的4种手法常常会组合使用,关键是要根据画面风格找到最佳的组合方式。如下面的案例所示,不同的手法组合能使字体呈现出更丰富的视觉效果,做字效的最终目的是为了提升视觉美感和更好地传达信息,不要为了表现字效而添加,要避免出现形式大于内容的"浮夸"字效。

立体(直接立体)+边框(加框)+质感(写实)　　　　立体(直接立体)+边框(加框)

截自百雀羚天猫旗舰店2018年"6·18"活动首页　　　截自淘宝聚划算2019年"吾折天"活动页

阴影(笔画叠压)+质感(写实)　　　　立体(透视立体)+边框(描边)

截自唯品会2019年年中特卖活动页　　截自百威啤酒天猫官方旗舰店2018年"99欢聚盛典"活动首页
（设计师 "wheaysky"王蠡海作品）

实战案例

上一节以"全球好物"为内容设计了两款字体,下面以这两款字体为标题,用前面所讲的4种字效手法分别设计4个Banner,有的Banner会使用多种字效手法,主要是为了展示每种手法的适用风格及字体应用效果。

▶ 案例1

- 文案信息:全球好物
  5折狂欢日
  海外尖货提前购
- 风格定位:促销、力量、冲击
- 表现手法:放大核心点(放大标题)+
  图形分割(拟物圆形分割)
- 布局类型:包围布局
- 色彩搭配:黄色(主色/纯色调)+
  红色(辅色/深色调)
  (类似色搭配)
- 字效手法:立体(加厚)+质感(写实)
- 尺寸比例:9∶16

① 进行创意构思,画草图、确定配色。由于主视觉就是标题本身,所以是要思考背景该如何呈现才能衬托出标题。设想将背景塑造成圆形的纵向空间,这样能使画面更透气且更有冲击力。在配色方面,先确定标题采用有金属质感的黄色,而为了让标题显眼且不突兀,背景采用黄色的类似色(深红色),红色+黄色也是一组常用的配色。

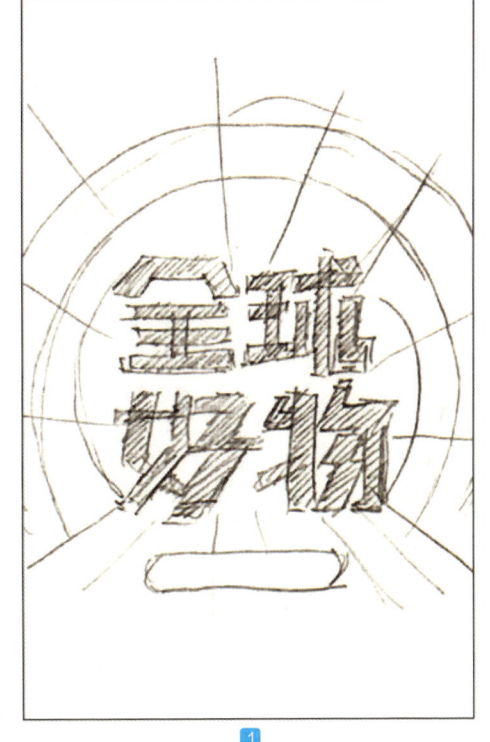

② 在Illustrator中用3D工具表现出标题的立体效果，重点调整"视角"和"厚度"的参数，注意立体字的整体明暗要与Banner中设定的光源一致。

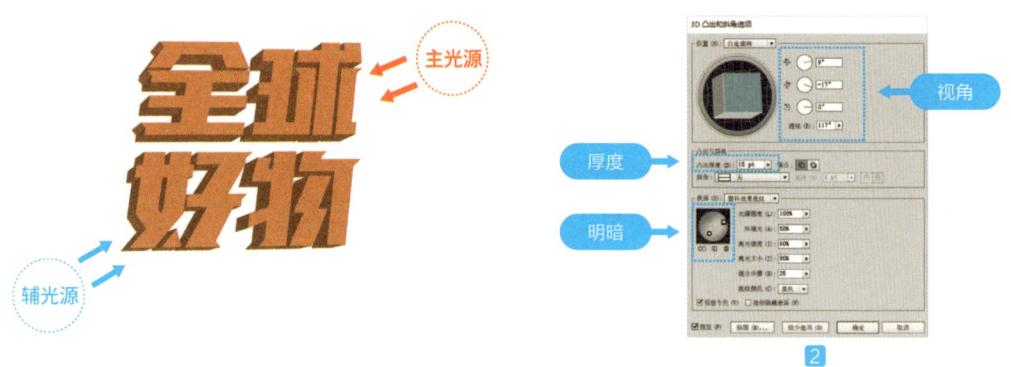

③ 将立体文字导入Photoshop中，调节整体色调，再继续刻画材质和光影，注意对每个块面都要单独添加局部光影，这一步并不难，就是用渐变工具不断地添加深浅渐变。另外，为了增加更多的立体细节，还在文字边缘处添加了凸起的细节。

④ 继续刻画背景，根据草图将背景的圆形纵深感表现出来。

⑤ 最后添加副标题及一些光效细节。

▶ 案例2

- 文案信息：全球好物
  点击进入
- 风格定位：活泼、有趣、卡通
- 表现手法：放大核心点（放大标题）+
  几何分割（拟物圆形分割）
- 布局类型：包围布局
- 色彩搭配：黄色（主色/纯色调）+
  粉色（辅色/浅色调）
  （类似色搭配）
- 字效手法：边框（描边+边框）
- 尺寸比例：9∶16

① 根据活泼、有趣、卡通的风格定位，设想在画面中绘制一个扁平插画风的热气球，并将标题置于其中，再用深色描边来强化这种风格的趣味性。配色上则用明亮的黄色与浅粉色搭配，使画面的基调更轻松明快。

1

② 由于这个案例不需要场景搭建及光影刻画，所以直接在Illustrator中按照草图绘制出来即可。因为每个物体都有描边，所以描边的粗细至关重要，让每个物体的描边粗细都有细微的变化，这样才能保证整体效果一致。

2

▶ 案例3

- 文案信息：全球好物
  运动户外会场
  点击进入
- 风格定位：男性、品质、动感
- 表现手法：放大核心点（放大主体元素）
- 布局类型：十字布局（图文穿插）
- 色彩搭配：蓝色（主色/暗色调）+
  红色（辅色/纯色调）
  （对比色搭配）
- 字效手法：阴影（笔画叠压）
- 尺寸比例：9∶16

① 根据风格定位，设定用一位男模特做主视觉，并用暗色调的光影来凸显品质感，而标题和人物前后穿插，这也是手机端设计中的常见布局方式。

② 根据设定的光源先刻画背景的明暗基调，通过块面光的塑造来增强画面的形式感和空间感，再将人物素材导入其中，注意人物素材原本的光影最好与设定的光源一致，这样才真实、自然。

③ 继续刻画光影细节，强化人物的明暗对比和层次感，并添加环境色的反光和地面投影，这样主视觉就基本完成了。

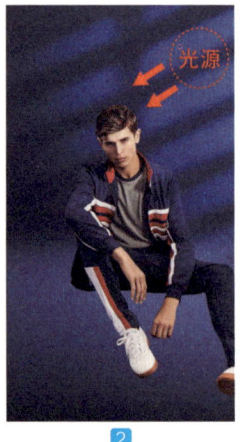

④ 将设计好的文字置入Banner中，通过倾斜变形使文字更动感，用渐变工具为文字逐一添加阴影，尽量选择在笔画的相交处添加，注意笔画叠压的合理性。

⑤ 最后加上副标题和按钮。

④　　　　　　　　　　　　　　　　　　　⑤

▶ 案例4

- 文案信息：全球好物
  　　　　　商城夜场
  　　　　　闭眼买，超划算
- 风格定位：霓虹风、神秘、品质
- 表现手法：放大核心点（放大标题）
- 布局类型：包围布局

- 色彩搭配：蓝色（主色/深色调）+
  　　　　　洋红色（辅色/纯色调）
  　　　　　（类似色搭配）
- 字效手法：质感（写实）
- 尺寸比例：9∶16

① 霓虹风的设计主要侧重文字排布及色彩的发光呈现，而蓝色+洋红色则是霓虹风格的代表配色。为了画面不显得单调，可适当加一些小元素来丰富画面效果。

② 先以设计好的标题字为核心，让文字和小元素呈矩形排布，整体工整、聚拢，这样多个元素才会形成一个整体，视觉上更统一。

①　　　　　　　　　　　②

③ 根据配色添加霓虹光效，操作起来很简单，就是在图层样式中依次添加内阴影、内发光和外发光的样式。

④ 优化细节，这一步要做的主要是添加投影并强化发光强度。

⑤ 主视觉完成，但四周还略显单调，可以在画面顶部添加遮阳棚，并在霓虹灯后方放置方格支架，这样Banner就完成了。

这4个案例分别呈现了4种设计风格。对电商设计而言，字体固然重要，但很多时候字效对整体风格及氛围的影响会更明显，特别是以文字为主的场景，字效是起决定性作用的。

9.4 本章小结

本章讲解了字体的类型和气质、改字6招、造字4步，以及字效呈现的4种手法，展示了如何设计字体才能使文字成为画面的"加分项"。对电商设计而言，文字只是画面的一部分，不是孤立存在的，因此在创意构思时不能只局限于字体本身，而应该把画面风格和主视觉都考虑到，遵循一致性的原则，让字体设计成为画面的亮点之一，让信息和情感得到充分传达。

关于文字呈现，本章侧重讲了字体的设计，其实还有一个重要的方面，那就是文字的版式。当字体设计完成后，还要进行合理的排版布局才能让文字得到最终呈现。在第10章和第11章，将重点讲解与电商设计相关的版式设计知识。

第10章

版式设计没那么简单（一）
手机端详情页设计

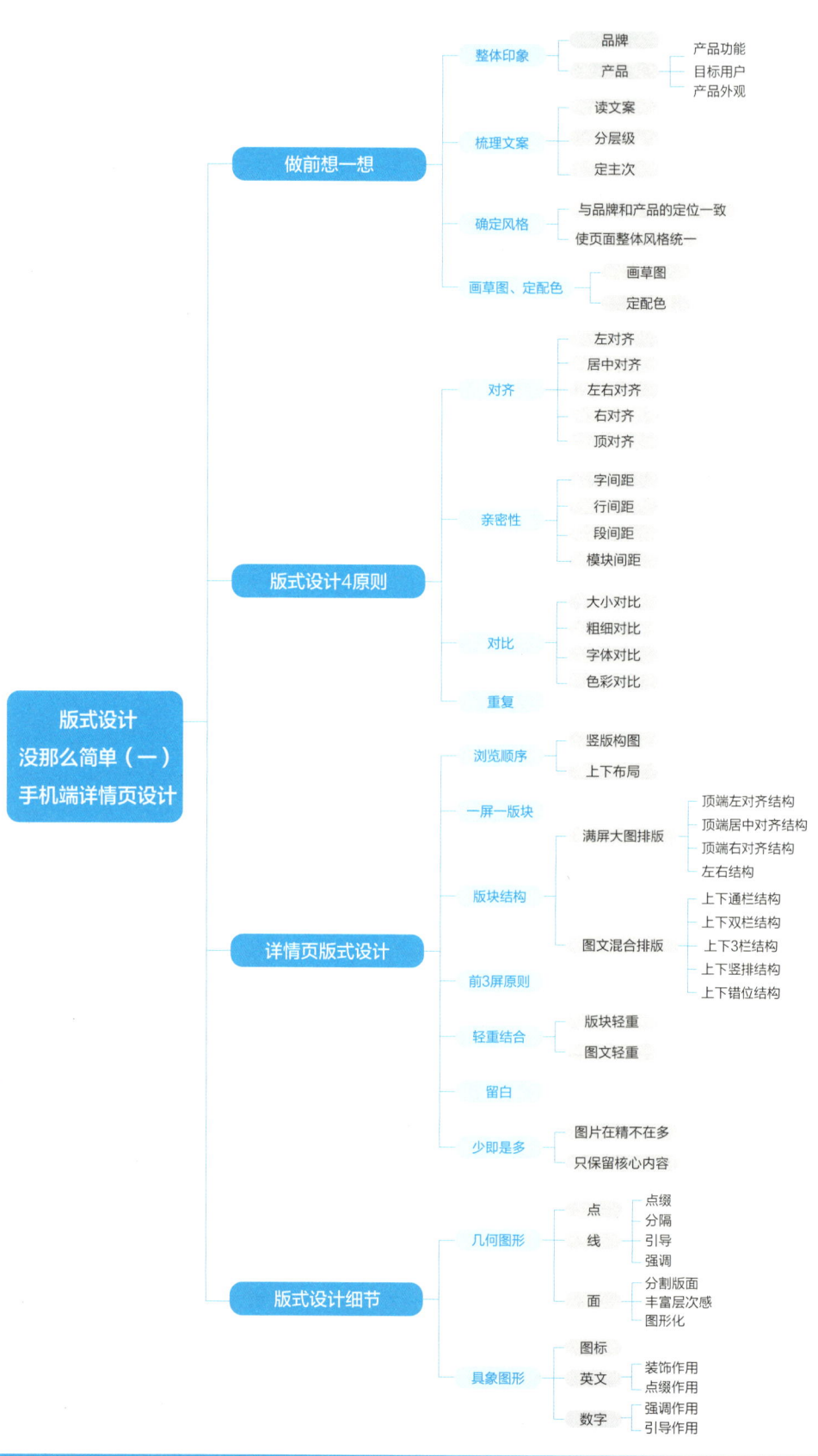

本章导读

版式设计是平面设计中的一大分支，简而言之，就是把文字、图片、图形等元素根据需求进行艺术化的编排，从而使信息得到有效传达。很多人会将版式设计与排版混为一谈，其实它们并不完全相同。排版只是版式设计中的一部分，多指用图文在版面中进行布局的一种形式。但对电商设计而言，更多的是排版，所以本书所讲的版式设计还是侧重图文排版。

排版是设计师应该具备的基本功之一，可以说大部分平面设计师刚接触的设计工作就是排版。小到一张名片设计，大到一本画册设计，都属于排版的范畴。有人觉得排版很简单，认为排版就是把图片和文字放在一起。虽然排版上手并不复杂，但也没那么简单，排在一起不等于能排得好看。优秀的设计师要让任何排版作品都经得起推敲，要让内容呈现得更加清晰、有条理，且更美观。

在电商设计中，所要设计的页面一般分为详情页和专题页两大类。详情页是指关于产品详细内容的介绍页，而专题页则泛指各类主题的展现页面。这两类页面都需要版式设计，但二者的侧重点有很大不同。详情页更侧重内容的详细呈现，通过图文排版让观者更好地阅读内容，这与平面设计中的排版有些类似；而专题页则偏向专题氛围的营造和核心信息的传达。总之，电商设计的排版要能快速勾起观者的兴趣并引导其进行点击。本书将版式设计分为两章，分别讲解详情页和专题页的排版设计，本章要讲的是手机端详情页的版式设计。

10.1 做前想一想

在第2章讲准备工作和第4章讲版面布局时都提过前期构思的重要性,而对于详情页的设计也是如此,设计前都要有"想"的环节,而且越资深的设计师,想的时间会越多,甚至超过动手做的时间。在详情页设计的准备阶段需要从以下4个方面来进行构思,且这4个方面是逐步推进的关系。

在动手设计之前要有全局观,因为详情页往往都是很长的一张图片,而且是由一块一块的内容整合而成的,设计时也是分版块逐步呈现的。所以如果没有全局观,那就是边做边想,做到哪算哪,这样做出来的长图设计,就很可能出现风格不统一、节奏混乱、版块割裂等问题。

10.1.1 整体印象

可能有人认为第一步应该是"读文案",其实不然。在读产品文案前,应该先对产品所属品牌及产品本身有个大致了解,形成整体印象,以方便后续理解文案内容和为什么要这样介绍产品。这就好比在读某本书之前若先了解作者的相关信息,就会对书中的内容有更深的理解。

■ 1.品牌

通过既有的品牌形象来明确品牌的整体调性。品牌形象是泛指的,既包括视觉形象又包括品牌策略;而品牌调性则在很大程度上决定了产品文案的语言风格和设计的视觉风格。只有详情页设计与品牌的整体调性一致,才能更好地凸显品牌价值。例如,花西子和圣罗兰都是知名的美妆品牌,但由于彼此的调性不同,所以它们的设计风格也截然不同。

花西子主打"东方彩妆",因此首屏用了"雕花口红,唇间锦绣"这样的文案来宣扬国风之美,页面也呈现出浓浓的古典宫廷风

圣罗兰是法国高端品牌,所以首屏展示的是"高定设计,馥郁纯正"这样极具现代感的文案,页面设计上也是采用了高冷、简约的风格

截自花西子天猫旗舰店口红详情页

截自YSL圣罗兰美妆天猫官方旗舰店口红详情页

2.产品

比起品牌,产品对文案及视觉的影响更加直接,主要体现在以下3个方面。

(1)产品功能

产品功能是指产品的基本功能及核心优势:基本功能是指该产品有什么用,核心优势是指该产品区别于同类产品的独特卖点。所以文案和视觉设计的重点都应该放在产品的核心优势上。

例如,笔者之前做过一款代餐粉的详情页,产品的基本功能是帮助人瘦身,而核心优势则是人吃完会有长达6小时的饱腹感(同类产品只有3~4小时)。这样通过对产品功能的分析,后期就能分出文案及设计的主次。

产品	基本功能	核心优势
	低卡饱腹 代餐瘦身	6小时 超长饱腹感

(2)目标用户

与品牌调性一样,明确使用该产品的用户画像就能进一步明确详情页的设计风格。假如两个产品的目标用户分别是儿童和中老年人,那么详情页的文案和视觉风格肯定都要有明显的差异。随着全民消费升级及电商用户的年轻化,会有更多消费者喜欢有品质且个性化的产品。前面提到的代餐粉的目标用户的画像如右表所示。

产品	用户画像
	20~30岁
	一二线城市
	职场女性
	微胖
	品质生活

(3)产品外观

产品外观很容易被忽视,但它对视觉风格的影响却最为明显。既然是产品详情页,那么产品肯定要在页面中得到美观的展现。因此,"如何让产品得到最好的展现"是设计前一个非常重要的思考点。右图是代餐粉详情页中的一个版块,产品很自然地融入画面中。

要重点关注产品的外观,包括外包装(如果有)和产品的本身造型,主要看哪一个更有特点、更好表现。例如,在下页所示的案例中,前两个侧重于产品的外包装,而后两个则更侧重于产品的造型。这几个案例让人看着都很舒服,都能从"颜值"层面激发观者的购买欲。

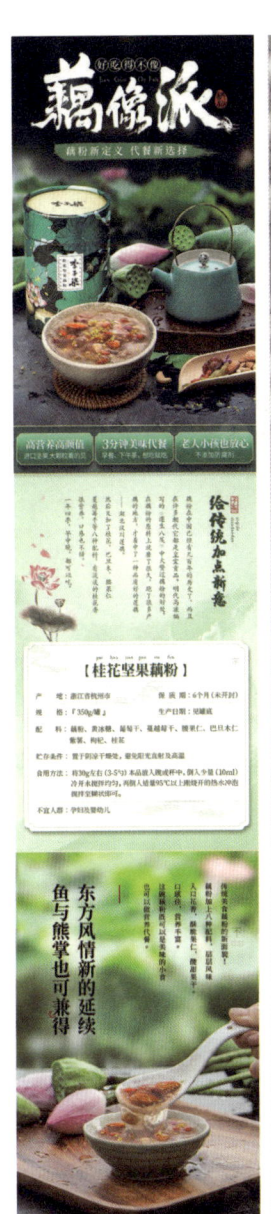

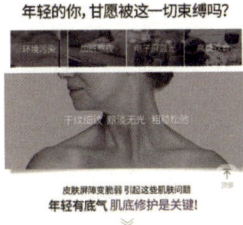

截自李子柒天猫旗舰店
藕粉详情页

截自smeal天猫旗舰店
代餐棒详情页

截自露得清天猫官方旗舰店
面霜详情页

截自海尔天猫官方旗舰店
洗衣机详情页
（点奥文化团队作品）

10.1.2 梳理文案

对产品有了整体印象后就要梳理文案，有了前面的铺垫，梳理起来会更高效。<u>梳理文案可分为3步：读文案、分层级、定主次</u>。

■ 1.读文案

先把策划人员给的文案通读一遍,了解一下内容。有的设计师不读文字就直接设计,"边做边读"是典型的错误流程,这样的工作流程不流畅且效率也不高。

除了读文案内容,还要明确文案的语言风格。因为从语言风格中可推导出视觉风格,最好使二者保持一致,而最终要使它们与产品定位相呼应。如下面的案例所示,虽然都是螺蛳粉的详情页,但文案语言风格的差异让两个案例的视觉调性也有很大差别。

三只松鼠的产品强调个性,文案是"来撸粉商店 撸遍天下粉",语言风格张扬并带有武侠风,因此视觉上通过塑造一个复古的商店来呼应文案

李子柒的产品则强调螺蛳粉的酸爽和美味,文案是"劲辣酸爽 嗦出酣畅淋漓",因此详情页设计以表现食物和配料为主

截自三只松鼠天猫旗舰店螺蛳粉详情页
(新罐头工厂团队作品)

截自李子柒天猫旗舰店螺蛳粉详情页
(设计师"会设计的龙猫"李尚龙作品)

2.分层级

下面左侧是一段关于代餐粉的介绍文字，语言风格轻松，文字简洁、精练。读懂文案后，要根据需求和理解对文字进行层级划分，将同一主题的内容归为一个层级，这样后期设计时每个层级就是一个版块。通过层级划分，一段混乱冗长的文字就成了下面右侧所示的6小段，也就是6个版块，显得非常清晰。

低卡低GI 1瓶代1餐	低卡低GI 1瓶代1餐
6小时超长饱腹感	6小时超长饱腹感
3重高蛋白搭配奇亚籽产生强饱腹感	3重高蛋白搭配奇亚籽产生强饱腹感
助你打造更苗条的自己	助你打造更苗条的自己
更有营养师1V1服务	
定制5周瘦身计划	更有营养师1V1服务
第1周:饮食改变	定制5周瘦身计划
第2周:加速减脂	第1周:饮食改变　第2周:加速减脂
第3周:促进代谢	第3周:促进代谢　第4周:营养均衡
第4周:营养均衡	第5周:巩固减脂
第5周:巩固减脂	
随身携带的加油站	随身携带的加油站
3重蛋白 增强饱腹感	3重蛋白 增强饱腹感
1.新西兰进口浓缩牛奶蛋白	1.新西兰进口浓缩牛奶蛋白
2.益海嘉里大豆分离蛋白	2.益海嘉里大豆分离蛋白
3.德国进口浓缩乳清蛋白	3.德国进口浓缩乳清蛋白
美味抗饿 轻巧摇摇瓶	
随时随地 加水即喝	美味抗饿 轻巧摇摇瓶
1.撕开瓶盖处的贴纸,并打开瓶盖	随时随地 加水即喝
2.倒入不超过40℃的温水至水位线	1.撕开瓶盖处的贴纸,并打开瓶盖
3.充分摇匀后开盖即可享用	2.倒入不超过40℃的温水至水位线
搭配好伴侣 营养又饱腹	3.充分摇匀后开盖即可享用
黄金身材营养棒	
蔓越莓味、双重蛋白、1根管饱	搭配好伴侣 营养又饱腹
无论多忙 陪在你身旁	黄金身材营养棒
营养抗饿 告别水桶腰	蔓越莓味、双重蛋白、1根管饱
1.运动前补充能量	
2.工作忙无心吃饭	无论多忙 陪在你身旁
3.女神身材养成时	营养抗饿 告别水桶腰
	1.运动前补充能量
	2.工作忙无心吃饭
	3.女神身材养成时

3.定主次

从分好层级的文案中确定出主次关系。首先是版块主次，6个层级就是6个版块，要分清这6个版块的主次关系，对主要版块要重点突出，对次要版块则要适当弱化，表现产品核心优势的版块往往都是主要版块；其次要梳理文案主次，通过改变字号大小，依次体现主标题、副标题和内文，这样文案的结构和逻辑就更有条理了。

右侧所示的文字结构就是梳理后的效果。设计师不管拿到怎样样式的文字，都要通过前面所讲的这3步去将文案梳理成最适合设计的样式。

10.1.3 确定风格

确定风格主要确定的是视觉的表现风格，关于风格的具体类型在第3章进行了详细介绍，下面重点要讲的是确定视觉的表现风格时所要遵循的两个原则。

1.与品牌和产品的定位一致

视觉表现风格要与品牌的定位和产品的定位一致。从品牌调性、用户画像、语言风格和外观风格这4个方面入手，分析页面设计所要采用的视觉表现风格。下面展示了代餐粉详情页的视觉表现风格推导过程。

品牌调性	用户画像	语言风格	外观风格
年轻	20~30岁	轻松	时尚
时尚	一二线城市	简洁	简约
品质	品质生活	精炼	女性
女性	微胖女性		

详情页视觉表现风格

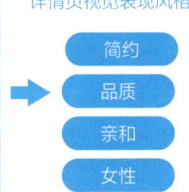

简约
品质
亲和
女性

■ 2.使页面整体风格统一

视觉表现风格确定之后还要确保页面整体风格统一。因为详情页都是长图，是由多个版块拼接而成的，当版块较多时，就可能出现后面版块的设计风格与前面的不匹配的情况，这样整个页面就显得不太流畅，甚至影响阅读。下面列出了7种风格的详情页设计，每个案例中的各版块设计风格都高度统一，显得非常完整。

古典中国风　　现代中国风　　大气简约风　　未来科技风

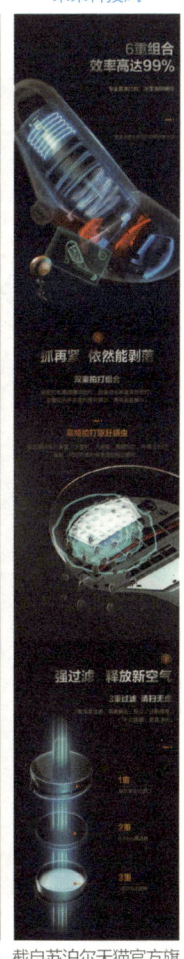

截自李子柒天猫旗舰店　　截自三只松鼠天猫旗舰店　　截自第一卫天猫旗舰店　　截自苏泊尔天猫官方旗
红豆薏米粉详情页　　　　蛋黄酥详情页　　　　　　手机壳详情页　　　　　　舰店除螨仪详情页
　　　　　　　　　　　　　　　　　　　　　　　　（第一卫团队作品）　　　（点奥文化团队作品）

| 活泼可爱风 | 文艺清新风 | 时尚潮流风 |

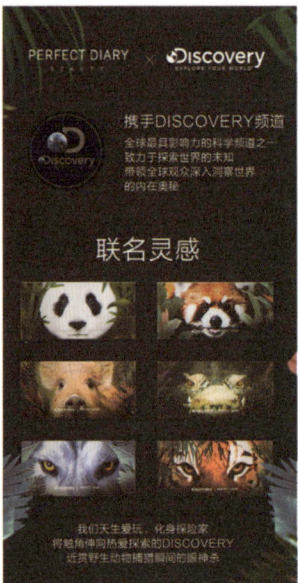

截自三只松鼠天猫旗舰店猪肉脯详情页　　截自百雀羚天猫旗舰店面膜详情页（壹网壹创团队作品）　　截自perfectdiary天猫旗舰店眼影详情页

10.1.4 画草图、定配色

梳理好文案并敲定了页面风格后，准备工作的最后一步就是画草图、定配色。这一步非常重要，可以为设计师动手设计提供直观的参照。

■ 1.画草图

详情页的草图与Banner的草图略有不同，Banner的草图更注重视觉表现，而详情页的草图则以表现图文框架为主。因为对详情页这样的长图而言，内容表达更重要，而核心在排版。详情页的草图是要理清各版块间的图文布局关系，表现出框架结构，这样后期排版参照时便一目了然。

右图是根据梳理好的代餐粉的文案所画的框架草图，用线条简单勾出图文的布局关系即可。另外，先画整体框架还有一个好处，就是通过全盘构思以避免页面出现版块布局重复的情况，确保每个版块的排版都能做到差异化，这样整个页面才不显得单调。

■ 2.定配色

画好草图后，就要确定色彩搭配方案，一般会定2种颜色（主色、辅色）或3种颜色（主色、辅色、点缀色），详见"6.5.2 主辅色有对比"。

在设计代餐粉的详情页时，根据代餐粉的瓶身颜色选取粉红色做主色，这样页面会显得柔和一些。再选取粉红色的对比色——浅蓝色作为小面积使用的辅色，这种大反差的辅色会使页面多一些变化和层次。

| f2a2b7 | 5ba6dc |

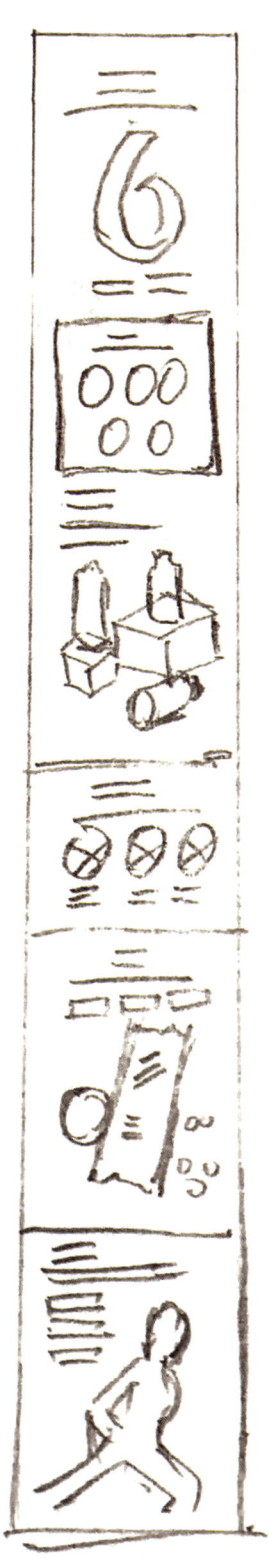

总结

　　以上4个方面就是动手设计前所要做的准备工作。先建立整体印象，然后梳理文案结构，接着确定视觉风格，最后画草图、定配色。这些准备工作都有助于视觉表现，使设计更加理性，也让页面的视觉效果变得有理有据。下面就是代餐粉详情页的最终效果。

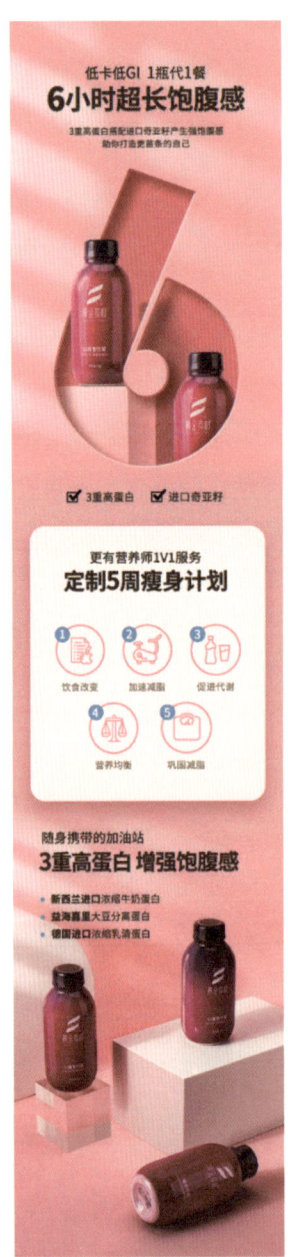

10.2 版式设计4原则

在进行版式设计时,通常需要遵循一定的原则。下面针对手机端页面的版式设计来讲解对齐、亲密性、对比和重复这4个原则以及具体的应用。

对齐 Alignment　亲密性 Proximity　对比 Contrast　重复 Repetition

这4个原则由美国设计师罗宾·威廉姆斯(Robin Wulliams)在《写给大家看的设计书》中首次提出,几乎在所有类型的排版设计中都要遵循这些原则。

10.2.1 对齐

对齐是指将内容用某种对齐规则进行排列,并使它们产生视觉联系,以使画面显得规整和严谨。如右侧的对比图所示,文字未对齐的左图显得非常混乱;而文字左对齐的右图则井然有序,阅读起来比较顺畅。

文字未对齐

文字左对齐

常见的对齐形式有左对齐、居中对齐、左右对齐、右对齐和顶对齐5种,如下图所示。

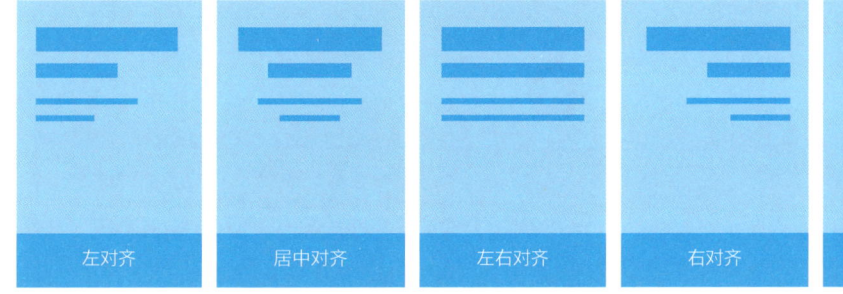

■ 1.左对齐

　　左对齐是以左线为基准对齐，这也是最常用的对齐形式。当我们浏览横向排版的信息时，左对齐更符合从左往右的阅读习惯。因此，左对齐广泛应用于标题和内文的排版，如下面的案例所示。

■ 2.居中对齐

　　居中对齐是以中线为基准对齐，这是一种对称均衡的布局形式。在手机端详情页中，标题和有些文字不多的内文常采用居中对齐的形式。因为手机端的版面宽度较小，当标题居中对齐后，既不影响阅读，又显得均衡、舒适，如下面的案例所示。

■ 3.左右对齐

　　左右对齐是让文字两端以左右线为基准同时对齐。这种形式最为工整，文字较多的内文常用这种对齐形式。如下面的案例所示，左右对齐能将大段文字变成"方形"，显得整齐有序，更利于阅读。如果内文配有图片，图片最好也能与内文文字左右两端对齐。

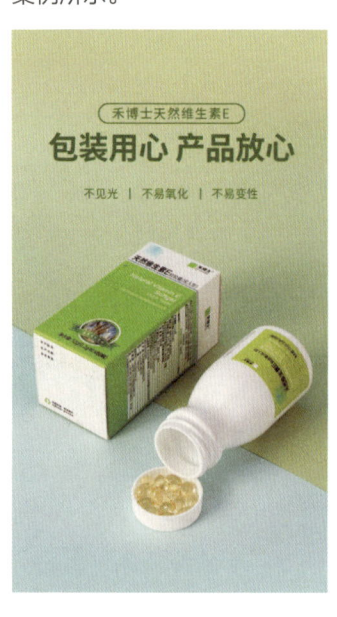
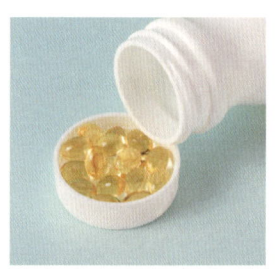

　　当内文左右对齐时，还要注意"避头尾"。避头尾是指文中的标点符号不出现在行首或行尾，因为行首或行尾出现标点会让文字出现空缺，影响整齐度。

行首和行尾有标点，影响段落的整齐程度　　　　　　　行首和行尾无标点，段落更规整

帝斯曼公司创立于1902年，以目标为导向,在全球范围内活跃于营养、健康和绿色生活的全球科学公司，经过117年的品牌积累,已在许多领域取得突出成果，其产品被广泛运用于食品和保健品终端市场。

帝斯曼公司创立于1902年，以目标为导向,在全球范围内活跃于营养、健康和绿色生活的全球科学公司，经过117年的品牌积累,已在许多领域取得突出成果，其产品被广泛运用于食品和保健品终端市场。

有的标题也可采用左右对齐的形式，通过对齐将文字图形化、块面化，能增强画面的形式感，如右侧的案例所示。

■ 4.右对齐

右对齐是指以右线为基准对齐，这种对齐形式与人的视线移动路径相反，使得阅读没有那么方便。因此，不管是标题还是内文，都较少使用右对齐的形式。如下面左图所示，当画面中的留白区域靠右或有特殊的版式需求时，文字才会采用右对齐的形式。

■ 5.顶对齐

顶对齐是指以顶端为基准对齐，这是竖向排版时才用的对齐形式。而竖向排版常用于中国风的页面设计，虽然文字阅读起来不便，但能体现出古典和文艺感，如下面右侧的案例所示。

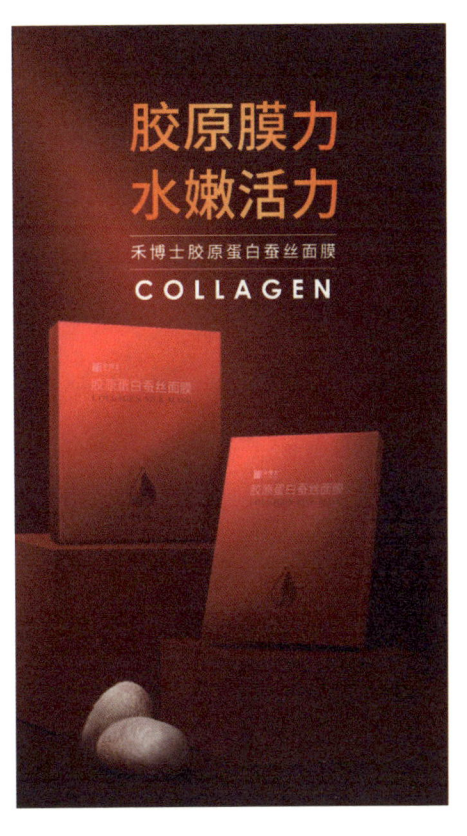

对于手机端的设计而言，标题常用左对齐或居中对齐的形式。若内文文字偏少，则用左对齐的形式；若内文文字偏多，则用左右对齐的形式。当文字是竖向排版时，优先使用顶对齐的形式。在实际设计时，要根据版面灵活调整对齐形式。

下面要讲的是绝对对齐和视觉对齐。一般设计时都会用软件的对齐工具来调整内容，而软件的衡量方式是以内容的边界为基准，也就是绝对对齐。如右图所示，这3行文字采用的就是软件工具设置的绝对对齐的形式。

从物理的角度看，上面3行文字是完全对齐的，但如果从视觉的角度看却并没有。中间一行的文字"原产地鲜果"偏右了一点，这是因为文字大小和字形结构的差异让我们产生了视错觉。从人眼感知的角度出发，对文字进行适当调整，把"原产地鲜果"这一行文字往左移一点，这样看起来才是对齐的，也就是视觉对齐，如右图所示。

显而易见，设计上需要的是视觉对齐。因此，不管是文字还是图形，当用软件工具进行绝对对齐后，若视觉上不齐，那么就一定要将内容调整至视觉对齐的状态。当然，具体偏移多少并无固定的数值，需要多练习，进一步提升设计感，将眼睛练成最好的测量工具。

10.2.2 亲密性

亲密性是指文字间的关联性。**内容的间距越小，关系越紧密；而内容的间距越大，则关系越疏远**。这与格式塔原理中的接近性一致，人们会将相互靠近的内容当成是一个组合，而把彼此远离的内容当成是独立的模块。如下面的对比图所示，左图中的文字行间距一致，信息没有层级，显得非常冗长，无法快速辨别出关联性，不便于阅读；而右图则通过调整文字的行间距，对信息进行了层级划分，分出了标题、内文和模块，这样读起来便一目了然。

可见亲密性原则是要通过调整间距来对内容进行归类分组的，这样信息才会层级分明、逻辑清晰，因此遵循亲密性原则又叫分组。在实际运用中，可调整的间距有4种，从小到大依次是字间距、行间距、段间距和模块间距。从文字到模块，它们的间距会越来越大，关联性也越来越弱，如下图所示。

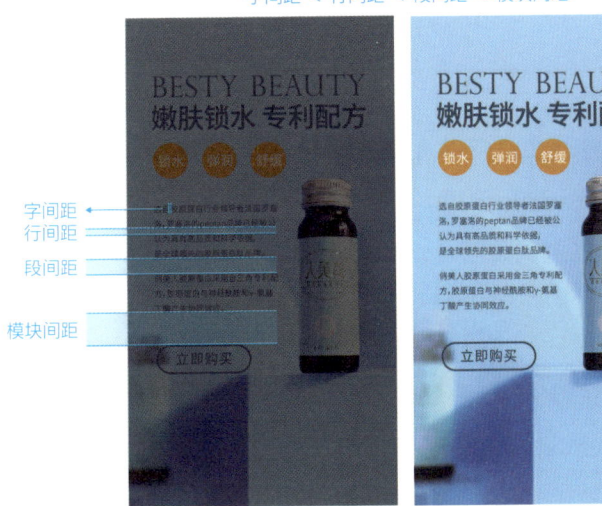

■ 1.字间距

字间距是指字与字之间的距离。在对文字内容排版时，字与字的关联性最强，字间距也最小。文字的字号减小，字间距要增大，要根据文字大小及时微调字间距。

一般来说，标题的字号较大，字间距更紧凑，但要避免压缩过多产生粘连而影响阅读的情况发生，常规的标题文字字间距为-50~-20；而内文文字的字号较小，字间距要适当加大，但也不要过于宽松而影响内容的连贯性，常规的内文文字字间距为20~50，如下图所示。这里所讲的字间距数值仅供参考，不要硬套。

标题文字大小：60pt　　　　内文文字大小：25pt
字间距：-20　　　　　　　　字间距：20

6小时超长饱腹感
3重高蛋白搭配奇亚籽产生强饱腹感,助你打造更苗条的自己但有时为了强化版面的形式感,也会有意地增大字间距,使文字看起来更宽松一些,这更多的是考虑了视觉美感而非易读性,如下图所示。

- 2.行间距

行间距是指一行文字的最底部到下一行文字最底部的距离,但为了方便调整,只注意行与行间的空白区域的高度(简称行间空白)即可。

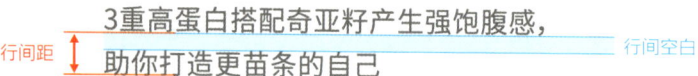

在关联性上,行仅次于字。在实际排版时,行间空白大于字间距,才能保证内容的易读性。否则会使文字的阅读顺序变得混乱,如下面的对比图所示。

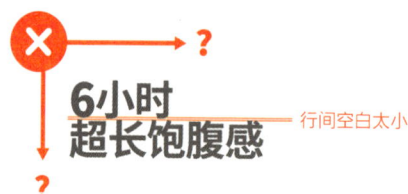

与字间距一样,行间空白也要随着字号的减小而增大。标题的行间空白最好小于半个字高,而内文的行间空白可以是半个字高到1个字高的高度,这样文字的疏密程度更合理,观者阅读起来也更流畅,如下图所示。

3.段间距

段间距是指段落与段落之间的距离。当内文需要分段时,就要注意调节段间距,一般的段间距要远大于段落的行间空白。同样,若字号减小,段间距就要增大。段间距通常是2~3个字高的高度。如下图所示,这样的内容层次才易区分,排版也更透气。

3重高蛋白搭配奇亚籽产生强饱腹感,助你打造更苗条的自己。

更有营养师定制5周瘦身计划:第1周饮食改变、第2周加速减脂、第3周促进代谢、第4周营养均衡、第5周巩固减脂。

内文文字大小:27pt
间距:2个字高

3重高蛋白搭配奇亚籽产生强饱腹感,助你打造更苗条的自己。

更有营养师定制5周瘦身计划:第1周饮食改变、第2周加速减脂、第3周促进代谢、第4周营养均衡、第5周巩固减脂。

内文文字大小:18pt
间距:2.5个字高

由于手机端页面的版面有限,观者又是"扫读"信息,因此详情页中的文字都不宜太多,也较少需要调整段间距。

4.模块间距

模块间距是指不同模块间的距离,其中模块是泛指的。在版面中,任何一个相对独立的组合都算是一个模块,组合可小可大,具体要根据实际的排布进行灵活划分。但不管是大组合还是小组合,组合而成的模块都要相对独立。所以模块间的关联性最弱,模块间的间距也是最大的。

常见的模块间距有主标题和副标题的间距、标题和内文的间距、文字和图片的间距等,对于间距的数值并无具体的参考值。因为随着版式的变化,版面的差异往往较大,最好根据需求和感受灵活调整模块间距。注意,模块间距要大于字间距、行间距和段间距,如右图所示。另外,随着版面缩小,模块的间距要适当增大。

总之,在进行手机端详情页的排版设计时,运用亲密性原则就是对内容进行梳理和分层,实现视觉逻辑化,而调节字、行、段、模块间距则是核心手段。4种间距还有一个共同特性,就是随着文字字号减小,间距要逐渐增大。这是因为文字字号越小越显拥挤,通过加大间距可增强透气性。

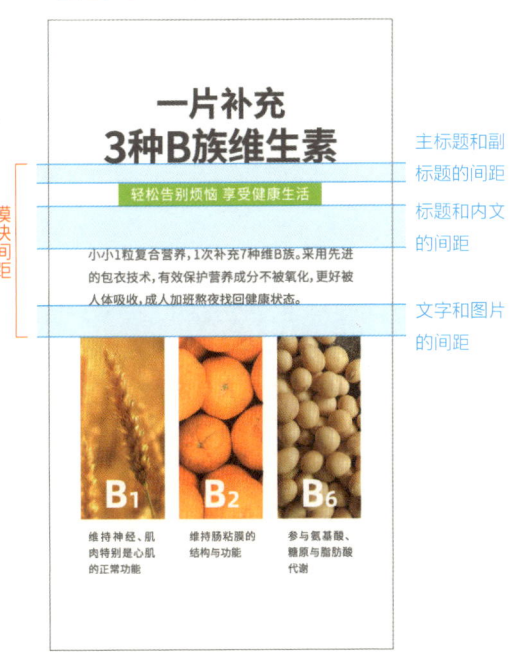

模块间距要大于字间距、行间距和段间距

主标题和副标题的间距

标题和内文的间距

文字和图片的间距

10.2.3 对比

关于对比，本书已多次提到。从元素对比、色彩对比再到明暗对比等，设计中的对比是无处不在的，而本小节所要讲的则是版式对比。版式对比的目的是让内容之间产生差异化，形成视觉反差。如果说亲密性原则是让信息的层次更清晰，那对比原则就是让信息的主次更分明。

如右侧的对比图所示，左图中的文字都是左对齐，也通过间距划分了内容的层次，但整体上依然逻辑不清、没有重点；而右图通过调整文字的大小和粗细，分出了主标题、副标题和内文，文字信息就有了主次，视觉上也更具有变化和冲击力，这种小小的改动就可以产生如此大的效果，可见对比的重要性。

在具体设计时，对比的程度最好要强烈一些，尽可能让差异化更明显一些，这样才能突出重点，更有效地传递关键信息，也能使版面的变化更丰富。版式对比有很多种方式，可以说只要是能改变的地方就能产生对比。下面分别从大小对比、粗细对比、字体对比和色彩对比4个方面来讲解文字的排版。

右图所示为还未进行调整的版面，只是将文字居中对齐并简单分成了两组，这样页面上的信息是没有重点的，画面也不协调。接下来通过对图中文字的逐步调整，展示4种对比形式的效果。

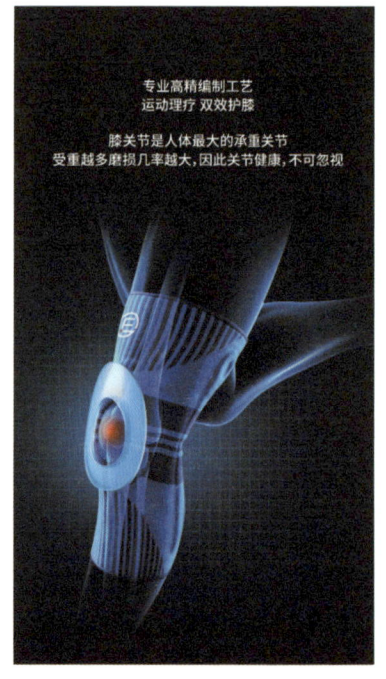

1.大小对比

大小对比是指通过改变文字的大小而使文字形成差异化。前面提到让差异尽量明显一些，而对于文字大小对比来讲，就是要使大字更大，使小字更小，因为反差太小的对比会让主次关系模棱两可。但在手机端的详情页上，若画面宽度是750px，那最小文字的字号也尽量不小于20pt，不然不易识别，是违背易读性原则的。下面来调整案例中的文字大小，字号最大的是主标题，其次是副标题，最后是内文文字。要保证主标题和内文文字的字号大小有数倍的差距，这样主次关系才更清晰，如下图所示。

2.粗细对比

粗细对比是指字体的笔画粗细对比，也就是字重的对比。有些字体会有多种字重，设计师可根据不同的内容选择合适的字重。<u>一般标题的字体笔画要粗，而内文的要细</u>。但这并不是绝对的，大部分情况下会同时采用文字大小对比和笔画粗细对比的形式。如下图所示，当文字的笔画有了粗细变化后，信息层级也会进一步加强，视觉上也更均衡。

3.字体对比

字体对比就是用两种以上的字体来使字形形成反差，这也是一种形状对比。变换使用不同的字体能丰富画面的层次并提升设计感，但关键是要根据风格和编排形式来选择字体类型和气质都匹配的。<u>注意，在一个详情页中，最好不要超过3种字体</u>。若字体种类太多会让页面显得过于花哨，反而影响美感和阅读。再回到前面所讲的案例，由于画面要体现的是科技感和运动风，因此将主标题的字体改为了动感的"站酷高端黑"，这样主标题更突出，也更有冲击力。

■ 4.色彩对比

　　色彩对比最直观,也最易出效果,但前提是要选择合适的配色方案。色彩分为无彩色和有彩色两大类,其中无彩色文字在排版中非常常见。因为无彩色"百搭",能让信息呈现得更清爽明了,因此本章案例中的大部分文字都以无彩色为主。当然,有彩色的文字在排版中也必不可少,但很多时候不宜过多,主要作为点缀元素或与无彩色的元素搭配使用。在下面的案例中,由于背景是深色的,所以标题文字采用高纯度的天蓝色,这样会与主视觉形成呼应。而内文文字则用浅灰色,使内容呈现得更清晰但又没强过标题。

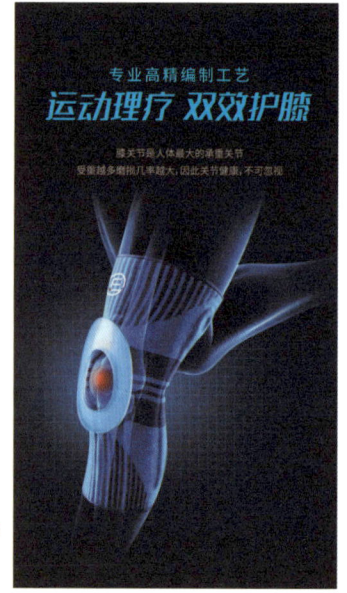

　　总之,对文字进行了以上4种对比调整后,版面更加均衡,信息更有层次。另外,4种对比形式很少单独存在,大都是组合出现的。如下面的案例所示,多种对比让文字更有表现力,但切忌使用过度,要根据需求对文字进行适当的对比调整。

大小对比+粗细对比+字体对比+色彩对比　　大小对比+粗细对比+色彩对比　　大小对比+粗细对比

截自第一卫天猫旗舰店手机壳详情页　　截自第一卫天猫旗舰店充电线详情页　　截自美的生活电器天猫旗舰店
（第一卫设计团队作品）　　　　　　（第一卫设计团队作品）　　　　　　电压力锅详情页
　　　　　　　　　　　　　　　　　　　　　　　　　　　　　　　　　　　（点奥文化团队作品）

10.2.4 重复

重复是指在排版时反复使用某些规则或元素，目的是为了让版面更加统一、整体、有序。

右侧是一组对比图，左图中有两个版块，单看任何一个，文字排版都无太大问题，但当两个版块衔接在一起时，就显得标题和内文文字的大小并不一致，对齐方式也不同，显得很不统一，缺少整体性和关联性。再看调整后的右图，统一上下版块的文字大小和对齐方式后，页面更协调了，图文排版也变得有章可循，整体更工整、有条理。

 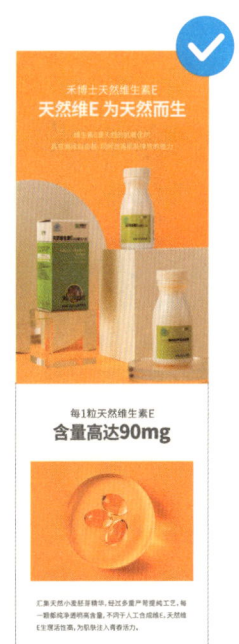

两版块的文字大小和对齐方式都不统一

由于详情页这种长图是由多个版块组合而成的,因此遵循重复原则就显得尤为重要。先设定一个排版规则(如内容的对齐方式、间距疏密、文字字体、字号大小和色彩搭配等),然后让每个版块都在相同的规则下进行编排,这样就能使版面井然有序了。

除了版块间要遵循重复原则,有时在每个版块中也要遵循。如下面案例所示的形状重复,若用圆角矩形(左图),那版块中的所有形状最好都统一用圆角矩形,包括标题中的色块图形等;若是用直角矩形(右图),那版块中的所有形状就都统一用直角矩形。这样排出来的版面才更整体,也更协调。

圆角矩形　　　　　　　　　　　　直角矩形

重复和对比是设计的两个对立面。重复追求统一,而对比则追求变化,二者看似矛盾,但实则相辅相成。版式设计就是一个将统一与变化相结合的过程。详情页设计中也一样,通过重复让版面变得规整有序,再通过对比来打破过多重复所产生的单调感,适当制造差异化。

如下页的案例所示,虽然都遵循重复原则进行了统一编排,但也用对比原则使版面产生了微妙的变化。左侧和中间案例中的图文位置有变化,右侧案例中的图文对齐方式有变化,这些方式都让重复排版显得没有那么单调乏味了。

截自百雀羚天猫旗舰店护肤套装详情页
（壹网壹创团队作品）

截自花西子天猫旗舰店蜜粉详情页

截自第一卫天猫旗舰店
充电线详情页
（第一卫团队作品）

  版式设计的4个原则（对齐、亲密性、对比、重复）让版面变得条理清晰、视觉均衡、更便于阅读。回看每个原则所对应展示的案例可以发现，所有的案例在设计时都遵循了这4个原则。总之，忽视任何一个原则都可能让版式出现明显的问题。

  为了更加理性地遵循这4个原则，下面要介绍一个"辅助工具"，也就是非常经典也非常成熟的栅格系统。在实际运用时，常常会将栅格作为基础参照并建立起视觉规范，这样排版布局才能更加精准。而对版式设计4个原则的具体应用也更有据可依，不再只是凭感觉粗略判断。

栅格系统

栅格系统又称网格系统。简单来讲，**栅格系统就是用规则的网格阵列来规范内容布局，使内容编排得更有逻辑和条理**。关于栅格系统的起源，一种说法是源自1629年法国印刷委员会提出的新字体设计建议，其中就强调以方格为基础来进行设计。当然这只是栅格系统的雏形，栅格系统真正得到发展还是在1919年德国包豪斯学院成立之后。到了20世纪50年代，受当时国际主义平面设计风格的影响，德国和瑞士的设计师终于将栅格设计标准化、体系化，建立了一套系统的方法，后来栅格系统又得到不断的演变并影响至今。**栅格系统是一套经过漫长发展并由很多设计师不断参与完善的综合知识体系**。下图所示为应用并介绍栅格系统的代表图书《平面设计中的网格系统》的页面。

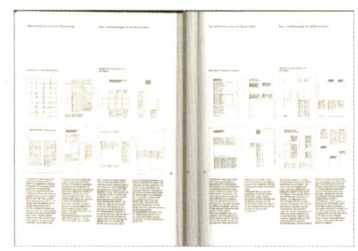

《平面设计中的网格系统》图书页面

栅格系统最早是用于平面设计的编排，如今也被用在网页的UI设计中。因此可将栅格系统分为两类：一是平面栅格系统，二是网页栅格系统。由于载体和需求的不同，两套系统的使用思路也完全不同。如下图所示，因为版面的尺寸是固定的，所以建立的也是固定的方格，这相当于为版面提供了骨架，排版时把图文按照一定的规范放进方格中就好。

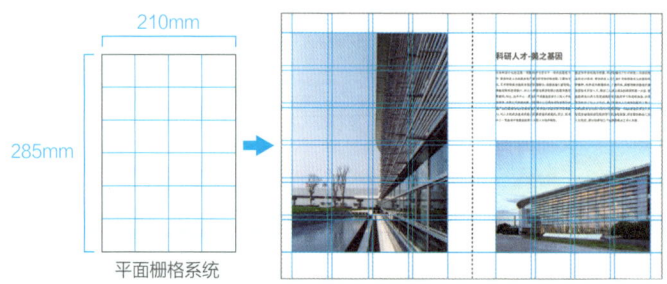

不管是在PC端还是手机端，由于纵向可"无限下拉"，页面总高度会随着内容变化而变化，因此方格的具体高度就无法确定，水平方向的栅格也就不用体现了。在做网页的UI设计时，优先确定垂直方向的栅格，可以使页面呈现出有规律的变化。

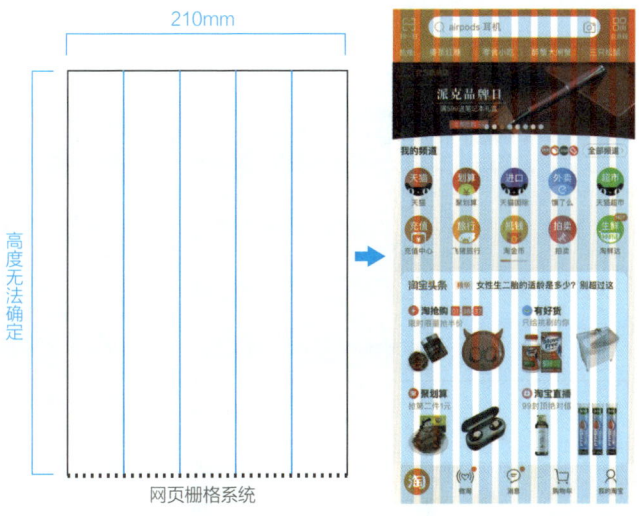

网页栅格系统

两套栅格系统所包含的内容还有很多,也很复杂。栅格系统从数学的角度告诉我们什么是精确计算的理性之美,因为这些内容并非是本书的重点,所以就不展开讲解,感兴趣的读者可以通过相关的文章和书籍继续深入学习。

本书侧重的是电商视觉设计,相较于杂志、画册或UI设计,手机详情页是单一的长页面设计,模块层级也并不太多。因此栅格系统所发挥的作用其实并没有那么大,更多的是将栅格作为类似参考线的辅助工具来使页面的上下布局更规整统一。例如,用Photoshop新建一个宽度为750像素(手机端详情页的常规宽度)的画布,执行"视图>新建参考线"菜单命令,在弹出的设置面板中将列数设置为8,装订线为20像素,左右边距各为50像素,这样便能得到如下图所示的参考线。

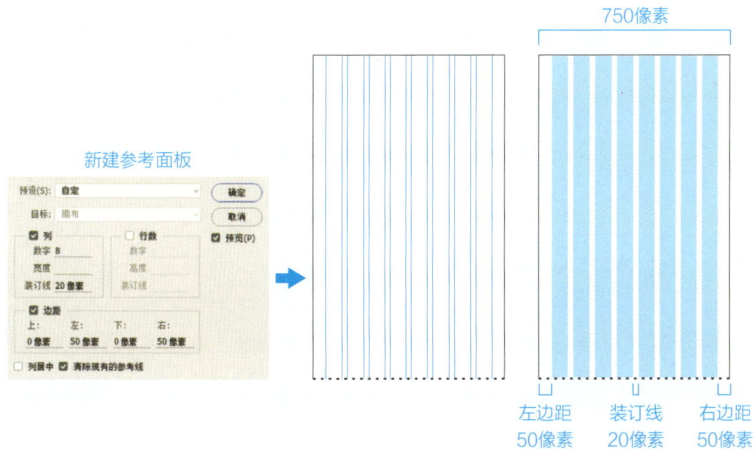

左右边距又叫安全边距，主要是防止信息太靠近屏幕边缘，影响阅读和美观，因此这个区域不要放置任何内容。而装订线其实就是列与列之间的间距，主要用来区分内容并让版面显得更透气。在实际设计时，这些参考线就是让排版显得更加规范统一的主要参照线。

如右侧的对比图所示，左图没有建立栅格，编排后出现了不规整、不统一的情况；而右图则以栅格为依据，编排得更为精准，也更规整统一。

没有建立栅格，排版时没有参照依据，排版不够规范

页面以栅格为参照，图文的编排有理有据，规整、统一

前面展示的设置参数仅供参考，有时也要根据版式变化进行适当的调整，最终目的都是让栅格更为精准和适用。

10.3 详情页版式设计

版式设计的4个原则是通用的排版"心法"，相比4个原则，本节将从更为直接和实用的角度讲解手机端详情页的设计"招式"。只有将"心法"和"招式"融会贯通才能发挥出真正的"威力"。接下来先介绍3个设计阶段的详情页。

2012年之前，文字排版阶段。这时的详情页还是以PC端的为主，天猫刚成立，线下大品牌入驻的不多，很多品牌还未大规模进入电商领域，竞争远没有后来那么激烈。这时候还属于流量很大、竞争很小的"蓝海阶段"，做的详情页只需要用文字罗列的方式把产品介绍清楚即可。因为购买者没有太多的选择和比较的机会，看到详情页的描述中有自己想要的产品就会下单，所以"设计感"还处在一个"主观不必要、客观不需要"的阶段。下面左图是禾博士2011年的产品详情页，可见当时的详情页设计就是对大段文字的简单排版。

2012～2016年，图文结合阶段。这时虽然也有手机端的详情页，但依旧是以PC端的为主。随着线下品牌大量入驻天猫，大批优秀的设计师也开始研究电商的视觉设计，再加上各品类日益激烈的竞争，购买者会货比三家，大部分商家都更重视设计，所以这时的详情页设计也越来越注重内容的条理性和页面的视觉美感。

右侧右图是禾博士2015年的产品详情页，页面的设计感明显提升了许多，不再是简单的文字罗列，而是更生动的图文结合的形式，这样更便于观者阅读和理解。因为PC端的详情页足够宽、版面足够大，所以文字量依然很大。总之，这个阶段的详情页设计仍以横版构图和左右布局为主。

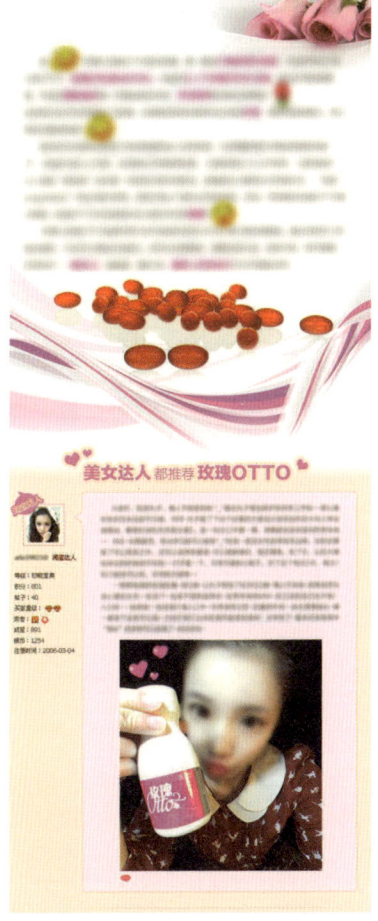

截自禾博士天猫旗舰店2011年PC端产品详情页

禾博士天猫旗舰店2015年PC端产品详情页

2016年之后，手机端展示阶段。早在2014年就有了手机淘宝（后面简称手淘），但那时的用户体验并不理想，商家也在观望，毕竟手淘的销售占比还很小，因此详情页的设计思路还是简单地将PC端的详情页改改尺寸就迁移至手机端。直到2016年，手淘的销售占比直线上升，再加上用户体验越来越好，商家纷纷投入精力单独设计手机端的详情页。

随着手机的快速发展及用户浏览习惯的改变，详情页的设计也在不断地进行迭代优化。如右图所示，这是禾博士2019年的详情页，整体的设计为竖版布局，内容更精简。从手机端详情页的设计趋势来分析，在设计详情页时需要注意以下7个方面。

浏览顺序

一屏一版快

前3屏原则

板块结构

轻重结合

留白

少即是多

截自禾博士天猫旗舰店2019年手机端产品详情页
（设计师陈超作品）

10.3.1 浏览顺序

不管是在PC端还是在手机端，当人们浏览横向排版的内容时，都习惯按照从左往右、从上往下的顺序进行阅读。也就是说人的视线移动轨迹就是从左往右、从上到下的。

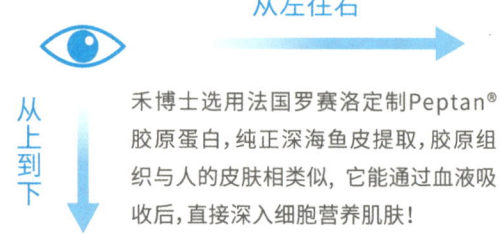

由于手机端详情页的宽度较小，横向空间有限，左右布局就会显得很拥挤。观者更倾向从上往下为主、从左往右为辅地浏览手机端详情页，可以说从上往下是在手机端最主要的阅读逻辑。基于这点，手机端详情页的版式设计就反而变得简单了，尽量让所有内容都按竖版排列即可，确保观者视线移动的轨迹和阅读逻辑保持一致，这样带来的浏览体验最为顺畅、合理，阅读效率也最高，如下面的对比图所示。

能看到两幅画面整体都采用了上下分布的形式，但左图中的元素却又呈左右分布，这样会产生两条浏览动线且相互干扰；而右图则从元素到整体，都以上下分布为主，这样只产生一条浏览动线且符合阅读逻辑，页面浏览起来更顺畅。

有两条浏览动线且相互干扰，导致视线移动不顺畅

调整后，只有一条浏览动线，更符合阅读逻辑

在进行手机端的详情页设计时，要随时观察内容呈现的主要顺序是否是从上往下的，避免出现不和谐的视线轨迹。右侧的这个代餐粉详情页整版的内容呈现顺序就都是以从上往下为主、从左往右为辅。

注意，从上往下是阅读的主要逻辑但并非全部。一般会在上下分布的竖构图中使部分内容采用横向排列的形式，特别是对文字排版时，还要遵循横向阅读的习惯，但不要干扰从上往下的主要阅读动线。总之，要能根据内容灵活调整排版形式，让观者获得最佳的阅读体验。

 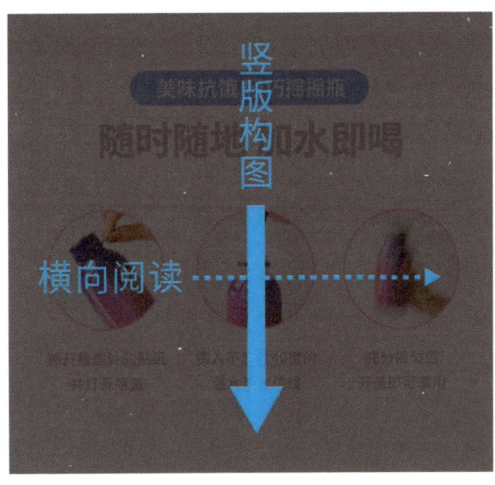

基于从上往下的浏览顺序,具体排版时要做到两点:竖版构图和上下布局。

1.竖版构图

先看右侧的这组对比图,同样是一张摄影图片,左图为横版构图,而右图是竖版构图。可以看出明显的差异:左图由于屏幕横向过窄,图片伸展不开,只能占据1/3的屏幕面积,图片整体被缩小,显得拥挤、不突出;而由于右图是竖版构图,图片占满整个屏幕,画面显得很饱满,整体更具有冲击力。因此,竖版构图很重要,也是手机端页面版式设计的基础。

图片为横版,整体显得拥挤、不突出

图片为竖版,满屏显示,更有视觉冲击力

虽然上面右图中的图片是通过裁剪而变成竖版的,但很多时候裁剪并不是最好的处理方法。因为裁剪会舍去很多内容,也会影响美感,所以最好的处理方法还是采用竖版的图片,在设计前用"竖版思维"去准备素材。本章很多案例所用的图片都是采用竖版拍摄的。

当然，也不是所有图片都要是竖版的，主要看设计需求。有些版块的文字较多，可能用横版的图片更合适，但还是竖版的图片用得较多。

■ 2.上下布局

如右侧的对比图所示，左图中的图片和文字为左右布局，这样本来就很拥挤的横向空间同时放入文案和主体元素，使每个部分所占的区域就更为狭窄了，小图小字，显得拥挤不堪，版面也不透气；而右图中的图片和文字呈上下布局，在纵向空间上进行上下划分，不管是文案还是主体元素，都能得到最大限度的展现，大图大字使内容显得更突出，版面也更开阔。

图文左右布局，空间拥挤，版面不透气

图文上下布局，空间利用最大化，版面舒服

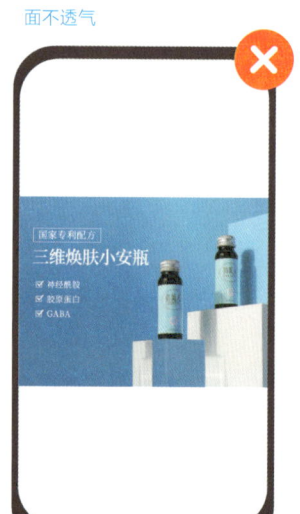

总之，要想使页面的整体展现顺序是从上往下的，主画面应尽量采用竖版构图，而图片和文字则要呈上下分布。如下面的案例所示，每个画面都能最大化地利用屏幕空间，使版面舒适透气，内容传递得也很清晰，同时还有很强的场景代入感。

截自李子柒天猫旗舰店糯玉米详情页

截自olayks天猫旗舰店电炖盅详情页
（观道视觉团队作品）

截自olayks天猫旗舰店电烤盘详情页
（观道视觉团队作品）

10.3.2 一屏一版块

竖屏思维主张一屏就是一个最小的信息单元。在详情页中，最好将一个主题归为一个版块，而将一个版块尽量控制在一屏中呈现。<u>一屏只呈现一个主题的内容，而这些内容最好是文案中适合切割的最小信息单元。</u>这样每屏只呈现一个主要的信息点，在观者快速"扫读"时就会大大减轻阅读压力，同时又增加了信息传递的效率和质量。

下面是一个版块的设计，左图中的排版还是比较舒服的。但从信息呈现的角度来看，页面显得异常拥挤，小小的一屏展示了产品的3个卖点，过多的信息量只会让用户记得"很多图片和文字"，但却无心仔细阅读，这样就可能使版面上的内容变成无效信息。把信息切割，将3个卖点分成3屏来呈现，一屏只展示一个卖点，内容就变得更加突出了，如右图所示。观者"扫读"时也能快速聚焦到核心信息上，同时画面也更加美观，也更具有视觉冲击力。

可见一屏如果包含多个主题的内容，信息看似更多，但用户能接收到的有效信息却更少，是适得其反的。而一屏一主题才是适合手机端展现的最佳排版方式，现在很多类目的页面设计都采用了这种方式，让人一眼就能记住核心内容，如下面的案例所示。

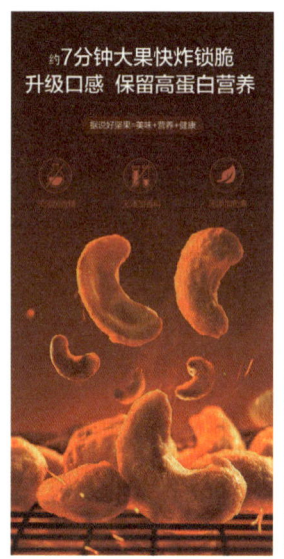 

截自良品铺子天猫旗舰店腰果详情页

截自海尔天猫旗舰店辅食机详情页
（点奥文化团队作品）

一屏并非是指一个手机屏幕的高度，往往要根据内容的多少及整体的节奏来对一个版块的页面进行高低微调。另外，若某一主题的内容过少时，也可将版面调至半屏左右的高度，但半屏的设计在一个页面中不宜出现过多，否则页面会显得过于紧凑。

572

最后还要注意两点：第1点，不是每一屏上都要用满版的图片，还有很多是属于图文混合排版的；第2点，不一定要对所有分层内容都切割至分屏呈现的状态，有些不适合切割的信息组还是要用一屏展现。如右侧的案例所示，简单的步骤说明、卖点比较等内容，最好就一屏展示完。总之，一屏一版块的关键是确保一屏就是一个单独且完整的信息版块。

截自大宇电器京东旗舰店
榨汁机详情页

截自第一卫天猫旗舰店充电器详情页
（第一卫团队作品）

10.3.3 版块结构

前面讲了详情页的浏览顺序是以从上到下为主，一屏只呈现一个信息版块。基于这两点，下面总结出9种比较实用的版块结构，适合大多数类目和风格的设计。9种版块结构可归纳成两类：一是满屏大图排版，二是图文混合排版。前者侧重表现场景的代入感，后者更侧重表现版式布局。

- **1.满屏大图排版**

这类版式结构就是用图片撑满整个屏幕，再将文字排布在图片上，一般适合只配单张图片的内容。大图排版能让画面更生动，让信息显得更饱满。根据文字的不同，摆放位置又可分为4种结构，如下图所示。

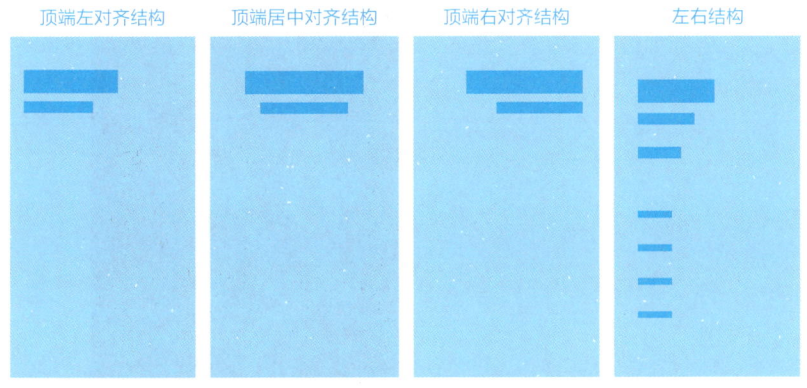

（1）顶端左对齐结构

顶端左对齐结构是直指文字位于页面顶端并且左对齐。因为左对齐更符合人们的浏览习惯，所以这种结构很常用，如下面的示意图和案例所示。

（2）顶端居中对齐结构

顶端居中对齐结构是指文字位于页面顶端并且居中对齐。顶端居中对齐是最为平衡的排版方式，能让版面对称、协调，让人在纵向浏览时视线移动更流畅，因此也是较常用的结构之一，如下面的示意图和案例所示。

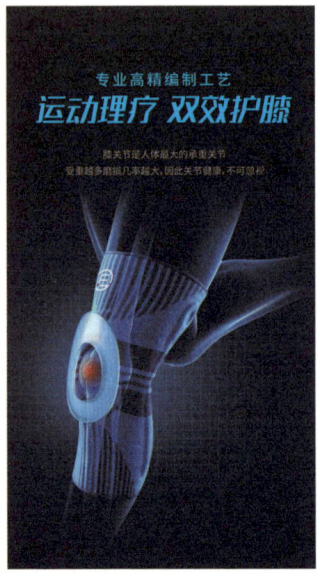

（3）顶端右对齐结构

顶端右对齐结构是指文字位于页面顶端并且右对齐。因为右对齐并不符合人们的浏览习惯，所以这种结构使用得较少。如右侧的案例所示，使用顶端右对齐的结构是为了让版面左右更均衡。

（4）左右结构

左右结构是指版面中的图片和文字呈左右分布。由于页面的横向空间很窄，左右分栏会非常拥挤，对图片的构图要求很高，只有当主视觉呈竖长形且文字较多时才会用此结构。如下面的示意图和案例所示，虽然案例中的图文呈左右分布，但观者的视线依然是从上往下移动的，这并没有违背阅读逻辑，所以左右构图仍显合理、顺畅。

■ 2.图文混合排版

　　当版面中的图片和文字较多时，常用图文混合排版的形式。图文混合排版是将图片和文字按照一定的布局形式进行编排，能让内容更有条理，使信息传递更高效。特别是当文字层级较多时，图文混合排版能使内容的结构更清晰，也更方便观者快速理解。因为无论是大图排版还是图文混合排版，图片和文字都只是版面中的构成要素，因此布局形式更重要。根据排版形式的不同，图文混合排版又可分为以下5种结构。

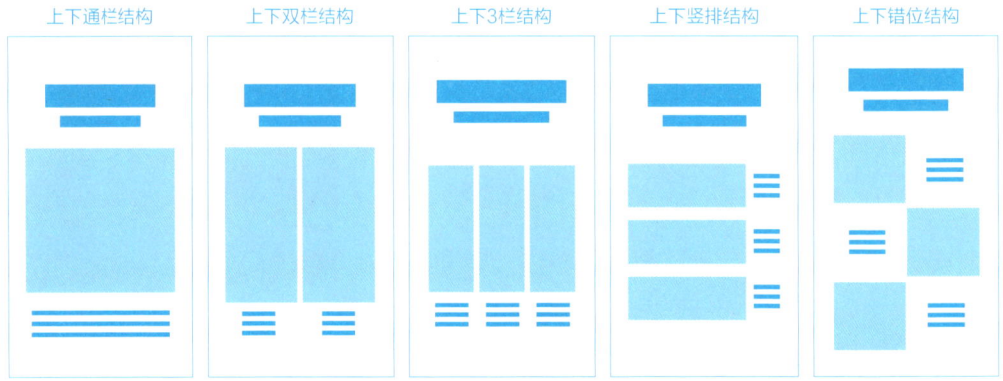

（1）上下通栏结构

　　上下通栏结构适合文字较多或配图为横版图的页面。虽然上下通栏结构的核心配图也只有一张，但比大图排版更清爽，图文分离，文字不会被图片干扰，更方便阅读，如下面的示意图和案例所示。

（2）上下双栏结构

上下双栏结构又分为两种：横向1排和横向2排。

横向1排的结构适合有2张配图的页面。在详情页中，这种结构常用于表现进行比较说明的内容，所需对比的内容各占版面的一半，呈现效果更直观、清晰，如下面的示意图和案例所示。

而横向2排则适合有4张配图的页面。若一个主题下有4个信息点，那么用这种结构就能一屏展示完。这里所讲的2排是虚指的，实际设计时可以是3排甚至是更多排，但排列方式不变。2排是应用最多的，效果也最佳，如下面的示意图和案例所示。

  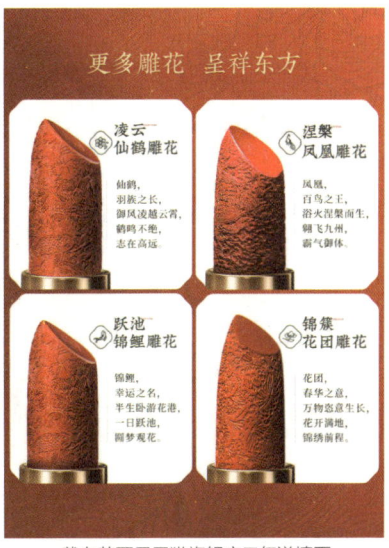

截自花西子天猫旗舰店口红详情页

（3）上下3栏结构

上下3栏结构适合有3张配图的页面，如下面的示意图和案例所示。注意，在手机端的页面中，3栏是横向排列的"临界点"，也就是说横排时尽量别超过3列，如果有4列或更多列，图片和文字就会因为"过窄"而显得拥挤。

截自李子柒天猫旗舰店螺蛳粉详情页

（4）上下竖排结构

上下竖排结构是指图片和文字沿纵向重复排列。手机屏的纵向空间比较宽松，可以有很多横排内容。这种结构的版面更工整，观者自上而下浏览起来也更顺畅，如下面的示意图和案例所示。

 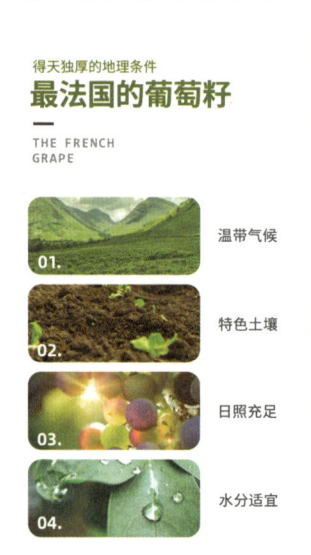 

（5）上下错位结构

上下错位结构是指图片和文字呈纵向错位排列，其实就是在竖排结构的基础上加入了错位变化，如下面左侧的示意图所示。竖排结构虽然工整但重复过多也显得单调，而图文错位排列就能产生错落有致的变化，显得更生动。同时，错位排列还会使版面的均衡感更强。当内容为纵向排列时，错位结构比竖排结构更常用，如下面右侧的案例所示。

总之，手机上一屏的空间有限，版块结构不易太复杂。列举的9种版块结构都比较简单，可适用于绝大部分的页面。在实际设计时，最好能依据产品和内容对每种结构进行一些创意的变化或版式上的调整，以增强页面的独特性。如下面的案例和示意图所示，虽然还是上下3栏结构，但页面底部加入的产品让版面更具有层次感，也增强了形式感。

除了搭建版块本身的版式结构，还要注意上下版块的衔接，要确保版块的区隔足够明显，要让观者一眼就能区分出上下版块的内容。

如右图所示，这是由两个版块拼接而成的页面。但对于中间的文字"最法国的葡萄籽"，却无法判断它们是上面的标题还是下面的标题，这属于典型的标题归属不清、版块区隔模糊的设计，影响了页面的版式节奏和文字的条理性。

若想区隔上下版块，常用的方法有3种：一是增大上下版块的间距（下面左图），二是在版块之间加一条分隔线（下面中图），三是为其中一个版块添加底色（下面右图）。其中最常用的区隔方法还是为某一个版块添加底色，因为颜色变化带来的感受最为直观，会使版块的区分效果更明显。

10.3.4 前3屏原则

在详情页中,如果前3屏还没出现让观者感兴趣的内容,就很可能造成用户流失。不管是PC端还是手机端的详情页设计,都要遵循前3屏原则。因为页面给人的第一印象很重要,所以图片和文字都得能在第一时间让人注意到。

尤其要注意首屏的内容呈现。作为观者浏览的第一屏,首屏起到的作用更为关键。因此首屏上的文字要尽可能表达出产品的核心诉求点,而图片(即首屏主视觉)也要配合文字进行创意表达,且要有视觉亮点。总之,首屏尽量避免"不痛不痒"的设计,要呈现购买者最想看到的内容。

如右侧这个代餐粉详情页的首屏所示,上面的文案直接展示了产品的核心优势,而主视觉则将数字"6"放大,通过产品与数字的创意结合,进一步强化了关键卖点。

其实首屏主视觉的设计表现手法与Banner的设计表现手法类似。右图采用的就是放大核心点、用同类色搭配及用侧光的光源来表现主视觉。

如右侧和下页所示的这些很有创意的详情页首屏所示,画面风格和表现技法各不相同,有的是场景合成,有的是手绘插画,还有的是三维建模。此外,图文也是高度匹配的,都是通过牢牢聚焦诉求点来强化观者的记忆和理解。

截自耐威克天猫官方旗舰店狗粮详情页
(杰视帮团队作品)

截自艾美特天猫官方旗舰店取暖器详情页

截自李子柒天猫旗舰店螺蛳粉详情页（设计师"会设计的龙猫"李尚龙作品）

截自海尔天猫官方旗舰店洗衣机详情页（点奥文化团队作品）

10.3.5 轻重结合

轻重结合属于版式设计中的基础原则，主要通过视觉的轻重之分让版块具有节奏感，也能让图片和文字呈现出层次感。

- **1.版块轻重**

手机详情页是一张由多版块上下衔接而成的长图，对于长图的设计，需要把握好整体节奏，让版块有轻重之分，这样观者在浏览时才不会觉得单调。

具体做法很简单，就是让每个版块的背景色调有深浅区分。如右图所示，不管背景是图片还是色块，都是浅色调显轻、深色调显重。

背景的色调不同使页面显得有深有浅，进而体现出轻重的节奏变化。页面的深浅区域不宜过于集中，尽量不要连续几个版块都是同一色调的，深浅版块要交替分布，这样轻重区域间隔较短，不显沉闷。另外，版块的间隔也无须完全相同，保持大致均衡即可。如下页的案例所示，每个页面都是深浅版块交替排布的，有轻有重，节奏感强。

截自olayks天猫旗舰店
电烤盘详情页
（观道视觉团队作品）

截自超级零天猫旗舰店
代餐套装详情页

截自百雀羚天猫旗舰店
精华水详情页
（壹网壹创团队作品）

对下面所示的代餐粉详情页的版块结构进行简化,可以看出这个页面的版块也是轻重交替出现的,版面显得舒适、透气。

当然,并非所有的详情页都要采用如左侧案例的形式。有时为了营造整体氛围或保证视觉连贯,也会用相似色调"一铺到底",如下面的案例所示。

截自三只松鼠天猫旗舰店坚果饮料详情页

截自李子柒天猫旗舰店
螺蛳粉详情页
(设计师"会设计的龙猫"
李尚龙作品)

2.图文轻重

当版块上的图片和文字结合时（也就是"字叠图"），同样要有轻重对比。若图片和文字的色调深浅不同，便会形成强烈的明暗对比，这样文字才更突出，也更便于阅读。如下面的对比图所示，虽然两个画面只是文字的颜色不同，但最终呈现的效果差异却很大。当把画面转成黑白效果时尤为明显：左图上的文字是深色调的，与背景接近，明暗对比较弱，标题显得不清晰，阅读起来比较困难；而右图中的文字是明亮的白色调，与背景反差明显，明暗对比很强烈，标题显得很清晰，阅读起来更舒适。

图文色调反差小，明暗对比弱，标题不清晰　　　　　　　图文色调反差大，明暗对比强，标题清晰可见

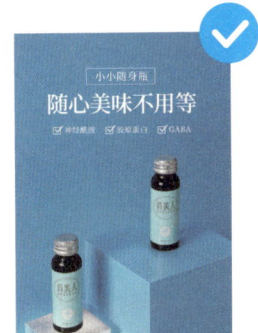
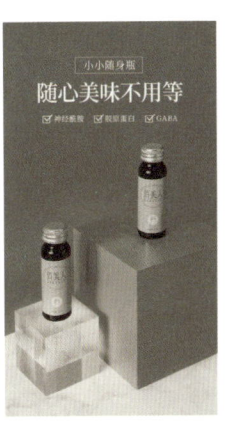

上面案例中文字的色相也会影响清晰度，左图中文字的颜色与底色相似，没有轻重之分，所以不突出。若把文字的颜色换成底色的对比色，效果会更好。因此，视觉轻重除了与色调有关，也受色相的影响。但调整色调会更加直观，也更易上手。如下面的案例所示，文字的色相都与图片底色的一致，只是将文字的色调调成了深色调，这样不但文字更清晰，画面也更和谐了。所以要想使文字清晰，可优先调整文字的色调，做到"图重文轻"或"图轻文重"的效果都可以。

e9b731

712b1b

63b490

0b5930

排版时文字常用黑白两种颜色，是因为黑白色只有明度属性，是两种极端的颜色。黑色的色调最深，而白色的色调最浅，这样的文字与图片结合时，明暗对比会更大。所以白色或浅色背景上常用黑色文字，而黑色或深色背景上常用白色文字，如下面的案例所示。

浅色背景，标题常用黑色　　　　　　　　　　　深色背景，标题常用白色

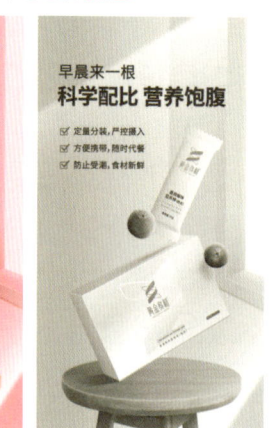 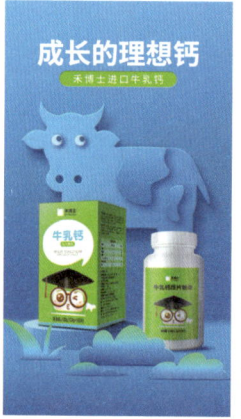 

此外，因为黑色的色调过深，会使文字显得突兀，所以通常会把黑色的文字调成70%~90%的深灰色，如左图所示。

10.3.6 留白

留白是一种表现简约风格的重要手法，平面设计、UI设计、插画设计和摄影等都会采用留白的形式。有人错误地认为留白就是留出白色，其实留白是指在画面中适当地留出空白，最早属于

中国画中的一创作表现手法。右图是可以体现留白的代表画作《寒江独钓图》，虽然作品中的江水只有寥寥数笔，但留出的空间却让人充满对广阔江面的想象，这样反而能让人深刻体会到"寒江独钓"的意境。

《寒江独钓图》

下面是一组非常经典的平面设计作品，是无印良品在2003年推出的"地平线"系列海报，通过留白和极简的画面传达出品牌所一直倡导的简约自然之美。

无印良品"地平线"系列海报

版式设计中也经常会应用留白，其实就是在版面上"做减法"。不要使版面撑得太满，留出一定的空间，版面会更透气。例如，下面是两个按钮，左侧按钮上的文字过大，导致四周有些贴边，显得拥挤、不协调；而右侧的按钮将文字适当缩小了，四周有了一定的空间，整体更透气一些。

当版面中留出一定的空间后，由于没有太多辅助元素分散观者的注意力，因此更能突出核心内容，也更能体现出品质感。如下面的案例所示，当标题的四周留白后，标题会更突出，这样就会让观者的视觉焦点落在标题上，也就能达到让观者读取文字的目的。

版面留白后标题更凸显

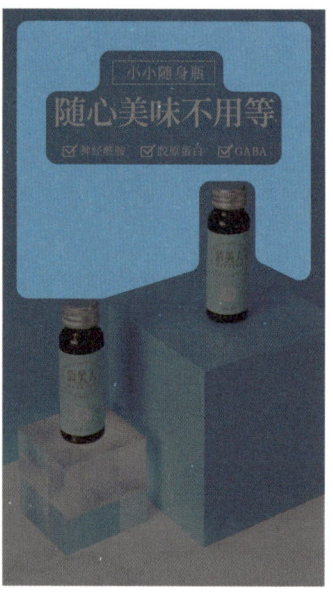

截自第一卫天猫旗舰店充电器详情页
（第一卫团队作品）

上面的案例都是在纯色背景上留白，其实在图片背景上适当留白也能凸显标题。**但要注意并非完全空白才叫留白，只要图片中没有过多元素存在的区域都算是留白区域。** 如下面的案例所示，标题所在的留白区域都比较干净、简洁，都没有太多干扰元素。

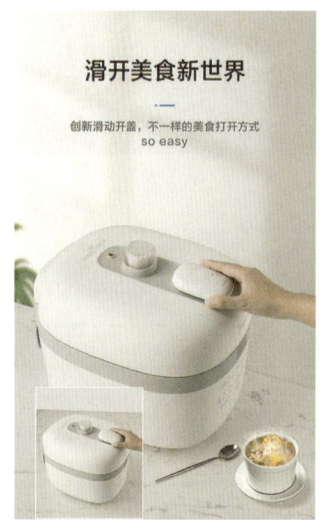

截自美的生活电器天猫旗舰店
电压力锅详情页
（点奥文化团队作品）

截自smeal天猫旗舰店代餐粉详情页

截自大宇电器京东旗舰店榨汁机详情页

并非所有的版面都适合留白，留白更多的是表现一种简约风格和高端气质。如果详情页是宣传促销活动或渲染节日氛围的，就不太适合留白。目前大多数的产品详情页都还是以简洁易读为主，也基本都会用到留白的形式。

10.3.7 少即是多

"少即是多"(Less is more)最早由建筑设计大师密斯·凡德罗(Ludwig Mies Van der Rohe)在20世纪初提出,本意是倡导极致精简、反对过度装饰,是极富哲理的观点,如今已成为设计界的经典理论之一。下图所示是密斯·凡德罗的代表作。

巴塞罗那博览会德国馆

范斯沃斯住宅

留白是在版面上做减法,而少即是多是指在内容上做减法。数据显示,购买者在手机端详情页上的平均停留时长在30秒以内,如此短的时间,人不可能有耐心地去细读,只能是快速"扫读"。若页面内容过多,也就意味着干扰较多,人"扫读"时能记住的信息就会变少。相反,若页面上的内容比较精简,都是大图加概括性的文字,则会让人更易捕捉到关键信息并留下较深刻的印象。所以详情页中的图片和文案一定要精简。

■ 1.图片在精不在多

如右侧的对比图所示,左图采用了多图拼接的形式,单个图片的效果都不错,但组合在一起时,每张图片就变得很小且相互干扰。这样图片本身的美感和冲击力都降低了,也无法让观者产生共鸣,像这样的配图就没有意义了。右图则只选取了一张图片并使其撑满整个屏幕,由于图片的展示面积增大,观者便能快速聚焦到图片上,通过大图产生了强烈的视觉冲击力和场景代入感,同时还能引导观者去注意图片上的文字内容,这样的配图才恰到好处。

配图太多,相互干扰,观者无法注意图片上的具体内容

一张大图满屏展示,可让用户产生代入感

若在一个主题下没有多个必须要配图的信息点，最好就用一张图片，但要确保图片具有美感以及与文字有关联，并且要根据版式尽可能地将图片放大，这样才能体现配图的价值。

2.只保留核心内容

再来看下面这组对比图，设计主题有4个信息点，共配了4张小图。左图中的文字非常多，或许内容讲得更详细、更清楚，但却不清晰，过多的文字反而会降低观者的阅读耐心，进而影响信息的传达效率。可能大多数观者在"扫读"之后依然只记得4个小标题，那么标题下方的小字就属于无效信息。所以不如像右图这样，将文案简化，去掉观者根本不会看且还会干扰其他信息的小字，只保留小标题，这样反而会让版面变得更透气，观者也能清楚地看到核心信息。可见即使没了小字，观者实际接收到的信息量也并未减少，但信息的传达效率和版式舒适度却得到了明显的提升。

《定位》一书中讲道：应对传播过度的社会，最好的方法就是极度简化信息。所以只有将信息"削尖"，才更易切入人们的心智。手机详情页的设计也要这样，当信息泛滥，人们的使用时间和场景也越来越碎片化时，浏览内容的方式也变成了"扫读"，甚至是"跳读"。若不能使文字精简，那关键信息就有可能淹没在众多的无效信息中。当然，每个版块该放多少文字是无固定标准的，关键是只保留能表达清楚核心信息的内容。

在手机详情页中，"少即是多"的设计无处不在，图片要精简、文字需浓缩，也就是我们常说的"大图大字"，这样观者能记住的有效信息才会更多。如下页的案例所示，都是大字号的标题配满屏的大图，这样就能让观者更快地看到全部信息并留下深刻印象。

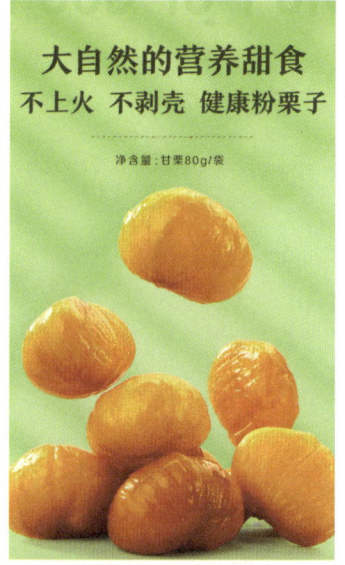

截自良品铺子天猫旗舰店甘栗详情页　　截自第一卫天猫旗舰店手机壳详情页

截自第一卫天猫旗舰店充电线详情页　　截自李子柒天猫旗舰店大闸蟹详情页

总结

　　前面从7个方面讲解了手机端详情页的版式设计。观者浏览详情页的顺序是从上往下的，详情页的前3屏（特别是首屏）需要足够吸引人。常见的详情页版块结构有9种，所以要一屏就是一个主题版块。版块间要有轻重之分，版面中要适当留白。详情页的内容要精简，图文呈上下分布，图文结合时要有明暗对比。再就是多用单张图片，优先采用竖构图的，对文字要极度简化，只保留核心内容。这些内容仅提供一些设计思路，具体设计时的关键还是要确保让观者获得最佳的阅读体验，让信息传达得更为高效和准确。

10.4 版式设计细节

前面从宏观的角度讲解了详情页的版式设计，下面从微观的角度讲解版式设计时需要注意的细节。因为手机版面有限，观者浏览的时间也很短，所以图文排版不宜太复杂，要能清晰地呈现内容。排版设计越简洁，对细节的要求就越高，产生的影响也越直观。

细节所包含的内容较多，如前面讲的间距疏密和大小粗细等都属于排版细节，而这一节要讲的则是"细节元素"，也就是通过添加一些点缀元素来增加版式的细节。常用的元素又分为两大类：一类是几何图形，包括点、线、面；另一类是具象图形，包括图标、英文、数字。其实具象图形就是几何图形的具象化体现，一个详情页中往往会同时用到多种元素，正是这些元素的结合使用才让画面显得更精致。

10.4.1 几何图形

从广义上讲，点线面是平面构成形态中最基本的元素，可以说平面中的所有视觉元素最终都可归为是这3种元素的不同组合。例如，飞机相对机场来说占比较大，所以可将其当成面；而天空中的飞机，相对广阔的蓝天来说，占比几乎可以忽略不计，因此可将其当成点。下图是前面讲版块结构时所展示的案例和示意图，同样也是由点线面排列组合而成的，这样就形成了各种结构，而排版其实就是用图文在结构之上所进行的有序填充。

下面主要从狭义上的点线面来讲解，也就是说在设计中用图形直观地表达点、线、面。下面来看作为细节元素的3种图形是如何应用在版式设计中的。

■ 1.点

点是最基本的几何图形，也是构成形态中的最小单位。所有图形缩小到一定程度都可以看作是点，因此点有很多形状，而不只局限于圆形。下面列举的是详情页设计中常用的点，除了最为直观的圆形，还有三角形和菱形，并且它们能产生面或线的变化，而这些变化给人的视觉感受也是不同的。

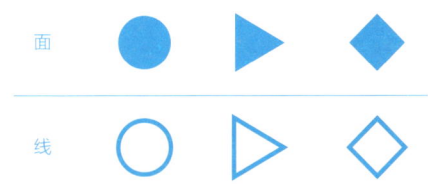

在手机详情页中，既然确定了是点，那展现面积通常不大，往往作为一个小元素穿插其中，主要起到点缀作用。当排好图文后，若版面还是单调，则可以适当加一些点的元素，有了元素点缀，画面将显得更精致。点除了具有点缀作用外，根据使用的场景不同还有其他一些特定的作用，如下面的案例所示。

图中用了菱形和直线组合，这样不但点缀了画面，还起到分割标题的作用

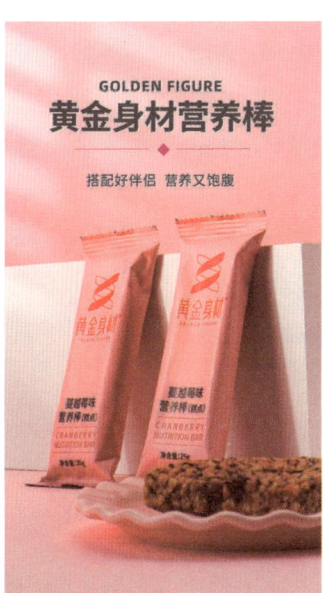

当页面中的小标题较多时，在每个小标题前面加上点，就会使文字显得更有条理，也更利于阅读

图中用的是圆圈，圆圈本身的装饰性更强，能让画面整体更有调性

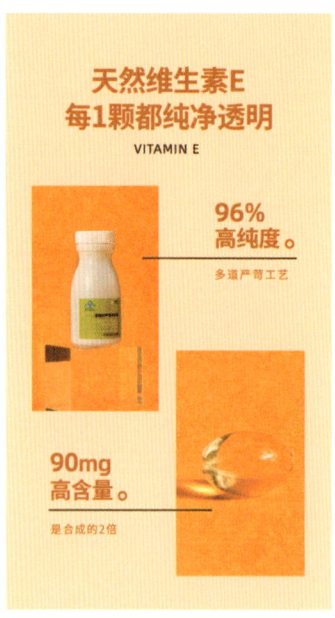

版面中使用了三角形点缀，而三角形比较特殊，具有方向性和指向性，还能起到引导视线的作用，设计时要特别注意三角形的指向，不能出现方向错误的情况

■ 2.线

如果说点是静止的，那么线就是点移动的轨迹，而设计用的线可以是开放的线条，也可以是闭合的线框。

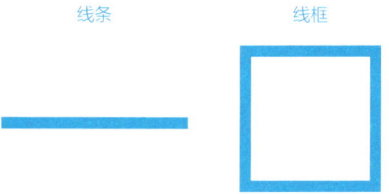

在设计详情页时，比起点和面，线的使用频率更高。因为实际使用时，线的可变性最大，所以适用的场景也最多。线具有曲直、虚实、粗细、长短和横竖等变化。由于设计时常用的还是直线和实线，因此调整重点在线的粗细、长短和方向上，正是这3种属性的不同变化和组合，才使人产生各种不同的心理感受。

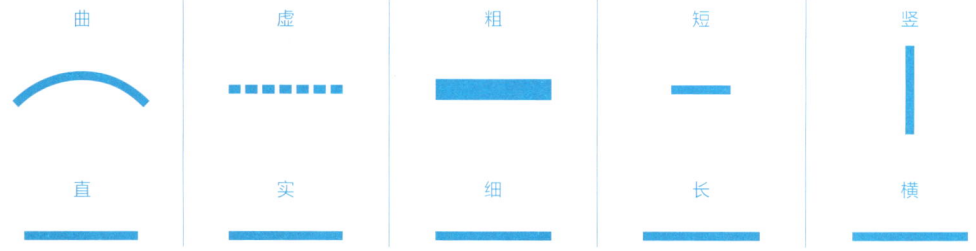

根据线的形态及其所处的位置，线可以起到4种作用：点缀、分隔、引导和强调。

（1）点缀

在版面中适当添加线元素也能起到点缀作用，如右侧的案例所示。若画面不加线条，那就只有图片和文字，虽然效果也可以，但会让人觉得画面有些单薄。线条的加入，既能点缀版面又能提升美感。

（2）分隔

当线处于内容之间时，就能起到分隔作用。对内容可通过调整间距的方式来分层，但当层级不太分明或需要强化分层时，在间距中穿插线的效果会更好，如下面的案例所示。

因为人阅读时的视线移动习惯是从左往右的，所以横向排列的信息并不容易分开，这时加上竖线就能清晰地将3个小标题隔开

用横线分隔了产品参数信息，通过组合应用实线和虚线使文字的分隔逻辑更加清晰

线条与要分隔的内容不一定一样长，图中的线条虽然很短，但依然能起到分隔标题和内文的作用。对于较短的线条，最好能适当加粗一些，以增强分割的效果

（3）引导

因为线有方向变化，所以它还能起到引导的作用。线可以引导人的阅读视线的移动轨迹，并将看似杂乱无章的元素都关联起来，这样观者浏览时会感觉条理更清晰，页面更规整有序，如下面的案例所示。

因为人在手机端页面上的浏览顺序是从上往下的，所以在视线上纵向引导会让内容有层层递进的关系。图中用竖线引导恰到好处，并且线条也将图文进行了左右分割，这样逻辑更加清晰。另外，线条底端加了箭头，指向性更强

图中的线条起到了横向引导的作用，通过线的引导明确了每段文字分别对应的图片，这样原本各自独立的内容就有了联系，同时用横线也巧妙地分割了标题和内文，让人一目了然

 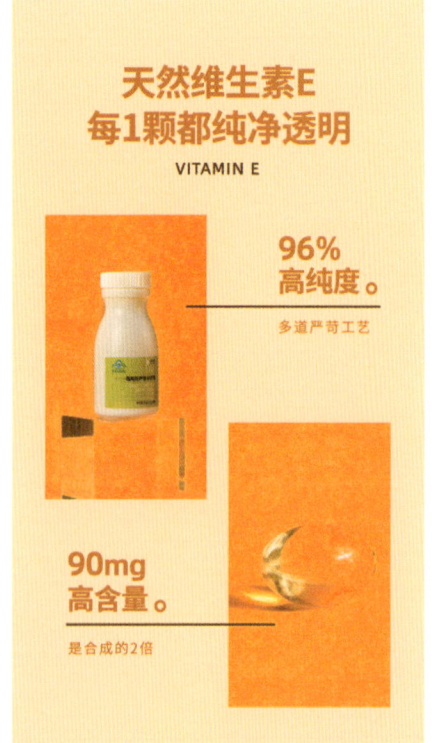

（4）强调

设计详情页时常会用线框的形式来对内容进行强调，由于线框的封闭性，线框内的信息很容易引起观者的注意，这样通过"圈住"关键信息的方式就能明确视觉重点。线条越粗，线框和线框内的信息就越突出。此外，线框也会增强版面的形式感并串连起相关的元素，如下面的案例所示。

由于画面中的元素并不多，通过加粗来提高线框的存在感，让线框在强调标题的同时也能成为画面的核心元素之一，这样就能增强整体的形式感，同时也将版面的各个元素都串连起来

通过使用线框让原本并不突出的内文得到了强调，但内文不能强过标题，因此画面中的线框比较细

这种用法比较特别，不是用一个线框进行整体强调，而是使标题的每个字都与线框结合进行单独强调，这样除了突出标题之外还能增加版面的装饰感。注意，标题字数不宜过多，否则太多的线框排列就会显得单调和烦琐

3.面

在详情页中，比起点和线，面对画面效果的影响更明显。在大部分页面中，点和线只是排版细节上的修饰，而面则会改变整个页面布局。因此对于面的使用，要更加慎重。另外，面的形状有很多种，包括规则图形和不规则图形两大类，但真正常用的还是以下这3种规则图形。

虽然主要的规则图形只有3种，但实际应用时可根据画面风格调整图形的形态。如下图所示，调整方形的边角类型或倾斜度等，就可以让图形呈现出不同的气质。

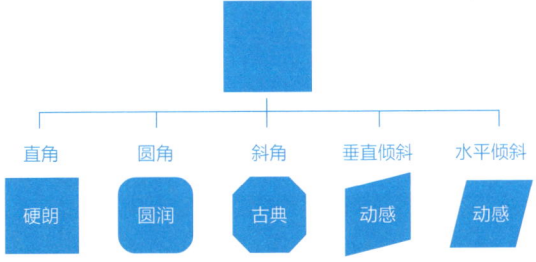

页面中可形成面的图形通常不太小，图形的形状、大小和位置都会直接影响版式的结构。总之，面在版面中会起到以下3种作用：分割版面、丰富层次感和图形化。

（1）分割版面

在详情页中，当面大到一定程度时，便会起到分割版面的作用。这与前面讲图形分割法的构图形式相似，都是通过图形分割来增强页面的形式感。但要注意图形本身还需承载内容，所以形状要尽量规整。切割也要保证内容的完整性，不要出现信息割裂、逻辑混乱的情况。如下面的案例所示，页面中的图形内部都是一块完整的内容。

使方形垂直倾斜，这样的分割形式能打破原本中规中矩的版式结构，提升版面的活跃度，体现出了运动感，呼应了产品的调性。另外，为确保易读性，内容还是采用横向排版，并未随图形而倾斜

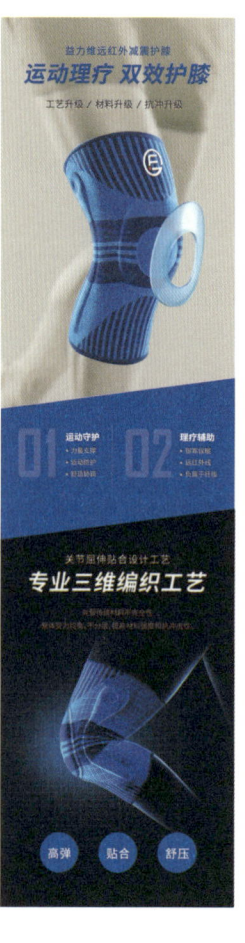

这种版面内分割的形式更为常见，没有像左图那样将版面分段，而是通过留出左右边距的形式来确保版面完整、统一，同时还能营造出层级关系

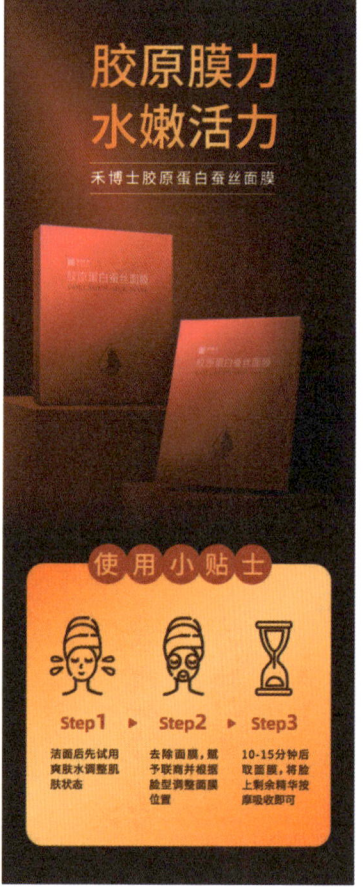

（2）丰富层次感

如果图文排版形式有些普通，可适当添加一些面，让排版更加生动。注意图形要与其他元素产生叠压关系，这样就能形成一定的空间感，也能使版面的层次更加丰富。另外，图形还能制造视觉焦点，突出关键信息。但要注意图形本身的形状和配色不能影响信息的呈现。

画面用圆形做背景让文字和产品产生了联系，同时也让观者的视线更聚焦到文字上。注意，图形的颜色不能与叠压元素的颜色过于相似，最好能产生明显的差异，否则页面层次感会大大降低

与左图的设计思路一样，只是换成用方形来制造图文的前后关系。相比之下，圆形更生动，而方形更有序。图中的方形采用了与玫红色对比较强烈的天蓝色，使得版面的视觉焦点更加突出

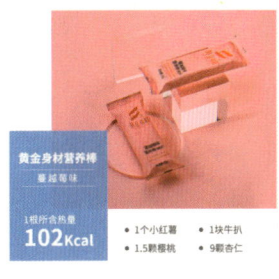

（3）图形化

使图形和文字结合成面，也可以起到突出信息的作用，只是这种方式更侧重将核心文字图形化。图形化的文字可作为视觉元素提升版面的形式感，并对版面起到装饰作用。

图中将"人、货、场"3个字与圆形组成"面"，这样强调信息的同时也对文字进行了图形化处理，当画面较空且没有其他元素填充时，这种图形化文字的方式就会让画面显得更生动

图中文字较多，层级也多，用方形将一些标题图形化，文字的形式结构得到了强化，逻辑关系也变得更清晰

前面都是规则的面的应用案例，案例中的图形有序、简洁，可操控性强。而不规则的面应用得较少，因为不规则图形给人一种随意感，有太多的不确定性，用得不好反而会让版面显得杂乱。当然若使用得当，就会让版式更有新意和变化。

如下面的案例所示，自由曲线构成的面让人感到轻松、活泼，更有个性。

很多案例中的版式设计都综合使用了多种元素，因为点线面的作用各不相同，综合使用能让版面更有设计感。因此，在手机端详情页设计中，点线面常会反复出现。另外，关于点线面的确定，都是与版面进行大小对比后得出的。例如，在同一个版面中，面积小的圆形和圆圈都是点，但面积变大后，圆形就成了面，而圆圈就成了线框。

从右侧的对比图可以看出，同样是圆形，由于圆形的大小不同，左图的点和右图的面对版面产生的影响也有很大差别。

截自良品铺子天猫旗舰店腰果详情页

圆形缩小是"点"

圆形放大是"面"

10.4.2 具象图形

除了几何图形，还有一类具象图形也常作为细节元素出现在详情页中。具象图形不像点线面那么抽象，因为它们本身就能传达一定的信息，这样用什么图形就变得非常关键了。具象图形要与版块主题相吻合，如果形不达意，就会影响阅读甚至影响信息的准确传递。具象图形有很多，但都需要根据内容来"定制"，其中最常用也相对好用的是图标、英文和数字这3种。

1.图标

详情页中的图标一般不单独出现,而是与文字搭配在一起,这样就能避免信息呈现过于枯燥,从而让内容变得生动、有趣。设计的难点还是图形设计,因为若想让图形既能表达文字内容又要精简美观,就需要设计师对图标的造型有很强的把控能力。素材网站上有大量的图标素材,建议优先寻找合适的图标素材并进行调整,若要表现的内容比较特殊,确实没有合适的素材,再动手设计。要把每次寻找和调整素材都当作是一个学习提升的过程。

日常使用的图标可分为线图标和面图标两大类。线图标是以线条勾勒为主,因为是线,所以线的粗细很重要。不同粗细的线条给人的感受是不同的,线条越细越显精细、秀美,而线条越粗则越显粗壮、有力量。线图标要与页面的整体风格相匹配,一组图标的线条粗细必须保持一致。

而面图标就是以块面为主,更为厚实,并且展现面积也比线图标的大,效果更突出。

不管是线图标还是面图标,都可添加规则图形作为衬底。如下图所示,衬底图形可以是线的,也可以是面的,加上衬底后能让图标排列得更规整。

在一般的设计中,图标很少单个出现,往往都是3个以上成组排列的,这就要求图标得保持风格统一。例如,线图标应该粗细统一,图形繁简统一,图形特征统一,衬底线面统一等。如下面的对比图所示,左图中间的图标的衬底是面,而右侧的图标又属于面图标,这3个图标不一致,破坏了统一性,视觉混乱;而右图中的图标高度统一,整体协调、美观。

使用图标,其实就是给文字搭配一些图形化的元素,通过图文结合的方式让内容更生动、鲜明,同时提升版面的设计感。如下面的案例所示,图标的加入使页面更显清晰和精致。特别是右图中的图标,把衬底的线设计成了线路的效果与产品呼应,显得新颖、有趣。

截自大宇电器京东旗舰店
电热水壶详情页

■ 2.英文

英文是很多设计师都偏爱的设计元素。对于母语不是英语的设计师来说,他们会更关注英文图形化的形式感而非文字本身的意思,若再采用字形简单、结构工整的西文字体,那么做出来的设计会更易出效果。因此,在很多设计中都会使用英文。

右侧是一组对比图,左侧的T恤上印有汉字"全球狂欢节",观者会优先关注文本内容,而忽略字形;而当T恤换成右侧所示的英文后,很多观者则会忽略内容,把英文看作是图形。所以在有些情况下印有英文的T恤看着更协调一些。

中文的"内容"和英文的"图形"这二者本身就不在一个比较维度上，就像外国人看中文也会觉得"图形"好看。但随着"国潮"兴起，现在国内的中文设计也越来越多。相比英文，汉字的字形更复杂，表意更精准，更富有内涵，若表现到位会显得很"高级"。

虽然观者一般只关注英文"图形"，但依然要确保英文本身的意思是与主题有关联的，否则会让人觉得细节不严谨。详情页中所用的英文主要起装饰和点缀的作用。

（1）装饰作用

当画面中元素过少、版面较空时，就可以将英文放大作为背景元素。如右侧的案例所示，放大后的英文更加图形化，画面细节更丰富，装饰性更强。英文与主体元素形成前后的空间关系，也能提升画面的层次感。注意，英文只是装饰，不能强过主体。

（2）点缀作用

当英文被放大时主要体现出图形的装饰性；而当英文被缩小后，整体外形就会类似"线条"，能起到点缀版面、丰富细节的作用。如右侧的案例所示，有了英文的点缀，画面更显精致。除了点缀作用，英文还能让页面布局更均衡。英文的位置很重要，一般是在版面较空的留白区域，如右图右上方的英文，若没有它，画面就会左重右轻，显得不均衡。

除了英文,当画面要表现国风、草本、质朴、传统等感觉时,也会用到汉语拼音。如下面的案例所示,拼音的应用形式相对单一,主要作为点缀元素添加在汉字上方。

截自李子柒天猫旗舰店糯玉米详情页

3.数字

这里的数字特指阿拉伯数字。因为阿拉伯数字的形状简单、几何感强、美学特征明显,所以常作为设计元素被用在各种设计中。阿拉伯数字与英文有所不同,虽然都作为图形元素使用,但阿拉伯数字比英文更具象。有些人看英文时,由于面对的是不熟悉的语言文字,本能地都会把它当成图形,只关注字形本身的美感;但看到阿拉伯数字时,除了感受到数字的图形化美感外,还会本能地想到数字所代表的内容。比如观者看到页面中的数字8,肯定会思考为什么是这个数字,以及这个数字与产品有什么联系等。这时如果8与页面内容没什么关联,就会显得很奇怪,让人认为是为了形式而做的。所以使用数字时要注意数字与产品的关联性,如果没有关联,宁可不用。总之,<u>英文更偏重装饰,阿拉伯数字则更侧重表现内容</u>。在设计详情页时,根据语境不同,阿拉伯数字常起到强调和引导的作用。

(1)强调作用

前面讲线时也提到了线具有强调作用,但线主要强调的是核心内容,而这里则通过直接放大数字的形式来强调数字本身。

若让数字起强调作用一般有两种方法。一是将数字放大作为设计元素并与主体结合，如右侧的案例所示。放大后的数字与产品形成前后关系，起到了活跃版面的作用，同时也强化了所要表达的内容。所以当采用数字来表现时，不光要看数字的图形形式，更要看数字所要表达的内容。

截自smeal天猫旗舰店代餐奶昔详情页

二是将文中的数字进行放大，如右侧的案例所示。当数字被放大后，不但能强调内容本身，还能通过文字的大小对比来增加排版的视觉变化。

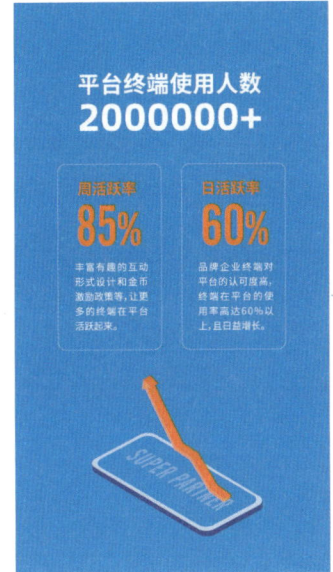

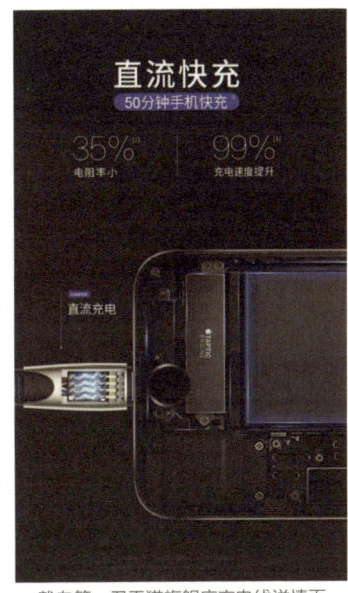

截自第一卫天猫旗舰店充电线详情页
（第一卫团队作品）

（2）引导作用

通过线的形式可以引导观者的视线，而通过数字则可进行内容上的连续性引导。比如页面中出现数字1、2、3，观者的视线自然而然地就会从1到3进行移动，并将标有1、2、3的内容当成一个整体。根据这些特性，可将数字用在步骤说明和多种成分等需要有序阅读的内容中。要确保数字的连贯性，这样才能将内容衔接起来，如下面的案例所示。

图标、英文和数字都是详情页中非常常见的具象图形,它们既能让内容生动、版面活跃,又能突出关键信息、提升信息的传达效率。注意,图形要与主题吻合,不能喧宾夺主,更不能盖过主体或文字,不然就会出现形式大于内容的问题。

总结

不管是几何图形还是具象图形,纵观本章所有的案例,都能看到这两类细节元素,而且大多是组合使用的。但设计时不能为了加元素而加元素,要让每处细节都发挥作用,让所有的元素都为内容和版式服务。很多时候一个图形可以起到多种作用,如有的线框在强调信息的同时也会起到分隔的作用,关键还是要根据需求采用最合适的图形。

10.5 本章小结

本章围绕手机端详情页的版式设计讲解了4方面的内容:设计前的准备、版式设计原则、版式设计方法和版式设计细节,这些是设计师必须掌握的基本功。其实版式设计并不复杂,而由于手机端版面受限,设计起来就更为简单了。常用的布局形式就那么几种,关键在于图片设计以及对排版细节的把控。所有排版的最终目的都是为了让观者更好地"读"内容,不仅要让观者读完,还要读懂。让人读懂的内容才属于有效信息,所以版式设计的本质就是让信息得到更有效的传达。

本章开篇提到关于版式设计的内容会分两大块来讲,因为详情页和专题页的设计方向完全不同,第11章将会重点讲解专题页的版式设计。

第11章

版式设计没那么简单(二)
手机端专题页设计

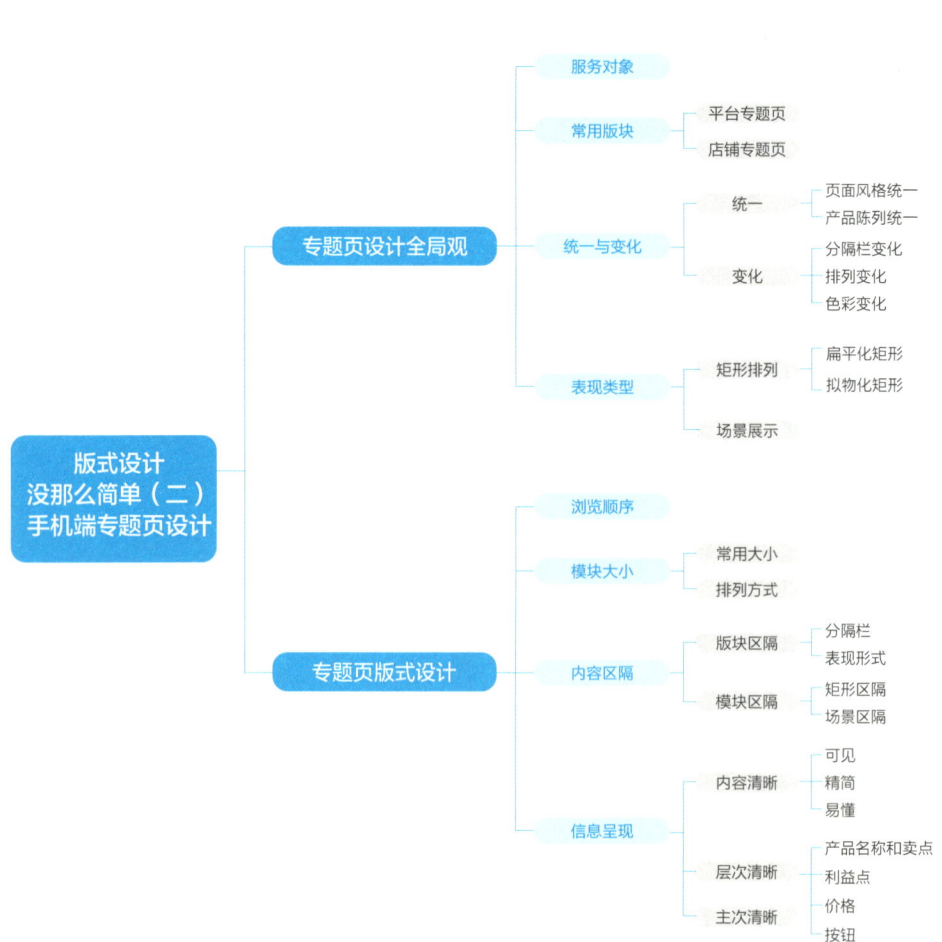

本章导读

本章讲解专题页的版式设计，这里的专题页特指电商中以卖货为主的活动专题页。不同于详情页的图文呈现，专题页首先要营造出与专题活动相匹配的氛围，其次是在氛围渲染下传达相关信息。如果说专题页是一本菜谱，那么详情页就是对每道菜的详细介绍。优秀的专题页能快速引起观者兴趣，让观者找到想要的商品并进行点击购买。

专题页一般由Banner和内容展示区两部分构成，这两部分分工明确。头部Banner负责体现主题并营造氛围，引起观者的兴趣；而后续的内容展示区则负责呈现各类信息，提升观者的购物欲望，引导观者点击或购买。简单地讲就是Banner做氛围，而内容展示做转化，这两部分同等重要、缺一不可。但经常会有设计师将时间和精力都放在Banner上，而对后续的内容设计却不上心，这样就会导致很多专题页虽然有着吸引眼球的Banner，但后续展示却很简陋、单薄，有些甚至连基本的易读性都没做到，最后必然影响点击和转化。其实做出出彩的Banner就是为了让观者更有兴趣浏览后续的内容，但如果后续的内容得不到很好的呈现，那整个专题页就属于"虎头蛇尾"、华而不实了。总之，做好Banner是做好专题页的前提，但绝非全部。

因为前面已详细讲解过Banner的设计，所以本章的重点就放在后续的内容展示区上。

11.1 专题页设计全局观

不管是版块逻辑还是版式布局，各类专题页其实都大同小异，下面从4个角度来讲解专题页设计之前所要思考的内容。

11.1.1 服务对象

本书第1章讲过根据服务对象的不同，可将电商运营设计师分为服务平台的和服务店铺的两大类。从这个维度出发，专题页也可分为平台专题页和店铺专题页。之所以要进行区分，是因为从思考到设计，二者都有很大不同。右侧是一组专题页，左图是服务平台的，右图是服务店铺的，可以看出两个专题页在内容呈现的体量上有很大差别。

平台专题页一般涉及的类目多、品牌多、产品多，因此整体布局更紧凑。头部Banner也以横版、小尺寸的为主，这样可在首屏展现更多的信息。总之，需要通过各种布局和排列方式将每一屏的空间利用最大化，尽量不让页面因为内容繁多而显得冗长，保证观者能耐心地看完。而店铺的专题页则不同，只需要呈现单一类目或单一品牌下的少量产品。这样信息的总量便不会太大，页面布局上就能适当宽松一些，优先保证每个版块的内容呈现清晰、透气。头部Banner也不用刻意缩短，常以大尺寸、竖版的为主，这样在视觉表现上就有更大的发挥空间，能更好地体现主题和氛围，以吸引观者注意并使其加深对品牌的印象。

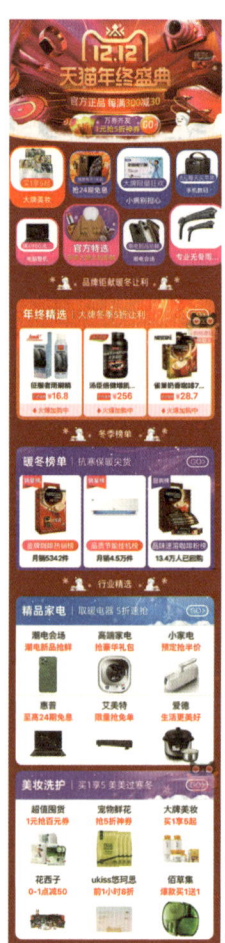

截自天猫2019年"双十二"活动页

截自禾博士天猫旗舰店 2019年"99欢聚盛典"活动首页
（设计师史文娜作品）

11.1.2 常用版块

讲到详情页的常用版块和顺序，不同品类的详情页会有很大差异。根据属性及定位不同，叙事逻辑也各不相同，没有太多规律可循。但专题页就简单很多，作为店铺或产品的集成和入口，大都遵循相同的逻辑，而且与线下购物相似。假设逛到右图所示的这家男装店，购物动线将先后经过右图上标注的这4处。

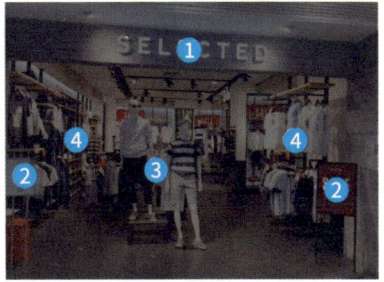

首先在店外远远就会看到店招，有些店面还有橱窗展示**(对应数字1)**，店招和橱窗的装修直接决定了店面风格和品牌调性，遇到节日还会特地装扮一下，若是买家喜欢的风格和氛围就会进店看看。
而专题页的头部Banner所起的作用类似于店招和橱窗，同样是第一眼见到的视觉，同样需体现品牌调性和主题氛围，同样要引起买家兴趣并吸引买家往下浏览。

接着来到店门前，这时会看到门口摆放的促销海报**(对应数字2)**，告诉买家店内服装的折扣力度或买赠，如果促销力度够大，会进一步激发买家想好好逛逛的意识，同时也会大大提升最后的成交率。
而专题页中紧接Banner的促销区同样如此，通过各种活动介绍及优惠券来提升买家的购物欲，延长买家的停留时间，让买家愿意详细浏览并点击。

最后走进店内，根据浏览习惯会先看看中央区的陈列，然后再逛逛四周区**(对应数字3和4)**，因此中央区作为核心区域会陈列当季的主推款，而周围区域则放置常规款，核心原则是保证买家优先看到门店最想推荐的款式。
而专题页中的陈列区，同样也是主推在前、常规在后，这是为了让主推款尽量靠前，以便买家优先选择。

整个专题页的版块顺序与线下门店的浏览动线基本一致，也从侧面说明这是一个相对合理的购物引导设计，因此才是各类专题页设计都遵循的通用逻辑。Banner下面是促销区，再往下是陈列区，如下图所示。下面将基于这个逻辑来看看平台和店铺的专题页设计有哪些区别。

- 1.平台专题页

Banner ＋ 推荐区 ＋ 陈列区

由于平台专题页的信息量很大，因此要将所有信息分类呈现，这样促销区就成了各类主题的推荐区，常见的版块有会场推荐、活动推荐、品牌推荐和产品推荐。而推荐内容在早期都相对固定，即不同的买家看到的内容一样。但现在有了"千人千面"的技术，系统根据买家的特征和需求进行分析，会自动推荐相匹配的内容，这样买家就能看到专属于自己的内容了。使用这个技术的目的还是为了提升浏览体验以及提高产品转化，也能通过筛选来精简不必要的内容，缩短页面长度。

紧随其后的陈列区则以各类目的产品陈列为主。不管是类目还是产品，千人千面技术都会将最匹配的类目和产品优先展示出来，但仍是主推的在前，常规的在后。

截自淘宝2019年"双十二"活动页 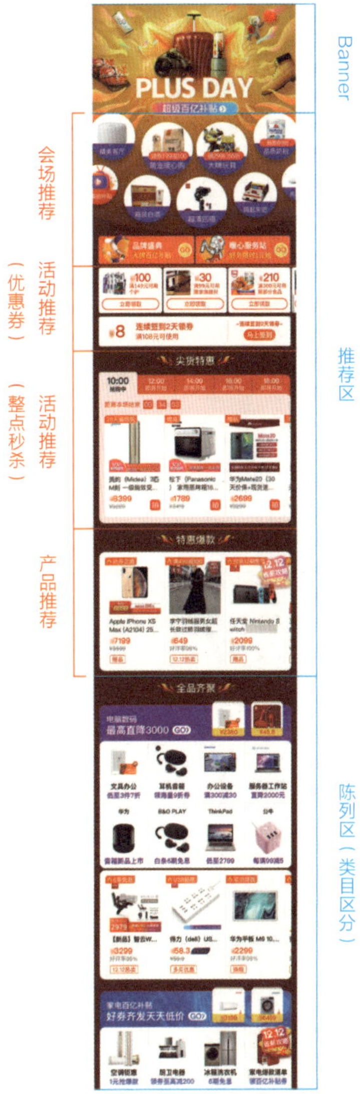　　　截自京东2019年"双十二"活动页

■ **2.店铺专题页**

(Banner) + (促销活动区) + (产品陈列区)

  店铺专题页的信息量远没有平台专题页的那么大，只需要展示店铺的促销信息和产品，这样促销区就是店铺的活动展示区，因此内容不会太多，也无须采用千人千面的技术进行推荐。而陈列区同样是将店铺的产品进行合理排列，相较平台专题页，产品数量会少很多，这样每个产品就能用相对宽松的版面进行展示。而排列原则依然是主推产品靠前、常规产品置后，其中常规产品还会按品类或目标人群进行版块区分。

截自小米天猫旗舰店 2019年"双十二"活动首页

截自第一卫天猫旗舰店 2019年"双十二"活动首页 （第一卫团队作品）

截自禾博士天猫旗舰店 2017年"双十一"活动首页 （设计师刘颂作品）

11.1.3 统一与变化

完成专题页中的Banner设计后，就要设计内容展示区（促销区和陈列区）了，设计前要先从统一与变化这两方面来思考。版式设计就是一个将统一与变化结合的过程，专题页的设计同样如此。既要通过统一让画面更加整体、有序，又要适当地通过变化让画面避免单调、乏味。

■ 1.统一

内容展示区的统一主要体现在两点：页面风格统一和产品陈列统一，关键是要确保页面的完整性及信息的流畅度。

（1）页面风格统一

页面风格统一是指内容展示区的视觉风格要与Banner的风格一致，要让两部分能自然衔接起来成为一个整体。那么如何确保二者统一呢？一般会从Banner中提取某些要素进行延展，通常可提取的要素有两类：颜色和视觉元素。

颜色

颜色给人的感受最直观，当色彩统一时，人们很容易就会将页面看成是一个整体，因此使用Banner的配色是相对保险也是最常用的方法。特别是当内容展示区为简约风格时，延续Banner的配色就显得颇为讨巧，易操作也易出效果。如右侧的案例所示，虽然内容展示区只是简单的矩形排列，但当它们与Banner的配色保持统一时，画面便会形成一个整体，毫无割裂感。

截自淘宝2019年
"双十二"活动页

截自百雀羚天猫旗舰店
2019年中秋节活动首页
（壹网壹创团队作品）

截自禾博士天猫旗舰店
2019年中秋节活动首页
（设计师史文娜作品）

视觉元素

视觉元素是个宽泛的概念，是指组成画面的一切图形等。例如，组成Banner的文案、主体元素、点缀元素和背景等都属于视觉元素。而提取Banner的视觉元素的目的就是提炼出符合需求的图形，以便重复使用这些图形。注意，提取的图形要具备好延展、易组合、不花哨的特性。如下面的案例所示，左图中的祥云、中图中的霓虹灯效、右图中的树枝和木板都恰到好处，既与Banner有关联，又能自由延展或组合。

截自周黑鸭食品天猫旗舰店
2019年"双十一"活动预售页

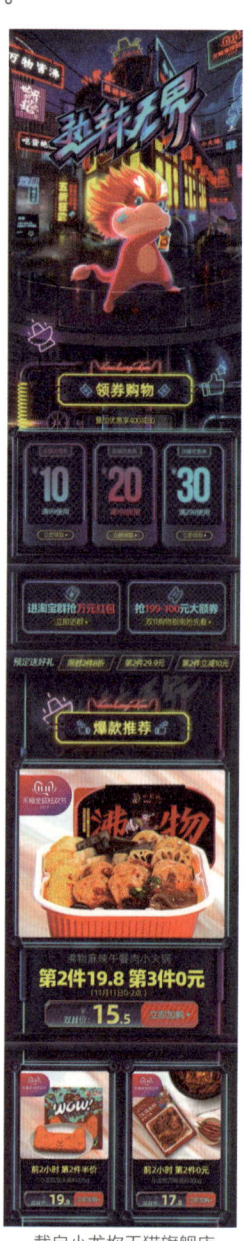

截自小龙坎天猫旗舰店
2019年"双十一"活动首页

截自comvita天猫旗舰店
2019年"双十一"活动首页

前面3个案例的内容展示区除了使用Banner的视觉元素外，还同时用到了Banner的配色，当页面的配色都保持统一时，风格就显得更加突出。

前面案例的视觉元素均是直接提取的，也就是把Banner中的现有元素拿来直接使用。还有另一种间接提取的做法，虽然使用的视觉元素在Banner中并未出现，但它们都同属于相同的主题或场景，由于存在潜在关联性，所以还是会让人感觉页面是整体连贯的。

如右侧的案例所示，Banner是中式复古风的，而后面呈现的复古明信片虽在Banner中没有直接出现，但也属于复古风的常用元素，因此整个页面依旧统一，不会让人感觉冲突。总之，间接提取视觉元素需要对Banner的风格进行一定程度的深挖和联想，尽量选择大多数人都能理解和接受的元素。

（2）产品陈列统一

由于专题页中陈列的产品数量偏多，一般都会占据很大篇幅。可以说专题页的大部分版面都是陈列区，而且也是产生点击和转化的核心区，因此陈列区的版式设计就显得格外重要。对于多种产品的排列，统一是首要原则，也就是版式设计4原则中所讲的"重复"，让不同产品都按统一的形式和规则进行编排，这样陈列的效果规整有序，也能让观者快速找到所需要的产品。

统一主要体现在两个方面：一是展示形式统一，二是展示角度统一。当产品敲定了合适的展示形式和角度后，就可进行重复排列。<u>因此，在选择展示形式和角度时，一定要考虑通用性，即选择一种展示形式或角度，不同的产品都能适用。</u>

截自良品铺子天猫旗舰店
2019年活动页

展示形式

常用的产品展示形式有3种，这3种都具备通用性，适用于大多数品类产品的展示。

a.背景

如右侧的案例所示，将产品抠出换上不同的背景，背景可以是白底（左图），也可以是图片（右图），关键是让产品呈现得清晰、不违和。背景的选择要与画面风格一致，确保产品能融入整个专题页中。不同的产品使用同样的背景进行展示是最常用的展示手法，只要给产品替换合适的背景就能让陈列效果统一。

截自天猫2019年"双十二"活动页

截自珀莱雅天猫官方旗舰店2019年"双十二"活动首页

b.摄影图片

让产品展示都用摄影图片来呈现，采用这种形式的准备工作较多。首先要拍摄一套产品图片，还要确保图片的调性统一。这种方式虽然有难度，但摄影图片所产生的光影感和代入感是其他两种形式很难达到的。如右侧的案例所示，使用摄影图片更凸显了产品，也让产品展现得更生动、更有品质感，也更容易打动观者。注意，要尽量避免摄影图片与页面产生分割感。

截自淘宝2019年"双十二"活动页

截自李子柒天猫旗舰店2019年"双十一"活动页

c.台面

如右侧的案例所示，设计一个台面来陈列产品，桌面（左图）和方盒（右图）都是常用的台面。对于手机端的页面设计而言，这种形式能营造出空间的纵深感，减轻手机窄屏带来的横向拥挤感，使产品陈列变得立体、透气。这种形式表现起来较难，难点在于对台面的刻画，既要让产品陈列显得真实，又要与页面风格统一，对设计师的造型能力要求较高，需要综合运用透视、色彩和光影的知识。

截自百颐年天猫旗舰店
2019年"3·8女王节"活动首页

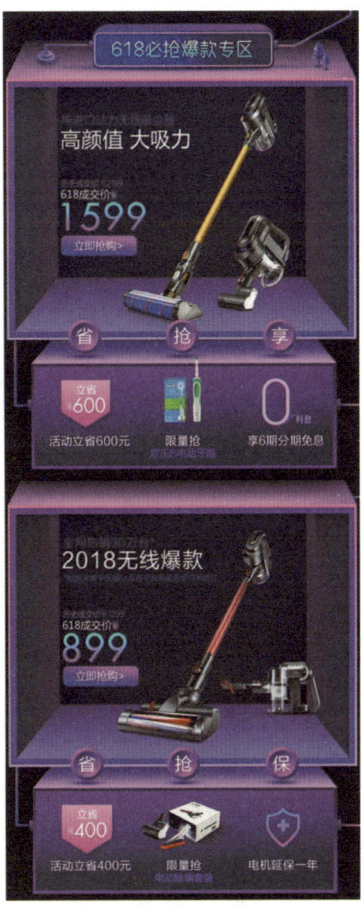

截自小狗电器天猫旗舰店
2018年"6·18"活动首页

展示角度

展示角度是指产品的展示视角，共有3种：平视、仰视和俯视（详见"5.5.1焦点透视"）。在人的视角来看，大多数产品的尺寸还是偏小的，因此在选择俯视或仰视的角度展示产品时，一般都不会出现明显的透视变形，这样看着才真实，如右侧的对比图所示。

透视变形大，展示较小尺寸的产品显得有些夸张，不够真实

焦距：28mm

透视变形小，展示较小尺寸的产品比较合适，整体更真实、协调

焦距：70mm

在3种展示视角中，平视和俯视更为常见。如下面的案例所示，不管是平视（左图）还是俯视（右图），产品呈现得都很自然。仰视虽能体现产品的高大，但让人感觉有些刻意，少了些真实感和亲切感，因此较少使用。注意，一旦选定了一种展示视角，那所有产品就都要采用这种视角，切忌在一个页面中变换多种展示视角，否则页面显得不连贯。

截自阿芙天猫旗舰店
2019年"双十二"活动首页

截自三只松鼠天猫旗舰店
2019年"年货节"活动首页

■ 2.变化

统一能让页面显得完整、前后呼应，但内容展示区较长，如果版式完全统一，观者在浏览时又会觉得过于工整，缺少变化。因此，在统一的大前提下，还要适当做些变化，常见的变化有3处：分隔栏变化、排列变化和色彩变化。这些变化都是为了使观者浏览起来不感觉单调，也是为了营造出更丰富的视觉效果。

（1）分隔栏变化

专题页中少不了分隔栏，分隔栏处于不同版块的衔接处，常以文字排版的形式出现，偶尔也会用到场景图。分隔栏主要用来区隔上下版块并点缀版面，同时也引出下一个版块的主题，如右侧的案例所示。

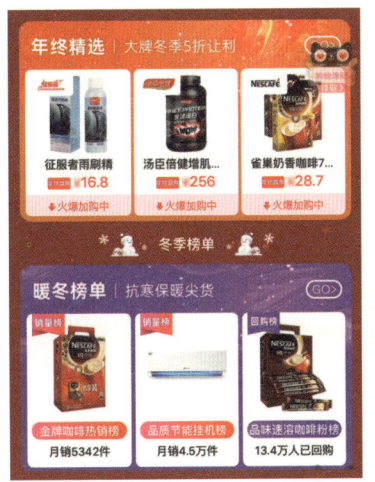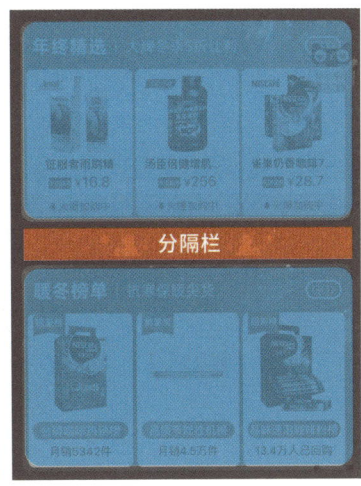

截自天猫2019年"双十二"活动页

分隔栏作为每个版块的标题元素，不管是文字分隔还是场景分隔，适当做一些差异化的设计，也能打破统一陈列带来的重复感。

文字分隔

如下面的案例所示，分割以文字为主，搭配不同的边框或小元素，这样简单组合而成的分隔栏能清晰地展现版块的主题，便于阅读且不会分散观者的注意力，是最常见的分割形式。

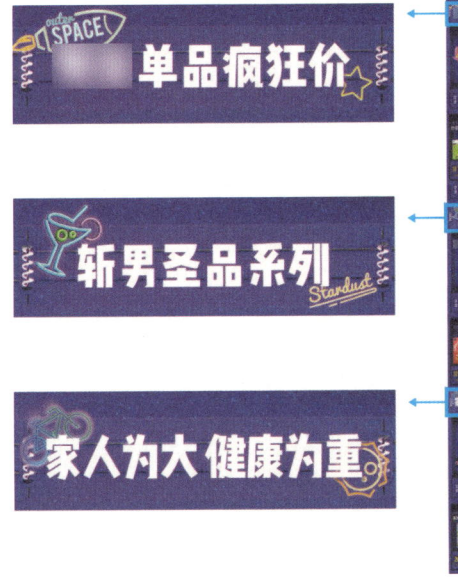

禾博士天猫旗舰店
2018年"双十一"活动首页

截自三只松鼠天猫旗舰店"超级星品日"活动首页
（汤臣杰逊团队作品）

621

场景分隔

这种分隔形式不再以文字为主,而是将场景和文案搭配起来。需要先构思创意并搭建场景,做起来更复杂一些,往往适合那些产品很多的长页面。由于页面很长,观者浏览起来容易产生视觉疲劳,这时若出现一些有趣的创意分隔,就能重新唤起观者的浏览兴趣。如右侧的案例所示,这种场景分割就能吸引观者的注意,让人眼前一亮。

对于产品不多的短页面而言,场景分隔就不太合适了。因为观者可以快速看完短页面,但由于分隔栏的出现反而让视线出现停顿,这样产品衔接就不连贯,会出现形式大于内容的情况。

截自三只松鼠天猫旗舰店2019年"双十二"活动首页
(汤臣杰逊团队作品)

(2)排列变化

通过前面的案例可以看出,内容展示区大多是将各类信息进行模块化排列,这种结构能凸显内容,对版面的利用也最为合理。另外,还有重要的一点就是组合更灵活。基于这点,在排列时,就能在适当位置做一些形式上的调整。如下面的案例所示,页面根据模块内容和主次均做了一些排列变化,正是这些变化使得页面不再过于工整,层次感和形式感更强了。

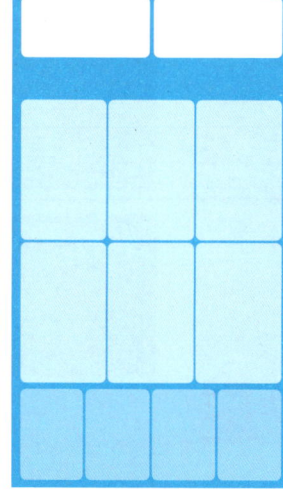
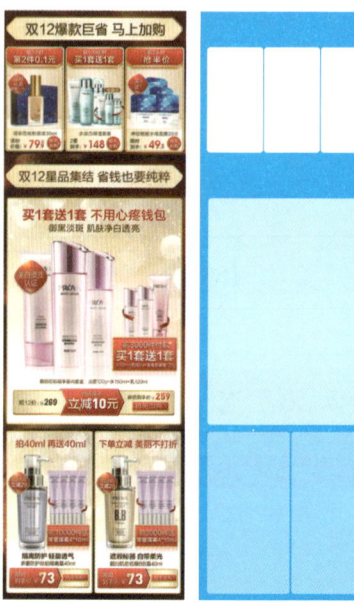

截自天猫2019年"双十二"活动分会场页面　　　　截自珀莱雅天猫旗舰店2019年"双十二"活动首页

(3)色彩变化

色彩变化就是用不同颜色区分展示区的不同版块。一般以色相变化为主,常用于页面很长或主题很多的设计中。

如右侧的案例所示,左图用色相区分了产品的不同专区,而右图则用不同颜色区分了版块的类目。有了色彩变化之后,内容层次更加分明,逻辑也更加清晰。但色彩变化同样不适合短页面(除非主题很多),因为短页面上若出现多种颜色,就会显得很杂乱,让人觉得过于花哨。

截自五芳斋天猫官方旗舰店2019年中秋节活动首页

截自淘宝2019年"双十二"活动页

对于内容展示区,要以统一为主、变化为辅。统一是变化的前提,也就是说当页面做到整体、有序后,再进行适当调整。无论是分隔栏、模块排列还是色彩变化,都应该是对既有设计的微调,而不是打破原有的设计思路和形式,这样的变化才恰到好处。反之,若变化过大、过多,就容易出现设计过度的问题。

11.1.4 表现类型

在讲表现类型前还是需要先明确一下专题页所需要表现的内容。专题页是由Banner和内容展示区构成的，而内容展示区又分为促销区和陈列区。促销区以呈现促销信息为主，陈列区则以呈现产品信息和产品为主。如下面的分析图和案例所示，展示促销信息和产品信息都属于信息呈现。

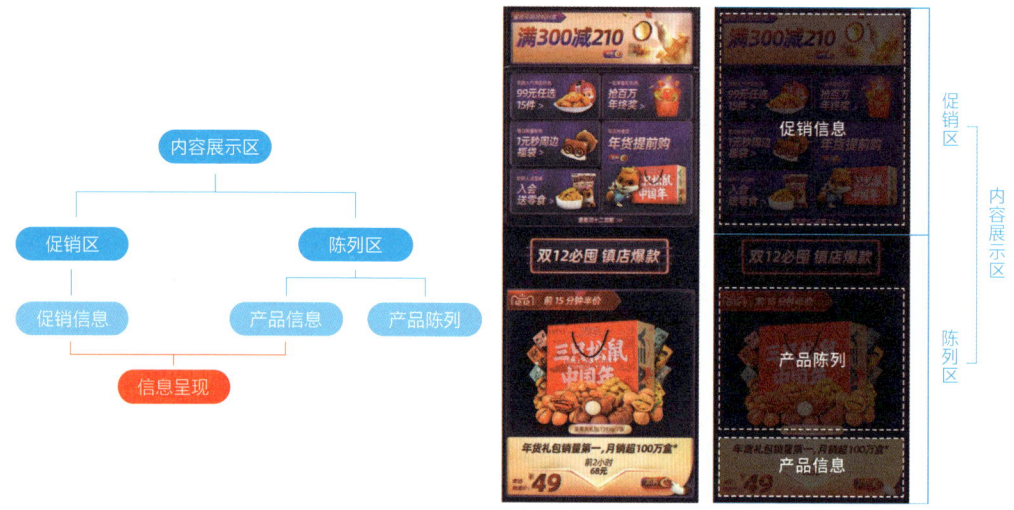

截自三只松鼠天猫旗舰店2019年"双十二"活动首页

基于信息呈现和产品陈列，专题页通常有矩形排列和场景展示两种表现类型，这两种类型都广泛存在于各类主题的设计中。

■ 1.矩形排列

矩形排列就是将专题页的内容用矩形的形式按照一定的规则进行排列。这种表现类型侧重信息呈现，属于常规形式，因为矩形本来就适合图文编排，因此不管内容多少都能让人浏览起来更清晰、舒适。根据不同的刻画风格，矩形又分扁平化矩形和拟物化矩形。

（1）扁平化矩形

时至今日，扁平化设计仍是主流的设计形式。用简单的几何图形来刻画矩形，这种方式可弱化形状本身，使视觉效果得到轻量化呈现，从而最大限度地凸显产品和信息。虽然矩形扁平，但也要使其与页面风格保持一致。如下页的案例所示，每个案例中的内容展示区的矩形刻画都与Banner的风格保持了统一，这样整个页面才更连贯。

截自拼多多2019年"年货节"活动页　　　　截自小龙坎天猫旗舰店2019年"双十二"活动首页

截自百雀羚天猫旗舰店2019年"99欢聚盛典"活动首页　　　　截自兰芳园天猫旗舰店2019年"双十二"活动首页
（壹网壹创团队作品）

除了常规的图形外,其实矩形还有很多呈现方式。前一页的前两个案例根据风格改变了矩形的折角,第3个案例添加了修饰元素,第4个案例添加了外框,每种矩形都根据画面灵活调整了外形和细节。

除了规则矩形,有时让矩形适当变形也能得到不错效果。如右侧的案例所示,变形后的不规则图形使页面的视觉效果更有冲击力。注意变形幅度不宜过大,不能影响里面的信息呈现。

(2) 拟物化矩形

拟物化矩形就是将矩形刻画成具有立体感的视觉元素,这是一种颇具创意的表现方式。这种方式会让矩形本身成为亮点,从而吸引观者注意,但要注意拟物后的元素要与Banner的呈现逻辑和画面风格保持统一。如下面的案例所示,虽然图形还是矩形,但已被模拟成各种元素,这些立体化元素都能合理地存在于页面之中,毫无违和感,整体协调,也与Banner的风格一致。

截自健力多天猫官方旗舰店
2018年"双十二"首页

截自耐威克天猫官方旗舰店2018年"6·18"活动首页
(杰视帮团队作品)

截自螺湘百味天猫旗舰店2019年"双十二"活动首页

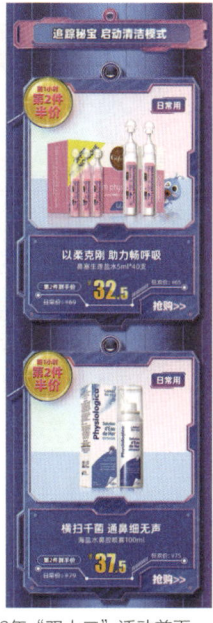

截自gifrer天猫旗舰店2019年"双十二"活动首页　　　　截自小狗电器天猫旗舰店2018年"6·18"活动首页

虽然矩形拟物后更有创意和设计感,但里面的信息呈现才是核心,再吸引人的创意也不能影响内容展现,否则干扰了观者阅读,那就本末倒置了。

制造亮点

矩形排列是常规做法,特别是当矩形扁平化后,大多侧重内容的编排。主要是将产品和信息有条理地呈现出来,而设计上就是对色彩和图形的运用,视觉效果略显单薄,没有太多出彩的地方。因此,对于矩形排列,要在某些合适的位置有意地制造出一些设计亮点,以吸引观者注意,这样才能打破常规形式带来的平淡无奇感。一般专题页中可制造亮点的地方有3处:优惠券、按钮和边框。

▪ 优惠券

发优惠券是电商活动的一种营销手段,很多人也早已养成了"逛店"前先领优惠券的购物习惯。因此商家常把优惠券作为重要信息放在促销区的前面,也算是Banner与内容展示区之间的过渡。优惠券上的信息不需要太复杂,观者看到金额和使用门槛就知道是优惠券。对于优惠券这样信息简单的版块,设计上有很大的发挥空间,也是一个展现创意的好地方。在下面的案例中,每个优惠券都设计得很有意思,而且信(左图)、鼓(中图)、木盒(右图)都属于Banner创意的延续,风格也一致。

截自阿芙天猫官方旗舰店
2019年活动页

截自周黑鸭食品天猫旗舰店
2019年"双十二"活动首页

截自三只松鼠天猫旗舰店
2019年中秋节活动首页
（汤臣杰逊团队作品）

- **按钮**

　　专题页中的按钮常用于引导观者进入下一级页面，如产品对应的购买按钮，就是让观者通过点击进入该产品的详情页中。虽然按钮只是页面中一个很小的元素，但却是引导观者点击的重要提示点，也是制造亮点的好地方，因此常作为重点元素来单独设计。如下面的案例所示，通过添加色彩和质感使按钮尽量凸显，以引导观者去点击。特别是下页的两个案例，按钮一侧有一只小手，形成明显的视觉焦点，进一步提示观者这是点击区域。

截自皇上皇天猫旗舰店2019年"双十一"
活动预售页

截自丸美天猫旗舰店2019年"3·8女王节"活动首页

截自三只松鼠天猫旗舰店2019年"双十二"活动首页

截自三只松鼠天猫旗舰店2019年
"6·18"活动首页
（汤臣杰逊团队作品）

- 边框

这里要讲的边框是指矩形周围的外框。如果直接使用常规的矩形会显得单调，若根据风格使图形适当变化一下，便能明显提升版块的形式感和设计感。如右侧和下面的案例所示，调整边框的外形（右图），丰富边框的细节（下面左图），以及为边框添加质感（下面右图）都是常用的设计手法。

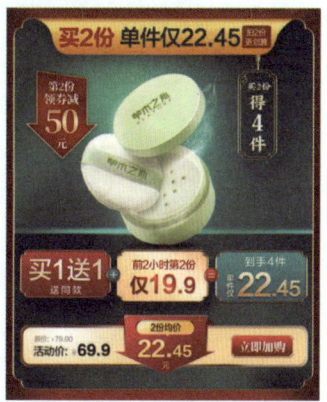

截自草木之心天猫旗舰店
2019年"双十二"活动首页

截自老金磨方天猫旗舰店2019年中秋节活动首页

截自小龙坎天猫旗舰店2019年"双十一"活动首页

■ 2.场景展示

　　场景展示不同于矩形排列,这种方式是将页面中的所有内容都进行场景化呈现,是一种更具创意的表现形式。这种类型的表现形式侧重主题氛围的营造,将信息呈现和产品陈列都立体化、场景化。如下面的案例所示,构建出一个立体空间,然后使信息和产品巧妙地融入空间内,最终形成一个高度融合的创意场景。

截自三只松鼠天猫旗舰店2019年七夕活动首页
（杰视帮团队作品）

　　由于信息和产品都会融入场景中,因此内容展示区就是Banner主视觉的延续,版块区隔也不那么明显。虽然弱化了模块和层级,却大大提升了观者的浏览兴趣,让人眼前一亮。如下面的案例所示,每个页面都不再刻意区分Banner与内容展示区,页面从上到下都是连贯的。

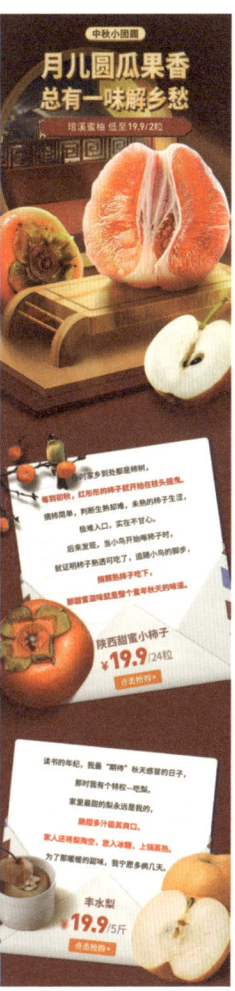

截自三只松鼠天猫旗舰店 2019年七夕活动首页（杰视帮团队作品） ｜ 截自嘉华食品天猫旗舰店 2019年"双十二"活动首页 ｜ 截自每日一淘2019年中秋节活动专题页 ｜ 截自淘宝2016年"一千零一夜"活动页

场景展示这种设计形式很考验设计师的创意构思及表现能力。对于这类复杂的视觉设计，要做到场景丰富但不花哨，保证内容都能清晰地展示出来。

如右侧的案例所示，就属于典型的设计过度，产品信息都"淹没"在了"华丽"的场景中，用户看完可能只记住了设计效果，而对文字等信息却"自动过滤"了，这就明显违背了形式不能大于内容的原则。因此，对于度的把握至关重要，要让场景展示到位，但又不能陷入"设计师的自嗨"中。

前面所讲的两种专题页的表现形式各有千秋。矩形排列更强调内容本身，对版面的利用率更高；场景展示则更凸显主题和氛围，更能引起观者的兴趣。所以平台专题页设计基本都是矩形排列，而有的店铺专题页设计则会综合采用两种表现形式。

少数页面会将两种表现形式结合起来，如右侧的案例所示。页面的促销区是场景展示，而陈列区则是矩形排列。总之，矩形排列更易上手且不易出错；而场景展示对创意的要求更高，但灵活性强，形式多变且无太多规律可循。因此，本章很多观点和讲解都更侧重矩形排列。

截自Goat天猫海外旗舰店
2019年"双十一"活动首页
（设计师"史小阳鸭"史春阳作品）

实战案例

分别用上述的表现形式给一款产品设计3张产品展示图，3张产品展示图采用相同的风格、色调和文字，这样能更清晰地呈现不同表现形式的差异和应用效果。

○ 文案信息：第2件半价

　　　　　氨糖软骨素加钙片 0.1g/片×60片

　　　　　关爱父母 缓解关节疼痛

　　　　　日常价：¥138

　　　　　99划算价：¥118/盒

　　　　　立即抢购

○ 风格定位：中国风、古典、品质

○ 布局类型：上下布局

○ 色彩搭配：深蓝色（主色）+
　　　　　玫红色（辅色）+
　　　　　橙色（辅色）

▶ 案例1

○ 表现类型：矩形排列——扁平化

① 扁平化矩形排列重在表现产品和信息，将内容进行合理排列后，再配上边框和传统元素，基本就成型了。而色彩搭配方面则用深蓝色做底，再用反差较大的玫红色和橙色与之搭配，这是传统风格的常见配色，同时也能凸显产品和信息。

② 根据设定的思路进行图文排列，搭建框架。由于玫红色在深蓝色底上更能凸显，因此可将重要的信息放置其中。

③ 继续在框架的基础上添加光影，强化质感，使各元素更显精致，也让元素结合得更自然。

④ 最后再添加一些点缀元素，装饰一下边框。

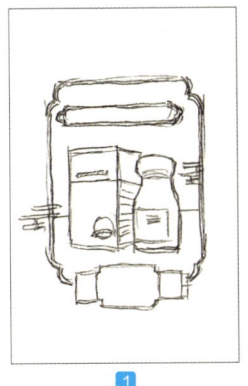
1

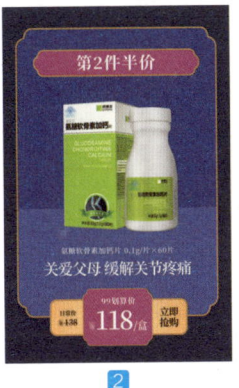
2

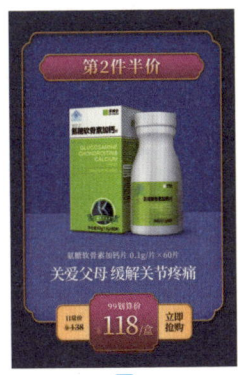
3

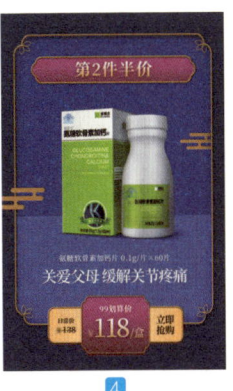
4

▶ 案例2

○ 表现类型：矩形排列——拟物化

① 拟物化矩形排列的关键是要将矩形设计成立体的元素，这里将边框模拟成一个有纵深感的、古典风格的方盒子，并将产品放置其中，这也是很多拟物化设计的常用做法。立体方盒子是用CINEMA 4D建模后再用Octane渲染器渲染出来的，当然这种简单的效果用Photoshop也能实现。

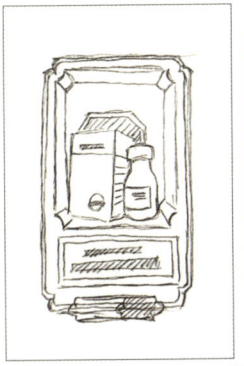

1

❷ 将渲染好的方盒子放置在深蓝色背景的画布中，再配上产品素材图，主视觉组合完成。

❸ 设定光源来自左上方，根据光源继续进行光影修饰。尽管三维方盒子本身就有光影，但并不精细，所以仍需强化它的明暗和高光，使其立体感更强。

❹ 在版面预留的位置添加产品信息，信息排布要清晰、有条理。拟物后的矩形是为内容展示服务的，所以在设计之初就要考虑信息的呈现位置和效果。

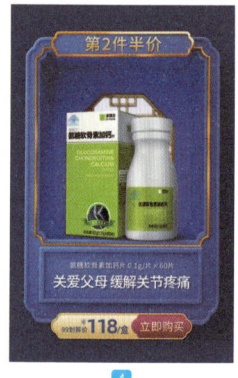

▶ 案例3

○ 表现类型：场景展示

❶ 构思创意，将产品放置在荷叶之上，整体营造出"荷塘夜色"的场景氛围。进行场景合成前，要先考虑如何使场景与信息结合，确保最终的场景不会淹没内容。

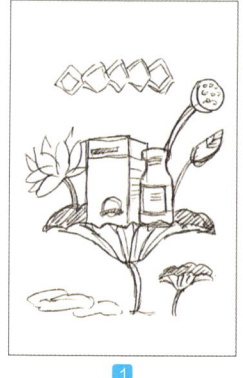

❷ 根据草图进行场景搭建。把信息放在页面的顶端和底部，将主视觉集中放在中间区域。

❸ 设定场景的光源来自左上方，参照光源方向继续添加光影，营造出空间感和真实感。

❹ 场景合成基本完成，但整体还有些单薄，这时再添加一些点缀元素来丰富画面，注意点缀元素不能太多，不然场景会显得杂乱。

❺ 最后在场景中的预留位置添加产品信息。

3个案例3种形式,虽然风格相似,但给人的感受却大不相同。扁平化矩形排列的更加简约,信息更有条理,便于阅读;拟物化矩形排列的则让产品陈列显得更立体,画面也更饱满;而场景展示的最有代入感,使人眼前一亮。不同的表现形式都有不同的侧重点,要根据需求灵活选择。

11.2 专题页版式设计

前面从4个角度对专题页进行了全面的介绍,展示了整体的设计方向和思路。本节同样还是从4个方面出发,从布局到排版具体讲解专题页的版式设计。

11.2.1 浏览顺序

手机详情页的浏览顺序都是从上往下为主、从左往右为辅的,手机专题页的也是如此。由于版面的纵向空间可无限延伸,因此不管内容多少,上下布局都显得很宽松,所以从上往下依然是视线移动的主要轨迹。

如右侧和下页的前两个案例所示,画面都以上下布局为主,而且每个模块都根据信息总量的不同调整了高度,信息少的模

截自淘宝2019年"双十二"活动页

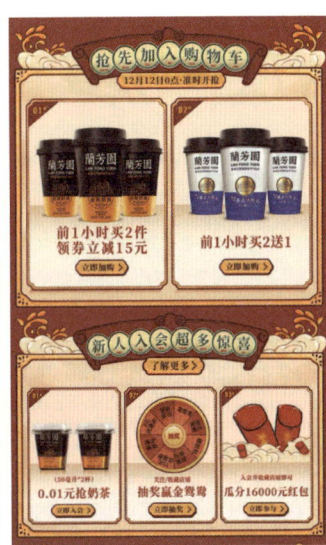

截自淘宝2019年"双十二"活动页

块短,信息多的则模块长。尤其是当内容较多时,上下布局的优势就更加明显了,这时可将内容从上往下依次呈现出来,排出来的文字多而不乱,内容清晰,版面透气。

当然并不是说从左往右的布局不行,只是用得相对较少。由于手机端的横向空间有限,左右布局显得紧凑,因此只适合一些内容较少或不想突出的模块。如下面的案例所示,左右布局的页面基本都不会展示太多的内容,因为内容过多就会使版面过于拥挤,影响阅读。

截自拉面说天猫旗舰店
2019年"双十一"活动首页

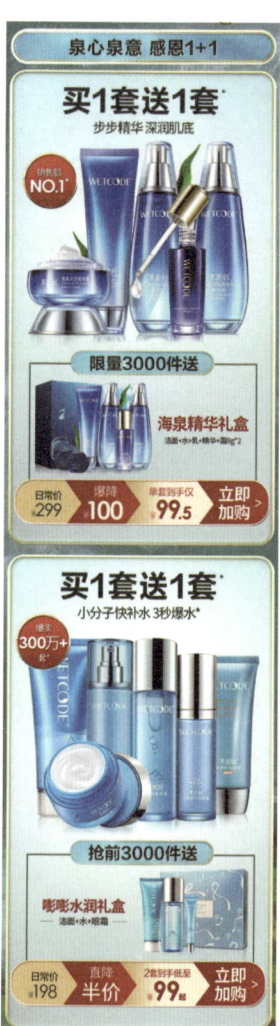

截自水密码天猫旗舰店
2019年"双十二"活动首页

截自三只松鼠天猫旗舰店2019年"双十一"活动首页

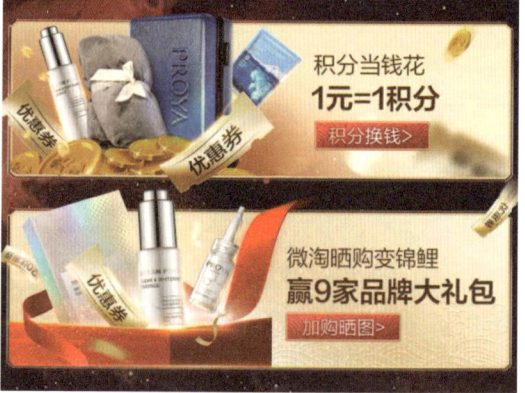

截自珀莱雅天猫官方旗舰店2019年"双十二"活动首页

截自三只松鼠天猫旗舰店2019年活动页

截自柒牌天猫官方旗舰店2019年"双十二"活动首页

11.2.2 模块大小

先给专题页的版块和模块下一个定义：在专题页中，每个主题专区都算是一个版块，而专区里的每条内容明细则属于一个模块。

如右侧的案例所示，促销区和陈列区算是两个版块，而促销区的每条活动明细和陈列区的每个产品展示区就都属于模块，可以说模块是对版块的进一步拆分。

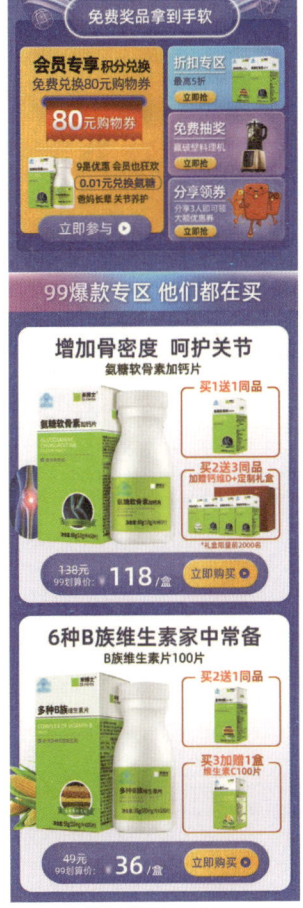

截自禾博士天猫旗舰店2019年"99欢聚盛典"活动首页
（设计师史文娜作品）

关于版块和模块的划分，前面列举的案例是矩形排列的，其实对于用场景展示的形式来表现的页面也同样适用。如右侧的案例所示，每个产品陈列区仍算是一个模块，只是场景中的模块并不像矩形排列那样有"显性边界"，所有的图文编排均在"隐性边界"下进行。

之所以先介绍版块和模块，是因为在日常设计中，模块才是专题页布局的"常用单位"。几乎所有的结构编排都是在模块下进行的，下面分别讲解模块的常用大小以及排列方式。

截自百颐年天猫旗舰店2019年"6·18"活动首页

■ 1.常用大小

由于手机的屏幕尺寸有很多种，因此无法以一个具体的数值来衡量，所以这里要讲的是每个模块的"占屏大小"，这样相对实用一些。前面讲过栅格系统，这里用同样的方法在750像素宽的画布上新建栅格。设置列数为12、装订线为20像素、左右边距各为50像素，如右图所示。

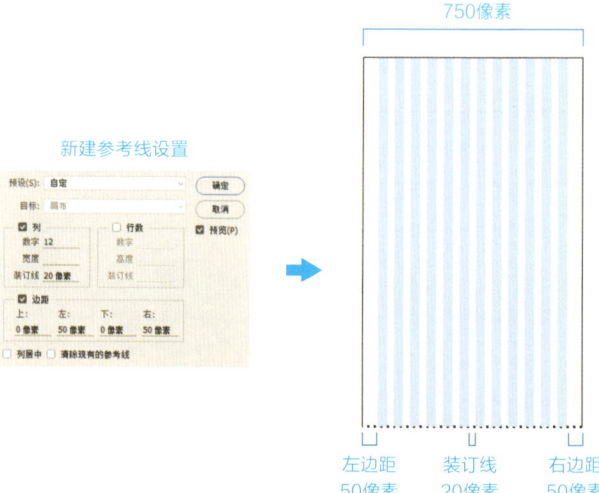

以前一页的栅格图为参照，根据常用模块大小，得出右侧这两张示意图。共有7种模块，其中左图有4种，整体占屏较小，排列偏紧凑，属于紧凑型模块，适合呈现文字较少或版面紧张的内容；而右图有3种，整体占屏较大，排列宽松，属于宽松型模块，适合文字较多或需要重点突出的内容。这7种模块的示意虽然简单，但涵盖了专题页设计的大部分主流模块。

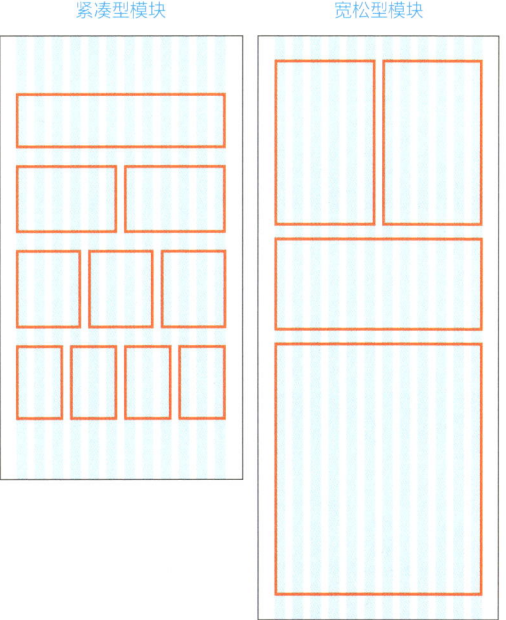

上面的7种模块只是大概示意，并且高度都不固定，具体要根据内容多少来定，以确保每个模块都不显得拥挤。如右侧的案例所示，由于促销区没控制好模块高度，导致文字都排得满满当当的，整体密不透气，有种强烈的压迫感，信息繁杂，让人无心阅读。

虽然模块的高度可灵活调整，但以示意的7种模块为参照，长宽比例的变化也不能太大，不然会显得模块过长，结构上易失衡。

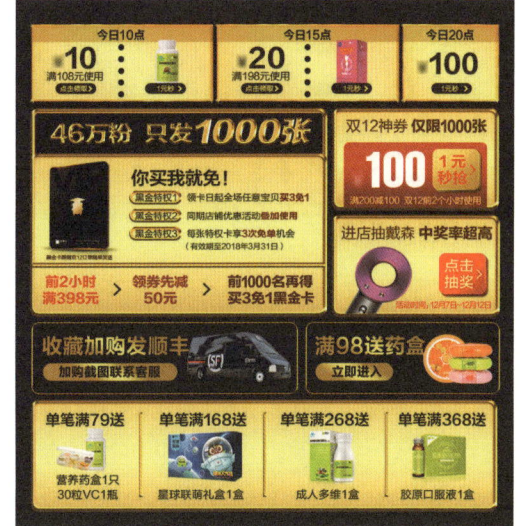

■ 2.排列方式

专题页的模块排列非常简单，选择合适的模块再组合起来即可。一般来说，横向都是模块的重复排列，而纵向则会根据版块和内容进行适当调整，也就是上一节中所讲的"排列变化"，这种方式能让版面保持工整但又不显得单调。

如下面的两个案例所示,一个紧凑一个宽松。对于平台专题页来说,一般多用紧凑型模块,这样才能最大化地利用版面。

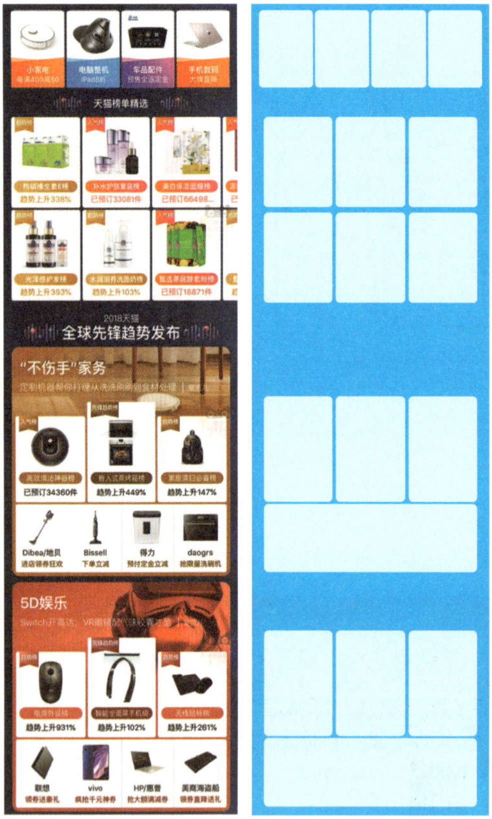

截自天猫2018年"双十一"活动分会场页面 　　截自天猫2019年"双十二"活动分会场页面

由于店铺专题页的活动促销区内容较少,因此常用紧凑型模块,这样占屏也不会太大,还能让产品优先露出,如下面的案例所示。

截自百雀羚天猫旗舰店2019年中秋节活动首页　　截自阿芙天猫旗舰店2019年"双十二"活动首页
（壹网壹创团队作品）

截自三只松鼠天猫旗舰店2019年周年庆活动首页
（杰视帮团队作品）

店铺专题页的产品陈列区内容较多，既要展示产品，又要呈现信息，因此常用宽松型模块，这样才能确保版块透气、内容清晰，便于观者仔细浏览，如下面的案例所示。

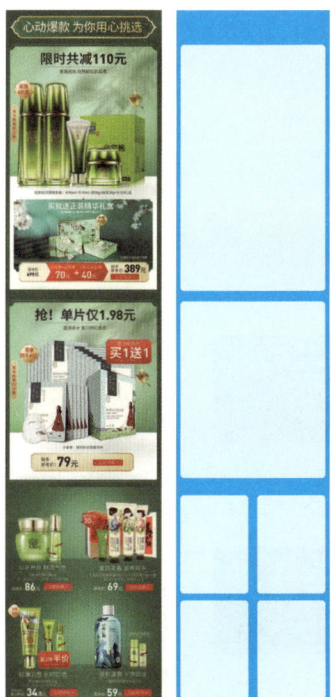

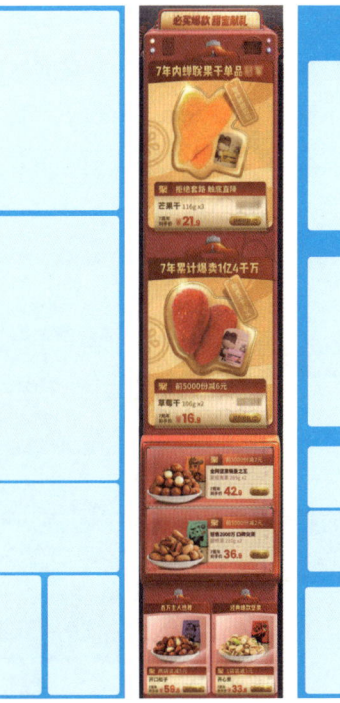

截自百雀羚天猫旗舰店
2019年中秋节活动首页
（壹网壹创团队作品）

截自阿芙天猫旗舰店
2019年"双十二"活动首页

截自三只松鼠天猫旗舰店
2019年周年庆活动首页
（杰视帮团队作品）

11.2.3 内容区隔

既然内容展示区有版块和模块的区分,那对应的页面上也要有明显的区隔,要让观者能一眼区分出不同层级的内容。不要让内容混在一起,条理分明才能提高信息的传达效率。下面分别讲解版块区隔和模块区隔。

■ 1.版块区隔

版块区隔是指对不同的主题专区进行区分,常见的专区就是促销区和陈列区以及它们当中的分类展示区。版块区隔的设计可以从分隔栏和表现形式这两方面入手。

(1)分隔栏

分隔栏的主要作用就是区隔上下版块并引出专区的主题。

如右侧和下面的案例所示,分隔栏的表现风格和占屏大小各不相同,但都能与各自的页面融为一体,视觉上保持了连贯性,而每个分隔栏里的文字就是下一个版块的主题。

截自百雀羚天猫旗舰店2019年中秋节活动首页
(壹网壹创团队作品)

截自阿芙天猫旗舰店2019年"双十二"活动首页

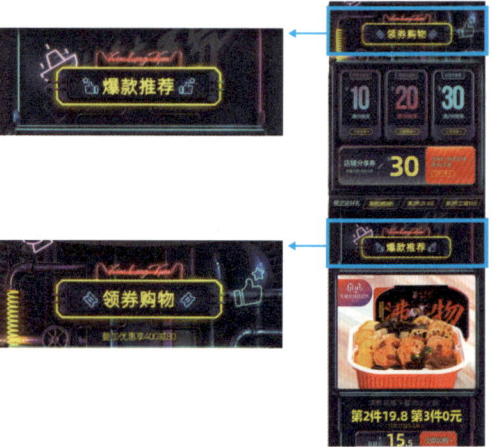

截自小龙坎天猫旗舰店2019年"双十一"活动首页

（2）表现形式

直接调整不同版块的表现形式，从而使它们在视觉上有明显的区分，通常可通过调整版块的颜色和类型来实现。

颜色

当版块的颜色统一时很容易被当成是一个整体，而当颜色不同时，又会让人感觉是两个或多个部分。所以调整版块的颜色是一种很讨巧的做法，上手简单，效果还很明显。

如下面的案例所示，将促销区和陈列区都用颜色进行了区分。因为版块的颜色不同，所以各版块都能被区隔开。

截自禾博士天猫旗舰店
2019年中秋节活动首页
（设计师史文娜作品）

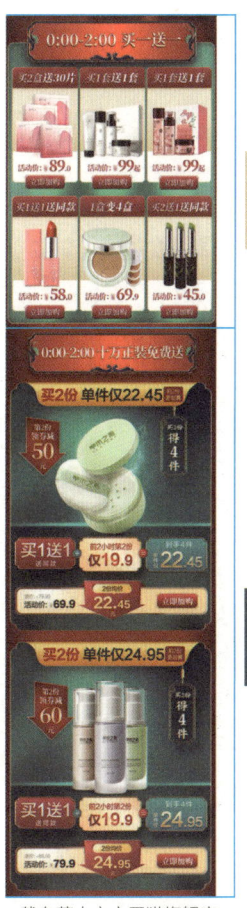

截自草木之心天猫旗舰店
2019年"双十二"活动首页

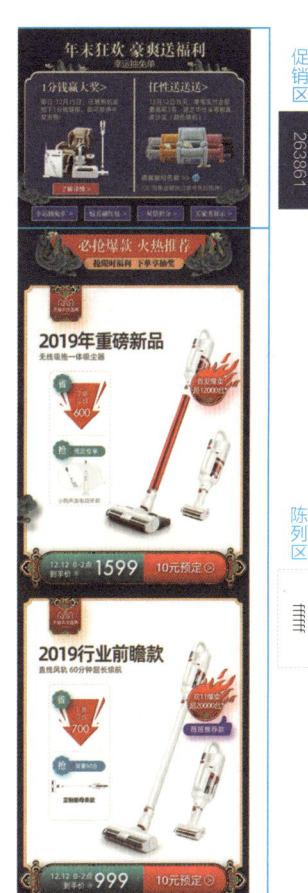

截自小狗电器天猫旗舰店
2019年"双十二"活动首页

类型

这种方法是通过不同的表现类型对版块进行区分。如下面的案例所示，左图和中图的促销区是场景展示的形式，陈列区则是矩形排列的形式；而右图则相反，促销区是矩形排列的形式，陈列区是场景展示的形式。

这些页面的两大版块就是通过两种完全不同的表现手法进行区隔的，这种区隔方式设计起来难度较大，要求设计师既要有较强的视觉表现能力，又要善于把握设计的度。

截自Goat天猫海外旗舰店
2019年"双十一"活动首页
（设计师"史小阳鸭"史春阳作品）

截自天然博士天猫旗舰店
2019年"双十二"活动首页

截自comvita天猫旗舰店
2019年"双十一"活动首页

■ 2.模块区隔

模块区隔是指对一个版块中不同模块的内容进行区分，使其层次清晰，阅读流畅，保证每个模块都是一个相对独立的信息单元，以提高信息的传达效率和准确度。根据表现类型的不同，模块区隔又分为矩形区隔和场景区隔。

（1）矩形区隔

当页面采用矩形排列时，各个模块也要用矩形来区隔。如下面的案例所示，每个矩形的外框都是该模块的"显性边界"，模块的内容则在边界内进行编排，每个模块其实都是一个小的版面。

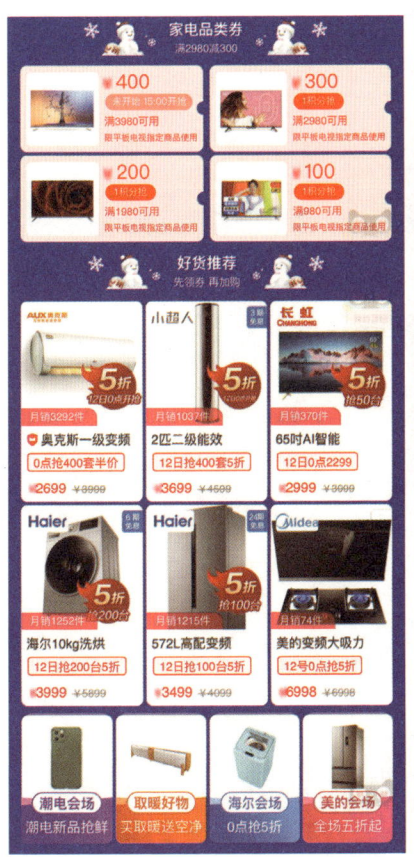
截自天猫2019年"双十二"活动分会场页面

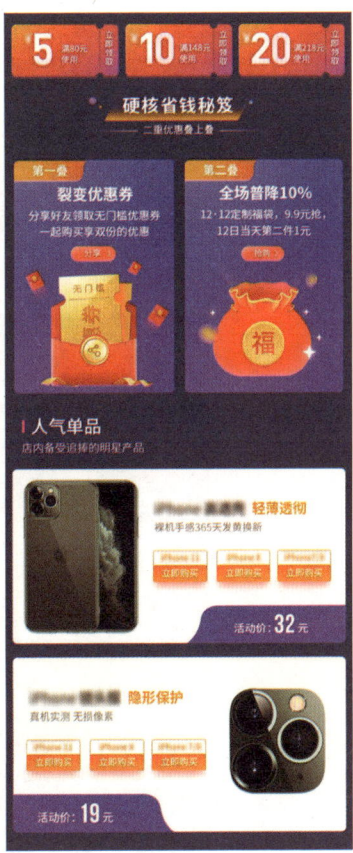
截自第一卫天猫旗舰店
2019年"双十二"活动首页
（第一卫团队作品）

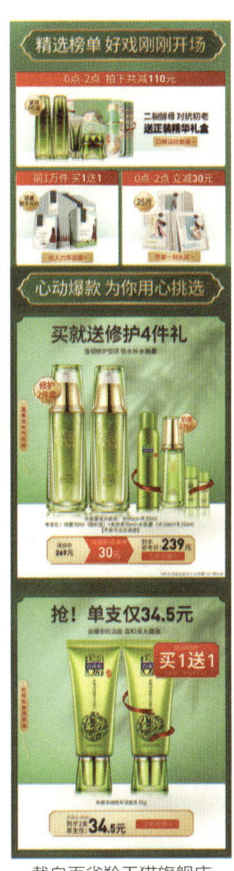
截自百雀羚天猫旗舰店
2019年中秋节活动首页
（壹网壹创团队作品）

对于矩形区隔，还要注意每个模块的完整性。要确保单个模块的内容是在一个完整的矩形内，尽量不要拆开在多个矩形内展示，否则容易出现某些信息归属不清且逻辑混乱的问题。

如右侧的对比图所示，左图把产品价格和按钮设计成了独立元素，每个产品模块由两个"矩形"拼合而成。单看一个模块没问题，但当4个模块重复排列时，就无法判断独立出来的"矩形"是属于上面还是下面，层级混乱，逻辑含糊不清，最终会影响阅读和点击。而右图则做了细微调整，把价格和按钮上移，将两个"矩形"合成一个，这样每个产品模块就变成了一个完整的"矩形"，逻辑上就清晰多了。

产品信息归属不清，模块割裂，影响阅读

产品信息指向清晰，模块具有完整性

（2）场景区隔

当页面采用场景展示的形式时，场景本身的"隐性边界"也能将各个模块区隔开来。这里所讲的"隐性边界"可以理解为是场景的"天然边界"或"关联边界"。

天然边界

"天然边界"是指构建的场景中本来就有一些元素是作为边界的。如右侧的案例所示，左图的阶梯和右图的游戏机就属于"天然边界"，它们作为场景的一部分，可自然地将每个模块区隔开来。

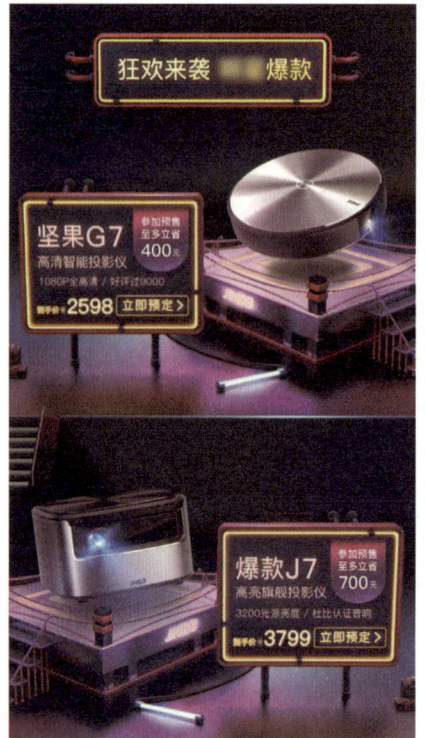

截自jmgo坚果天猫旗舰店
2018年"双十一"活动首页

截自极米科技天猫旗舰店
2019年"双十一"活动首页
（方砖团队作品）

关联边界

"关联边界"是指场景中会有一个核心元素,凡是与它产生关联的元素都会被当成是一个整体。如下面的案例所示,两个案例都比较典型,左图中的木桌和右图中的卷轴就属于场景中的核心元素,而相关信息和产品与它们巧妙地结合起来,产生联动,最终形成一个可被区分的模块。可见核心元素要尽量选择适合陈列产品和呈现信息的物体;如果没有,就让产品成为核心元素,再使其他元素向产品聚拢,以形成一个整体。

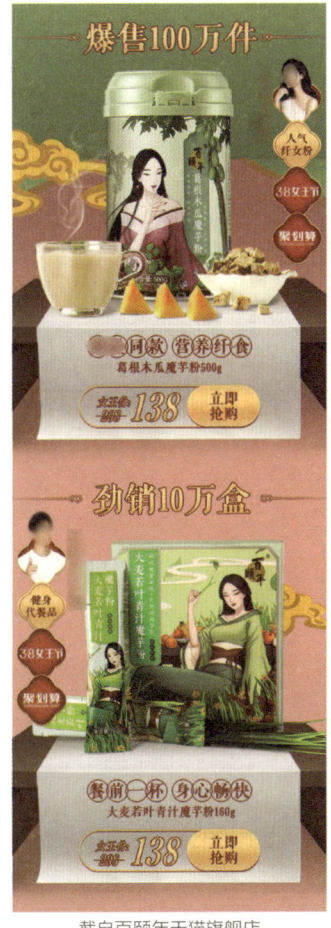 

截自百颐年天猫旗舰店　　　　截自三只松鼠天猫旗舰店2019年七夕活动首页
2019年"3·8女王节"活动首页　　　　　　（杰视帮团队作品）

与矩形区隔一样,场景区隔也要确保每个模块的完整性。要让相关内容都呈现在"隐性边界"中,特别是使用"关联边界"时,尽量让各个元素都向核心元素聚拢,以此强化整体感。

如下页的对比图所示,在画面中的沙滩场景中,产品就是核心元素,但左图呈现文字的木牌离产品较远,减弱了与产品的关联性,导致木牌归属不清,版式上有些松散,影响阅读；而右图中的木牌则向产品靠拢了一些，这样一个小小的改动就明显强化了整体感，使产品与信息一一对应上了。

信息离产品较远，归属不清，结构松散　　　信息靠近产品，模块整体感强，层次清晰

11.2.4 信息呈现

不管是专题页还是详情页，所有的设计都是为了让观者更好地阅读信息，使信息得到有效传达，可见信息呈现才是根本。专题页的信息主要包含促销信息和产品信息，设计的原则是要确保信息呈现得条理清晰、重点突出，方便观者快速阅读。信息呈现要做到内容清晰、层次清晰和主次清晰。

■ 1.内容清晰

设计时要让文字内容清晰可见，而且简单直白，这是信息有效传达的前提，在此基础上再进一步提炼出6字要求：可见、精简、易懂。

（1）可见

可见就是让文字在手机端上能被看得清。这是信息呈现最基础的要求，但也是很多设计师通常都会犯的"低级错误"。根本原因在于依旧没能跳出大屏排版的惯性思维，很多时候还是想着

文字"小而美",版面一味地留白,这样文字太小,影响了内容的识别性和可读性。

下面看一组对比图,同样的内容和版式,只是左图的文字比右图的小了不少。虽然左图的版面更透气,排版也更精致,但如果连文字都看不清,那观者根本就接收不到信息,这样一切的设计都是无用的;而右图中虽然每个模块都因为文字较大而显得版面很满,但只有这样让观者看得清才是有效的设计。

文字太小,识别困难,看着不舒服　　　文字能清晰显示,效果较好

(2)精简

精简是指要求文案字数在能表达清楚意思的前提下尽可能减少,**而且要直接突出利益点或核心优势**。专题页的促销信息和产品信息一般都很多,这就需要每条信息都要用最少的字数来表达出最大的卖点,这样才能在最短时间内引起观者的兴趣。如果文字过多且还讲不到重点上,那观者肯定没有耐心看完整个页面。总之,精简有两层含义:一是文字要少,二是要突出卖点。

再看下面的对比图,这是一个图文混排的促销区,共3条活动信息。左图最主要的标题部分字数偏多,且没讲到重点,不够直接,内文同样字数较多,虽然详细但却显得烦琐;右图则将内容简化,保留能讲清楚活动的最少文字,同时将标题改成活动的核心利益点,这样观者只看标题就能明白大概意思,信息传达更高效。

（3）易懂

易懂是指内容表述要直白，不要让人感到费解。也就是为了减少观者的思考时间，让人看到就能懂，那些能读懂的信息才是有效信息，而对于一些不能当下就看懂的表述内容，便属于无法被接收的无效信息。

下面这组对比图是一款产品的展示设计，两张图的区别就在于对产品核心优势的描述上。左图是"调节褪黑素 醒来好状态"，但褪黑素是什么，不了解的人肯定不懂，而整句话也过于含蓄，并没有直白地表达出产品的作用；而右图的"改善睡眠 安睡一整晚"则更易让人明白，也更加直接。

当然，要使内容清晰也不全是设计师的职责，要求的精简和易懂其实属于文案范畴。但设计师们要有准确的判断，一切以信息的有效传达为导向。若收到的文案内容不清晰，就要及时与策划人员沟通。另外，在大部分页面的排版中，都要做到可见、精简、易懂这3点。如下面的案例所示，不管是促销区还是陈列区，都同时做到了可见、精简、易懂。

截自MoveFree天猫海外旗舰店
2019年"99欢聚盛典"活动首页

截自三只松鼠天猫旗舰店
2019年活动页

截自水密码天猫旗舰店
2019年"双十二"活动首页

■ 2.层次清晰

专题页作为产品的总入口，集成了各类信息来促进点击和转化，若这些信息没有梳理和分层，将会条理不清、杂乱无章，可能观者还没读完就关掉页面了。因此，信息分层非常重要，一般可将信息分为4个层级。

（1）产品名称和卖点

产品名称和卖点主要位于陈列区，属于产品的基本信息，其中卖点需要尽量表达出产品的功能或营销上的核心优势。

（2）利益点

利益点是促销区和陈列区的主要层级，对销售有明显的正向提升作用。一个好的利益点会大大提高点击率和转化率，而"买赠"和"满减"更是商家屡试不爽的常用手段。

（3）价格

价格属于陈列区的又一核心层级，一个很低的价格同样能提高转化。因此像一些折扣力度很大的活动（"6·18"和"双十一"等）的专题页都会明显地标出价格，有的还会配上"价格曲线"来强调"超低价"。

（4）按钮

按钮在促销区和陈列区，用于引导观者点击，从而提高页面的点击率和访问深度。

在以上信息层级中，利益点和价格是核心，要用各种方法将各层信息分清楚，并让它们均衡排布，避免混在一起。

下面看一组对比图，左图中4个层级都挤在一起，没有明显的区分，显得杂乱无章；而右图则将信息重新布局，让4个层级自上而下逐一呈现，这种编排方式使层级多而不乱，条理清晰，简洁大方。

所有信息都挤在一起，没有明显的区分，层级模糊

对信息进行了重新梳理和分层，通过上下布局使信息的层次更清晰，版面舒适大方

再如下面的案例所示,虽然每个页面中的信息量都很大,但都是从上往下依次分层展现的,并且也以不同的方式突出展示了利益点和价格。这些案例在准确传递信息的同时,还具有很强的设计感。

截自三只松鼠天猫旗舰店
2019年"双十二"活动首页

截自拉面说天猫旗舰店
2019年"双十一"活动首页

截自三只松鼠天猫旗舰店
2019年"双十二"活动首页

■ 3.主次清晰

对于层级较多的专题页信息要区分出它们的主次关系,将主要层级的信息重点突出。在观者有限的浏览时间内,要尽可能地传递出核心信息,并通过视觉反差避免版式单调,以提升页面的美感和精致度。

在下面的对比图中,左图中的信息就只是简单的文字陈列,没有层次和重点,可读性差,让人感觉枯燥,整体的版式也不协调;而右图则通过重新编排将信息进行了层级划分,并用色块强调了利益点和价格,这样既强化了版式的形式感,又让页面多了一些层次变化,这样观者一眼就能看到重点信息。

文字编排简单，缺少层级，也未突出　　对信息进行了层级及主次划分，重点突出了利益点和价格，版面更加精致，
重点信息，设计感弱　　　　　　　　　也更有节奏感

一般能突出重点的形式有3种：大小/粗细、衬底、颜色，如下图所示。

大小/粗细　　　　　　　　衬底　　　　　　　　　　颜色

底价狂欢 底价狂欢　　 底价狂欢 底价狂欢　　 **底价狂欢** 低价狂欢

这3种形式都是结合使用的，很少单独存在。如下面的案例所示，每个案例都同时用到了这3种形式，衬底+颜色的组合形式在专题页设计中尤为常见。

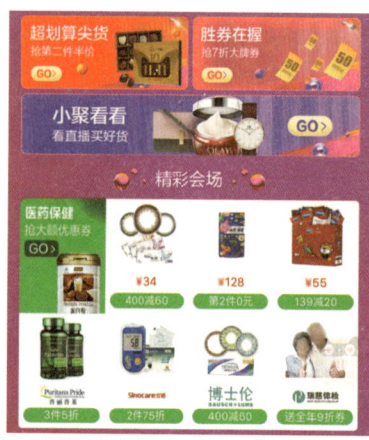  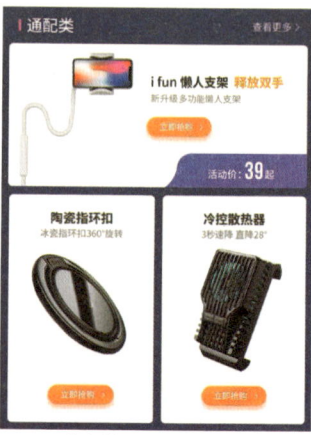

截自天猫2018年"双十一"活动页　　截自珀莱雅天猫官方旗舰店　　截自第一卫天猫旗舰店
　　　　　　　　　　　　　　　　2019年"双十二"活动首页　　2019年"双十二"活动首页

总之，观者只有知道了产品的功能是什么才会决定买不买。当内容、层级、主次都呈现得清晰了，每个模块才能更加高效地传达信息，页面也显得更加精致，形式感更强，细节更多。一定不要在信息呈现的环节出问题，否则会让整个设计都功亏一篑。

总结

前面从4个方面讲解了专题页的版式设计。页面浏览顺序以上下为主、左右为辅。专题页中常用的模块有7种，4种紧凑的、3种宽松的，要按需选用，而不同的模块和版块间要有明显的区隔，特别是要确保模块的完整性。模块里的信息编排要做到条理清晰，使人阅读起来流畅。

最后还要再强调一下版式设计4原则，在第10章已详细介绍过，这是排版设计的基础准则，也是详情页设计和专题页设计都要遵循的法则。纵观本章的所有案例，但凡有图文编排的地方就会用到版式设计4原则。例如，前面所讲的层次清晰就用到了亲密性原则，而主次清晰也用到了对比原则。

再看右侧所示的这个案例，这是平台专题页常用的矩形排列形式，在这种常用的版式中，从版块到模块，从图片到文字，都反复用到了对齐、亲密性、对比和重复这4个原则。正因为如此，整个页面才显得更加规整、均衡、易读，也经得起推敲。

截自淘宝2019年"双十二"活动页

11.3 本章小结

本章从整体思路到细节表现，全面讲解了手机专题页的版式设计。专题页的版式设计与详情页的版式设计在"想"和"做"两方面都有很大的不同：详情页的版式以图文排版为主，会用到很多平面设计中的经典方法；而专题页的版式大多延续了Banner的设计风格，编排之前要营造出氛围，一般要比详情页看着"浓烈"。但就版式设计而言，专题页的比详情页的简单。因为详情页的版式可以根据产品的不同能进行灵活的变化；而专题页由于呈现逻辑与Banner的大体相似，所以版式设计有章可循，再加上手机版面受限，便更加简化和趋同了。

虽然专题页设计和详情页设计的最终目的都是为了信息传达，但本质仍是卖货，不管怎样设计都不能违背这个商业目的，更不能为了设计而设计。一定不要陷入视觉至上的误区，设计前要从多角度进行思考，做出既好看又实用的商业设计作品，这样才能体现设计师的价值。